Vincenzo Bifulco   Paolo Maurizio Messina

ALLENARE INSEGNANDO

*Tecnica, tattica e metodi d'insegnamento
della pallacanestro*

Edizione a cura di
Associazione BasketCoach.Net

Editore Associazione Basketcoach.net
Via Enrico Fermi, 5 - 06128 Perugia
Sito web: www.basketcoach.net
Negozio On-Line: http://www.basketball-store.it
Contatti: info@basketcoach.net

INDICE

PARTE III - GIOCARE IN ATTACCO: DAI FONDAMENTALI INDIVIDUALI ALL'UNO CONTRO UNO

5. IL GIOCATORE DEVE POSSEDERE ABILITÀ TECNICHE INDIVIDUALI PER GIOCARE SENZA PALLA

PARTE IV - IL GIOCO IN ATTACCO CONTRO LA DIFESA INDIVIDUALE: DAL DUE CONTRO DUE AL CINQUE CONTRO CINQUE 271

PREFAZIONE

Ringrazio gli autori di "Allenare Insegnando" per l'invito a scrivere la prefazione di questo libro, non tanto per il compiacimento e l'onore che tale invito comporta, ma soprattutto per essere stato costretto a leggere questo interessante e piacevole testo.

E conoscendo personalmente Vincenzo Bifulco e Paolo Maurizio Messina, sapevo di trovarmi di fronte ad una prova impegnativa. Le attese sono state confermate: Allenare Insegnando è un testo molto avanzato dal punto di vista dei contenuti.

I tanti ed esaustivi argomenti sono analizzati ed approfonditi con rigore sia scientifico che esperienziale. Si intuisce che la principale finalità che i due autori si sono posti sia stata ricercare una sintesi tra il necessario rigore scientifico e l'efficacia dell'applicazione pratica.

Credo che questo obiettivo sia stato centrato con successo, conferendo al testo una caratteristica originale che costituisce un valore aggiunto.

Le più avanzate conoscenze scientifico-metodologiche sono trattate non separatamente dalla cosiddetta "Parte Pratica", come spesso avviene, ma ciascuna applicazione pratica è supportata da una evidente e ben spiegata ragione scientifica. Ogni contenuto tecnico-tattico è analizzato, spiegato ed approfondito alla luce dell'evidenza scientifica e descritto ed applicato nella prassi dell'allenamento sul campo. Operazione molto complessa perché il pericolo di essere sbilanciati nell'uno o nell'altro versante è molto forte e spesso difficile da evitare. Vincenzo e Maurizio, dotati di una forte conoscenza scientifica e di una esperienza pratica decennale, sono stati capaci di percorrere questa difficile strada in perfetto equilibrio fornendo ai lettori uno strumento molto avanzato non soltanto dal punto di vista didattico.

Questo testo non è un inappuntabile trattato di metodologia dello sport, né un preciso manuale di pallacanestro: è una felice sintesi dei due elementi. È un utile strumento per chi si accinge a svolgere una funzione molto difficile che è quella di allenare una squadra di basket: per poter svolgere con un certo successo questa attività occorre prima di tutto considerare che allenare è difficile, articolato, complesso e, come dice giustamente il titolo del libro, non può prescindere dalle competenze di natura didattica.

"Allenare Insegnando" non serve per declamare qualche comprovata teoria sull'apprendimento, né per riprodurre degli allenamenti preconfezionati, ma rappresenta una preziosa risorsa per fornire all'allenatore tutti gli strumenti per poter prendere delle decisioni in merito ai tanti e diversi problemi che questi deve affrontare nella pratica sul campo.

Grazie agli innumerevoli esercizi descritti con precisione e supportati da un impianto grafico eccellente, si delineano anche le competenze didattiche che necessitano agli allenatori i quali, in estrema sintesi, debbono rispondere ogni volta almeno a tre quesiti fondamentali: Cosa sto allenando? Chi sto allenando? Qual è il contesto dove sto allenando?

Questo libro non può rispondere a queste domande perché sarebbe impensabile elencare le innumerevoli combinazioni dei tre quesiti e dare una risposta adeguata a tutte le possibili situazioni. Questo libro invece, non nasconde la complessità del compito dell'allenatore, ma fornisce valide indicazioni, sia sul piano teorico che su quello pratico che mettono in condizione l'allenatore di elaborare una serie di decisioni coerenti con la propria figura e i relativi compiti e responsabilità, con gli allievi, le loro caratteristiche e le loro diverse aspirazioni, con il particolare contingente e le finalità del contesto dove l'allenatore opera.

Mi permetto di segnalare, in conclusione, che dobbiamo essere molto grati agli autori per questo testo che rappresenta una valida resistenza ad una tendenza, ahimè, molto contemporanea. Sempre più si fa strada la convinzione che esistano delle facili ricette per risolvere problematiche complesse. Fare l'allenatore di una qualunque disciplina sportiva è difficile, farlo in uno sport di squadra, come il basket, lo è ancora di più. Occorre essere supportati da conoscenze che arrivano da campi del sapere molto diversi tra loro: la biomeccanica e la fisiologia per conoscere come funziona e come può essere allenato il "corpo" degli atleti; la psicologia per comprendere la loro personalità, analizzarne le diverse connotazioni e conoscere le relative motivazioni; la sociologia per rendersi conto dei valori e delle culture che animano i diversi contesti operativi; le neuroscienze per comprendere i meccanismi che determinano gli apprendimenti degli allievi nel raggiungimento di prestazioni sempre più elevate. Per essere in grado di fare tutto ciò occorre una formazione articolata, complessa, multidimensionale. L'allenatore deve quindi dotarsi di forti e stabili conoscenze teoriche da un lato e dall'altro di una necessaria flessibilità nell'applicarle nella pratica. Ed infine, leggendo il libro di Bifulco e Messina traspare molto chiaramente che la dote indispensabile per l'allenatore è la continua ricerca nel migliorare la propria capacità operativa: riflettere su quello che si fa, sulle scelte operate e su quelle, ancora più importanti, da prendere per il futuro. Questa, infatti, è la caratteristica principale dei due autori manifestata nella stesura del testo, ma anche e soprattutto nella loro esperienza da allenatori.

Il testo che avete nelle mani, voltata questa inutile pagina, rappresenta un eccellente contributo in questa direzione.

Claudio Mantovani
Coordinatore e Responsabile Scientifico dell'area Tecnica
Scuola dello Sport CONI Servizi

PRESENTAZIONE

Saper approfondire con chiarezza e semplicità: questa la premessa più significativa per presentare il testo di Bifulco e Messina.

La letteratura sportiva è ricca di pubblicazioni che affrontano le tante problematiche legate all'insegnamento sia dello sport in generale sia delle diverse discipline sportive; la maggior parte affronta i vari temi in modo superficiale o, al contrario, sono così intrisi di scientificità da essere riservati solo a pochi mentre allontanano molti dalla lettura.

Il libro ALLENARE INSEGNANDO si inserisce, invece, fra quei pochi testi che riescono ad approfondire usando un linguaggio semplice ed accessibile a tutti.

Non solo, la sua struttura ed il processo che è stato utilizzato dagli autori per scriverlo, rappresentano un esempio di metodo da trasferire nell'attività pratica di ogni allenatore.

Alla base c'è uno studio profondo che però è sempre passato al vaglio dell'esperienza diretta e che evidenzia come soprattutto il confronto con altre competenze e vissuti sia stato lo strumento maggiormente utilizzato.

Il titolo non è solo accattivante ma intriso di un significato profondo: l'allenatore allena ma, solo se in possesso di adeguate competenze, acquisite soprattutto attraverso una lunga esperienza di campo, può pensare di insegnare nel vero senso della parola.

Impossibile scorrere velocemente l'indice senza notarne l'originalità che si mixa con una grande funzionalità; non si limita cioè ad indicare il nome dei vari capitoli (e dei relativi paragrafi) ma ne esprime subito il contenuto facendo riferimento a ciò che l'allenatore, il giocatore o i giocatori, devono saper fare e, quindi, contestualizzando le competenze necessarie per poter allenare e giocare.

Tre i punti di forza del testo:

1) intercetta benissimo i bisogni di conoscenza sull'insegnamento della pallacanestro dei giovani allenatori e degli studenti di scienze motorie: presenta il gioco del basket, tratteggiandone le caratteristiche, ne racconta la storia dalle origini e ne delinea le principali regole, affronta le problematiche metodologiche (significativa, a tal riguardo, la differenziazione fra l'approccio cognitivista e quello ecologico), sviluppa infine tutti i contenuti tecnici e tattici.

2) Presenta un eserciziario completo che, seppur rappresentando solo un esempio di quanto si possa realizzare, è comunque sempre uno strumento utile e di pronto utilizzo, specialmente per chi è alle prime armi ed anche di questo ha bisogno. Non bisogna dimenticarsi, difatti, che soprattutto all'inizio della propria carriera, ogni allenatore ha bisogno di avere degli strumenti immediati e facilmente trasferibili; col tempo questo aspetto passerà in secondo piano e ciascuno dovrà essere in grado di costruirsi i propri esercizi.

3) Invita alla riflessione: pur esprimendo l'opinione degli autori in merito ai diversi aspetti del gioco, non si pone come un testo sacro ma lascia la possibilità di valutare altri punti di vista, rappresentando quindi una guida per un percorso che ogni allenatore deve autonomamente tracciarsi.

La richiesta di uniformità ad un modello unico d'insegnamento rappresenta, difatti, nell'ambito della formazione, un rischio metodologico con cui chi si occupa di formazione deve confrontarsi: ciò che può essere un aiuto, un binario sul quale orientare i giovani allenatori, può trasformarsi in un ostacolo allo sviluppo della loro creatività con il rischio, appunto, di non avviarli a quella autonomia che è il presupposto affinché si acquisisca una propria identità.

Senza dimenticare che, così come avviene per i giocatori, anche gli allenatori sono tutti diversi uno dall'altro e se alcuni hanno bisogno di guide più rigide, per altri le stesse guide possono costituire un limite con il rischio di inibire il proprio talento.

Concetto questo, che viene espresso nella frase che sottotitola l'introduzione degli autori, "Allenare con la mente aperta", a significare come, nella crescita di ogni allenatore, è fondamentale sia mettere in discussione anche le più forti convinzioni, sia mostrare disponibilità ad ogni forma di contributo dimostrando di possedere quella flessibilità culturale che nel testo viene più volte ribadita.

L'elemento però di maggiore qualità che rende il libro veramente unico nel suo genere è l'inserimento delle strategie didattiche e metodologiche relative ad ogni singolo argomento trattato; non ci sono, in letteratura sportiva, testi in cui si trovi anche questo supporto, così come non ci sono allenatori/autori che abbiano affrontato questo tema in modo così specifico.

Il lettore, di conseguenza, potrà usufruire anche di quelle indicazioni che lo porteranno a trasferire efficacemente sul campo le conoscenze acquisite ma soprattutto potrà meglio costruirsi il suo personale metodo d'insegnamento acquisendo una maggiore consapevolezza di quanto sia importante non solo il sapere ma anche il saper fare.

Qualsiasi formatore potrebbe confermare come la maggior parte dei partecipanti ai corsi di formazione (soprattutto di primo livello) trovi le maggiori difficoltà nel trasferire sul campo le nozioni in vario modo apprese: come definire gli obiettivi, come stabilire le priorità didattiche, come scegliere i contenuti delle proposte funzionali agli obiettivi, come costruire delle sequenze didattiche coerenti, come inserirle all'interno di un piano di allenamento.

Le stesse difficoltà che poi si riscontrano nel quotidiano lavoro in palestra, soprattutto quando l'improvvisazione prevale sulla programmazione.

E' ovvio che "il mestiere" lo si impara attraverso migliaia di ore trascorse allenando, così come avere la possibilità di crescere al fianco di un allenatore esperto contribuisce molto alla propria formazione; il libro ALLENARE INSEGNANDO costituisce un notevole supporto relativamente a questo processo invitando l'allenatore a focalizzarsi non solo sui contenuti del proprio insegnamento ma soprattutto sul metodo, sollecitando l'attenzione su quelle problematiche didattiche che, in definitiva, gli consentono di svolgere un lavoro qualitativamente valido.

Problematiche che, più dei contenuti, sono oggetto di continui aggiornamenti: ogni strategia metodologica rappresenta un punto di partenza verso nuovi scenari che ogni allenatore vorrà e dovrà scoprire e sperimentare, rendendo ancora più affascinante il proprio mestiere.

In definitiva, il libro riesce ad essere al tempo stesso un utile manuale per un uso immediato che fornisce strumenti pratici (fra questi risultano particolarmente valide le indicazioni su come redigere ed utilizzare un piano di allenamento) ma anche un riferimento per poter acquisire, nel tempo, quelle competenze metodologiche che, come già detto, risultano fondamentali per ogni allenatore, quasi sempre più delle stesse conoscenze tecnico/tattiche.

Da non trascurare, infine, la cura della parte grafica, sia nella presentazione di diagrammi precisi e chiari, sia nelle immagini che aiutano a comprendere meglio posizioni e movimenti.

Certamente un testo, quello di Bifulco e Messina, che potrà accompagnare ogni allenatore nel suo percorso di formazione ed al quale fare riferimento soprattutto quando i dubbi prevalgono sulle certezze.

Tutto quanto detto non deve però trarre in inganno e far pensare che il libro sia riservato solo agli allenatori in formazione; anche i più esperti potranno cogliere sia tanti aspetti e molte sfumature che invoglieranno alla riflessione, sia molti spunti che potrebbero contribuire a mettere in discussione alcune convinzioni solo teoricamente indiscutibili; se si vuole dare fede al detto "Non si finisce mai d'imparare", allora "ALLENARE INSEGNANDO" rappresenta un'ottima opportunità per continuare a farlo.

Gaetano Gebbia
Direttore Tecnico iCoachforyou

INTRODUZIONE

Allenare con la mente aperta

Questo volume raccoglie conoscenze, studi e intuizioni sul gioco della pallacanestro. L'obiettivo è quello di rendere fruibili le esperienze di studio e di lavoro degli autori e di prospettare l'insegnamento della disciplina con una visione aperta ad ogni forma di contributo ed evoluzione. Per tale ragione saranno più volte richiamate le molteplici discipline che ineriscono al mondo delle scienze motorie e sportive. Si spera che i numerosi commenti e le riflessioni esposte forniscano i mezzi per osservare e interpretare il gioco con una notevole flessibilità concettuale, seppure con una rigida attenzione al particolare tecnico. L'orientamento che si vuole promuovere è quello di una formazione basata sulla libertà di esplorare evoluzioni tecnico-tattiche, metodi e linguaggi nuovi; esso permette di dare spazio alle idee di tutti, con la possibilità di costruire un proprio modo di intendere la pallacanestro.

Nell'affrontare i vari argomenti tecnici e tattici, si è fatto riferimento alle conoscenze e alle esperienze acquisite dagli autori in tanti anni di attività; pertanto, molti aspetti trattati sono il risultato di scelte e modi di operare del tutto personali e non rappresentano, ovviamente, l'unica forma con cui il gioco della pallacanestro può essere espresso. Inoltre, sono stati esaminati aspetti che evidenziano problematiche sia dell'attività giovanile che del giocatore esperto; ma occorre considerare che la programmazione di obiettivi e contenuti richiede spesso molti anni di lavoro ed una pianificazione che, talvolta, non viene portata a termine dallo stesso allenatore ed è, pertanto, soggetta ad adattamenti o cambiamenti anche radicali. È chiaro, quindi, che la diversa esperienza e formazione del coach e la grande variabilità, sia delle condizioni che dei soggetti, influenza il processo di allenamento, di insegnamento e di apprendimento, con risultati spesso differenti.

Se si ha cultura, la mente si apre verso una visione poliedrica del gioco; si suppone, infatti, che più ampio è il sapere degli allenatori e maggiore è la possibilità di limitare la tendenza a creare dogmi e verità assolute. La crescita professionale è un processo alla cui base c'è la capacità di trarre iniziativa partendo dalle proprie idee, affrontando con senso critico gli orientamenti e non adottando ciecamente le idee degli altri. Occorre, comunque, tenere in debita considerazione gli insegnamenti di chi ha contribuito negli anni alla crescita sia tecnica che metodologica della disciplina; ciò che fa parte di una pallacanestro passata non può essere definito "vecchio", bensì base fondamentale per comprendere la strada percorsa e i progressi raggiunti nell'insegnamento della stessa.

Nella preparazione del testo si sono valutati l'evidente problema della enorme produzione letteraria, sia tecnica che scientifica, e la grande varietà di giochi e soluzioni tattiche che vengono adottate dalle squadre ad ogni livello. Si è deciso, dunque, di selezionare quegli argomenti che si ritenevano essenziali per una conoscenza esaustiva della disciplina, con un particolare approfondimento dei fondamentali individuali. Ma un ulteriore intento era, più in generale, quello di far nascere nel lettore il desiderio di ricerca e di approfondimento e quindi uno spirito critico, in particolare nella fase di acquisizione e di apprendimento degli argomenti di carattere tecnico.

Il testo è stato suddiviso in nove parti; ad esclusione delle prime due, ciascuna di esse è corredata da una ricca schiera di esercizi e da suggerimenti metodologici di supporto all'allenamento.

La prima parte è dedicata inizialmente alla storia della pallacanestro con una sintesi dei momenti più significativi dello sviluppo della disciplina e della sua diffusione in Italia. Con riferimento alla FIBA Europe, l'organo che governa la pallacanestro in Europa, vengono esposte le principali regole del gioco. La parte si conclude con una analisi delle caratteristiche prestative, contestuali e situazionali della disciplina.

La seconda parte affronta gli aspetti relativi alla metodologia dell'insegnamento, con una iniziale descrizione della grafica cestistica, per proseguire con l'esposizione delle competenze necessarie per programmare, insegnare, osservare e valutare le attività dei giocatori; particolare attenzione viene poi posta alle problematiche legate all'apprendimento e al controllo motorio.

Nella terza e sesta parte vengono analizzati i fondamentali individuali fino alle situazioni di uno contro uno, rispettivamente in attacco e in difesa. Con l'obiettivo di dare un ulteriore contributo ai giovani allenatori e agli studenti di scienze motorie, questi capitoli sono stati integrati con alcuni esempi di sequenze didattiche; questo aspetto completa l'intento degli autori di dare un ampio supporto didattico e metodologico.

La parte quarta e la settima sono dedicate alle collaborazioni (in attacco e in difesa) attraverso un esame approfondito delle dinamiche sia tecniche che tattiche. L'attacco alla difesa individuale e la difesa individuale vengono argomentati analizzando le situazioni di due contro due per arrivare al cinque contro cinque, ponendo in evidenza gli aspetti legati al gioco in forma libera e in forma preordinata e la necessaria comunicazione tra i giocatori.

Nella parte quinta si affronta il tema del contropiede, distinguendolo tra "primario" e "secondario" ed evidenziando caratteristiche tattiche legate al gioco in velocità e in soprannumero.

Le parti ottava e nona sono dedicate alle difese sia a zona che combinate, al *pressing* e alle collaborazioni per attaccarle; nella successione degli argomenti, la difesa a zona è stata anteposta all'attacco alla zona, diversamente da quanto è stato fatto con la difesa individuale, che invece è stata trattata successivamente all'attacco. Le ragioni che hanno indotto gli autori a questa scelta sono da attribuire all'impostazione tattica che caratterizza questa difesa: l'organizzazione e l'azione congiunta di tutti e cinque i giocatori fa in modo che il fronte difensivo si presenti con dinamiche di opposizione più complesse rispetto alla più lineare impostazione che si ha nelle giocate della difesa individuale (uno contro uno) e nella organizzazione delle collaborazioni.

Questo libro è dedicato alle nostre mogli (Roberta e Marina), ai nostri figli (Marco, Davide, Eliana e Daniele) e ai nostri genitori (Pasquale e Maria; Alfredo e Maria): è la famiglia che orienta i nostri passi dando un senso alla vita.

Esprimiamo riconoscenza al Prof. Dott. Claudio Mantovani, Coordinatore e Responsabile Scientifico dell'area Tecnica della Scuola dello Sport CONI Servizi, per aver accolto con entusiasmo la nostra richiesta di redigere la prefazione.

Un particolare ringraziamento va a Coach Gaetano Gebbia che, in questi anni, non si è mai risparmiato dal dare contributi e suggerimenti per la stesura di questo libro.

Un encomio a Coach Claudio Centrone e Ivan Campana, a cui è stato dato il gravoso compito di preparare i diagrammi.

Grazie all'Editore Enrico Petrucci per il sostegno e la disponibilità alla realizzazione dell'opera.

Gli autori

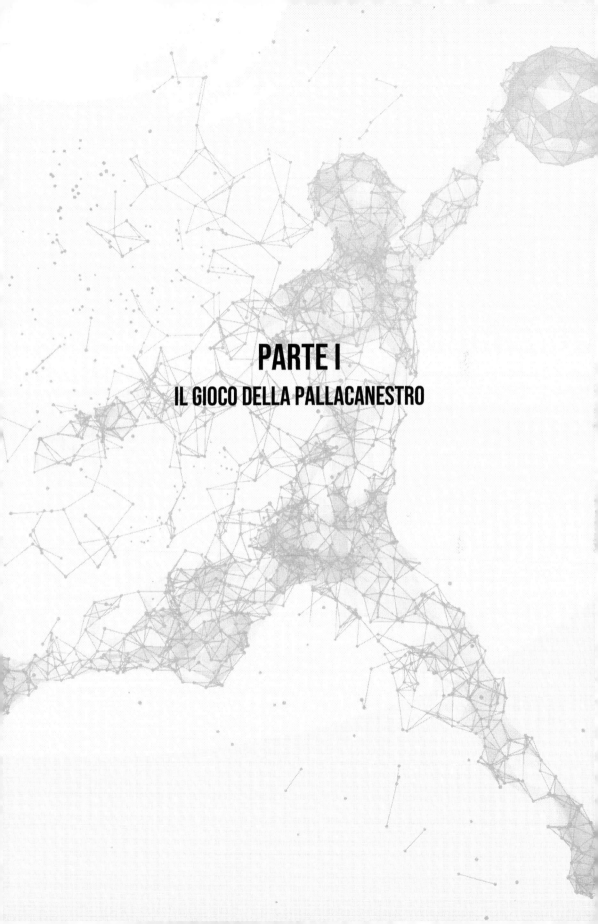

PARTE I
IL GIOCO DELLA PALLACANESTRO

1 - LA PALLACANESTRO NASCE NEGLI STATI UNITI E SI EVOLVE CONTINUAMENTE FINO AI GIORNI NOSTRI

La pallacanestro nasce nel 1891 alla Young Men Christian Association per opera del reverendo James Naismith

È importante, nell'iniziare una trattazione sul gioco della pallacanestro, provare a trasmettere, attraverso una pur sintetica rivisitazione dei momenti più importanti che ne hanno caratterizzato l'evoluzione, il reale spirito che animò i pionieri di quello che sarebbe poi diventato uno degli sport più praticati e famosi nel mondo (Arceri 1989, 1997).

Fu il reverendo James Naismith, un giovane *recreation worker*, della Young Men Christian Association (YMCA), un College di Springfield, nel Massachussets, ad inventare il gioco: nel 1891, quello che in pratica era un insegnante di educazione fisica, buon giocatore di football americano, cominciò a preoccuparsi di risolvere il problema di noiosissime ore di ginnastica trascorse al chiuso dai suoi giocatori di football durante il rigido inverno. Erano gli anni del grande sviluppo industriale degli Stati Uniti d'America in seguito alla Guerra di Secessione: l'avvento della ferrovia cambiava, per la sua rapidità, la concezione e l'utilizzo di tutti i mezzi di trasporto dell'epoca (cavalli, navi, ecc...); arrivavano immigrati in cerca di fortuna da tutti i paesi europei (italiani, greci, lituani, armeni), spinti dalla possibilità di impiego nelle numerosissime fabbriche del paese. Erano gli anni della scomparsa di alcuni miti del nuovo mondo come Jesse James e Toro Seduto, mentre nello Stato di New York era già in funzione la sedia elettrica.

Sullo stile della madre patria inglese, lo sport era privilegio degli studenti delle sempre più numerose Università: erano già praticati *football* e *baseball*, che riproducevano parzialmente gli originali sport inglesi, *rugby* e *cricket*. In quegli anni queste attività erano riservate all'*elite* della nascente nazione americana e sempre più emergevano le differenze fra i bei quartieri residenziali e i ghetti che sorgevano attorno alle fabbriche e dove si rifugiavano gli immigrati. Solo le organizzazioni religiose potevano rappresentare, in parte, un punto di incontro per genti così diverse; ma indubbiamente per un figlio di immigrati studiare e fare sport era un'impresa impossibile, soprattutto considerando che lo sport era la Coppa Davis (sfida tra universitari americani e inglesi) o la famosa gara remiera tra Harvard e Yale sullo stile di Oxford e Cambridge.

L'invenzione del basket, anche da questo punto di vista, rappresentò una prima rivincita nei confronti degli inglesi sempre denigratori dei nuovi arrivati: per la verità esistono riproduzioni di Incas che si sfidavano a centrare un anello messo in verticale su un muro (il cosiddetto pok-ta-pok); così come vi sono tracce che anche gli Olandesi si sfidassero nel "korfball". Ma solo il buon reverendo Naismith fece trascrivere alla segretaria dell'istituto, Miss Lyons, le prime regole di quest'attività: il pallone si doveva giocare esclusivamente con le mani, i giocatori potevano utilizzare tutti gli spazi del campo, ma senza venire a contatto fra loro, cercando di lanciare la palla all'interno delle famose ceste di frutta, che avevano sostituito i contenitori di rifiuti applicati al muro, utilizzati nelle prime partite. La prima partita terminò 2 a 0 e, per la cronaca, a realizzare l'unico canestro (del valore di 2 punti) fu William R. Chase di New Bedford (Massachussets); si giocò 9 contro 9 e le fasi del gioco assomigliavano molto alle attuali partite di minibasket con numerose "mischie" e con tutti i giocatori pronti a correre dietro la palla. Il primo nome proposto per questo gioco fu Naismith-ball, ma fu uno dei primi giocatori, Frank Mahon, del North Carolina, a suggerire di trasformarlo in Basket-ball: solo nel 1920 Joe Jares eliminò il trattino riunificando la parola. Altre regole furono presto definite: non si poteva correre con la palla in mano, né si poteva colpire la palla con i pugni; si veniva esclusi dal gioco dopo aver commesso tre falli e le partite duravano due tempi da 15 minuti l'uno. Il 20 marzo 1897 l'Università di Yale, fra le più moderne e avanzate dal punto di vista tecnologico, fu la prima ad organizzare un incontro 5 c 5, nel quale sconfisse per 32 a 10 l'Università di Pennsylvania.

Definito inizialmente come "un gioco per ragazze", cominciò a divenire un gioco d'*elite*, raggiungendo presto una rapida diffusione, al contrario della pallavolo, anch'essa inventata a Springfield da un altro reverendo. Anche gli aspetti logistici si svilupparono, pur se non rapidamente: ad esempio, dopo varie soluzioni, nel 1920 apparvero le reticelle in ferro, con un'apertura nella parte inferiore, mentre all'epoca i cosiddetti tiri liberi venivano ancora tirati da uno specialista.

Di seguito, utilizzando le date di riferimento, sono sintetizzati alcuni degli avvenimenti più importanti della storia del gioco.

- 1893: una lapide a Montmartre, presso una palestra dell'YMCA, ricorda il primo incontro europeo di basket.
- 1904: esibizione nell'ambito dell'Olimpiade di Saint Louis (gli europei la definiscono "una americanata").

- 1907: la professoressa Ida Nomi Venerosi Pesciolini, con alcune atlete della Mens Sana in Corpore Sano di Siena, organizza un'esibizione di "Palla al balzello" durante il Concorso Ginnico di Venezia.
- 1910: il professor Guido Graziani, di ritorno dalla Niagara University, introdusse alcune regole del nuovo gioco negli istituti dove operava, senza però riscuotere un grande successo.
- 1911: prima sconfitta dei Buffalo Germans, una delle prime squadre famose (giocatori di origine tedesca) capace di 111 vittorie consecutive e ricordata come la prima squadra professionista (500 dollari a partita); per la verità sembra che alcuni giocatori del New Jersey, già nel 1896, percepissero quindici dollari a testa per giocare una partita (come metro di paragone é opportuno ricordare che un operaio dell'epoca percepiva 12 dollari per una settimana di lavoro di 60 ore).
- 1919: all'Arena di Milano, in attesa dell'arrivo del Giro d'Italia (edizione vinta da Girardengo), ci fu una esibizione del nuovo gioco tra una formazione di avieri della Malpensa e gli autisti della seconda compagnia di Monza (11-11). Il fatto che i principali protagonisti fossero militari è conseguente all'arrivo in Europa delle truppe americane impegnate nella Prima Guerra Mondiale.
- Nel frattempo, negli States il gioco viene organizzato da leghe professioniste. Nascono i primi miti: i Troyans, della città di Troy, furono i primi a giocare in velocità e a far tirare i tiri liberi a tutti i giocatori; gli Original Celtic, con ingaggi da quasi 5000 dollari a partita, divennero presto noti per aver giocato per primi in attacco il Dai e Vai e in difesa lo Switch (cambio difensivo), ma anche per essere una squadra difficile da intimidire. Anche allora il clima di gara non era proprio tranquillo, poiché si narra di arbitri inseguiti, di squadre ospiti truffate nel punteggio, di canestri (allora senza tabellone) mossi dagli spettatori. D'altro canto però vi erano già campi che potevano ospitare fino ad 11.000 spettatori.
- 1927: a Chicago una squadra, la Savoy Big Five, su suggerimento di un piccolo organizzatore, Abe Saperstein, cambiò il suo nome in Harlem Globetrotters.
- 1928: cominciarono ad essere prodotti i primi palloni con il disegno a spicchi.
- 1931: a Pechino ad assistere ad un torneo in tre serate giunsero 70.000 spettatori.

- 1936: alle Olimpiadi di Berlino, è James Naismith ad alzare la palla a due del primo incontro di basket ai Giochi Olimpici. Per la cronaca la prima finale sarà vinta dagli USA sul Canada per 19 a 8.
- 1939: dopo aver sempre rifiutato qualsiasi cosa che potesse portargli ricchezze e dopo aver visto abolire il salto a due dopo ogni canestro, moriva il 28 novembre l'inventore del gioco che ormai era lanciato alla conquista del mondo.
- 1940: veniva trasmessa in TV, dal Madison Square Garden di New York, la prima partita.

In Europa il gioco non decollava: erano gli anni fra le due guerre, si succedevano governi, in seguito a rivoluzioni e controrivoluzioni. Solo negli anni trenta in seguito alla scoperta dell'*interval training* (Waldemar Gerschler, professore di storia e filosofia di Dresda) e dei primi grandi fondisti, gli allenatori cercavano supporti scientifici per migliorare le metodologie di allenamento. In Italia i nostri connazionali amavano stare in tribuna nei grandi stadi voluti dal Fascismo ad assistere ai trionfi della nazionale di calcio o alle imprese dei grandi, ma poveri, campioni del ciclismo come Binda e Guerra; si cominciava, anche, a giocare a quel gioco denominato"pallacanestro".

La pallacanestro si diffonde anche in Italia grazie a William Jones

Nel 1932, a Ginevra, William Jones, nato a Roma, ma di origine gallese, fu eletto segretario generale dell'allora nascente FIBA (Federation Internationale Basketball Amateur): l'unico in grado di parlare più lingue, si dimostrò l'uomo giusto al posto giusto, poiché grazie a lui cominciò l'espansione del gioco nel mondo. Fu attuata un'opera di sensibilizzazione nella maggior parte dei paesi troppo legati al gioco del calcio e sempre più spesso la pallacanestro veniva inserita nei programmi sportivi. In America si giocava al coperto, su campi uniformi, con palloni quasi uguali; in Europa si giocava all'aperto, su campi in terra rossa o in erba, con palloni da calcio. I primi a recepire e a sviluppare nuove tecniche furono i paesi dell'Est (Lettonia, Estonia, Polonia, Cecoslovacchia), per due motivi: il ritorno degli immigrati dagli States e il clima freddo che costringeva a giocare al coperto. I primi campionati Europei furono loro appannaggio, così come i primi grandi campioni. L'Italia, pur se con pochi punti di riferimento, collocati soprattutto presso le Università di Trieste, Bologna, Milano e Roma, riuscì ad ottenere brillanti risultati (primi agli Europei del '37 e secondi ai Mondiali Universitari a Vienna nel '39). La Seconda Guerra

Mondiale costrinse l'Italia ad un grosso passo indietro, anche se la nazionale ottenne il secondo posto agli Europei del '46, pur se favorita dall'assenza di tutti gli stati baltici assorbiti dall'Unione Sovietica. Invece gli italiani spopolavano oltre oceano: Angelo Enrico Luisetti, forse a molti di noi non dirà niente, era il centro di origine italiana della Stanford University. Una sera del 1936 questo ragazzo strabiliò i 16.000 spettatori del Madison Square Garden di New York tirando ad una mano. Egli spiegò che questa tecnica gli era venuta in mente dopo essere stato più volte stoppato nella esecuzione del tiro a due mani, utilizzata da tutti i giocatori dell'epoca.

In Italia, fu un capitano dell'esercito USA, Elliot Van Zandt, di stanza a Livorno, a dare vita ad uno dei vivai più prolifici del nostro territorio. Fra l'altro divenne il primo allenatore della Nazionale e fu il primo a dettare regole precise per convocare atleti e dare indicazioni sulla preparazione fisica (nel 1951, al termine della sua esperienza in nazionale, fu assunto dal Milan calcio). Fra i suoi più importanti allievi Sandro Gamba, che nel 1983 avrebbe vinto con la nazionale italiana il titolo europeo a Nantes.

Piccola nota, ma importantissima per la formazione: a Elliot Van Zandt si deve l'organizzazione dei primi Corsi per Allenatori.

Negli Stati Uniti e nel mondo emergono i grandi campioni

Sono gli anni in cui negli Stati Uniti nasce la BAA (Basketball Association Amateur), che presto diventerà NBA (National Basketball Association); in questa lega si affermeranno i primi grandi campioni che diventeranno vere e proprie leggende: Joe Fulcks, Bill Russel, Wilt Chamberlain, Oscar Robertson. Nascono le prime grandi rivalità come quella fra i Boston Celtics e i Los Angeles Lakers (ex Minneapolis), protagonisti di memorabili sfide.

In Europa la novità é data dal ritorno alle competizioni internazionali dell'Unione Sovietica con il suo gioco estremamente duro e monotono che privilegia la parte fisica. Fu "grazie a loro" che in Europa, nel 1956, fu introdotta la regola dei 30" (nella Nba la regola dei 24" era stata introdotta nel 1954), poiché agli Europei di Mosca (1953), nell'incontro decisivo contro l'Ungheria, terminato poi 29 a 24, i sovietici mantennero il possesso di palla per 17' consecutivi senza mai tentare un tiro. Tra i paesi dell'est europeo solo la Yugoslavia si staccava da quel modello proponendo uno stile di gioco più fantasioso (Radivoje Korac fu uno dei giocatori più rappresentativi).

In Italia il prestigioso quarto posto alle Olimpiadi di Roma del 1960, allargò il raggio di azione di questo sport e l'arrivo dei primi abbinamenti (sponsor) consentì gli ingaggi di giocatori stranieri. L'avvento di Giancarlo Primo alla guida della nazionale (sostituiva un altro grande, Nello Paratore) rappresentò l'inizio di una scuola tecnica italiana che aveva come fondamento una maniacale applicazione delle tecniche difensive.

Aumentavano le occasioni di confronto non solo strettamente sportive: sono gli anni in cui la partecipazione ai Campionati Mondiali veniva allargata alle rappresentative di tutti i continenti. Anche in Europa si organizzavano i primi Clinic nei quali venivano invitati come relatori alcuni fra i più grandi Coach; nascevano anche in Italia le prime riviste specializzate.

Si evolvevano le metodologie di allenamento in seguito allo sviluppo del gioco sempre più atletico e con contatti sempre più duri. Vengono introdotte nuove regole (3", 10", ecc.).

Anche in Europa nascono i miti: Real Madrid, Simmenthal Milano, Ignis Varese, Partizan Belgrado, CSKA Mosca, con i loro campioni Walter, Riminucci, Yelverton, Raga, Morse, Brumatti, Bradley, Cosic, Sergej Belov, Luick, Meneghin, Kicanovic, Dalipagic. L'evoluzione degli ultimi anni é paragonabile alla crescita delle innovazioni informatiche: in Italia il gioco si é esteso al sud con l'arrivo di piazze importanti (Caserta, Reggio di Calabria, Taranto Campione d'Italia al femminile). Arrivano giocatori strappati ai Pro Americani (clamoroso l'arrivo al Messaggero Roma di Danny Ferry e Brian Shaw); si affermano in Italia campioni slavi come Kucoc, Radja, Danilovic, Djordjevic, Bodiroga, che seguiranno negli Usa la strada del compianto Drazen Petrovic.

Le sfide delle finali scudetto cominciano ad occupare grandi spazi sui mass-media: Roma contro Milano, Bianchini contro Peterson diventano motivo di confronto anche fra coloro che il basket lo vivono marginalmente. Il pubblico, per la gran parte giovani, si appassiona: i nomi di Julius Erving, Larry Bird, Earvin Magic Johnson, Kareem Abdul Jabbar diventano familiari grazie alle telecronache sul piccolo schermo e all'evoluzione dei mezzi di comunicazione. Quello che mancò negli anni sessanta e cioé le sfide allora inimmaginabili con Jerry West, John Havlicek, Pete "Pistol" Maravich, oggi sono diventate realtà con le partite nell'ambito degli Open McDonald's, o più recentemente con i primi incontri della stagione agonistica NBA che vengono disputati nelle più grandi città europee (Barcellona, Parigi, Milano, Berlino). L'*elite* del basket statunitense, che snobbava le competizioni internazionali facendovi partecipare solo gli universitari, dal 1992 venne ammessa ai Giochi Olimpici di Barcellona, ai quali in effetti i giocatori della NBA parteciparono con il Dream Team (McCallum 2013). Michael Jordan ha rappresentato il momento più alto dell'identificazione con l'immaginario popolare: campione dalla tecnica pura, uomo marketing, attore, protagonista dei primi giochi elettronici.

Il gioco é in continua evoluzione: l'introduzione del tiro da 3 punti (nella NBA nel 1979 e in Europa nel 1984), le soluzioni tattiche sempre più sofisticate, i quattro tempi da 10' e la regola dei 24"(2004), sono solo alcuni degli aspetti che denotano come il Basket sia sempre alla ricerca di innovazioni che rendano il gioco più spettacolare.

Nuovi campioni rappresentano dei veri e propri miti per i ragazzi che giocano e sognano di raggiungerli: Lebron James, Tim Duncan, Steve Nash, Kobe Bryant, Stephen Curry, Kyle Erving, Kevin Durant sono solo alcuni dei nomi di grandi protagonisti. Ma il sogno si realizza anche per ragazzi partiti dalle nostre palestre e diventati anche loro grandi: Andrea Bargnani, Luigi Datome, Danilo Gallinari e Marco Belinelli, campione NBA 2014 con i San Antonio Spurs, rappresentano gli ambasciatori del nostro basket in USA e sono la testimonianza che con grande forza di volontà e spirito di sacrificio si possono raggiungere grandi obiettivi.

Probabilmente si potrebbe parlare a lungo di quella partita storica, di quel tiro allo scadere da metà campo, di quella schiacciata, di quel passaggio dietro schiena. Come ha raccontato Aldo Giordani (voce storica del basket in TV) nel suo Libro del basket: *"Oggi questa religione é diffusissima in ogni continente... Oggi sacrifica al dio Basket sia il campionissimo delle grandi arene professionistiche sia il bambinello di un qualunque campo-giochi di periferia... Ai piedi della Muraglia Cinese, nei punti più battuti dai visitatori, si vedono campi di basket come ai piedi del Rockefeller Center di New York. A Rovaniemi, presso il circolo polare artico, prima di salire sulle slitte tirate dalle renne, si possono vedere due reti a "tre-metri-zero-cinque", sempreché la neve non le abbia ricoperte... I tabelloni possono essere in legno, magari in lamiera, oppure in cristallo, ma ovunque a tre-metri-zero-cinque recano il loro bravo anello, dentro il quale la gioventù del mondo s'ingegna di infilare la palla. Le grandi competizioni sono la rutilante vetrina, sono il non plus ultra al quale tutti si ispirano nella continua ansia del progresso; ma il tessuto connettivo é formato dalla massa immensa dei praticanti senza nome, che nel basket e col basket cercano di migliorare lo spirito e il corpo nel periodo più delicato e formativo della loro esistenza."*.

I giocatori hanno ruoli specifici e possono occupare posizioni diverse

Nel gioco della pallacanestro non vi sono ruoli offensivi e ruoli difensivi, quindi, con il possesso della palla tutti i giocatori attaccano e, viceversa, alla perdita della stessa, tutti i giocatori difendono. I ruoli vengono definiti in base a caratteristiche sia fisico-atletiche che antropometriche, come la rapidità, la stazza, l'altezza, ecc. e comunque, nella maggior parte dei casi, emergono in modo spontaneo. Anche se i ruoli determinano in qualche modo la zona di campo in cui i giocatori agiranno in prevalenza, ovvero in posizione esterna (cioè fuori dal perimetro dei 3 punti) per i "piccoli" e in posizione interna (ossia attorno all'area dei 3 secondi) per i "lunghi", questa esigenza di diversificazione dovrebbe essere particolarmente contenuta nelle fasce giovanili; pertanto, indipendentemente dal potenziale ruolo, tutti devono saper giocare in tutte le posizioni. La collaborazione fra giocatori interni ed esterni determina l'equilibrio del gioco di una squadra, che spesso risulta essere un'arma tattica vincente.

Di seguito sono elencati i ruoli e le caratteristiche che li contraddistinguono.

- *Il play-maker (Point Guard).* È un giocatore che deve coniugare leadership e abilità tecnico-tattiche. Deve avere senso del gioco sia guidando l'attacco nei ritmi e nelle scelte, sia orientando il lavoro difensivo in senso aggressivo piuttosto che contenitivo. La sua capacità di lettura lo deve portare a riconoscere il compagno/compagni che ha/hanno conseguito un vantaggio e aiutarli a far sì che esso si concretizzi. Negli ultimi anni il ruolo è andato evolvendosi in senso nettamente più fisico e con assunzione di più responsabilità offensive: in particolare oggi si cercano giocatori che siano alti almeno m 1,80 e che abbiano "punti nelle mani". L'importanza del fisico risalta nelle occasioni in cui questo giocatore è spesso chiamato a giocare in attacco vicino canestro, o viceversa marcare giocatori alti (cambi difensivi). È importante nella gestione degli equilibri nel gruppo.

- *La guardia (Shooting Guard).* Rappresenta il primo terminale offensivo di una squadra: fa della reattività e della velocità le sue doti principali che si estrinsecano soprattutto nel gioco in contropiede e lungo il perimetro della linea dei 3 punti, tiro in cui una guardia dovrebbe eccellere, oltre che nelle conclusioni in corsa. È il naturale supporto del *playmaker* (si parla spesso di play-guardia) nella costruzione del gioco (palleggio/passaggio) e nella realizzazione di quell'equilibrio nel gioco offensivo (collaborazione con i giocatori interni) e in quello difensivo (*pressing*, cambi, aiuti) che abbiamo detto essere spesso determinante per le vittorie della squadra. L'altezza media oggi, anche a livello giovanile, è attorno a m 1,90, ma a livello internazionale troviamo guardie dal grande atletismo che sono alte m 2,00.

- *L'ala piccola (Small Forward)*. Così denominata per identificare quella che una volta era la zona privilegiata per i suoi movimenti (esterno alto al di fuori della linea dei 3 punti), ma il gioco moderno lo ha invece definito come il giocatore totale e cioè il più eclettico nelle soluzioni (vicino/lontano dal canestro) con doti atletiche che ne fanno anche un eccellente rimbalzista. Abile nel gioco senza palla, è in grado, con il suo movimento, di creare spazi vantaggiosi per le iniziative dei compagni (tagli, blocchi), per finalizzare sia il contropiede che il gioco a metà campo. In difesa spesso si contrappone a pari ruolo di cui deve limitare la pericolosità.

- *L'ala grande (Power Forward)*. È il giocatore che nel basket moderno rappresenta il vero valore aggiunto. Prima tutte le squadre giocavano con due centri: oggi questo giocatore rappresenta una sintesi del giocatore bravo nei movimenti lontano da canestro ed efficace anche nel gioco vicino canestro; tira con buone percentuali da 3 punti, ma è anche risolutivo con tiri specifici da vicino canestro (gancio) o in penetrazione. Buon senso della posizione a rimbalzo, crea spazi per i compagni nei giochi a due (*pick and roll* – blocco e giro dentro, o *pick and pop* – blocco e salto fuori). In difesa spesso coordina il lavoro di squadra attraverso la comunicazione (uso della voce), aiutando e cambiando in caso di situazioni pericolose (difende sia su giocatori più alti di lui che più bassi).

- *Il centro (Centre)*. È un giocatore possente fisicamente, con bagaglio tecnico notevole al punto da consentirgli di muoversi in spazi ristretti che conquista lottando con i pari ruolo; ha conclusioni specifiche per il suo ruolo: tiri di forza, ganci, *tap-in*. Decisivo nella conquista dei rimbalzi e nell'intimidire i giocatori avversari (stoppate, aiuti difensivi), così come nelle aperture di contropiede e nel liberare i compagni (play e ali) attraverso i blocchi.

2 - DAL 1957 LA PALLACANESTRO IN EUROPA È GOVERNATA DALLA FIBA EUROPE

La gara si disputa tra due squadre di cinque giocatori ciascuno
La pallacanestro è un gioco in cui si affrontano due squadre che hanno come obiettivo quello di conseguire un punteggio superiore all'avversario, attraverso la realizzazione di "canestri". Il gioco consiste nel far entrare la palla, dall'alto verso il basso, nel canestro avversario tirando con le mani da un qualsiasi punto del campo. È vero anche che, guardando da un altro punto di vista, l'obiettivo di vincere si raggiunge anche impedendo agli avversari di prendere possesso della palla e realizzare a propria volta dei canestri. In base alla distanza e al tipo di azione che si effettua il valore del canestro cambia.
Le dimensioni del pallone variano, e in particolare: per gli uomini la circonferenza è di cm 75-76 con un peso attorno a g 600 (misura 7), per le donne la circonferenza è di cm 72-74 con un peso attorno a g 550 (misura 6), per il minibasket e le categorie fino agli U13 la circonferenza è di cm. 56 con un peso attorno a g 360 (misura 5). Il materiale per le competizioni ufficiali è il cuoio, ma vengono utilizzati per gli allenamenti materiali misti o completamente sintetici. La palla può essere passata, tirata, palleggiata solo con le mani.
Le squadre sono composte da 10/12 giocatori (in base ai campionati e alle categorie): in campo scendono 5 giocatori per ogni formazione e i cambi sono illimitati, ma devono avvenire a gioco fermo e previa segnalazione al tavolo degli ufficiali di campo.
Le squadre occupano una zona esterna al campo (lungo le linee laterali), a loro riservata, dove trova posto la panchina e dove devono prendere posto tutti gli iscritti nel referto di gara. Il giocatore che, come vedremo in seguito, commette 5 falli personali (6 nella NBA), deve uscire dal campo di gioco, venendo sostituito da altro compagno, e non può più giocare in quella partita.

Il campo di gioco misura m 28X15 e al centro dei due lati corti sono posti i canestri
Di forma rettangolare, il campo misura m 28 di lunghezza e m 15 di larghezza (nella NBA m 30x16). Nei campionati giovanili sono considerate valide anche misure proporzionalmente ridotte (m 26x14, m 24x13), ma

questo comporta adattamenti non sempre possibili (vedi tracciatura linea dei 3 punti). Sulla linea di centro campo è tracciato un cerchio del diametro di m 3,60. Nelle due metà campo, perpendicolarmente alle linee di fondo, sono segnate, e spesso colorate in modo diverso, due aree delimitate da linee bianche: sono dette aree dei tre secondi. La linea bianca posta a m 4,30 dal canestro è detta linea del tiro libero.

Una linea bianca curva tracciata a m 6,75 (a m 7,21 nella NBA) è la cosiddetta linea dei tre punti.

Le linee che delimitano il campo non fanno parte dello stesso: quindi la palla palleggiata sulla linea è da considerarsi fuori, così come un giocatore che, in possesso di palla, viene a contatto con una delle linee su indicate.

Al centro della linea di fondocampo è situata una struttura (fissa o mobile) all'apice della quale vi è il tabellone con attaccato il canestro con la retina. Il tabellone misura m 1,80 orizzontalmente e m 1,05 verticalmente. Il bordo inferiore è posto a m 2,90 da terra e sporge all'interno del campo per m 1,20. Il canestro è composto da un anello in ferro (oggi sganciabile) e da una retina in corda ed è posto nella parte inferiore del tabellone ad una altezza da terra di m 3,05 (minibasket m 2,60). Oggi nell'area dei tre secondi, in prossimità del canestro è tracciato un semicerchio detto "no sfondamento" la cui funzione sarà spiegata nella parte relativa al regolamento.

I canestri possono valere uno, due o tre punti

Ha un valore di 3 punti il canestro realizzato, in azione di gioco, con un tiro partito dall'esterno della linea così denominata (l'arbitro nel convalidarlo osserva il punto di stacco dei piedi del tiratore).

Ha un valore di 2 punti il canestro realizzato in azione di gioco, con un tiro partito dall'area delimitata dalla linea dei 3 punti (linea compresa).

Ha un valore di 1 punto il canestro realizzato su tiro libero (dalla linea omonima), tiro che si effettua, in base al regolamento, a gioco fermo.

Nella pallacanestro una partita deve terminare con il successo di una delle due squadre; solo nelle competizioni dove è prevista una eliminazione con partita di andata e ritorno, è previsto che le partite possano terminare in parità (differenza canestri). Nel caso di parità al termine del tempo di gioco previsto, si procederà all'effettuazione di tempi supplementari come di seguito illustrato.

La gara si disputa in quattro periodi di gioco di dieci minuti effettivi, e vi sono altre regole a tempo

La partita è suddivisa in quattro periodi (denominati quarti) della durata di 10' l'uno. Nella NBA si giocano quattro tempi della durata di 12' l'uno. Nella NCAA se ne giocano 2 di 20' l'uno. Il tempo di gioco si definisce "effettivo", poiché ad ogni interruzione del gioco, a seguito del fischio arbitrale, l'addetto al cronometro fermerà il tempo per riavviarlo al segnale che effettuerà l'arbitro alla ripresa del gioco (pallone toccato da un giocatore in campo). Nel caso di punteggio in parità al termine dei tempi regolamentari, verranno giocati tanti tempi supplementari della durata di 5' l'uno, finché al termine di uno di questi vi sia la vittoria di una delle due squadre.

- Regola dei 24": la squadra che entra in possesso del pallone ha 24" di gestione dello stesso; durante questo tempo dovrà tentare di realizzare un canestro. In seguito a rimbalzo offensivo il cronometro viene resettato a 14". Il regolamento Fiba 2018 ha introdotto nuove disposizioni in merito al *reset* del cronometro dei 24"; tra queste la possibilità per la quale, nei due minuti finali dell'ultimo quarto o del tempo supplementare, "l'allenatore della squadra che ha diritto a una rimessa in zona di difesa potrà decidere, dopo la sospensione da lui eventualmente richiesta, dove far riprendere il gioco: se propenderà di effettuarla in zona di difesa il *reset* sarà a 24", viceversa se deciderà di farla nella metà campo d'attacco il *reset* sarà a 14". Ulteriori casi sono illustrati nel Regolamento Tecnico FIBA disponibile sul sito www.fip.it.
- Regola degli 8": la squadra che entra in possesso della palla nella propria metà campo difensiva ha 8" di tempo per far sì che la stessa superi la linea di centrocampo. Una volta che la palla supera la linea di metà campo, essa non può essere ripassata nella metà campo difensiva.
- Regola dei 5": un giocatore in possesso di palla, sotto pressione di un giocatore avversario, non può trattenere la palla in mano per più di 5". Tale regola si applica anche al giocatore che deve effettuare una rimessa in gioco, sia dalla linea di fondo che dalle linee laterali.
- Regola dei 3": un attaccante senza palla non può sostare più di 3" nell'area dei tre secondi avversaria.

Tutte le violazioni a queste regole a tempo comportano la perdita del possesso di palla con conseguente rimessa laterale a favore della squadra avversaria. Un cronometro, con punteggio e tempo di gioco, deve essere collocato in modo da essere ben visibile a tutti. Oggi nei palazzetti di ultima generazione sono indicati anche i punti e i falli di ogni giocatore. Sono collocati anche i cronometri a scalare dei 24": essi sono sistemati sui tabelloni dei canestri o, in alternativa, negli angoli di fondocampo in modo da essere visibili ai giocatori in campo.

Vi sono delle regole sull'uso del palleggio

- Il giocatore con palla per spostarsi sul campo deve palleggiare con una mano; se si sposta senza palleggiare, commette la violazione di "passi".
- Non è consentito palleggiare con due mani contemporaneamente.
- Una volta interrotto il palleggio, non è più consentito palleggiare, ma si deve passare o tirare: altrimenti, si commette la violazione di "doppio palleggio".
- Non è consentito colpire volontariamente la palla con un piede o con un pugno.

Tutte queste violazioni comportano la perdita del possesso di palla e quindi il gioco riprende con una rimessa a favore della squadra avversaria.

L'attitudine, di appoggio o di volo, acquisita dal giocatore nel momento in cui viene in possesso della palla determinerà gli appoggi successivi per arrestarsi o tirare in corsa

L'aggiornamento del regolamento FIBA in vigore dal 1° ottobre 2017, ha uniformato la regola dei passi a quello della NBA. Per spiegare la nuova regola è necessario fare una premessa; un giocatore *in movimento* può ottenere il controllo della palla in tre circostanze: 1) avere entrambi i piedi in aria (attitudine di volo); 2) avere un piede a contatto con il terreno (attitudine di appoggio monopodalico); 3) avere entrambi i piedi a contatto con il terreno (attitudine di appoggio bipodalico) (fig.1).

CONTROLLO DI PALLA E PASSO 0
un giocatore in movimento può ottenere il controllo della palla in 3 circostanze

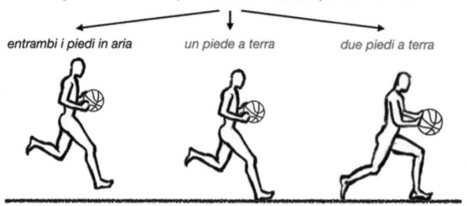

entrambi i piedi in aria   *un piede a terra*   *due piedi a terra*

Fig.1 (da: http://www.fip.it/cna/DocumentoDett.asp?IDDocumento=98382)

Nel primo caso il piede che il giocatore utilizzerà per atterrare sarà il piede perno, cioè il piede che deve essere tenuto fermo sul suo punto di contatto con il terreno (fig.2).

SE UN GIOCATORE ATTERRA SU UN SOLO PIEDE PUÒ USARE SOLO QUEL PIEDE COME PERNO

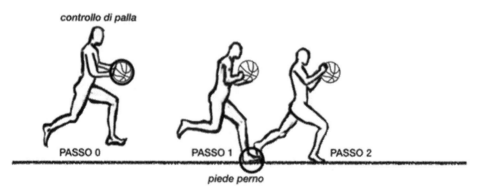

controllo di palla

PASSO 0   PASSO 1   PASSO 2

piede perno

Fig.2 (da: http://www.fip.it/cna/DocumentoDett.asp?IDDocumento=98382)

Nel secondo caso, il piede a contatto con il terreno sarà definito passo "0", pertanto il giocatore potrà utilizzare dopo questo passo altri due appoggi per effettuare un arresto a due tempi il cui perno è il primo dei due appoggi, o entrambi contemporaneamente per effettuare un arresto a un tempo; dunque, senza vincolo di piede perno; chiaramente potrà utilizzare i due appoggi anche per fare un passaggio o un tiro in corsa (terzo tempo) (fig.3).

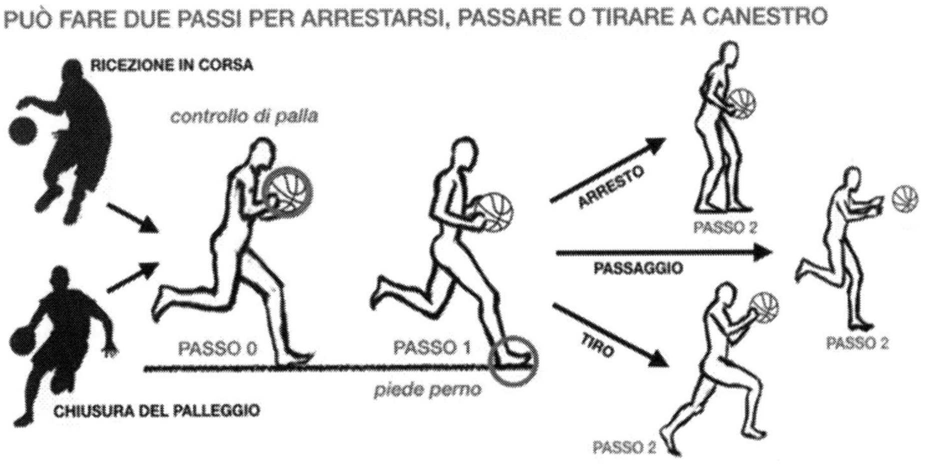

PUÒ FARE DUE PASSI PER ARRESTARSI, PASSARE O TIRARE A CANESTRO

Fig.3 (da: http://www.fip.it/cna/DocumentoDett.asp?IDDocumento=98382)

La regola specifica, però, che il giocatore in movimento e in appoggio monopodalico non può utilizzare lo stesso piede per effettuare il primo appoggio di un arresto a due tempi o come primo appoggio di un terzo tempo; quindi, se, ad esempio, il piede destro è il passo "0", non si potrà fare un arresto destro-sinistro, ma soltanto un arresto sinistro-destro, oppure, nel caso del terzo tempo potrà fare solo sinistro-destro e tiro.

Il giocatore in movimento che riceve la palla, potrà utilizzare il passo "0" seguito da un solo appoggio: in questo tipo di arresto, che possiamo chiamare "0-1", non c'è vincolo di piede perno ed è quindi equiparabile a un arresto a un tempo.

Nel terzo caso entrambi i piedi costituiscono il passo "0", pertanto il giocatore potrà effettuare altri due appoggi per arrestarsi o per tirare in corsa. In questo caso il giocatore potrà utilizzare uno qualunque dei due appoggi "0" per effettuare il primo appoggio di un arresto a due tempi o di un terzo tempo (fig.4).

SE IL GIOCATORE HA I PIEDI IN ARIA E ATTERRA SUL TERRENO DI GIOCO CON ENTRAMBI SIMULTANEAMENTE, NEL MOMENTO IN CUI UN PIEDE VIENE SOLLEVATO DA TERRA L'ALTRO DIVENTA PERNO

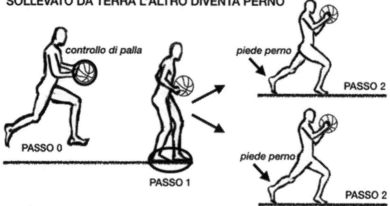

Fig.4 (da: http://www.fip.it/cna/DocumentoDett.asp?IDDocumento=98382)

Dall'aggiornamento FIBA si evince inoltre che nulla è cambiato in relazione al giocatore che riceve da fermo: nel momento in cui viene sollevato un piede, l'altro diventa perno.

I contatti non leciti sono sanzionati come falli

I falli sono azioni che non rientrano nelle regole del gioco e che portano ad un contatto con l'avversario o ad un comportamento cosiddetto "antisportivo". Ad un giocatore non è consentito spingere, trattenere, bloccare o impedire il libero movimento di un avversario sia esso con o senza palla. Il fallo, ritenuto "personale", è sanzionato dagli arbitri e registrato sul referto che è compilato dagli ufficiali di campo. Il gioco riprende con una rimessa laterale a favore della squadra che ha subito il fallo. Per ciascun quarto di gioco (10′), al raggiungimento di quattro falli complessivi commessi dai componenti di una squadra, si esaurisce il cosiddetto "bonus": pertanto ogni fallo successivo vedrà l'assegnazione di due tiri liberi alla squadra avversaria. Il tiro libero viene eseguito dalla linea che delimita l'area rettangolare dei 3″ e che dista m 4,30 dal canestro e non può essere ostacolato (i giocatori si posizionano in spazi evidenziati all'esterno dell'area dei 3″). Nell'atto di tiro un giocatore non può ostacolare/colpire un avversario: in questo caso il gioco riprende con l'esecuzione di un numero di tiri liberi pari al valore del tiro che si stava eseguendo (2 tiri liberi nel caso di tiro da due punti, 3 nel caso di tiro da tre punti). Se il giocatore è stato in grado di realizzare il canestro, nonostante l'irregolarità subita, egli avrà, oltre il riconoscimento della realizzazione (2-3 punti), anche un tiro libero aggiuntivo.

Un fallo particolarmente duro può essere sanzionato come antisportivo e in tal caso la sanzione prevede due tiri liberi eseguiti dal giocatore che ha subito l'irregolarità e la cui squadra riprenderà il gioco dalla linea di rimessa in zona d'attacco (art.17). Anche un comportamento non corretto nei confronti degli arbitri, degli avversari o del pubblico, sia da parte dei giocatori, che di tecnici o di qualsiasi persona iscritta nel referto di gara (dirigente, medico, fisioterapista, preparatore fisico), prevede una sanzione: in questo caso si parla di fallo "tecnico". La squadra avversaria usufruirà di un tiro libero (eseguito da un giocatore scelto/designato), ma la palla sarà assegnata nuovamente alla squadra che ne aveva il controllo o che ne aveva diritto, per una rimessa laterale dal punto più vicino a dove si trovava la palla quando il gioco è stato interrotto (art.36). Un giocatore viene escluso dal gioco, e quindi non può rientrare in campo, nel momento in cui raggiunge i 5 falli personali. Falli o comportamenti particolarmente gravi possono portare anche all'espulsione diretta dal terreno di gioco: in questo caso la sanzione prevede l'esecuzione di due tiri liberi e una rimessa laterale sempre a favore della squadra avversaria; il giocatore allontanato viene comunque sostituito.

La gara è arbitrata da due o tre arbitri in base al campionato, coadiuvati dagli ufficiali di campo

Una partita di basket è diretta da tre arbitri nei campionati nazionali di Serie A (maschile e femminile), lega Gold, lega Silver, nella NBA e nella NCAA e in tutte le manifestazioni internazionali. In tutti gli altri campionati nazionali senior e giovanili sono presenti due arbitri. Il loro compito è quello di dirigere il gioco facendo sì che i giocatori rispettino le regole. Quindi rileveranno tutte le violazioni, tutti i falli e amministreranno le relative sanzioni.

Gli arbitri sono coadiuvati da tre ufficiali di campo, i quali occupano una postazione all'esterno del campo all'altezza della linea centrale. Questi ultimi esplicano competenze diverse: uno è addetto alla compilazione del referto di gara (un vero e proprio resoconto della partita con le formazioni delle squadre, il punteggio progressivo, falli personali e di squadra, sostituzioni e sanzioni disciplinari), un altro è addetto al cronometro principale e il terzo è addetto al cronometro dei 24". L'avvento della tecnologia oggi consente che un ufficiale di campo compili il referto in formato digitale per renderlo visibile in tempo reale sui siti specializzati.

3 - LA PALLACANESTRO, COME TUTTI I GIOCHI SPORTIVI, È CARATTERIZZATA DA IMPREVEDIBILITÀ SITUAZIONALE E DA UNO SPECIFICO MODELLO DI PRESTAZIONE

Oggi nel parlare di *giochi sportivi* facciamo riferimento ad una serie di attività "istituzionalizzate" che hanno molteplici finalità, molto spesso trasversali, ma che toccano, a vari livelli la personalità di chi li pratica: apprendimento di tecniche (padronanza di abilità motorie), sviluppo di capacità cognitive, emotività, competenze relazionali, sono solo alcuni aspetti, in qualche caso generici, toccati dalla pratica sportiva. Lo sport, in qualche modo, dovrebbe educare al rispetto (del proprio corpo, delle proprie emozioni, dell'altro, dei ruoli), a vivere la vittoria e la sconfitta in maniera equilibrata, senza eccessi, a cogliere gli aspetti positivi di una collaborazione (condivisione) delle esperienze. Ma inevitabilmente a predominare, molto spesso, è l'agonismo: lo spirito di autoaffermazione, che talvolta si esplica in forme di aggressività, rappresenta la spinta/limite alla pratica dello sport. L'obiettivo educativo di qualunque gioco sportivo non è la vittoria, bensì il successo, inteso come la capacità di dare il massimo (in allenamento e in gara).

La palestra può rappresentare un momento in cui l'agonismo viene educato e orientato verso il raggiungimento del risultato, non solo inteso come vittoria o sconfitta, ma come realizzazione di una prestazione (*performance*) in cui il confronto con i compagni sia momento stimolante e aggregante. In sostanza si ripropone quello che per gli antichi era il passaggio dalla *paidia*, principio comune di divertimento, di turbolenza, di libera improvvisazione, pienezza vitale, fantasia incontrollata, intesa come sregolatezza, al *ludus*, esigenza di piegare la *paidia* a delle convenzioni imperative e ostacolanti, allo scopo di rendere più arduo il raggiungimento dell'obiettivo finale. Il tutto si concretizza nell'inserimento delle regole.

I giochi sportivi di squadra possono essere definiti come *"..una forma di pratica dell'esercizio fisico-sportivo, che ha un carattere ludico, agonistico e di processo, in cui i partecipanti (i giocatori) costituiscono due squadre (formazioni) che si trovano in rapporto di avversità tipica non ostile (rivalità sportiva), un rapporto determinato da una competizione in cui attraverso la lotta si cerca di ottenere la vittoria sportiva per mezzo del pallone o di un altro oggetto di gioco, manovrato secondo regole prestabilite*" (Teodorescu 1983).

Numerose sono le classificazioni che cercano di dare un quadro schematico dei giochi sportivi: alcune fanno riferimento agli *aspetti energetici* (giochi attivi o poco attivi), altre fanno riferimento alle *funzioni psico-cognitive* (giochi percettivo-motori, giochi di scoperta ed esplorazione, giochi di strategia, giochi di ruolo, giochi di abilità e memoria, ecc.), altre ancora agli *aspetti socio-relazionali* (giochi individuali, a coppie, di gruppo, a squadre, giochi con/senza ruoli predefiniti, giochi di collaborazione, giochi con/senza arbitraggio). In questo contesto, parlando di pallacanestro, si farà riferimento, per semplicità, agli *sport di situazione* intendendo gli sport nei quali l'esecuzione della tecnica dipende dalle condizioni agonistiche, particolarmente quelle tecnico-tattiche, e dall'opposizione dell'avversario e/o della squadra avversaria (Manno 1989).

In alcune classificazioni, la pallacanestro è considerata un gioco di invasione poiché non vi è alcun limite spaziale, in quanto le due squadre si confrontano in un campo unico, all'interno del quale i giocatori vengono a contatto fra di loro (contrasto fisico), nell'intento di controllare anche in modo prolungato l'attrezzo di gioco (la palla) (Cambone 1982, Moreno 1983). L'allenatore che dovrà lavorare sull'apprendimento della tattica, sia individuale che di squadra, non potrà prescindere da tale rilevante considerazione, come vedremo nella parte dedicata alla didattica, poiché il gioco richiede l'esecuzione di una o più abilità in un contesto *target*. Infatti, nei giochi di invasione, i giocatori, non avendo limiti spaziali, possono muoversi e occupare ogni punto del campo; la variabilità delle azioni dovrà tenere conto della presenza dei compagni e dell'opposizione degli avversari. La palla (attrezzo del gioco) portata direttamente, nel rispetto delle regole, può pervenire in uno spazio (canestro, compagno) o può essere trattenuta.

Come tutti i giochi sportivi, anche la pallacanestro è basata sulla necessità di valutare e utilizzare continuamente gli spazi creati dall'attività dei giocatori (*spacing*) e di percepire correttamente la distribuzione temporale delle azioni di gioco (*timing*). Lo spazio di gioco rappresenta un elemento fondamentale per acquisire vantaggi e per raggiungere la meta eludendo gli avversari; una perfetta gestione degli aspetti temporali permette altrettanta possibilità di successo. Un'interessante classificazione suddivide lo spazio in categorie (Ceciliani 2004):

- *spazio tecnico*: la distanza minima tra attaccante e difensore che consente l'esecuzione del gesto tecnico;
- *spazio tattico*: lo spazio che si crea nella difesa in seguito al movimento strategico degli attaccanti;
- *spazio proiettivo*: lo spazio cognitivo del giocatore che gli consente di anticipare le possibili azioni;
- *spazio dinamico*: lo spazio che si dilata e si restringe in relazione allo spostamento dei giocatori (ma anche della palla).

Questa classificazione permette di avere un'idea della dinamicità con cui le condizioni spaziali e temporali si evolvono nel corso delle azioni di gioco. I ritmi di gioco, la mancanza di ruoli prettamente difensivi o offensivi (tutti vanno in attacco e tutti tornano in difesa) e le dimensioni non eccessive del campo, sottopongono i giocatori a richieste prestative non indifferenti. Per *modello prestativo* o funzionale si intende la descrizione dettagliata di ciò che accade, dal punto di vista dell'impegno fisico, durante la gara. Per avere questo quadro è necessario osservare e descrivere le caratteristiche di base del gioco e rilevare dati sui parametri fisiologici e bio-energetici della prestazione.

In generale possiamo dire che la pallacanestro è uno sport di squadra e di situazione, nel senso che i comportamenti sono dettati dagli eventi-azioni che si susseguono durante la gara; è inoltre una disciplina con opposizione diretta degli avversari che utilizzano abilità aperte (*open skill*). Indubbiamente la gara incide sui parametri fisiologici del giocatore (carico interno) e di ciò dovrà tenerne conto lo staff (allenatori e preparatori fisici), considerando i principi che guidano alla programmazione e periodizzazione dell'allenamento per far fronte alle esigenze di *performance* della gara stessa (carichi esterni). La conoscenza generale del modello di prestazione permette all'allenatore di modulare adeguatamente gli stimoli, in modo da ottenere un adeguato miglioramento della prestazione.

Sulla base delle caratteristiche della disciplina è possibile comprendere il tipo di lavoro da pianificare; gli sforzi dovranno essere orientati alla formazione di un giocatore completo sotto il profilo *tecnico, fisico* e *cognitivo*. In modo particolare i giovani cestisti devono essere in grado di leggere e risolvere le situazioni, sorretti però da mezzi tecnici elevati e da una condizione fisica adeguata; soltanto un lavoro consono su questi tre aspetti permetterà di competere alla pari in campo internazionale. Ribadita l'importanza dell'apprendimento tattico-decisionale durante gli anni della formazione (Gréhaigne et al. 2005), vi è però una mancanza di studi su quale stile di gioco promuoverà e garantirà meglio lo sviluppo dei giocatori. In questo senso Mitchell et al. (2013) suggeriscono di concentrarsi sulla comprensione dei concetti globali dei giovani e di massimizzare le abilità individuali con la palla durante le fasi iniziali.

Il lavoro tecnico ha come obiettivo l'acquisizione dei fondamentali del gioco da esprimere necessariamente, una volta automatizzati, su due profili essenziali e inscindibili: 1) precisione e rapidità del gesto, necessari per un controllo costante in tutte le situazioni e contro ogni avversario; 2) adeguata applicazione del bagaglio tecnico alle situazioni di gioco, il che implica capacità di gioco. Il lavoro fisico è indispensabile sia per potenziare i mezzi tecnici che per sostenerli nelle condizioni critiche di fatica; in tal senso il lavoro può essere strutturato mediante una preparazione fisica parallela o mediante un lavoro integrato.

Nel corso degli ultimi quindici anni si è avuta una crescita nell'analisi degli indicatori di prestazione (*performance indicators*) tra gli sport di squadra in quanto possono fornire informazioni che migliorano il processo di formazione e competizione (Drust 2010; Hughes, Franks 2008; O'Donoghue 2009). Allenatori e staff tecnici fanno grande uso delle statistiche riguardanti il gioco, divenendo argomento diffuso di studio e di ricerca. Il processo di registrazione, trattamento e diagnostica degli eventi che si svolgono in competizione è stato descritto anche come analisi notazionale (Drust 2010). L'intento è quello di aumentare le possibilità di vittoria attraverso la rilevazione e la previsione di comportamenti collettivi efficaci. L'analisi delle prestazioni aiuta, nello specifico, a comprendere l'evoluzione del gioco, le interazioni offensive e difensive, le strutture spaziali e temporali e le configurazioni di squadra (Garganta 2009; Grehaigne, Godbuout 2013); inoltre, l'analisi delle partite permette di raccogliere dati relativi all'organizzazione, interazione e collaborazione degli avversari in modo da ridurre gli aspetti di imprevedibilità che costituiscono un vincolo d'incertezza costante.

I ricercatori hanno convalidato sette classi di modelli tattici d'attacco, individuali e di gruppo, denominate *Dinamiche di Creazione dello Spazio* (*Space Creation Dynamics*) (Lamas et al. 2010). Queste classi di comportamento (creare spazio in palleggio, creare spazio senza palleggio, isolamento perimetrale, isolamento del *Post*, creare spazio in 1 c 1 senza palla, bloccare un giocatore con palla e, per ultimo, bloccare un giocatore senza palla) consentono di riassumere le possibili dinamiche offensive messe in atto per contrastare (interrompere) il sistema difensivo dell'avversario durante le gare; questa descrizione e analisi scientifica dei comportamenti sportivi porta, in definitiva, a un ulteriore sviluppo della comprensione del gioco a beneficio della pratica sportiva.

Un'interessante revisione effettuata da Courel-Ibáñez et al. (2017) basata su un totale di 45 studi dal 2004 al 2015, fornisce informazioni accurate sullo stato dell'arte nella valutazione del comportamento collettivo del basket; in particolare è stata rilevata una mancanza di studi che esplorano il comportamento tattico da un punto di vista complesso, dinamico e olistico. Dalla letteratura analizzata è emerso che sono stati esplorati tre fattori principali: 1) il *contesto di gioco*: il comportamento dei giocatori può essere alterato dalla situazione del gioco (periodo di gioco, posizione in cui si svolge il gioco, stato della partita, qualità di opposizione); occorre inoltre considerare le caratteristiche specifiche del gruppo come l'età, il sesso o la posizione specifica dei giocatori; 2) la *fase di gioco* (attacco, difesa o transizione) e ruolo dei giocatori (ad esempio, guardia, ala e centro); 3) le *condizioni di gioco*, ovvero le variabili latenti quali lo spazio e il tempo di azione e il tipo di compito (azioni e interazioni) svolto dei giocatori. Questi ambiti di ricerca potranno avere implicazioni nella definizione dello stile di gioco e sullo sviluppo di programmi di allenamento tattico, di miglioramento delle prestazioni e delle competenze degli allenatori.

Il sistema metodologico che conduce il giocatore a selezionare le informazioni e a processarle adeguatamente, al fine di ottenere una capacità d'azione efficace, dovrà prevedere non solo compiti prettamente esecutivi, cioè sistemi istruttivi che mettono il giocatore nelle condizioni di eseguire azioni (o corsi di azioni) predefinite come gli schemi di gioco, ma anche di saper agire in modo autonomo riconoscendo le situazioni (saper leggere) e programmando adeguati piani d'azione (saper risolvere) senza entrare in conflitto con i compagni (collaborare); l'autonomia deve manifestarsi, dunque, in una maturità decisionale. In particolare, possiamo definire il concetto di autonomia del giocatore come la capacità di vagliare le potenziali alternative di successo in una condizione di gioco, e di scegliere, secondo una logica di formazione comune alla squadra, l'azione maggiormente efficace e condivisibile.

Talvolta il termine autonomia è stato inteso come sinonimo di individualismo, mentre in realtà non è così. Agire in autonomia implica responsabilità decisionale e maturità tattica. La responsabilità decisionale si sviluppa attraverso un accurato lavoro in palestra, in cui i giocatori acquisiscono sicurezza nel gestire correttamente il rapporto azioni/situazioni, specie sotto pressione psicologica e temporale. Allo stesso modo anche il processo di leadership incide sulle decisioni importanti: il team leader è quel giocatore che riesce ad influenzare la squadra trascinandola verso l'obiettivo, che si assume la responsabilità nei momenti importanti e su cui evidentemente fa affidamento la squadra.

La maturità tattica va crescendo attraverso esperienze situazionali, un processo metodologicamente complesso che richiede tempo, in quanto si lavora sulla possibilità di sfruttare al massimo l'intelligenza dei giocatori: ciò al fine di trovare una risoluzione rapida a situazioni tattiche dalla più semplice alla più complessa, attraverso la messa in atto di piani di azione efficaci. Nell'autonomia del giocatore rientrano anche quelle decisioni che pur appropriate non vanno a buon fine o, viceversa, quelle che sotto forma di azioni rocambolesche o inappropriate talvolta permettono di vincere una partita. Autonomia è quindi la capacità del giocatore di regolarsi nel fare delle scelte che possono, a volte, lasciare perplessi, ma che sono il risultato di una visione d'insieme del gioco che conduce a comportamenti non sempre condivisi.

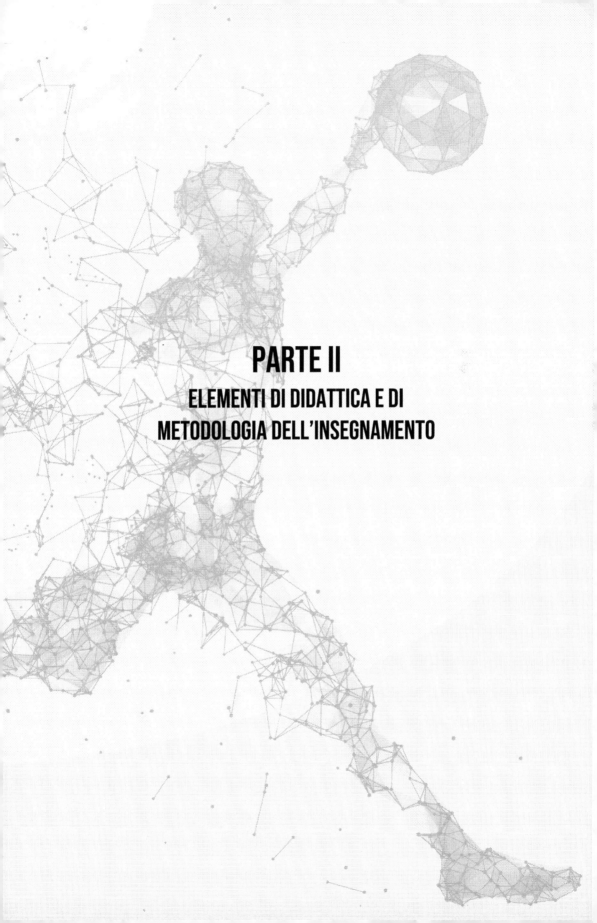

PARTE II
ELEMENTI DI DIDATTICA E DI
METODOLOGIA DELL'INSEGNAMENTO

4 - L'ALLENATORE DEVE CONOSCERE GLI STRUMENTI E LE METODOLOGIE PER ORGANIZZARE IL PROCESSO DI ALLENAMENTO

Sapere cosa insegnare non equivale a sapere come insegnare. L'insieme delle conoscenze tecniche, e quindi dei contenuti e degli obiettivi dell'allenamento, non possono essere trasmessi se non si conoscono le modalità per trasferirle efficacemente; questo aspetto del "saper fare" è parte integrante delle competenze del tecnico ad ogni livello. L'arte di insegnare può essere definita come un'abilità fisica e cognitiva: è necessario infatti che l'allenatore, specie se opera nelle categorie giovanili, sappia programmare le attività in funzione del livello dei giocatori, proporle in modo adeguato e modificarle se necessario, dimostrare correttamente i contenuti tecnici e tattici, elevare complessivamente il livello di prestazione, verificare gli apprendimenti e la *performance*.

Si utilizzano segni convenzionali per descrivere graficamente le azioni cestistiche
Saper descrivere e disegnare gli esercizi o le diverse forme di collaborazione fra i giocatori risulta indispensabile, sia come sistema di notazione degli allenamenti che come mezzo di comunicazione con i tecnici e con i giocatori; caratteristico è l'utilizzo della lavagnetta corredata di pennarello o di pedine calamitate utilizzate dal *coach* durante i time-out o nelle riunioni tecniche.
Vista la vastissima produzione di testi e riviste che hanno per oggetto la tecnica, e che oggi sono facilmente consultabili anche attraverso i mezzi informatici, si è reso necessario uniformare la grafica cestistica individuando segni convenzionali riconosciuti dagli operatori del settore; ciò permette di decodificare rapidamente quanto illustrato nei grafici relativamente ai comportamenti tenuti dai giocatori sul campo. Nella figura 1 è esemplificata una legenda dei simboli più utilizzati. Inoltre, esistono oggi moltissimi programmi informatici che permettono non solo di disegnare molto rapidamente e con un'elevata chiarezza grafica, ma anche di annotare i piani di allenamento e inserire gli esercizi in un database, in modo da richiamarli prontamente.

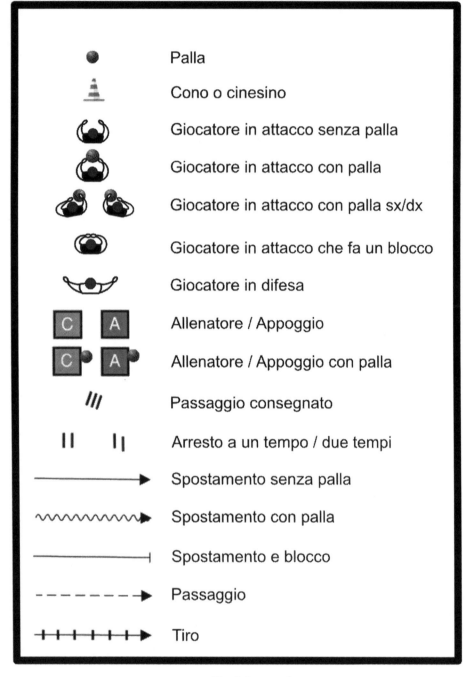

Fig.1 Legenda

Nel diagramma 1 è possibile osservare una successione temporale che fa riferimento, appunto, ai segni tipici della grafica cestistica; in questo caso si ha un auto-passaggio, deducibile dal fatto che non c'è nessun ricevitore, seguito da un movimento del giocatore che corre verso la palla, quindi un arresto, poi una partenza in palleggio e un tiro ravvicinato; se si volesse specificare il tipo di tiro basterebbe aggiungere, dopo il movimento in palleggio, il segno di arresto o la scritta 3°t per indicare il tiro in terzo tempo. Il diagramma potrebbe essere corredato da una descrizione per esteso che potrebbe essere utile anche a sottolineare alcuni aspetti del movimento.

diag. 1

Spesso è possibile osservare l'utilizzo di una grafica di colore più chiaro rispetto a quello standard o, se trattasi di manoscritto, un colore diverso; questo sistema permette di evidenziare momenti antecedenti o successivi a quelli momentaneamente considerati. Nel diagramma 2a è evidenziato il passaggio e il successivo taglio del giocatore che era in possesso della palla, mentre nel diagramma 2b si evidenzia lo stesso lavoro ma sul quarto di campo opposto e con una grafica in chiaro; questo permette di comprendere la continuità dei due lavori attraverso il movimento di provenienza dei giocatori.

diag. 2a

diag. 2b

Nel diagramma 3, ad esempio, la grafica in chiaro indica il riposizionamento dei giocatori successivo alla fase principale dell'esercizio. Nelle situazioni di gioco più complesse, in modo particolare quando sono coinvolti più giocatori, come nel caso del diagramma 4, è possibile utilizzare una numerazione progressiva che permette di rendere chiara la sequenza (*timing*) con cui i giocatori collaborano e si muovono sul campo; l'uso della numerazione abbinata anche alle lettere, può specificare ancora meglio la relazione strategica delle azioni.

diag. 3

diag. 4

L'allenatore deve possedere specifiche competenze didattiche

Chiediamoci: in che modo un allenatore deve organizzare il proprio lavoro per renderlo efficace? È una questione di "stoffa", come si diceva un tempo, o possono essere definite una serie di conoscenze e abilità che, se acquisite, conferiscono competenze didattiche? L'ambito d'azione in cui l'allenatore deve svolgere il proprio ruolo è molto complesso. Il suo compito è quello di favorire l'apprendimento della tecnica e della tattica sportiva; in tal senso, la metodologia dell'insegnamento sportivo suggerisce al tecnico le strategie più efficaci per affrontare le problematiche didattiche attraverso contributi che provengono dalla psicologia, dalla sociologia e dalle neuroscienze cognitive.

In sintesi, un allenatore potrà esprimere reali competenze se sarà in grado di *motivare* adeguatamente i propri giocatori, se saprà come *osservarli* e *comunicare* adeguatamente con essi, e se saprà *valutarli* e *programmare* un itinerario didattico efficace (Mantovani 2016). Un sistema che orienta l'allenatore nel decidere come agire per organizzare efficacemente il processo di allenamento prevede tre fasi distinte: una prima fase *pre-attiva,* una seconda fase *interattiva* e una fase finale *valutativa* (Martens 1990).

Nella fase pre-attiva, l'allenatore definisce/programma, nero su bianco, gli obiettivi, i contenuti, i metodi e le attività che intende utilizzare.
Nella fase interattiva, che si realizza in campo, decide su due aspetti:

- le *azioni sul compito*, cioè la quantità e la variabilità delle attività a cui dovrà essere sottoposta la squadra;
- le *azioni sulle informazioni*, cioè cosa dovrà essere detto, come dovranno essere spiegati i contenuti dell'allenamento e come si dovrà intervenire per correggere gli errori e sostenere i giocatori.

Nella fase valutativa, l'allenatore analizzerà l'andamento del processo per verificare i margini di miglioramento e identificare le problematiche emerse.

L'allenatore organizza il proprio lavoro attraverso la programmazione

Il termine programmare è assimilabile nella nostra attività al termine progettare. Programmare è per l'allenatore il momento in cui decide di mettere in pratica tutta la sua esperienza, ed entro certi limiti, l'efficacia del programma di allenamento dipende anche dalla sua preparazione culturale e intellettiva (Cratty 1985). Come già evidenziato in precedenza, programmare un allenamento (ma anche una settimana, un mese, una stagione di lavoro), riduce notevolmente la possibilità di commettere errori. Dà una dimensione al *"dove vogliamo arrivare, cosa devono saper fare i giocatori al termine di..."*; in sintesi, la programmazione serve a definire con precisione le abilità e le azioni che un giocatore deve saper realizzare al termine di un piano di formazione sportiva e a identificare il percorso operativo scomponendolo in tutte le sue parti, così da poter introdurre una verifica puntuale che consenta di realizzare interventi di correzione sugli atleti, attraverso la ridefinizione delle strategie e degli obiettivi stessi. L'organizzazione del lavoro viene quindi facilitata dall'utilizzo di strumenti operativi che sono di supporto, come le verifiche (iniziali, in itinere, finali), la strutturazione di sequenze didattiche, l'utilizzo di strumentazione tecnologica come computer, videocamere (rilievi statistici, *match analysis*).

Le componenti di una programmazione sono:
- analisi e valutazione della situazione di partenza (osservazione-griglie-test);

- definizione degli obiettivi (capacità di individuarli-individualizzarli-rag-gruppparli);
- definizione dei contenuti (gli argomenti) attraverso i quali perseguire gli obiettivi;
- definizione dei principi metodologici per favorire l'apprendimento (metodi, variabilità della pratica e organizzazione, sequenze didattiche, notazione, ecc.);
- valutazione e riproposizione (nuova definizione degli obiettivi).

Ciascuno di questi cinque punti ha una valenza fondamentale per stabilire un itinerario didattico efficace; pertanto, bisognerà porre la giusta attenzione e il tempo necessario al processo decisionale (fondatezza) che porta a definire i vari punti della programmazione. La programmazione è un aspetto organizzativo, soprattutto dal punto di vista mentale, che guida l'allenatore in tutta la sua attività; ne permette la continua evoluzione e la necessaria flessibilità, per perseguire gli obiettivi del lavoro giornaliero, settimanale, mensile e annuale.

La programmazione del lavoro ha inizio valutando la situazione di partenza
L'insegnamento della tecnica è l'obiettivo primario degli allenatori. Pertanto, la modalità di valutazione della prestazione tecnica dei giocatori riveste un ruolo cruciale (Madella 1996), tanto più se l'analisi e la valutazione di una prestazione viene intesa nei suoi molteplici aspetti (dall'esecuzione del gesto alla prestazione fisica, dagli aspetti mentali/motivazionali a quelli strettamente legati al risultato agonistico), costituendo un'attività che richiede competenze specifiche del tecnico. La valutazione riveste un ruolo ancora più importante quando viene effettuata in fase iniziale del lavoro, poiché da tale analisi dipende tutta l'organizzazione della programmazione nei punti indicati in precedenza. Oggi, inoltre, per far sì che tale processo possa rispondere a criteri più oggettivi, gli allenatori possono avvalersi di contributi scientifici provenienti dalla medicina dello sport, dalla metodologia dell'allenamento e dell'insegnamento sportivo, nonché dalla psicologia dello sport. Inoltre, possono usufruire di una serie di strumenti tecnologici che consentono di acquisire informazioni sulla prestazione.
Il processo osservativo messo in atto dall'allenatore sarà orientato a valutare, collettivamente e individualmente, la *capacità di gioco* della squadra; ciò implica l'individuazione di una serie di requisiti coordinativi,

condizionali, psichici (qualità volitive, di attenzione, psicosociali e funzioni cognitive), tecnici (con e senza palla) e tattici (individuali e collettivi, in attacco e in difesa) (Konzag 1991). Chiaramente l'allenatore si fa un'idea della capacità di gioco della sua squadra, sia singolarmente che collettivamente, e pone a confronto i concetti che ha in mente con i comportamenti espressi dai giocatori. Attraverso l'allenamento cercherà quindi di trasformare i concetti (idea di corsi d'azione con caratteristiche tattiche o strategiche) in comportamenti, cioè azioni con cui i giocatori traducono l'idea, la filosofia, il tipo di pallacanestro da giocare.

I concetti, dunque, possono essere considerati come rappresentazioni mentali che hanno la proprietà di variare in estensione e in intenzione, cioè generalizzazioni o specificità. Nell'impossibilità di misurare i concetti (ad es. la capacità tattica), si ricorre a un *indicatore*, ovvero a un concetto meno astratto e quindi con un'estensione minore (maggiore specificità) che ne indica un altro che non potremmo mai riuscire a misurare (Madella 1988). L'indicatore che rappresenti un concetto astratto non misurabile, deve possedere delle caratteristiche indispensabili, ovvero:

- *oggettività*, nel senso che il criterio di attribuzione di un valore dato nella misurazione di una variabile deve essere accettato uniformemente dagli osservatori;
- *attendibilità*, in quanto è necessario che l'indicatore sia particolarmente preciso nella misurazione della variabile;
- *validità*, nel senso che l'indicatore deve realmente essere in grado di misurare l'oggetto osservato.

Ad esempio, se l'obiettivo è la forza dinamica degli arti inferiori, si potranno utilizzare i test di salto in lungo da fermo, o di salto in alto dal posto (Abalakov), che attraverso un protocollo preciso, permetteranno di misurare le rispettive prove. Se volessimo invece misurare il grado di efficacia offensiva, si potrebbe pensare di utilizzare una serie di indicatori, tra cui il numero di assist effettuati durante la gara, oppure la percentuale di realizzazione nei tiri liberi, o il numero di palle perse, ecc...; allo stesso modo, anche il risultato finale di una gara dà un quadro quantitativo della prestazione; infatti, si può vincere una gara giocando male così come si può perdere giocando bene. In entrambi i casi avremo utilizzato una serie di dati che ci forniscono un quadro quantitativo e non qualitativo della prestazione e comunque l'interpretazione data sarà assolutamente soggettiva.

Ne consegue che la misurazione di un concetto qualitativo è quindi impossibile: ciononostante si è in grado di esprimere un giudizio su una prestazione (la squadra ha attaccato bene, ha difeso male, ecc.); questa attività di valutazione, che viene svolta dall'inizio alla fine del ciclo di lavoro, può essere agevolata attraverso l'uso di griglie di osservazione.

Attraverso questo strumento è possibile attribuire un giudizio di valore o un numero a un comportamento tecnico o tattico (concettualizzazioni di comportamenti collaborativi). In tal modo possono essere determinati livelli diversi di apprendimento che serviranno per pianificare gli interventi adeguati. È chiaro quindi che attraverso i test da campo si potranno avere dati molto più precisi sulle capacità condizionali. Nell'uso dei test sarà necessario che i giocatori vengano messi a conoscenza dei rigidi protocolli di somministrazione e magari messi in condizione di provare.

Anche gli aspetti psicologici individuali e di gruppo possono essere sottoposti ad analisi iniziale e, in questo caso, potranno essere somministrati questionari standard di cui è piena la letteratura specializzata, oppure crearne ad hoc, tarati sulle proprie esigenze, oppure utilizzare colloqui con un protocollo di domande mirate. Si dovrà procedere, quindi, a rilevare e ad annotare i dati raccolti, in modo tale, eventualmente, da confrontarli con risultati precedenti o con tabelle di riferimento prodotte da studi similari, oppure da utilizzare nel corso della stagione con le successive rilevazioni.

Quando si analizza la situazione di partenza attraverso la somministrazione di prove d'ingresso, si dovrà tenere conto della provenienza dei giocatori (nuovi inserimenti o meno), della loro storia e relative caratteristiche (età biologica, età sportiva, i programmi svolti in precedenza e i relativi allenatori, lo sviluppo fisico degli ultimi mesi) e dei dati già in possesso. Ma in assoluto bisognerà determinare l'oggetto (la priorità) della valutazione e in seguito si dovranno individuare gli strumenti (prove) da utilizzare: test, schede di osservazione, questionari, video, colloquio diagnostico.

Attraverso la definizione di un obiettivo si stabilisce come un allievo dovrebbe comportarsi al termine di un'esperienza di apprendimento

L'individuazione degli obiettivi *(goal setting)* è un'altra di quelle attività che caratterizzano le competenze di un allenatore. *"Un obiettivo è un intento comunicato da una definizione che descrive un cambiamento che ci si prefigge di realizzare in un allievo: definizione di come un allievo dovrebbe comportarsi quando ha completato con successo un'esperienza di apprendimento"* (Mager 1987). Questa definizione, se da una parte evidenzia l'abilità da perseguire, dall'altra non chiarisce la relazione tra comportamento e risultato della gara. Weinberg e Butt (2014) distinguono tre tipi di obiettivo:

- *Obiettivi di risultato*, sono quelli che pongono in primo piano il risultato della gara (vittoria, piazzamento, qualificazione) e che distraggono il giocatore dalla propria prestazione; non sono direttamente controllabili dal giocatore in quanto dipendono chiaramente da fattori esterni, innanzitutto dalle potenzialità degli avversari.
- *Obiettivi di prestazione*, i quali dipendono prevalentemente dalla capacità dello stesso giocatore di migliorare il proprio livello di abilità e sono dunque indipendenti dal risultato della prestazione. Un giocatore può aver perso una gara ma espresso una prestazione eccellente, ad esempio migliorando la propria percentuale di realizzazione nel tiro.
- *Obiettivi di processo*, sono quelli che permettono al giocatore di perfezionare dettagli tecnici, attraverso un processo di consapevolezza e di concentrazione che migliora il controllo dell'abilità in allenamento, ma anche in gara, ad esempio, focalizzando la linea unica che si deve rispettare durante l'esecuzione dei tiri liberi.

Chiaramente per raggiungere gli obiettivi di risultato occorrerà lavorare sugli obiettivi di prestazione e di processo. L'allenatore, dunque, definisce una prestazione che l'allievo deve essere in grado di esprimere; le relative consegne devono essere formulate in modo chiaro e preciso, quindi comprensibili, ed essere espresse in termini positivi.

Nella formulazione degli obiettivi, potrebbe essere operativamente utile porsi delle domande, come ad esempio:

- Cosa devono saper fare i giocatori al termine di questo processo?
- Dove possono arrivare e in quanto tempo?
- Da dove iniziamo?
- Quale sarà il livello accettabile della prestazione?

Per pianificare adeguatamente le tappe di apprendimento sarà necessario stabilire obiettivi a breve (alcune settimane), medio (alcuni mesi) e lungo termine (molti mesi o anni). Indicare un tempo entro il quale raggiungere una determinata prestazione può essere un elemento motivante per i ragazzi, che avranno un quadro reale dei termini temporali e la giusta percezione dell'impegno necessario; chiaramente, specie con i principianti, gli obiettivi non devono essere troppo lontani nel tempo (miraggio).

Gli obiettivi possono essere *generali* o *specifici*. Definire obiettivi generali significa avere un'idea di cosa devono saper fare i giocatori al termine di un ciclo di lavoro: ad esempio, nel corso di una stagione sportiva (al termine di una fase di preparazione, di una fase di andata o di ritorno di campionato, di una fase di qualificazione) o in previsione di un torneo. Pertanto, gli obiettivi generali descrivono sinteticamente ambiti di competenze che dovranno poi essere sviluppati nel dettaglio attraverso obiettivi specifici.

Per comodità didattica, sia gli obiettivi generali che quelli specifici possono essere definiti in funzione di quattro linee guida:

- sviluppo delle abilità tecniche (ad esempio saper palleggiare in situazioni diverse, saper passare in situazioni diverse, saper tirare in situazioni diverse, saper mantenere la posizione difensiva in situazioni diverse, ecc.);

- sviluppo della capacità di gioco (ad esempio saper giocare 1 c 1 con palla da esterno o da interno, saper giocare 1 c 1 senza palla da esterno o da interno, saper difendere d'anticipo in situazioni diverse su esterni o su interni, saper attaccare in soprannumero, saper difendere a zona 2-3, ecc.);

- sviluppo della capacità di prestazione cognitiva (ad esempio saper leggere gli spazi offensivi, saper riconoscere le diverse forme di vantaggio/svantaggio, saper riconoscere le condizioni di anticipazione, saper scegliere tra più soluzioni, saper determinare i tempi di movimento adeguati, ecc.);

- sviluppo delle capacità motorie (saper accelerare e decelerare, saper modulare la forza, saper mantenere l'equilibrio, saper resistere alla fatica, saper saltare in situazioni diverse, ecc.);

Per definire gli obiettivi specifici sarà necessario determinare dall'obiettivo generale le componenti da dover sviluppare in modo particolareggiato. Pertanto, nel caso delle abilità tecniche, si passerà da un obiettivo generale come saper palleggiare o saper passare in situazioni di gioco agonistiche, a un obiettivo specifico come saper palleggiare in situazioni di penetrazione, oppure saper passare la palla ai centri da posizione esterna, e così via. Gli obiettivi specifici relativi alla capacità di gioco si determineranno quindi da quelli generali; ad esempio, l'obiettivo generale di saper giocare 1 c 1 con palla da esterno, potrà avere come obiettivi specifici saper giocare 1 c 1 statico, saper usare le finte di partenza, saper gestire la palla e il piede perno, ecc. Anche gli obiettivi generali relativi a capacità di prestazione cognitiva, ovvero saper osservare, leggere e riconoscere le situazioni di gioco, decidere e pianificare scelte, saranno espressi ponendo obiettivi specifici come saper riconoscere il lato forte o debole del difensore, saper determinare la distanza difensiva per tentare un tiro, saper determinare la traiettoria e il momento corretti per un passaggio, ecc. Ovviamente obiettivi relativi ad aspetti applicativi della tecnica o a capacità di gioco sono direttamente collegati alle capacità di prestazione cognitiva e, chiaramente, anche gli obiettivi tecnici sono direttamente collegati con gli obiettivi relativi allo sviluppo delle capacità motorie. Occorre precisare che il volume delle risorse elaborative che vengono richieste per far fronte al compito (carico mentale), deve coincidere con le reali possibilità del giocatore, in relazione cioè alla propria conoscenza e capacità di gioco (Pesce 1998).

In tutto ciò è fondamentale che la loro esplicitazione sia molto precisa e articolata. Gli obiettivi sono spesso concatenati fra loro e non isolati dal contesto del gioco. Nella scelta degli obiettivi è importante considerare anche il *background* del gruppo e del singolo giocatore. Quello che spesso è il riferimento comune nella formazione di un gruppo (età cronologica), non sempre è sinonimo di omogeneità: sarà necessario considerare l'età biologica e l'età sportiva (da quanti anni pratica sport e da quanti in particolare il basket). Nel definire gli obiettivi riveste un ruolo importante l'indicazione di quali riferimenti rendono una prestazione accettabile (deviazione dal modello), cioè cosa ci permette di poter affermare che l'obiettivo è stato raggiunto. Obiettivi relativi alle abilità tecniche possono avere un modello coincidente o condivisibile con quello della maggior parte degli allenatori. Ad esempio se si ha come obiettivo l'esecuzione in palleggio di un cambio di mano frontale, è possibile che molti allenatori abbiano un modello di comportamento definito da parametri tecnici molto simili, a volte identici; è bene però osservare che una singola classe di abilità tecnica, come il cambio di mano frontale in palleggio, può essere espressa con parametri di movimento differenti (angoli articolari, modalità della presa, traiettorie della palla, forza impressa, modalità esecutiva, ecc.) rispondenti quindi a una richiesta di *performance* diversa da un allenatore a un altro. Nel ricercare obiettivi relativi a comportamenti dettati da scelte tattiche o da criteri di collaborazione (azioni di gioco), possiamo avere modelli notevolmente diversi a fronte di situazioni di gioco assolutamente identiche; è il caso, ad esempio, del giocatore che riceve la palla sul lato forte in posizione di ala, e a cui si può richiedere, da una parte, di leggere la situazione difensiva del diretto avversario per trarne vantaggio in vario modo, dall'altra di essere in grado di leggere la posizione del centro e di arrestarsi in funzione di un passaggio per quest'ultimo. Si ritiene di poter affermare, pertanto, che tutti gli obiettivi espressi in termini qualitativi non potranno mai essere ricondotti a un modello comparativo condiviso da tutti gli allenatori. In linea generale l'obiettivo espresso in termini di prestazione potrà essere valutato in base a un modello di riferimento che deriva dalla media espressa ai vari livelli di gioco.

Gli aspetti di contenuto rappresentano i prerequisiti su cui lavorare per perseguire un obiettivo

I contenuti rappresentano gli argomenti, o meglio, i prerequisiti che dovranno essere sviluppati per raggiungere gli obiettivi. Definire i contenuti consentirà di individuare i mezzi (esercizi/attività) che saranno utilizzati per conseguire lo scopo. Il modo migliore per definire un contenuto è quello di partire dall'obiettivo che si vuole perseguire.

Ad esempio, se vogliamo che i nostri giocatori siano in grado di utilizzare adeguatamente gli spazi durante le collaborazioni offensive (obiettivo: sapersi muovere e utilizzare tatticamente in modo corretto lo spazio offensivo), utilizzeremo "esercizi di situazione" in cui i giocatori svilupperanno comportamenti (contenuti) funzionali all'obiettivo: ed esempio, uso del palleggio per rispettare la regola dei "quattro metri" dal compagno (o una qualunque regola di *spacing* fra i compagni), cambio di direzione e/o di velocità in relazione a spazi già occupati o da occupare, riposizionamenti in relazione alle posizioni libere, uso del palleggio per soddisfare la richiesta di allineamento con il centro, ecc. In questo modo, i giocatori vivono esperienze tecniche (2 c 2 con 2 esterni, 1 esterno e 1 centro, 2 centri, o 3 c 3 con 3 esterni o con 2 esterni e 1 centro, ecc.) funzionali allo sviluppo (guidato, vincolato, libero) del gioco.

Se l'obiettivo è saper giocare in difesa sul lato debole, i contenuti da sviluppare potranno essere: sapere come muoversi in rapporto allo spostamento del proprio avversario e della palla mantenendo il triangolo difensivo, sapere come eseguire un *body check* per fermare i tagli verso la palla, sapere come tagliare fuori l'avversario, ecc. Se si restringe l'obiettivo, ad esempio saper difendere sul lato debole quando l'avversario si alza o si abbassa, i contenuti su cui lavorare saranno: conoscere e mantenere la posizione difensiva "di taglio", saper muovere la testa per ricevere informazioni in visione periferica, conoscere e saper utilizzare la linea mediana (immaginaria) come riferimento. Facciamo ancora un esempio: se l'obiettivo è saper giocare in contropiede 2 c 1, la scelta dei contenuti che ne permetteranno lo sviluppo potrà essere: uso del palleggio in velocità, uso del passaggio in velocità, sapere come orientarsi in corsa per rispettare la distanza dal compagno, sapere quanto accelerare per muoversi in avanti prima della palla, sapere quando passare la palla e no, saper riconoscere le possibilità difensive dell'avversario, ecc.

Come già detto, l'individuazione dei contenuti su cui lavorare è determinato dagli obiettivi; l'allenatore dovrà dunque concentrarsi su di essi per sapere da dove cominciare e quali argomenti dovrà trattare per raggiungerli. Se l'obiettivo è quello di formare giocatori in grado di prendere decisioni a fronte di situazione tattiche complesse, come ed esempio saper riconoscere le condizioni critiche e di svantaggio degli avversari quando difendono a zona, pianificando contromosse efficaci, i contenuti saranno determinati attraverso esperienze situazionali: i giocatori dovranno esercitarsi, per esempio, a far circolare la palla più velocemente di quanto non si possa adattare la difesa, o penetrare la difesa negli spazi di interferenza tra due difensori, o ancora, acquisire posizionamenti che non permettono una difesa efficace, e così via.

In conclusione, la scelta dei contenuti determina in modo significativo lo sviluppo adeguato delle competenze e permette di comprendere quale struttura di conoscenze e abilità sta alla base di ogni obiettivo. Infatti, la costruzione di sequenze didattiche efficaci dipende anche dalla capacità di focalizzare i contenuti salienti per lo sviluppo progressivo e graduale delle prestazioni richieste ai giocatori.

Il tipo di approccio stabilito dall'allenatore con i giocatori e il criterio con cui i contenuti vengono proposti, definiscono rispettivamente lo stile e il metodo di insegnamento

Quando si parla di *stile d'insegnamento* ci si riferisce al tipo di relazione pedagogica messa in atto dall'allenatore per formare i propri giocatori. Mosston, per chiarire meglio il concetto di metodo d'insegnamento, descrisse quattro stili con caratteristiche che permettevano di ottenere obiettivi specifici ed effetti diversi (Mosston 1981). In particolare gli stili miravano rispettivamente: ad ottenere una risposta immediata e precisa dell'allievo allo stimolo dell'insegnante (stile d'insegnamento attraverso comandi); ad un'autonomia di comportamento dell'allievo su determinazione degli obiettivi dell'insegnante (stile d'insegnamento per compiti); alla capacità di autovalutarsi e di ricevere valutazioni dai compagni, oltre che dall'insegnante, attraverso un processo di socializzazione e di comunicazione tra gli allievi (stile d'insegnamento per valutazione reciproca); ed infine, ad un'autonomia di comportamento oltre ad una capacità di autovalutarsi (stile d'insegnamento attraverso programmi individuali), stile, quest'ultimo, che associa lo stile d'insegnamento per compiti con quello per valutazione reciproca.

In questa sede si preferisce però attribuire al concetto di stile un significato più generale e maggiormente riconducibile all'approccio che l'allenatore ha con i suoi giocatori; parliamo infatti di *stile direttivo* e stile *non direttivo*. Nel primo caso, lo stile espresso dall'allenatore è basato sul controllo delle azioni individuali o di squadra, con una conseguente riduzione, da parte dell'allievo, della possibilità di prendere iniziative (decidere) e di dare sfogo alla creatività. Nel secondo caso l'allenatore lascia spazio alle capacità decisionali del giocatore, aumentando di conseguenza la possibilità di trovare soluzioni nuove e/o creative. Specie a livello giovanile, lo stile d'insegnamento incide notevolmente sulla formazione dei ragazzi. Esercizi che mirano allo sviluppo applicativo della tecnica o di collaborazioni tattiche permettono risultati di apprendimento certamente migliori se l'allenatore lascia, attraverso un processo metodologicamente corretto, ampio spazio di manovra ai giocatori con la possibilità di sperimentare autonomamente le dinamiche tra azione e situazione di gioco. Nella costruzione di forme di collaborazione preordinata, e quindi di tipo strategico, l'allenatore potrà invece esprimere uno stile maggiormente direttivo, con un controllo maggiore sui comportamenti dei giocatori. La differenza tra concetto di tattica e di strategia sarà trattata nel capitolo sulle collaborazioni.

Per *metodo d'insegnamento* intendiamo il complesso delle procedure che si mettono in atto affinché i contenuti, oggetto dell'apprendimento, vengano proposti in modo ordinato.

È fuorviante pensare che possa esistere un metodo in grado di garantire al 100% i risultati di apprendimento attesi: infatti spesso accade che un metodo favorisca alcuni apprendimenti, penalizzandone altri. In ogni caso qualsiasi metodo si utilizzi non può prescindere dalla quantità e dalla qualità dell'attività messa in campo.

Nell'ambito del lavoro quindi si dovranno alternare quelli che rappresentano oggi i due orientamenti pedagogici più utilizzati: il *metodo deduttivo*, in cui le proposte dell'allenatore sono corredate dalle soluzioni individuate dallo stesso e, quindi, la comprensione del compito è dedotta dagli allievi (prescrittivo, assegnazione del compito, misto); il *metodo induttivo*, invece, in cui le proposte (libera esplorazione, risoluzione dei problemi, scoperta guidata) stimolano l'intuizione degli stessi allievi, orientandoli al ragionamento e alla soluzione autonoma.

Tra i metodi deduttivi particolare importanza viene data al metodo misto (*globale-analitico-globale*): in particolare nella prima fase (*globale*) l'allenatore dimostra nella sua interezza il gesto o una fase di gioco, descrivendo l'obiettivo, per poi lasciarlo eseguire ai giocatori; la seconda fase (*analitico*) prevede che l'allenatore, dopo aver scomposto il movimento nelle sue varie parti (una o più), lo faccia eseguire dai giocatori; la terza parte (*globale/sintetica*) prevede che il movimento venga ripreso nella sua globalità andando ad osservare quali obiettivi sono stati conseguiti e quali eventuali criticità permangono. A livello giovanile può essere più utile lavorare sul metodo misto globale poiché trasmette maggiormente un'idea di comportamento, ma non è da trascurare l'analitico per porre attenzione e correggere parti dei fondamentali.

L'interazione fra i due metodi (globale-analitico-globale oppure analitico-sintetico) sarà frutto dell'esperienza dell'allenatore, che non potrà prescindere dalla conoscenza del movimento, della successione delle parti che lo compongono e che devono essere insegnate; inoltre, concetti come facile, difficile, semplice o complesso dovranno essere sufficientemente chiari per far fronte alle sequenze didattiche. Per quelle attività che vanno dal semplice al complesso, un orientamento prevede che il criterio sia basato su un aumento graduale del controllo coordinativo; mentre per la pianificazione di attività in cui si mettono, in atto procedure che vanno dal facile al difficile, si fa riferimento all'adattamento del gesto al contesto ambientale e alla concentrazione su strategie di modificazione del gesto (Ceciliani 2006). Si ritiene invece, che il concetto di facile o difficile debba essere riferito alla minore o maggiore elaborazione o fatica mentale cui è sottoposto il soggetto a fronte di una situazione di gioco da risolvere o del tipo di abilità da applicare; di conseguenza il soggetto potrà esprimere una minore o maggiore capacità di prestazione cognitiva. Semplice o complesso è da riferirsi invece alla situazione da affrontare o all'abilità che si tenta di eseguire. La situazione sarà più complessa quanto maggiore sarà la richiesta del grado di abilità, così come un'abilità sarà più complessa quanto maggiori saranno le richieste coordinative e condizionali. Pertanto, vi dovrà essere una costante ricerca di equilibrio tra le proposte in modo da sollecitare sia quei giocatori che sono in possesso di abilità già sviluppate o che apprendono più rapidamente, sia coloro che hanno bisogno di maggior tempo per perseguire un apprendimento cosciente (cogliere/sentire nei suoi particolari il gesto/la situazione), visto il continuo scambio di informazioni che le proposte offrono. Allenando a livello giovanile può essere utile lavorare sul globale poiché trasmette maggiormente un'idea di comportamento; peraltro, lì dove si evidenziano errori tecnici o dove si ricerca l'apprendimento di azioni di gioco complesse, diventa necessario l'uso dell'analitico.

Nel piano di allenamento giornaliero vengono annotate dettagliatamente le azioni da condurre sulla squadra

Il piano di allenamento giornaliero (PAG) costituisce il sistema di organizzazione e di notazione delle attività programmate per la seduta di allenamento. Attraverso il PAG l'allenatore pianifica i contenuti dell'allenamento (argomenti da trattare), definisce gli obiettivi che vuole raggiungere (cosa si vuole ottenere), sceglie le modalità operative che ritiene adeguate (come insegnare e attraverso quali esercizi), quantifica i tempi di allenamento in rapporto alle necessità di apprendimento e al carico motorio (per quanto tempo lavorare e a che livello di intensità). Nel PAG vengono annotati dati essenziali come il numero progressivo dell'allenamento, la disponibilità, puntualità e attenzione dei giocatori e gli eventuali infortuni e, attraverso delle note generali, tutti quegli appunti relativi alla periodizzazione dell'allenamento e agli aspetti tecnici, tattici e metodologici legati sia alla seduta di allenamento che alla gara.

Nel preparare il piano di allenamento è necessario che, individuati uno o più obiettivi, l'allenatore scelga coerentemente contenuti e strumenti, orientando in tal senso l'attenzione dei giocatori già dalla fase di riscaldamento; la fase di attivazione, infatti, deve contenere aspetti che introducono fisiologicamente alle attività centrali dell'allenamento. È chiaro che l'esperienza permette di avere una maggiore precisione ed efficacia sia nella distribuzione che nella scelta qualitativa delle attività. Il numero di allenamenti settimanali incide sulla durata e la distribuzione degli argomenti del PAG. I tempi di lavoro, ad esempio, se da una parte devono rispondere alle esigenze di apprendimento, dall'altra devono rientrare in una distribuzione equilibrata fra i diversi argomenti sulla base del tempo settimanale di allenamento. A fronte di un tempo minimo di allenamento settimanale (4-5 ore) si dovranno selezionare quegli esercizi che permettono di ottenere comunque un risultato accettabile di apprendimento.

Talvolta, le aspettative del lavoro proposto non coincidono pienamente con quanto i giocatori mostrano in campo; in questi casi, un processo critico di autoanalisi del lavoro svolto e la consapevolezza degli errori di programmazione permettono di intervenire adeguatamente modificando l'itinerario didattico. Da una disamina di tutti i PAG (settimanale, mensile, annuale) è possibile quindi avere un quadro riepilogativo che permette di quantificare il tempo dedicato a ciascun argomento, le modalità utilizzate e le caratteristiche delle attività proposte.

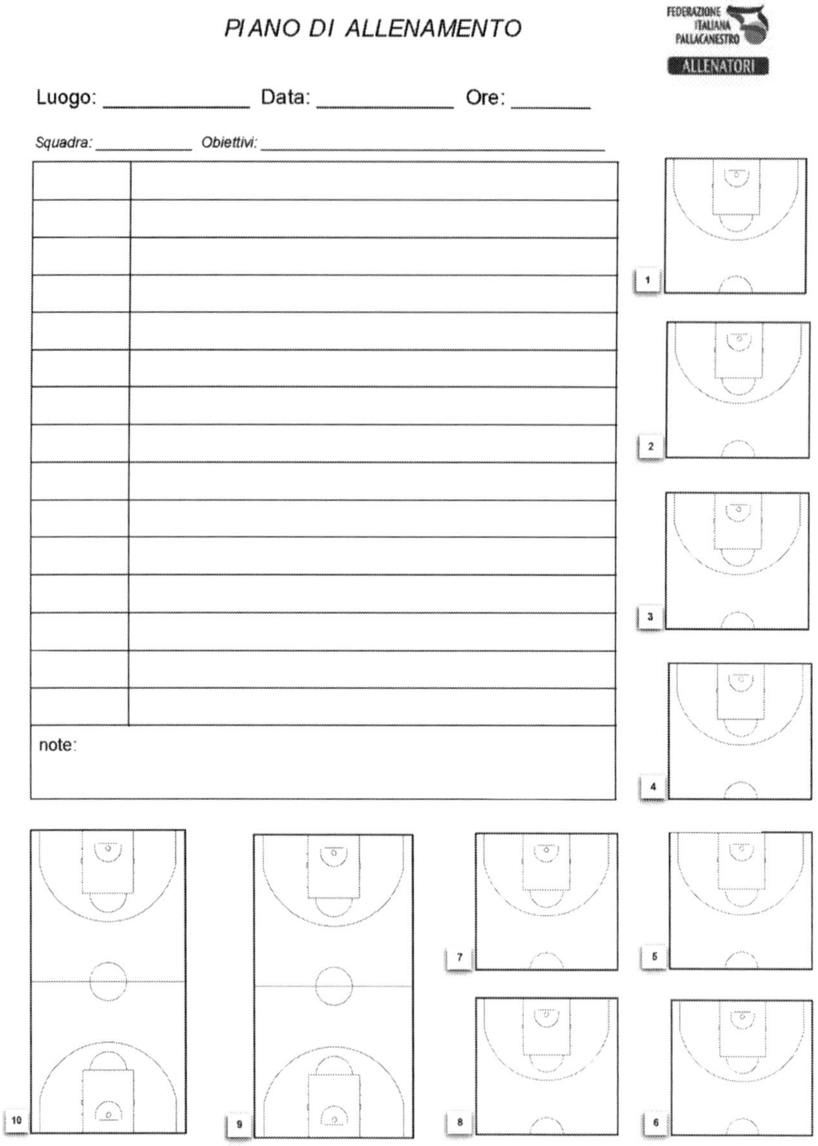
PIANO DI ALLENAMENTO
FEDERAZIONE ITALIANA PALLACANESTRO
ALLENATORI
Luogo: ____________ Data: ____________ Ore: ________
Squadra: __________ Obiettivi: ______________________________
note:
1
2
3
4
5
6
7
8
9
10

Fig.2 Esempio di foglio per l'allenamento giornaliero

Le attività di allenamento vengono denominate e rese didatticamente efficaci attraverso adeguati criteri e strategie di lavoro

Il numero di giocatori coinvolti e il compito da essi svolto in un esercizio (giocare in ritardo, giocare come appoggio, giocare in sopranumero/sottonumero) può creare confusione tra il modo in cui l'esercizio viene definito e l'obiettivo tattico dello stesso. Pertanto, di seguito si riportano alcune regole generali che permettono agli allenatori di intendersi nel momento in cui si vuole nominare un esercizio o tipo di attività che sia:

- Per descrivere un esercizio che prevede attaccanti e difensori, si specificherà prima il numero di giocatori in attacco e poi quelli in difesa; l'inserimento di eventuali appoggi sarà indicato a parte. Ad esempio, uno contro due (che scriveremo 1 c 2 oppure 1 vs 2) significa che un attaccante gioca contro due difensori, viceversa dire due contro uno (2 c 1) significa che 2 giocatori attaccano contro un difensore. Quando si trovano esercizi di 1 c 0 significa che l'attaccante gioca, chiaramente, in assenza di difesa. Difficilmente si definisce un lavoro difensivo 0 c 1; in questi casi è utile indicarlo come "lavoro difensivo individuale o a secco". Quando si giocano situazioni di uno contro uno sarà necessario chiarire se si tratta di giocatore con palla o senza palla e se si intende riferirsi all'attacco o alla difesa: ad esempio 1 c 1 con palla in attacco, 1 c 1 senza palla in difesa e così via. A queste definizioni può essere utile aggiungere il riferimento relativo sia allo spazio che alla posizione in cui si gioca; ad esempio, si può giocare 1 c 1 tutto campo, oppure 1 c 1 a metà campo o 1 c 1 su un quarto di campo; si può anche giocare 1 c 1 da spalle a canestro (o da interno), intendendo il giocatore che gioca sul perimetro dell'area, o da fronte a canestro (o da esterno), intendendo il giocatore che gioca fuori dalla linea dei tre punti o comunque lontano dall'area.

- Il termine *appoggio*, viene utilizzato solo per gli attaccanti e, come detto, viene indicato a parte: pertanto si potranno avere situazioni di uno contro uno con due appoggi, che verranno scritte 1 c 1 + 2A, oppure situazioni di due contro due con un appoggio, che verranno indicate con 2 c 2 + 1A, e così via; talvolta si omette di aggiungere la lettera A, scrivendo direttamente 2 c 2 + 1. Se si scrive 1 c 1 + 1A, significa che l'uno contro uno è con palla e ovviamente in attacco, ma, se si vuole indicare che la palla sia in appoggio, si dovrà scrivere: 1 c 1 s.p. + 1A.

- Gli esercizi che prevedono *handicap* indicano situazioni di svantaggio difensivo create *ad hoc* dall'allenatore e che coinvolgono uno o più difensori: avremo quindi, per esempio, esercizi di uno contro uno con *handicap*, che si potrà scrivere 1 c 1 H. Le situazioni con *ritardo* o *recupero difensivo* possono talvolta essere chiamate anche con *handicap*. Un esercizio di quattro contro quattro *handicap* potrà essere chiamato anche 4 c 4 con recupero, intendendo che si creerà didatticamente un ritardo difensivo.

Chiarito l'aspetto relativo alla denominazione delle attività, si passa alla parte organizzativa degli stessi, considerando che essa risulta spesso determinante per l'efficacia delle proposte e consente di limitare le pause dovute a incomprensioni che spesso generano confusione. Uno dei problemi da affrontare è quello di definire dove devono stare o cosa devono fare i giocatori tra un'esecuzione e un'altra, cioè mentre danno il cambio ad altri compagni. Organizzare file o gruppi, in modo che i giocatori si possono alternare nell'esercizio, permette, da una parte, un'equa distribuzione del carico di lavoro tra i giocatori e, dall'altra, un'immediata disponibilità a ripetere l'esercizio e da una posizione corretta. Le regole di organizzazione didattica devono essere dettate prima dell'esercizio: l'allenatore deve prevedere, anche in modo approssimativo, il numero delle volte che ciascun giocatore viene coinvolto nell'esercizio, in modo da rendere congruente il valore del carico di allenamento e l'esigenza di apprendimento. Occorre porre attenzione anche su un adeguato uso degli spazi, specie quando si orienta il giocatore a riconoscere e utilizzare vantaggi spaziali; iniziare l'esercizio da un punto rispetto ad un altro può cambiare la prospettiva del gioco e la possibilità di interpretare il gioco secondo principi diversi.

La giusta attenzione deve essere posta al momento della consegna: sapere quanto tempo impiegare per comunicare informazioni salienti ai giocatori e cominciare a lavorare non è una capacità innata. Allenatori inesperti, o poco attenti, si concentrano solo sul volume di informazioni da voler trasmettere; pensano che dire tutto in una volta riduca le possibilità di errore dell'allievo. In realtà le informazioni devono essere somministrate gradualmente, dedicando alla "consegna" un tempo molto breve ma con messaggi chiari e concisi, stimolando negli allievi i processi attentivi. Infatti, il modo di spiegare, l'ordine con cui si susseguono gli obiettivi, l'enfasi posta su un particolare importante, la capacità di attirare l'attenzione dei giocatori, e così via, migliorano il processo d'insegnamento-apprendimento. A volte è utile dare dei consigli sul "cosa non fare"; anticipare il possibile errore può rinforzare la memoria motoria sul compito esatto da svolgere.

Specialmente nelle categorie giovanili è indispensabile che l'allenatore sappia dimostrare correttamente la tecnica. Dimostrare è un'abilità che bisogna allenare. Essere in grado di eseguire, anche a velocità più bassa, significa dare all'allievo un modello di riferimento su cui costruirà l'esperienza motoria fino al perfezionamento tecnico; pertanto, un bravo tecnico è colui che, gradualmente, pone attenzione ai particolari dimostrandoli e spiegandoli. Quando non si è nella possibilità di dimostrare, si potrà ricorrere all'aiuto di un assistente, o se possibile, di un allievo. Si vedrà più avanti, nella parte relativa alle modalità di apprendimento, che l'osservazione da parte degli allievi di un atto motorio o di un'azione, incide significativamente nella fase di acquisizione del processo mnesico ed è anche questo il motivo per cui oggi, sempre più frequentemente, si ricorre all'uso della tecnologia e in particolare di supporti video.

Al termine della consegna, l'allenatore potrà ricordare ai giocatori quali sono gli indicatori di conclusione, cioè quando fermarsi per far posto ai compagni, e le regole di riorganizzazione al termine di ogni esecuzione; queste possono essere rotazioni per file o per compito, o alternanza di gruppi di lavoro.

Nella pratica cestistica vengono utilizzati criteri, metodi e strategie didattiche che permettono di migliorare la qualità didattica dell'allenamento. L'allenatore dovrà pertanto conoscere i diversi strumenti a disposizione e le modalità di utilizzo degli stessi in modo da tracciare itinerari didattici adeguati. Di seguito vengono riportati una serie di criteri di lavoro comunemente utilizzati nella pratica cestistica (Gebbia, Messina P.M. 2012).

- *Attività propedeutiche coordinative.* Sono moltissimi gli esercizi che sviluppano in generale le capacità coordinative e che permettono di costruire una base di esperienze motorie ideali per l'apprendimento dei fondamentali; per tale ragione e per le loro caratteristiche propedeutiche ad ampia applicazione, vengono prevalentemente proposte prima degli esercizi che hanno obiettivi tecnici specifici. Ne sono un esempio i numerosi e vari esercizi di *Ball handling*, particolarmente utili per il controllo della palla, o quelli per il *"lavoro dei piedi"* con l'utilizzo di fascette, cinesini, e quant'altro, molto importanti per le partenze, gli arresti e il lavoro difensivo.
- *Attività di tipo esecutivo o a secco.* Questi esercizi hanno lo scopo di perfezionare aspetti tecnici o tattici in assenza di opposizione. Per tale

ragione sarà necessario richiamare, verbalmente o con interventi dimostrativi, le condizioni ipotetiche di opposizione al fine di perfezionare anche in termini funzionali.

- *Attività di tipo applicativo.* Gli esercizi applicativi hanno la funzione di verificare l'efficacia della tecnica in condizioni di gioco. Questi esercizi contribuiscono a rendere funzionale l'abilità tecnica favorendo la capacità di adattamento/flessibilità della stessa (abilità aperte), a fronte di un ambiente continuamente variabile ed incerto.

- *Attività con ostacoli.* L'utilizzo di coni, cinesini, sedie, ecc., permette di creare condizioni che, oltre a dare riferimenti sul campo, regolano la frequenza di esecuzione delle abilità tecniche; l'utilizzo delle sedie come modalità di opposizione, permette anche di regolare i parametri tecnici del movimento.

- *Attività con appoggio.* L'appoggio è il ruolo svolto indifferentemente da un allenatore, un assistente o da uno o più giocatori, con funzioni e raggio d'azione limitati, sia nella proposizione di esercitazioni offensive che difensive, siano esse tecniche o tattiche.

- *Attività con scelta guidata.* È un metodo d'insegnamento utilizzato prevalentemente negli esercizi d'attacco, basato sulla presentazione di un comportamento che l'allievo dovrà riconoscere e a cui dovrà rispondere in modo appropriato. A fare da "guida" potranno essere sia l'allenatore (o un suo assistente) che un giocatore (giocatori che si alternano sia in difesa che in attacco). Nelle progressioni che riguardano allievi in fase di apprendimento, la difesa guidata verrà proposta prima dall'allenatore e successivamente dagli stessi allievi. L'allenatore, nel guidare in difesa, osserverà la qualità dell'esecuzione offensiva e darà *feedback* sia descrittivi che prescrittivi. La modalità guidata potrà prevedere, in una fase successiva, comportamenti difensivi diversi, in modo da abituare i giocatori a scegliere tra le diverse possibilità di risposta. Le esercitazioni con guida diretta dell'allenatore possono essere in seguito sostituite dalla sola guida dei giocatori che, in una fase ulteriore, potranno anche simulare situazioni diverse di svantaggio (ritardo, eccessivo anticipo, eccessiva distanza, ecc.), in modo da abituare i compagni in attacco a gestire condizioni di incertezza migliorando la rapidità delle scelte.

Le esercitazioni con difesa guidata rappresentano un momento iniziale del processo formativo; vengono quindi inserite nelle progressioni che mirano allo sviluppo della tattica individuale e sono sempre accompagnate dagli esercizi a secco, proponibili sia prima che dopo lo *step* guidato, con lo scopo di perfezionare gli aspetti tecnici delle soluzioni tattiche.

- *Attività con handicap.* È la condizione per la quale al fine di creare uno specifico vantaggio al giocatore, si fa partire l'avversario da una condizione svantaggiosa (ma reale), appunto di *handicap*, in modo da orientare l'azione secondo l'obiettivo prefissato.
- *Attività con varianti.* All'interno di una sequenza di lavoro, si possono inserire varianti di un esercizio. Per quanto non codificabili metodologicamente, le varianti consistono solitamente nel proporre, all'interno di un esercizio, comportamenti aggiuntivi o sostitutivi o forme alternative di abilità tecniche che hanno finalità simili, senza modificare i principi e le caratteristiche organizzative dell'esercizio stesso.
- *Attività agonistica.* Permette di verificare l'efficacia prestativa generale (tecnica, tattica, fisica, cognitiva) evidenziando le discrepanze tra esigenze di gioco e reale capacità d'azione (di esecuzione, di applicazione, di collaborazione, di gioco, ecc.).

Nel proporre gli esercizi, l'allenatore deve tenere conto delle caratteristiche generali del gruppo a cui si rivolge; pertanto, gli esercizi saranno tanto efficaci quanto grande ed equilibrato è il processo di apprendimento che hanno prodotto. Gli esercizi possono essere distinti in funzione dei *contenuti* e delle *modalità* di esecuzione (Gebbia 2006).

Rispetto ai contenuti, gli esercizi possono essere distinti in:
- *semplici*: quando sono finalizzati a un solo elemento tecnico;
- *combinati*: quando sono finalizzati a più elementi tecnici combinati fra di loro;
- *integrati*: quando sono finalizzati a un elemento tecnico e a uno condizionale.

Rispetto alle modalità, gli esercizi possono essere distinti in:
- *standard*: sono quelli in cui tutti i movimenti sono previsti dall'allenatore e definiti in anticipo;
- *diversificati*: sono quelli che prevedono un elemento imprevedibile e la scelta spetta ad un giocatore o all'allenatore ed è definita nel momento in cui si inizia il movimento;

- *ripetitivi*: sono quelli in cui lo stesso movimento viene eseguito nello stesso identico modo per un numero stabilito di ripetizioni, senza alcuna variazione;
- *variati*: sono quelli in cui il movimento viene eseguito con una variazione dei parametri del programma motorio generalizzato dopo ogni ripetizione, cambiando, ad esempio, il lato di esecuzione (far eseguire un tiro in corsa dal lato destro e poi dal lato sinistro e così via), oppure il tipo di arresto (una volta destro-sinistro, una volta sinistro-destro), oppure la distanza (dopo ogni tiro aumentare o diminuire la distanza), o in generale il tempo di movimento;
- *codificati*: sono quelli in cui il compito viene assegnato dall'allenatore e i giocatori devono eseguire i movimenti richiesti;
- *applicati*: sono quelli in cui l'allenatore propone una situazione in cui il giocatore è costretto ad eseguire efficacemente il movimento se vuole raggiungere l'obiettivo; ad esempio, una situazione di momentaneo vantaggio rispetto al difensore. Gli esercizi applicati permettono all'allenatore di fare una valutazione sulle capacità del giocatore, ma anche al giocatore di essere consapevole del perché è utile eseguire un determinato movimento oltre che essere creativo nel trovare soluzioni nuove.

Nel preparare gli esercizi occorre avere come riferimento un obiettivo precedentemente individuato e determinare i contenuti necessari per raggiungerlo; ad esempio, il miglioramento del palleggio è un obiettivo generale che potrà essere perseguito se saranno determinati i contenuti che sottendono allo sviluppo di tale abilità nelle sue varie forme: l'equilibrio, il ritmo, la coordinazione, la posizione del corpo, ecc. L'esercizio deve quindi essere *funzionale* cioè adeguato all'obiettivo e al gruppo. Con il termine *funzionale* si intende anche l'applicazione adeguata ed efficace di un fondamentale; ad esempio, si dirà che un passaggio è funzionale se la sua esecuzione ha permesso di acquisire un successo tattico evidente. Gli esercizi devono anche sviluppare capacità e/o abilità direttamente ricollegabili con le esigenze della gara; specie in fase di apprendimento è bene proporre, parallelamente al lavoro di sviluppo dei particolari tecnici, attività che abituano il giovane ad affrontare le dinamiche motorie e di competizione tipiche della gara. Per evitare errori grossolani di incongruenza tra esercizio e reale capacità di esecuzione da parte degli allievi, è bene che l'allenatore si abitui a "vedere" mentalmente l'esercizio prima di proporlo; tale accorgimento aiuta a sviluppare una forma di attenzione positiva nella formulazione degli obiettivi e dei relativi contenuti.

Sia il giocatore che l'allenatore forniscono e ricevono informazioni (feedback) per migliorare il processo di insegnamento-apprendimento
Durante l'allenamento o le gare, allenatore e giocatori comunicano continuamente. Gli allenatori cambiano il loro approccio (stile) comunicativo, e con esso anche gli aspetti di contenuto e di relazione, in base al livello del gruppo/squadra (principianti, esperti, *elite* nazionale e internazionale) (Bloom 1985, Bloom et al. 1997); pertanto è necessario che questo processo venga sviluppato e migliorato.

Per essere certi che il messaggio sia giunto al ricevente esattamente come è stato trasmesso, è necessario effettuare una valutazione sulla ricezione, detta *retroazione* o *feedback*. Quindi per *feedback* si intendono generalmente tutte quelle informazioni che, in una condotta sportiva, forniscono messaggi, percepiti attraverso canali diversi, durante e dopo l'esecuzione del movimento. I *feedback* possono essere *verbali*, cioè espressi a voce, o *motori*, cioè espressi attraverso comportamenti. Inoltre, i *feedback* possono essere espressi sia dall'allievo che dall'allenatore.

I *feedback* possono essere distinti in *sensoriali* e *aggiuntivi* (Bortoli, Robazza 2016). I *feedback sensoriali* possono essere interni ed esterni. I *feedback interni* (o intrinseci) comprendono le informazioni relative al proprio corpo, come il senso vestibolare e le sensazioni propriocettive. Il giocatore utilizza il *feedback* associato all'esecuzione del comportamento per avere informazioni necessarie al fine di individuare e correggere le disparità tra rappresentazione mentale e azione; ciò permetterà una modifica del comportamento sulla base dell'informazione comparativa che produrrà aggiustamenti correttivi dell'abilità (Carroll, Baundura 1985, 1987; Bandura 2000). I *feedback esterni* (o estrinseci) comprendono quanto percepito dagli organi esterocettori provenienti dall'ambiente esterno, come le informazioni acustiche, visive e tattili.

I *feedback aggiuntivi* possono essere forniti dall'allenatore, o per dare informazioni sul risultato di un'azione rispetto all'obiettivo (*feedback sul risultato*), o per dare informazioni sulla prestazione, cioè sulla qualità esecutiva del gesto (*feedback sulla prestazione*); in quest'ultimo caso, l'allenatore potrà fornire ulteriori informazioni sugli errori commessi durante l'esecuzione (*feedback descrittivi*) e/o informazioni per ovviare a tali errori (*feedback prescrittivi*). Talvolta si utilizzano *feedback riassuntivi* per fare una sintesi di quello che è accaduto o che è stato evidenziato.

John Wooden, mitico allenatore della UCLA, con cui vinse dieci titoli NCAA, per fornire *feedback* istruttivi ai suoi giocatori, mostrava innanzitutto l'esecuzione corretta di un'abilità, poi imitava l'esecuzione scorretta del giocatore e, infine, dimostrava nuovamente l'esecuzione corretta (Tharp, Gallimore 1976). I *feedback* estrinseci pare abbiano maggiore efficacia se forniti con un ritardo di pochi secondi dal termine dell'esecuzione dell'azione (Swinnen et al. 1990). Le informazioni relative al risultato dovrebbero essere adeguatamente distribuite durante l'esercitazione e non ad ogni tentativo di esecuzione del movimento, inoltre è preferibile lasciare un margine di libertà di effettuare errori (Haase, Hansel 1996).

Nel corso delle esercitazioni, l'allenatore dovrà modulare adeguatamente la *frequenza* dei *feedback*; in modo particolare dovrà osservare se un numero elevato di *feedback* produce un effetto di assuefazione sul giocatore e se il fornire continuamente informazioni (anche sullo stesso contenuto) provochi realmente un miglioramento dell'apprendimento o piuttosto una possibile inibizione. Con il passare del tempo (cioè all'aumentare del livello di apprendimento), l'allievo riceverà *feedback* sempre più intervallati, in modo che si abitui man mano a cogliere da sé gli elementi utili ad apportare correttivi all'esecuzione. È importante anche la *precisione* del *feedback*, ovvero la chiarezza dei contenuti e il dettaglio delle informazioni, poiché dovranno fare evidentemente riferimento al livello di abilità raggiunto dall'allievo. Infine, cosa non facile, è necessario valutare il *momento* giusto per dare un *feedback*. Alcuni *feedback*, ad esempio, possono essere dati prima dell'esecuzione perché servono da promemoria per l'allievo. Vi sono informazioni tattiche che invece possono essere date all'istante, mentre alcune informazioni di tipo tecnico si possono fornire solo al termine dell'esecuzione, in quanto i tempi di movimento sono molto brevi per consentire una "guida" dell'allenatore e, inoltre, possono anche distrarre l'allievo.

È pur vero che correggere frequentemente può creare un ambiente dove l'errore potrebbe rivestire un ruolo fondamentale nel processo di apprendimento; ciò potrebbe portare un allievo ad essere più consapevole dei propri errori (interiorizzazione) che di quello che fa bene. Quindi potrebbe essere utile limitare le correzioni e variare le proposte (Hotz 1997).

Pertanto, spesso è necessario stabilire con i giocatori un *colloquio diagnostico-formativo*, ovvero un sistema di interazione attraverso il quale l'allenatore indaga parlando con il giocatore, ne studia la logica delle scelte, scambia informazioni al fine di migliorare il processo di insegnamento-apprendimento e fornisce contemporaneamente elementi su indicatori di previsione (saper anticipare gli eventi), indicatori di lettura (dove e cosa guardare), punti di riflessione, aspetti della logica tattica, ecc.; è essenzialmente un sistema di ricerca e produzione di *feedback* (Messina P.M. 2004).

È utile e anche gratificante fornire dati sulle condotte tenute in allenamento o in gara e sui risultati. Gli allievi cercano sempre un consenso da parte dell'allenatore e quindi è necessario dimostrare supporto e disponibilità ai componenti della squadra; occorre comunque che vi sia un giusto equilibrio tra critica ad esecuzione sbagliata dei movimenti ed elogio dei miglioramenti degli stessi (Moser 1991).

Di contro, esistono informazioni da evitare, come i *rinforzi in negativo*, che possono provocare un calo dell'autostima dell'allievo, e le informazioni in cui si notifica anticipatamente la condotta da tenere, quando è invece necessario stimolare l'autonomia nelle scelte.

L'allenatore osserva i giocatori per essere consapevole delle azioni da loro effettuate nei diversi aspetti della pratica sportiva

L'osservazione ha funzione innanzitutto di raccolta di informazioni necessarie per l'analisi dell'andamento delle attività degli atleti, al fine di modificare e migliorare fasi diverse del processo di insegnamento-apprendimento. L'allenatore osserva e valuta caratteristiche diverse espresse dal giocatore o dalla squadra, come gli aspetti tecnici, tattico-strategici, fisico-atletici e psicologici.

In generale, obiettivo dell'osservazione sarà quello di:

- valutare l'*esecuzione di movimenti o corsi di azione* degli atleti, cioè sapere se l'esecuzione tecnica corrisponde ai modelli di riferimento tecnico e coordinativo;
- conoscere *dove si è arrivati* per sapere *come bisogna intervenire*; il primo aspetto implica la valutazione delle condizioni generali della squadra e l'individuazione dei punti d'intervento, mentre il secondo aspetto richiede una programmazione in cui si descrivono le modalità d'intervento;
- sapere se *quanto si è insegnato ed il modo in cui è stato fatto ha permesso un apprendimento*; ciò vuol dire avere consapevolezza dell'efficacia dei contenuti e dei mezzi utilizzati, in modo da revisionare, eventualmente, i metodi di allenamento-insegnamento.

È evidente che nella fase interattiva dell'allenamento, l'esperienza accumulata dall'allenatore incide notevolmente sulla qualità delle informazioni trattate; inoltre, gli allenatori possiedono, e sono in grado di verbalizzare efficacemente, forme di conoscenza metacognitiva, riconducibili ad una grande varietà di campi della psicologia che gli accademici non sono in grado di definire con precisione, proprio perché gli allenatori esperti integrano i metodi tradizionali di conoscenza con concetti presi dall'esperienza (Salmela 1995).

Il processo di osservazione/valutazione prevede le seguenti fasi:

- assegnazione del compito da parte dell'allenatore
- osservazione del compito svolto dall'allievo
- *feedback* dell'allievo e notazione puntuale dell'allenatore
- confronto tra ciò che è stato osservato e ciò che si è richiesto
- individuazione degli errori e determinazione della grandezza delle discrepanze (deviazioni rispetto all'ipotesi)
- *feedback* dell'allenatore mirato al miglioramento della prestazione.

A tale scopo l'allenatore dovrà operare cercando adeguati punti d'osservazione. Ad esempio, le attività riferite all'attacco possono essere seguite meglio se si osserva dalla stessa prospettiva degli attaccanti; lo stesso principio vale per la difesa. Alcune attività svolte a tutto campo devono essere osservate dalle linee laterali, in modo da avere una visione ampia e completa. Molti esercizi, ad esempio quelli del *Ball handling*, possono essere osservati da vicino, girando tra gli allievi, in modo da avere un approccio più diretto e la possibilità di trasferire un'enfasi adeguata. L'esperienza comunque guiderà l'allenatore nel trovare la giusta collocazione in tutte le situazioni.

Come detto, l'osservazione del giocatore è finalizzata alla valutazione della prestazione; quest'ultima si manifesta attraverso comportamenti individualizzati e collaborativi, basati sulle capacità motorie e sui processi di formazione cognitiva. Pertanto, se da una parte si osserva il giocatore in veste di "esecutore", dall'altra è necessario osservarlo in veste di "elaboratore di informazioni".

Nell'attività giovanile un aspetto importante è quello relativo alla ricerca del talento. Questa attività, alquanto complessa, richiede da parte dell'allenatore la capacità di individuare, con un certo anticipo, quei giocatori in grado di competere ai più alti livelli, al fine di pianificare itinerari adeguati. Un giocatore si reputa di talento quando è in grado di realizzare prestazioni sportive superiori alla media, rispetto a gruppi di riferimento di soggetti dello stesso livello di sviluppo biologico e con abitudini di vita simili (Gebbia 2010).

Il legittimo aumento dell'offerta delle più svariate discipline sportive ha portato però gli operatori del settore a competere per tesserare in modo indiscriminato ed egoistico anche giovani in tenera età; ciò porta spesso a sollecitare richieste in netto anticipo rispetto alle naturali fasi di apprendimento, allo scopo di avviare precocemente l'atleta all'agonismo e saltando così alcuni cicli di formazione. È noto che prima dei 10-12 anni non è possibile predire la scoperta di un talento (AA.VV. 2002).

Chi si orienta a identificare il talento nel giovane più abile, ponendo in secondo ordine la "capacità d'azione", si basa su una logica di selezione che non è formativa, ma essenzialmente prestativa. Questa scelta, che porta ad avere rapidi successi in età giovanile, potrebbe rivelarsi dannosa con il passare degli anni, poiché la mancanza di un reale processo formativo, rispondente in modo completo alle richieste del modello di prestazione ai vari livelli, non consentirà di conseguire i risultati sperati.

La valutazione permette di comprendere qual è il livello delle azioni tenute dai giocatori nei diversi aspetti della pratica sportiva

Nella fase di valutazione l'allenatore pone a confronto ciò che osserva (valore reale) con ciò che vorrebbe vedere (valore nominale); pertanto, ogni deviazione o differenza nell'esecuzione rispetto al modello prestabilito o alle indicazioni da seguire, tale da ridurre il rendimento di un gesto tecnico sportivo, può definirsi errore. Vedremo comunque che questo tipo di valutazione è prevalentemente esaustivo per le abilità chiuse quindi, nel nostro caso, sarà valido solo per il "tiro libero"

È bene osservare che non sempre le discrepanze sono da considerarsi errore. Se si considera infatti l'esecuzione di un giocatore evoluto, si osserva che l'abilità tecnica, rispetto al modello di riferimento, può aver subito delle modificazioni dei parametri tecnici, divenendo stabili, migliorando addirittura il grado di maestria; in questi casi si può affermare che il giocatore ha adattato la tecnica a sé stesso esprimendo uno "stile" personale. Per comodità didattica possiamo classificare gli errori nel seguente modo (Messina P.M., Bozzaro 2005):

- Errore di esecuzione: l'abilità osservata in termini di esecuzione si discosta dal modello. L'errore di esecuzione può essere ricondotto a un errore di selezione del programma motorio o a un errore di parametrizzazione di un programma motorio corretto.
- Errore di lettura: il giocatore non comprende la situazione (errata identificazione degli stimoli). L'errore di lettura può essere ricondotto a una scarsa conoscenza delle dinamiche tattiche o a una scarsa capacità attentiva.
- Errore di scelta del piano d'azione: il giocatore effettua una scelta tecnica o tattica incongruente, riconducibile sia alla difficoltà di selezionare la risposta in tempi brevi, sia alla difficoltà di recuperare dalla memoria programmi adeguati.
- Errore di comunicazione: il giocatore non è in grado di comunicare efficacemente con i compagni o permette agli avversari di conoscere le proprie intenzioni.

Esistono comunque una serie di fattori oggettivi e non, che influenzano la valutazione dei movimenti (Madella 1996):

Elementi oggettivi
- Prospettiva di osservazione
- Angolo visuale
- Distanza
- Durata del movimento e tempo in cui esso è visibile
- Illuminazione/visibilità
- Velocità angolari
- Frequenza delle informazioni

Variabili legate all'osservatore
- Modelli teorici, aspettative dell'allenamento
- Acutezza visiva
- Variabili psicologiche (motivazioni, emozioni)
- Attenzione, concentrazione, fatica

È chiaro che l'allenatore esperto riesce a cogliere un numero maggiore di informazioni ed in modo celere, attraverso un'attenzione selettiva con conseguente risparmio di tempo e avendo, quindi, la possibilità di realizzare un intervento più efficace.

La valutazione della tecnica cestistica non è sempre semplice in quanto, come detto, ci troviamo di fronte ad abilità aperte (*open skill*). La difficoltà maggiore si ha quando si osserva un'abilità particolarmente creativa il cui programma motorio viene richiamato raramente, rendendo così difficile il riconoscimento dei limiti su cui i parametri possono variare. Altre abilità hanno invece una variabilità dei parametri di movimento molto bassa (ad esempio i passaggi non particolarmente ostacolati dall'azione difensiva, come il passaggio a due mani dal petto, il passaggio *baseball*, quello perimetrale, o il palleggio con difesa non aggressiva, ecc.): qui il modello di riferimento, cui ricorre il tecnico per identificare gli scarti d'errore, è sostanzialmente costituito dal programma motorio di ciascun tipo di abilità canonicamente descritto nei manuali. In questo caso il confronto tra i due modelli (valore osservato e valore di riferimento) risulta più semplice perché i punti di riferimento per l'individuazione degli errori sono maggiormente riconoscibili e più precisi.

Considerando la così ampia possibilità di utilizzare programmi motori diversi con altrettante possibilità di parametrizzazione, occorre chiedersi quale debba essere il criterio per valutare tecnicamente un'abilità aperta. Quando viene eseguita un'abilità aperta, la "forma" del movimento è dettata dalla situazione esterna. Chi osserva è spesso orientato da una "sensibilità visiva", frutto di molte ore di esperienza in campo (La Torre, Dotti 2006). Gli allenatori esperti disporrebbero anche di un modello "gerarchico e articolato di conoscenze" che si va formando partendo dalle esperienze personali, sia come giocatore che come allenatore, e dal sapere pratico comune agli allenatori (Madella 1996). Quando si osserva, ad esempio, l'esecuzione di un passaggio da parte di un giovane, nella fase di apprendimento iniziale si nota che sia le fasi temporali, che compongono l'intero movimento (tempo di movimento complessivo e tempi parziali), sia l'ampiezza dei vari angoli di movimento (al polso, al gomito, alla spalla), e la successione con cui si manifestano e si sovrappongono, non corrispondono a un criterio ritmico-funzionale di riferimento generale; si osserva cioè un movimento grezzo, goffo, imbarazzato che manca di fluidità temporale, in cui alcuni angoli si aprono erroneamente prima o dopo di altri, ritmicamente non funzionale all'esigenza del momento di gara. Questa discrepanza tecnica viene focalizzata e percepita facilmente dall'allenatore esperto che la confronta con quello che possiamo definire un *modello coordinativo* (Messina P.M. 2010). In pratica l'allenatore si aspetta di vedere un *ordine sequenziale* dei segmenti che compongono il gesto tecnico e un preciso *tempo di movimento di ciascun segmento*, inclusi gli aspetti di variabilità (parametri) del programma che governa quella abilità. Con l'esperienza, questa impronta ritmica che caratterizza il modello coordinativo, si fa più forte e precisa nella memoria dell'allenatore che la utilizza come *schema anticipante* (Martin et al. 1997) ovvero come riferimento per determinare gli scarti d'errore.

Se si prende come esempio il passaggio a due mani sopra la testa, la sequenza che l'allenatore si aspetta di vedere sarà in ordine: elevazione delle braccia a gomiti leggermente chiusi, elevazione delle braccia e contemporanea estensione degli avambracci, completa estensione degli avambracci e iniziale flessione dei polsi, completa flessione dei polsi. Qualunque inversione della sequenza delle componenti e differenza del tempo di movimento delle stesse (ad esempio gli avambracci si estendono in anticipo rispetto all'elevazione delle braccia), costituirà una discrepanza rispetto al modello coordinativo.

Altri indicatori possono contribuire a rafforzare il modello, come la capacità di esprimere elevati e adeguati gradi di libertà articolare, la presenza costante di eventuali caratteristiche tecniche (es. flessione della mano), la congruenza tra abilità espressa ed esigenza applicativa della situazione di gioco (funzionalità), che è diretta espressione delle componenti cognitive del movimento.

L'approccio cognitivista e quello dinamico-ecologico rappresentano i due orientamenti che hanno affrontato il problema della realizzazione e del controllo dell'azione motoria

Nel paragrafo precedente sono emersi aspetti che suggeriscono come per la realizzazione di una qualunque abilità tecnica debba esserci un sistema di controllo che gestisce e regola le azioni motorie. Come fa notare C. Pesce (2002), l'apprendimento motorio non può essere compreso se non si conoscono i meccanismi di controllo dei movimenti, per quanto fra il controllo motorio e l'apprendimento sussista un rapporto circolare, poiché il processo di apprendimento costituisce il banco di prova di qualunque teoria sul controllo motorio.

Sono due gli approcci teorici di riferimento che hanno contribuito a comprendere come i giocatori siano in grado di leggere e adattarsi alle situazioni di gioco in modo sempre più rapido e preciso: l'approccio *cognitivista* e quello *dinamico* o *ecologico*. Entrambi sono influenti, specialmente per i riflessi applicativi; spiegano i processi di controllo e di apprendimento, differenziandosi prevalentemente sulla relazione tra percezione e azione (cfr. Edwards 2011).

La *teoria dello schema*, un approccio cognitivista (il più conosciuto e diffuso) introdotto negli anni '70 da R.A. Schmidt, con risvolti applicativi importanti (cfr. Schmidt, Lee 2014), sostiene che, per regolare le azioni, non possono esistere in memoria tanti *programmi motori* per quante sono le possibilità d'azione che un individuo può esprimere, ma che esistono più *programmi motori generalizzati* (PMG) ciascuno dei quali regola classi di azioni simili; il PMG definisce, dunque, un modello (*pattern*) di movimento piuttosto che un movimento specifico (Schmidt, Wrisberg 2000). Questa teoria considera il cervello come un elaboratore centrale che tratta le informazioni in tre stadi: prima *identifica gli stimoli*, poi *seleziona la risposta* scegliendo dalla memoria a lungo termine il PMG necessario per realizzare l'azione e, infine, *programma la risposta* adeguata che verrà trasmessa agli organi motori per essere realizzata.

Ciascun PMG permette di apportare variazioni nell'esecuzione dell'abilità: ad esempio, durante il palleggio è possibile imprimere maggiore o minore forza, aumentare o diminuire la velocità o l'ampiezza del movimento o, ancora, eseguirlo con l'arto opposto. Tutte queste varianti sono definite *caratteristiche superficiali* o *parametri*, cioè caratteristiche flessibili che permettono di modularne l'esecuzione in modo da adattarlo alle richieste ambientali; in tal modo si spiega anche la capacità che ha l'uomo di generare movimenti nuovi, mai eseguiti prima. I ricercatori hanno anche determinato una caratteristica invariante dei movimenti, definita *timing relativo* (TR): più precisamente, all'aumentare o al diminuire del tempo di movimento di un'abilità, la proporzione fra la durata fra ciascun componente e la durata totale dell'intero movimento rimane invariata; pertanto, se cambiano le proporzioni del TR significa che cambia la classe di movimento, cioè il PMG.

L'approccio dinamico ecologico trova la sua massima espressione intorno agli anni '80 nella *teoria dei sistemi dinamici*, ma trae le sue origini dagli studi svolti negli anni '60 del fisiologo russo Bernstein e da quelli dello psicologo americano Gibson, in cui si evidenziava come l'attività umana non potesse essere spiegata solo da un sistema di controllo centrale. L'approccio dinamico ecologico ci prospetta una visione interessante sui processi tattici dei giocatori: essa presuppone che i processi decisionali e i relativi comportamenti tattici siano da attribuire ad un sistema combinato organismo-ambiente (nel nostro caso: giocatore-situazione di gioco); in fase di apprendimento, le azioni sono il risultato di una combinazione tra esecutore, ambiente e compito. Questa prospettiva pone in evidenza come, in modo rilevante, l'ambiente d'azione ci suggerisce il modo per agire; in tal senso, i giocatori sul campo, più che percepire lo spazio, ne intuiscono l'*affordance* cioè il comportamento più appropriato (Gibson 1979). Le mani protese verso la palla suggeriscono un passaggio, uno sbilanciamento del difensore suggerisce una condizione vantaggiosa per l'attaccante, un giocatore che penetra a canestro suggerisce un tentativo di tiro; questi suggerimenti che provengono dall'ambiente d'azione costituiscono il fondamento su cui i giocatori basano le proprie scelte. Contrariamente all'approccio cognitivista, per gli psicologi ecologici, è possibile la *percezione diretta*, cioè senza ricorso alla memoria (anche se non viene spiegato il modo in cui si diventa consapevoli di queste regole). L'esempio più ovvio di questo fenomeno è quando una palla sta arrivando verso di noi: quando si avvicina, la sua immagine diventa più grande e la velocità con cui aumenta la dimensione dell'immagine ci darà informazioni sulla velocità della palla. Un altro esempio è riportato da McMorris: "*Il membro di una classe non aveva bisogno di esperienza passata, per cercare di raccogliere una palla da basket. Era ovvio dalla dimensione della palla e dalla dimensione della mano che non sarebbe stato in grado di raccoglierla con una mano e con le dita rivolte verso il basso; poteva tuttavia vedere che poteva equilibrare la sua mano. Non aveva bisogno di ricorrere alla memoria, tutte le informazioni necessarie erano presenti sul display*". Riportando il concetto al giocatore sul campo, l'attenzione è rivolta al riconoscimento delle possibilità d'azione offerte dell'ambiente in cui si svolge la gara; quest'ultimo è un ambiente dinamico, in cui circostanze e ambiente prestazionale richiedono ai giocatori di esprimere comportamenti flessibili e adattivi (Araújo 2016).

La critica più importante mossa alla psicologia ecologica è l'insistenza che la percezione non fa ricorso alla memoria. I cognitivisti sostengono che le informazioni sensoriali non possono avere senso senza ricorrere al Sistema Nervoso Centrale (SNC) e in particolare alla memoria di lavoro, mentre la maggior parte degli psicologi ecologisti afferma che le connessioni tra afferenze ed efferenze avviene a livello periferico, e in particolare nel midollo spinale; questi ultimi sostengono, inoltre, che siamo più attivati dalle informazioni percettive con esperienza, e indicano il fatto che possiamo percepire adeguatamente situazioni nuove, come prova della natura diretta della percezione (McMorris 2004).

Altro punto di discussione, in cui si reputa non esaustiva la teoria dei programmi motori generalizzati per spiegare il controllo della motricità umana, è quello proposto da Bernstein con il problema dei *gradi di libertà* (Bernstein 1989), cioè l'insieme delle strutture (muscoli, articolazioni, fibre nervose, unità motorie) che devono essere controllate per la realizzazione di un atto motorio. All'aumentare dei gradi di libertà coinvolti in un'azione aumentano chiaramente anche il numero di strutture anatomiche da controllare: secondo Bernstein il SNC non è in grado di controllare una tale complessità di strutture; al SNC viene attribuita una funzione decisionale relativa all'obiettivo dell'azione. Come si vedrà nel paragrafo dedicato all'apprendimento motorio, entrambi gli approcci (cognitivista e dei sistemi dinamici) hanno risvolti tanto interessanti quanto utili da un punto di vista applicativo e quindi didattico.

L'abilità è la produzione costante di movimenti orientati al raggiungimento di obiettivi specifici per il compito e che devono essere appresi

Prima di discutere dei processi di apprendimento che producono una serie di cambiamenti della capacità di azione dei giocatori, sarà bene chiarire il concetto di abilità motoria e di alcuni termini utilizzati in modo intercambiabile, in modo da comprendere meglio gli stadi di sviluppo delle abilità e i processi neuronali sottostanti al comportamento motorio.

Gli allenatori definiscono generalmente le abilità tecniche con il termine di "fondamentali"; questo termine nasce dal presupposto che per essere in grado di giocare a pallacanestro (ma il concetto vale per qualunque gioco sportivo), la conoscenza delle abilità tecniche del gioco e la loro acquisizione fino al grado di maestria risulta, appunto, essere "fondamentale". Per *tecnica* si intende una successione sperimentata di movimenti, o insieme di azioni e operazioni determinati dalla specificità dello sport, adatta allo scopo e che serve alla soluzione più efficace di un determinato problema di movimento in una situazione sportiva (Martin et al. 1997, Platonov 2004). Dal concetto di tecnica emerge chiaramente quello di *adattamento*, ossia quel processo che il giocatore mette in atto per affrontare i continui mutamenti che si verificano nel contesto di gioco (situazionalità), modificando il proprio comportamento. Tale concetto è fondamentale non solo in relazione alla modificabilità dei fondamentali tecnici (parametrizzazione e/o variabilità di programmi motori affini in relazione alla situazione), ma anche come modificazione di comportamenti più complessi dettati da processi di collaborazione tattica.

Spesso viene utilizzato il termine "movimento" o "gesto tecnico" sia per indicare l'azione mirata di un giocatore in una situazione di gioco, sia quello di un'abilità. Negli anni '70 si evolveva l'idea di un apprendimento mirato sia alla forma che alla funzione del movimento, e che l'aspetto più importante in una gerarchizzazione funzionale era la finalizzazione ad uno scopo (Knauf, Göhner in: Hotz 1996). Oggi sappiamo che per apprendere le abilità aperte è necessario un allenamento che riesca a mettere assieme le esigenze di automatizzazione con quelle di applicazione al contesto situazionale.

Le neuroscienze forniscono una serie di definizioni che permettono di comprendere come la comunità scientifica si regola terminologicamente nell'ambito dell'attività motoria.

L'*abilità* deve essere intesa come la competenza raggiunta in un determinato compito sia cognitivo che motorio (Aglioti, Facchini 2002); tale competenza viene acquisita e applicata, e pertanto, l'abilità risulta essere la produzione costante di movimenti orientati al raggiungimento di obiettivi, che sono appresi e sono specifici per il compito (McMorris 2004). Il *movimento* è il risultato dell'attivazione di un limitato distretto muscolare che produce lo spostamento nello spazio di una o più articolazioni: ad esempio la flessione del braccio o il piegamento delle gambe. L'*atto motorio* è il risultato di più movimenti, eseguiti sinergicamente e in maniera fluida, che coinvolgono più articolazioni. L'atto motorio, diversamente dal movimento, ha uno scopo: ad esempio, per tirare a canestro bisogna sollevare il gomito, estendere il braccio e flettere la mano; questo concetto coincide con quello di abilità. L'*azione* è invece una sequenza programmata di atti motori contraddistinta da uno scopo generale: è il caso del giocatore che chiude il palleggio ed effettua un tiro in corsa (Mandolesi 2012).

Le abilità tecniche della pallacanestro vengono, per comodità didattica, suddivise in fondamentali di difesa e d'attacco, questi ultimi suddivisi a loro volta in fondamentali con e senza la palla. Queste abilità rappresentano i mezzi di cui dispone il giocatore per raggiungere gli obiettivi del gioco. Saper eseguire i fondamentali e saperli utilizzare sono gli obiettivi essenziali dell'allenamento giovanile; questo aspetto può non essere affrontato con la giusta attenzione dagli allenatori perché distratti dal gioco che rappresenta invece il fine ultimo da raggiungere. Saper giocare, cioè avere capacità d'azione, è il diretto risultato di un processo di apprendimento che vede lo sviluppo dei fondamentali come mezzo per esprimere tale capacità: è chiaro, quindi, che ci vorrà molto tempo prima che si raggiunga un'adeguata fase di consolidamento; saltare questo processo significherebbe utilizzare strade più brevi, ottenendo magari risultati a breve termine, ma limitando notevolmente la "futuribilità" del giocatore.

Occorre considerare che la capacità di eseguire e applicare determinate abilità dipende anche dal vissuto motorio (esperienze di movimento) del giovane; bambini che provengono dall'esperienza del minibasket approdano con una formazione generale migliore rispetto a chi non ha mai praticato alcun tipo di gioco-sport. Molti studi sostengono che, nella fascia di età infantile e giovanile, un lavoro *multilaterale*, consistente nell'utilizzo variato di tutti i mezzi che consentono di sviluppare le capacità motorie, permetterebbe di sviluppare una base solida su cui costruire i processi di specializzazione. Con riferimento alle capacità coordinative, particolarmente sollecitanti risulterebbero esercitazioni nuove, inabituali, difficili e complicate, con notevole variazione e/o combinazioni di movimenti (Sta-rosta, Hirtz 1990). Weineck definisce "allenamento di base" la prima delle tre sezioni in cui può essere suddiviso l'allenamento giovanile: esso ha come finalità una formazione di base multilaterale, che pur indirizzata verso uno sport, presenta una varietà di contenuti e metodi di allena-mento con carattere di formazione generale, consentendo l'acquisizione delle abilità tecniche di base o delle doti necessarie per eseguire un più ampio numero di movimenti (Weineck 2001). Nel nostro caso, risulta ap-propriata una forma di *multilateralità orientata* e *mirata* fondata su una grande quantità di proposte motorie e di varianti significative, rispetto agli schemi motori e alle abilità della disciplina sportiva praticata (Marcello, Masia 2001). Si ritiene che nel contesto cestistico giovanile, un esteso la-voro di *Ball handling* possa costituire una forma importante di multilate-ralità mirata, che funge da supporto e da lavoro propedeutico per lo svi-luppo delle abilità tecniche, specialmente quando non si proviene da espe-rienze di minibasket.

Ritornando alle caratteristiche proprie delle abilità tecniche cestistiche, si evidenzia un altro aspetto interessante: non tutti i fondamentali vengono eseguiti in modo *speculare* sui due lati del campo (Messina P.M. 2004). Più chiaramente, analizzando una situazione di arresto e tiro, si osserva come il giocatore eseguirà l'arresto sempre con il piede destro leggermente avanzato rispetto al sinistro e tirerà sempre con l'arto dominante cioè il destro (è evidente che se il giocatore fosse mancino eseguirebbe l'esatto opposto di quanto descritto). Cosa diversa accade con altri fondamentali che possono essere eseguiti in modo speculare, come ad esempio il tiro in terzo tempo (appoggio destro-sinistro e tiro di destro sul quarto di campo destro, oppure, appoggio sinistro-destro e tiro di sinistro sul quarto di campo sinistro). Tale aspetto risulta importante anche per determinare il tempo disponibile per tirare nell'istante in cui si stabilisce la distanza dall'avversario; più semplicemente, nel caso di arresto a due tempi (in avanzamento) e tiro dall'ala sinistra, il piede perno (quindi il destro) stabi-lisce la distanza massima registrabile dall'avversario in quel preciso istante. Nella stessa situazione, ma dall'ala destra, il piede perno (quindi il sinistro) non stabilisce la distanza massima dall'avversario poiché il se-condo tempo (piede destro) supera la linea dei piedi, diminuendo quindi ulteriormente la distanza dall'avversario e aumentando contemporanea-mente il tempo d'arresto.

Un ulteriore aspetto interessante è quello relativo alla *trasferibilità* delle abilità tecniche. In pratica, il giocatore utilizza e riadatta il programma che governa una determinata abilità (ad esempio un cambio di mano frontale) per eseguire un altro fondamentale (ad esempio un passaggio schiacciato). Questa trasferibilità può avvenire riportando anche abitudini tecniche d'attacco in situazioni di difesa e viceversa: ad esempio, in una situazione di 1 c 1 con palla da spalle a canestro, il lavoro dei piedi dell'attaccante quando esegue una partenza omologa con giro frontale di 180°, è uguale, modificando i parametri del programma motorio, a quella del difensore che ruota con giro frontale per passare (in certe situazioni) sotto il blocco nel *pick and roll*.

La tecnica può essere acquisita prevalentemente attraverso due forme di allenamento: *esecutivo* e *applicativo*.

- *L'allenamento di tipo esecutivo o di acquisizione* (spesso chiamato a secco) permette l'acquisizione e lo sviluppo dell'abilità con particolare riferimento alla sua struttura coordinativa (come si esegue); attraverso un elevato numero di ripetizioni si tenta di ottenere un'immagine motoria che si avvicina ad un modello di riferimento (pattern), cioè ad una precisa classe di movimento. Questo tipo di allenamento è automatizzante e permette l'acquisizione dei processi di parametrizzazione dell'abilità tecnica. Non è possibile definire il volume di lavoro settimanale necessario per raggiungere gradi elevati di controllo, anche perché a livello giovanile non sempre si è nelle condizioni di lavorare quotidianamente e per molte ore; a livelli elevati, e in ambito professionistico, il discorso cambia radicalmente. Infatti, giocatori professionisti di alto livello, possono raggiungere una media di settemila tiri realizzati alla settimana; a fronte di tale dato è possibile ipotizzare il volume di lavoro cui si sottopongono.

- *L'allenamento di tipo applicativo* permette di adattare il fondamentale alle condizioni di gioco e risponde alla necessità di sviluppare il corretto utilizzo dello stesso, cioè lo scopo e il momento in cui deve essere eseguito. Questo tipo di lavoro allena principalmente la variabilità di scelta dei programmi motori necessari per affrontare le situazioni; in forma minore rispetto all'allenamento esecutivo, allena anche i processi di parametrizzazione delle singole abilità tecniche.

Un giocatore può essere in possesso di buoni modelli di riferimento, ma se non esegue la giusta azione al momento giusto diventa un giocatore quasi inutile (Knapp, 1977). Chiaramente la capacità d'azione attraverso l'uso dei fondamentali è anche strettamente dipendente dal grado di preparazione fisica: ad esempio, saper eseguire un passaggio nel modo, nel momento e al compagno giusto, non significa necessariamente saper esprimere la giusta forza per rendere il passaggio sicuro ed efficace; viceversa uno sviluppo carente della tecnica impedisce che il giocatore riesca a trasformare il suo crescente potenziale fisco in risultati elevati della sua prestazione nello sport specifico (Weineck 2001).

L'apprendimento motorio passa per tre stadi in cui si evidenziano gli sviluppi dal soggetto non esperto a quello esperto

L'apprendimento delle abilità avviene lentamente, per gradi e attraverso un allenamento costante. Possiamo definire l'apprendimento come un insieme di processi associati con l'esercizio o l'esperienza che determinano un cambiamento relativamente permanente nella prestazione e nelle potenzialità di comportamento (Cfr. Singer 1984, Magill 2001, Schmidt, Lee 2014). L'apprendimento di un'abilità tecnica può essere osservato sotto due profili: la capacità di eseguire l'abilità senza fattori di disturbo e, viceversa, la capacità di eseguire la stessa abilità nel contesto agonistico della gara; questo aspetto rappresenta per l'allenatore e per lo stesso giocatore un indicatore del livello di apprendimento complessivo.

Le caratteristiche della prestazione che indicano apprendimento sono: il *miglioramento*, inteso come l'avvicinamento dell'abilità al modello richiesto; la *costanza* (o stabilità) ovvero la capacità nel ripetere l'abilità sempre con le stesse caratteristiche tecniche; la *persistenza* cioè la capacità di rendere permanente l'abilità; l'*adattabilità* sempre maggiore dell'abilità in contesti situazionali diversi (Magill 2001).

Sia l'approccio cognitivista che quello dinamico suddividono il processo di apprendimento in tre stadi utilizzando una terminologia che sposa sia la visione anglosassone (cognitivista) che quella che pone l'accento sulla motricità (Cfr. Meinel, Schnabel 1977), evidenziando caratteristiche comportamentali e indicazioni applicative.

Il processo di apprendimento può avere momenti di stasi o di regresso, il passaggio da una fase all'altra non è sempre chiaro e la loro durata dipende dalle caratteristiche del soggetto e dalla difficoltà del compito.

- *Stadio verbale-cognitivo o di sviluppo della coordinazione grezza*

In questa fase si hanno due obiettivi fondamentali: comprendere le caratteristiche del compito e pervenire ad una forma grossolana del movimento da eseguire. Il compito viene svolto in forma facilitata e gli allievi cercano di eseguire l'abilità ma non conoscono i modi per correggere l'errore. Non riescono ad applicare correttamente la forza (troppa o poca) e mostrano difficoltà nella combinazione e nell'ampiezza dei movimenti; ciò si evidenzia con una scarsa precisione e sincronizzazione degli stessi. Pertanto, sarà opportuno, in questa fase, sviluppare adeguatamente le capacità motorie. Le indicazioni metodologiche consigliate sono quelle di adottare adeguate strategie di facilitazione, spiegando in modo chiaro e semplice, facendo eseguire il compito immediatamente dopo la dimostrazione e dopo un buon riscaldamento e in situazione di non affaticamento.

Bortoli e Robazza (2016) riportano gli elementi di base che caratterizzano questi tre stadi secondo la teoria dei sistemi dinamici, evidenziando aspetti applicativi che forniscono all'allenatore un quadro più ampio di conoscenza e di possibilità d'intervento. Nell'approccio dinamico, questa prima fase coincide con lo *stadio iniziale* in cui *si riducono i gradi di libertà*. L'allievo si trova a dover controllare un grande numero di gradi di libertà relativi sia all'abilità interessata che ad altre strutture non interessate; pertanto, l'allievo blocca dinamicamente alcuni gradi di libertà in modo da alleggerire il carico da controllare. Ma la riduzione dei gradi di libertà non è la soluzione ottimale in quanto per ottenere un'esecuzione coordinata ed efficace è necessario controllare molti altri gradi di libertà.

È importante notare che nella presentazione di un esercizio che riguarda la fase iniziale di apprendimento di un fondamentale (tipico nelle prime fasce delle categorie giovanili), il tecnico dimostra l'abilità e chiede agli allievi di eseguirla attraverso esercizi specifici. Il processo di *imitazione dell'azione* è simile ma non uguale al processo di *apprendimento di azioni per osservazione* di sequenze motorie: i due processi si distinguono infatti per la differente richiesta cognitiva (Mandolesi 2012). L'apprendimento dell'azione per osservazione appartiene, come vedremo, ad un ampio *processo cognitivo mnesico*: infatti, per poter apprendere l'azione osservata, per poi immagazzinarla, elaborarla e recuperarla (riutilizzarla, eseguirla), deve essere necessariamente "capita" (Mandolesi, Passafiume 2004). Nei compiti per imitazione, invece, è quasi del tutto assente l'attivazione del cervelletto, organo che ha l'importante funzione di coordinare e rendere precisi i movimenti, controllando la congruenza tra comando dato dal centro e azione in atto (Miall 2003). Nell'imitazione dell'azione i tempi di acquisizione sono più lunghi, anche se frequenti ripetizioni portano comunque alla lunga a un apprendimento. Si ritiene comunque che l'allenamento ripetitivo divenga realmente efficace se l'esecutore riesce ad immaginare, nelle esercitazioni a secco, una condizione reale in cui l'abilità tecnica eseguita ha uno scopo.

- *Stadio motorio o di sviluppo della coordinazione fine*
In questa fase si perfeziona e si rende più stabile l'esecuzione anche in presenza di fattori di disturbo. È il momento in cui si cura l'intervento della forza, diminuiscono gli errori, migliora la coordinazione segmentarla,

l'ampiezza e la velocità di movimento si avvicinano a quelli ideali e l'allievo è in grado di controllare l'esecuzione del gesto, oltre al risultato finale dell'azione, con una riduzione dei costi energetici. È opportuno utilizzare diverse ripetizioni con maggiore attenzione ai particolari esecutivi; bisogna stimolare il giocatore a ricercare *feedback* sull'esecuzione e occorre modulare le possibili difficoltà. Il passaggio allo stadio successivo (stadio autonomo) richiede spesso grande motivazione e caratteristiche individuali sport-specifiche.

Nell'approccio dinamico, questa seconda fase coincide con lo *stadio avanzato* in cui *si liberano i gradi di libertà*. Il giocatore è in grado di controllare un numero maggiore di gradi di libertà in quanto, all'aumentare delle possibilità d'azione, si riducono il numero di strutture da controllare. L'apprendimento permette, infatti, di accorpare muscoli e articolazioni interessati in unità d'azione dette *sinergie* (Edwards 2011); il sistema si auto-organizza in strutture coordinative neuromuscolari che vengono assemblate all'occorrenza, permettendo la fluidità dei movimenti e forme di coordinazione più complesse.

- *Stadio autonomo o di sviluppo della disponibilità variabile*
È la fase del perfezionamento sportivo, nella quale l'abilità motoria non viene solo automatizzata, ma è soprattutto utilizzabile in contesti diversificati di competizione. Questa fase viene raggiunta dopo un notevole volume di pratica; è caratterizzata da maggiore sicurezza nell'esecuzione, costanza, precisione, ritmo e rapidità dei movimenti e il livello di automatizzazione è tale da permettere di orientare l'attenzione verso informazioni diverse da quelle relative al movimento. I miglioramenti sono molto lenti e l'impegno, sia fisico che mentale, è altissimo. È chiaro che la condizione di maestria intesa come grande precisione ed efficacia è strettamente dipendente dalla frequenza delle esperienze di allenamento e quindi dal volume di lavoro complessivo.

L'approccio dinamico definisce questo terzo e ultimo stadio come *stadio esperto* e della *capitalizzazione dei gradi di libertà*. Il giocatore, pur avendo un grado notevole di coordinazione, continua a liberare e a organizzare altri gradi di libertà sfruttando (capitalizzando) al meglio forze esterne e interne all'organismo come, ad esempio, l'energia elastica muscolare o la forza d'attrito, l'inerzia, o la gravità. Questa forma di massimizzazione non si ottiene soltanto sciogliendo i gradi di libertà, ma anche bloccandoli. Azioni sportive richiedono infatti che alcuni gruppi muscolari e articolazioni vengano bloccati, come nel caso dei muscoli fissatori del tronco nelle situazioni di tiro in sospensione.

Nell'approccio dinamico prevale il concetto di *metodo euristico*, un procedimento in cui l'insegnante assiste l'allievo nella ricerca autonoma di soluzioni motorie, senza imporre vincoli all'allievo con indicazioni prescrittive sul come semplificare l'esecuzione motoria (Pesce 2002). Vengono quindi proposte attività in cui si stimola l'apprendimento per prove ed errori, attraverso la risoluzione di problemi, allo scopo di raggiungere un obiettivo specifico ed esplorando opportunità offerte dall'ambiente per trovare soluzioni efficaci.

È intuitivo che un grado elevato di abilità (*expertise*) è raggiungibile solo a fronte di un volume elevato di lavoro finalizzato. Studi effettuati in diversi settori di attività hanno dimostrato come fossero necessari almeno 10 anni o 10.000 ore di esercitazione specifica (definita "pratica deliberata") per ottenere una prestazione esperta (Ericsson 1993). Vengono adesso definiti brevemente, ma con maggiore precisione, i processi che sottintendono alle fasi di apprendimento e di memorizzazione delle abilità tecniche per comprendere quali sono gli effetti reali dei procedimenti/attività che proponiamo ai nostri giocatori. Apprendimento e memoria fanno parte di un unico processo chiamato *processo mnesico* (Mandolesi, Passafiume 2004). In esso dobbiamo distinguere una prima fase di apprendimento, cioè di *acquisizione*, in cui le informazioni vengono comprese. La fase seguente è quella della memoria, composta da tre fasi successive, ovvero *immagazzinamento*, *elaborazione* e *recupero* delle informazioni acquisite. Nella fase di apprendimento i contenuti vengono immagazzinati e trasformati in memoria: ad esempio, quando si impara ad eseguire una virata in palleggio, si tende inizialmente a verbalizzare coscientemente tutti gli atti motori necessari per eseguire il fondamentale. A distanza di tempo, dopo ripetute prove, le singole componenti del fondamentale non necessitano più di un controllo cosciente; l'abilità tecnica diventa automatica grazie alla *memoria implicita* (o procedurale). La memoria implicita è prevalentemente inconscia, si manifesta in modo automatico ed è strettamente collegata alle condizioni originali nelle quali ha avuto luogo l'apprendimento; in altri termini, laddove vi è una qualche manifestazione di "apprendimento senza ricordo" di come si fa una cosa si parla di memoria procedurale. La *memoria esplicita* consiste invece nel ricordo volontario o conscio di esperienze pregresse (Schacter, Wagner 2015). Il processo di acquisizione delle informazioni prevede sia un *apprendimento esplicito*, in quanto è necessario comprendere a cosa serve e quando utilizzare il fondamentale, sia un *apprendimento implicito*, cioè i meccanismi procedurali (come si esegue) che permettono di eseguire l'abilità. Il consolidamento in memoria implicita di un apprendimento di tipo procedurale ci permette di rievocare senza sforzo l'abilità tecnica, senza pensare a come si esegue, anche a distanza di anni; questa condizione di stabilità comporta chiaramente anche il mantenimento di eventuali errori acquisiti. Gli studi provenienti dalle neuroscienze, in particolare la scoperta dei *neuroni specchio*, hanno permesso di comprendere un fenomeno molto interessante: questi neuroni si attivano sia quando vengono compiuti determinati atti motori, sia quando si osservano altri che li eseguono (Rizzolatti, Sinigaglia 2006). Questa scoperta apre una serie di potenzialità applicative in ambito sportivo, perché sapere osservare come si esegue correttamente un gesto atletico (funzione estremamente cognitiva) migliorerebbe la *performance* e aumenterebbe i successi (Mandolesi 2012). Sulla base degli studi che dimostrano che il sistema specchio sia capace di intendere lo scopo dell'azione altrui, specialmente quando le azioni sono contestualizzate (Iacoboni et al. 2005), è possibile riflettere sul fatto che l'osservazione dell'esecuzione di un fondamentale applicato a un contesto situazionale incide maggiormente rispetto all'esecuzione a secco. In uno studio condotto su giocatori professionisti di pallacanestro, allenatori e giornalisti sportivi, ai quali veniva mostrato un filmato in cui venivano eseguiti tiri a canestro, interrotti a diversi intervalli temporali, si chiedeva di indovinare se il tiro sarebbe entrato nel canestro. Il risultato mostrò che i giocatori professionisti erano, rispetto agli altri, molto più precisi nel prevedere i tiri sbagliati, perché comprendevano fin da subito l'errore cinematico (Aglioti et al. 2008). L'informazione viene dunque processata e il sistema specchio viene attivato se l'osservatore osserva atti motori o azioni che hanno dunque uno scopo; ciò fa riflettere sul fatto che l'esecuzione di abilità tecniche, talvolta didatticamente frazionate, possa essere in realtà poco indicativa dello scopo dei movimenti. Pertanto, si ritiene che il primo approccio didattico debba prevedere, da parte degli allievi, l'osservazione dei fondamentali inseriti nel contesto situazionale in modo da permetterne la comprensione (si veda più avanti l'apprendimento per osservazione). La seconda condizione perché il sistema specchio si attivi e l'osservazione crei un reale effetto sull'apprendimento, è che gli atti motori o le azioni osservate debbano appartenere al proprio repertorio motorio (Mandolesi 2012); ovviamente osservazione e immediata esecuzione dovranno rappresentare due momenti che, sostenuti da una forte motivazione ad apprendere, daranno risultati di apprendimento concreti. Quest'ultimo aspetto può creare delle perplessità in quanto il repertorio motorio di un giovanissimo è limitato.

Occorre però prendere in considerazione che, a sostegno delle fasi di sviluppo dell'apprendimento, intervengono due ulteriori processi: da una parte, processi di *richiamo* di abilità di base che nella "forma" si avvicinano all'abilità tecnica (ad esempio, chi sa afferrare può già avere un'idea di ricezione, o chi sa lanciare ha già un'idea di passare); dall'altra, processi di *trasferibilità* delle abilità, che consentono di combinare stesse classi di abilità ma con finalità diverse (ad esempio, il passaggio dietro la schiena assimilabile al cambio di mano in palleggio dietro la schiena, o il cambio di mano frontale al passaggio schiacciato frontale o, ancora, il tiro protetto a canestro al passaggio a una mano lob, ecc.). Si ritiene che questo sistema di allenamento migliori il processo di recupero e di parametrizzazione dei programmi motori con un probabile arricchimento della motricità generale e delle capacità applicative.

L'allenatore utilizza adeguate strategie di facilitazione per favorire l'apprendimento dei suoi allievi

Diceva Einstein: *"Si può affermare di conoscere veramente qualcosa solo se si è in grado di spiegarlo alla propria nonna"*; nulla di più vero! La padronanza di un argomento e l'uso di un linguaggio chiaro, preciso e adeguato è il primo passo per facilitare l'apprendimento; tra l'altro, la terminologia tecnica deve essere spiegata preventivamente in modo da essere certi che il contenuto dell'informazione sia compresa dagli allievi. Per i giocatori l'allenatore deve essere un modello da cui imparare, oltre ad un esempio di lealtà e correttezza sportiva; saper dimostrare (e non per forza giocare) significa, almeno per i giovanissimi, che siamo in grado di fare ciò che stiamo chiedendo, e ciò rappresenta agli occhi degli allievi un traguardo importante. L'allenatore deve considerare che ad ogni livello di esperienza acquisita dagli allievi deve corrispondere un adeguato livello di obiettivi di apprendimento; questo procedere per gradi deve sempre tenere conto dell'età, degli anni di esperienza e dei risultati di apprendimento che man mano si registrano. Inoltre, sarà necessario variare i programmi di allenamento in funzione delle verifiche valutative. Le proposte di allenamento devono essere caratterizzate, oltre che da contenuti salienti e adeguati, da attività che stimolano l'interesse degli allievi.

Per facilitare il compito degli allievi è possibile utilizzare metodi diversi. Un primo aspetto è legato al contenuto dei messaggi che l'allenatore trasmette: può essere risolutivo quando fornisce la soluzione a fronte di una situazione di gioco ("passa la palla!"), e non risolutivo quando si stimola l'attenzione ("guarda avanti!"). In quest'ultimo caso l'allievo viene aiutato a comprendere qual è la soluzione ottimale o a osservare l'ambiente per ricavare informazioni utili. Spesso l'istruttore è portato a suggerire la risposta all'allievo, poiché vuole evitare deviazioni rispetto al modello formale, utilizzando perciò "progressi" analitici (Le Boulch 1975). È bene, dunque, insegnare ad orientare l'attenzione in direzione di quegli indicatori che forniscono informazioni salienti: ad esempio, nel passare la palla, è bene guardare, in una visione d'insieme, dove il compagno "chiama" la palla e la distanza dal suo avversario. L'abitudine a leggere le situazioni sviluppa la capacità di gestire autonomamente il gioco, migliorando, nel contempo, le capacità decisionali e la sicurezza.

Come già accennato, il primo approccio didattico deve prevedere che gli allievi osservino i fondamentali inseriti nel contesto situazionale in modo da permetterne la comprensione. Inizialmente dovranno essere eseguiti lentamente, così da evidenziare gradualmente i dettagli tecnici; a tale scopo anche la dimostrazione deve essere eseguita a velocità non elevata, questo per far comprendere l'efficacia tecnica e rendere più visibili gli elementi che compongono l'atto motorio. Una corretta dimostrazione è dunque quella che, specie con i giovanissimi in fase di apprendimento, permette di acquisire chiaramente l'immagine motoria dei fondamentali o di una serie di comportamenti. Proporre attività a "difficoltà crescente" implica la capacità di modulare didatticamente due concetti: diminuire o aumentare il numero dei fattori coordinativi e condizionali, ed eliminare, ridurre, aumentare o esasperare l'incidenza offensiva dell'avversario. Gli esercizi effettuati in ampi spazi facilitano il compito degli attaccanti e aumentano la difficoltà di quello dei difensori; l'inverso accade se si diminuiscono gli spazi operativi. Anche il giocare contro avversari più o meno alti, o più o meno veloci, o più o meno esperti, incide sull'esperienza di apprendimento. In generale l'allenatore deve comprendere empiricamente se l'allenamento che sta proponendo sollecita realmente il metabolismo energetico dei giocatori o se gli stimoli sono insufficienti o eccessivi. Questa capacità di tarare l'intensità e i ritmi del lavoro, si apprende conoscendo il modello di prestazione del livello di riferimento e osservando l'operato di allenatori esperti.

Il modo e le condizioni in cui un'abilità viene eseguita producono risultati diversi di apprendimento

Un'abilità tecnica può essere eseguita in modi diversi. Se l'abilità viene eseguita sempre nello stesso identico modo e nelle stesse condizioni si parla di *pratica costante*; se l'abilità viene invece eseguita in modi diversi e in condizioni diverse (luce, temperatura, rumori, distrazioni) si parla di *pratica variabile*. Il concetto di variabilità, che rappresenta la caratteristica fondamentale dei PMG, viene oggi esteso anche alle abilità chiuse in quanto la modificazione dei parametri di movimento rinforza la precisione e l'adattabilità dello schema di movimento.

Come già evidenziato nel paragrafo sul controllo motorio, a ciascuna *classe* di abilità tecniche (ad esempio tiri con estensione del braccio partendo con il gomito sotto la palla) corrisponde un PMG. Più classi di abilità tecniche possono appartenere allo stesso *tipo* di abilità: ad esempio tirare con il gomito sotto la palla e braccio intra-ruotato e tirare in sottomano (braccio extra-ruotato), appartengono allo stesso tipo di finalità tecnica, ma hanno PMG diversi, cioè appartengono a classi diverse. Lo stesso vale per i cambi di mano in palleggio: un cambio di mano in virata, un cambio di mano in frammezzo o un cambio di mano dietro la schiena, rientrano nello stesso tipo di finalità (cambiare mano), ma appartengono a classi di movimento diverse e dunque sono regolate da PMG diversi.

Questa premessa aiuta a comprendere meglio la differenza che passa tra una pratica in cui si variano i parametri di una classe di abilità regolata da un preciso PMG, e una pratica in cui si alterna il tipo di abilità tra una lista di abilità con medesima finalità/funzione e regolate da differenti PMG, o anche con finalità/funzione diverse. Nel primo caso si può fare un esempio con il movimento del braccio nel tiro in corsa (terzo tempo): se si sceglie di tirare con la tipologia "sottomano", la variazione dei parametri di tale tiro sarà relativa alla maggiore o minore estensione del braccio, alla maggiore o minore forza impressa alla palla, alla maggiore o minore inclinazione del braccio che si protende verso il canestro. Se si cambia tipologia di tiro significa invece passare da un'abilità a un'altra e quindi da un PMG a un altro ma con finalità identica (tirare a canestro); ovviamente si potranno alternare anche abilità con finalità diverse. Inoltre, più abilità possono essere concatenate per formare un'azione: ad esempio, il giocatore può eseguire un arresto nell'atto di ricevere la palla, poi una partenza in palleggio e, in fine, un tiro in corsa. A ciascuna di queste tre abilità potranno essere apportate o meno variazioni dei parametri.

Relativamente alla variabilità dei programmi, occorre notare che non sempre la modulazione dello spazio o del tempo implica la variazione dei parametri di tutte le abilità coinvolte in un'azione. Ad esempio, nella esecuzione di una serie di tiri da 4 metri preceduti da un auto-passaggio e un arresto a due tempi, per ciascuna ripetizione, il giocatore deve cambiare la posizione da cui tirare mantenendo però fissa la distanza di 4 metri. In questa situazione il giocatore che esegue le due abilità in successione (arresto e tiro), potrà apportare, di volta in volta, variazione dei parametri sulla velocità di esecuzione dell'arresto e della spinta verso l'alto, ma i parametri del tiro rimarranno *costanti*; la diversa posizione in campo implicherà soltanto un cambio della prospettiva di tiro. Chiaramente, se dalle stesse distanze il giocatore alterna tiri al tabellone e tiri direttamente al cerchio, dovrà modificare, di volta in volta, i parametri del tiro, cioè del PMG.

Se, viceversa, nello stesso esercizio, il tiro viene effettuato da distanze diverse (ad esempio prima da 3 metri, poi da 5 metri, poi da 4 metri), la modulazione della distanza (fattore spazio) implicherà variazione dei parametri del tiro ma non necessariamente di quelli dell'arresto, se non nelle variazioni dell'esercizio precedente.

Se si lavorasse su una tipologia di passaggio, la distanza tra chi passa e chi riceve inciderà sulla velocità di esecuzione dell'abilità; in questo caso la variazione della distanza (fattore spazio) richiederà la rielaborazione dei parametri del *pattern* motorio. Se si fa eseguire a un giocatore una serie di 10 tiri consecutivi, prelevando i palloni da un appoggio, da una distanza fissa (ad esempio da 5 metri), da effettuare in un tempo massimo di 10 secondi, si osserverà che il tempo di movimento (TM) di ciascun tiro realizzato risulterà uguale, in quanto l'esecuzione di quella specifica classe di abilità dovrà rispondere al compromesso velocità-precisione regolata dalla Legge di Fitts (Fitts 1954). La pressione temporale (fattore tempo) non potrà incidere sulla velocità di esecuzione tecnica del tiro (TM), ma soltanto sulla rapidità con cui il giocatore recupererà i palloni dall'appoggio. Pertanto, se il numero di tiri effettuati, sarà maggiore rispetto a quelli eseguiti con la massima velocità di presa della palla dall'appoggio, significa che il tempo di movimento del tiro si è accorciato; quest'ultimo dato indicherà che l'esecuzione del tiro è stato svolto con una classe diversa di movimento rispetto al "modello tecnico" di riferimento cestistico, cioè si è cambiato il PMG. Come già esposto nel paragrafo sulla valutazione, un allenatore esperto percepisce tali differenze attraverso un modello coordinativo di riferimento (insieme di rapporti), un'immagine mentale dell'abilità tecnica che gli permetterà di comprendere, in una visione d'insieme, gli errori di *timing*. Si ritiene, quindi, che *feedback* dell'allenatore, orientati a velocizzare l'esecuzione tecnica di tiri realizzati, non risultano essere congruenti. Si cerca sempre di migliorare la capacità di reazione dei giocatori. È necessario però sapere che il tempo di risposta ad uno stimolo, in uno sport di situazione come il basket, non è migliorabile come la reazione allo sparo sui blocchi di partenza in una gara di velocità. Il processo di automatizzazione e il relativo concetto di "automatizzazione delle scelte" diviene improprio in quanto è determinato solo per associazioni stimolo-risposta costanti. La scelta della tipologia di abilità e di parametrizzazione dei programmi può essere attivata esclusivamente se il giocatore si esercita in condizioni che lo abituano a una associazione (*mapping)* variata tra stimolo e risposta, cioè tra condizione di gioco e, ad esempio, il tipo di passaggio. Ricordiamo che quanto più il giocatore sarà in grado di variare un'abilità tecnica di base (come nel caso del passaggio con due mani sopra la testa), tanto più facilmente saprà gestire efficacemente le innumerevoli variazioni del contesto *target*. È intuitivo che in uno sport di situazione come la pallacanestro, difficilmente potranno esserci condizioni di *mapping* costante, cioè di situazioni in cui l'associazione tra stimolo e risposta è costante; per tale ragione i giocatori ricorrono a una strategia di elaborazione controllata, che chiaramente risulta essere più lenta rispetto a quella automatizzata che è tipica delle situazioni di *mapping* costante.

La variabilità dei programmi motori può essere organizzata attraverso una pratica per blocchi o attraverso una pratica random; l'alternanza di programmi motori diversi è conosciuta come "interferenza contestuale"
L'allenamento che propone un'alternanza di programmi motori diversi crea *interferenza contestuale*. Gli studi sulla programmazione dell'allenamento ebbero una svolta importante con le ricerche sulla memoria e sull'apprendimento di W. F. Battig, che con una pubblicazione sull'interferenza contestuale (Battig 1979), creò interesse per una serie di ricerche sull'apprendimento delle abilità motorie. Questo autore mise in evidenza l'interferenza che si osserva quando si pratica un determinato compito all'interno di un dato contesto: l'interferenza generata dal contesto in cui le abilità venivano apprese produceva, in sede di allenamento, decrementi nella prestazione, ma rendeva più efficace l'apprendimento di tali compiti; in sostanza, la contestualizzazione dell'allenamento impegna il giocatore

mentalmente in maniera diversa incidendo in modo significativo sull'apprendimento.

La possibilità di sviluppare un lavoro per *blocchi* e *random* nella pratica cestistica è stato più volte esposta e approfondita (Bifulco 2013, Bifulco, Messina P.M. 2015). L'allenamento per *blocchi* prevede che, utilizzando un classico lavoro suddiviso in stazioni o semplicemente una sequenza di esercizi, il giocatore esegua ripetutamente una singola abilità, per poi passare all'esecuzione ripetuta di un'altra abilità. Le principali caratteristiche delle esercitazioni a blocchi risultano, pertanto, essere: a) ripetizione di un unico compito, prima di esercitarsi nei successivi; b) esecuzione dello stesso movimento più e più volte.

Si può osservare che le esercitazioni a blocchi favoriscono la concentrazione sul compito e orientano l'acquisizione, il perfezionamento e la correzione del singolo gesto o abilità. L'idea del lavoro per blocchi è quindi quella di far esercitare ripetutamente e per un certo lasso di tempo il giocatore su un compito, dare dei *feedback* correttivi e perfezionare l'esecuzione del compito prima di poter passare a quello successivo. Ne consegue che il sistema di esercitazione per blocchi porterà ad avere una prestazione immediata durante l'esercitazione, ma un apprendimento e una possibilità di *transfer* inferiore rispetto alla pratica *random*. Ciò che può apparire fuorviante per l'allenatore è che la pratica per blocchi fa osservare un evidente sviluppo di prestazione, sviluppando quindi l'idea che l'allenamento proposto sia stato efficace. Si osserverà tuttavia che in realtà la prestazione espressa durante l'allenamento non persiste nel contesto *target*.

L'allenamento con esercitazioni *random* prevede che il giocatore sia impegnato, nel corso della stessa esercitazione, nell'esecuzione di diversi compiti in ordine casuale; il termine "randomizzare" è infatti legato all'azione di disporre gli elementi di un insieme o di una lista in una sequenza che simula una distribuzione casuale. Le esercitazioni *random* sono caratterizzate da: a) esecuzione di più compiti, con ordine variato e non preordinato; b) mancata ripetizione consecutiva dello stesso compito. Le riflessioni che ne conseguono portano ad affermare che nell'ambito delle esercitazioni *random* la prestazione è più frammentata (più lenta) e la concentrazione dei giocatori sembra essere maggiore; ciononostante, l'apprendimento è superiore in coloro che si allenano prevalentemente in tali condizioni.

I giocatori allenati con il metodo dell'esercitazione randomizzata percepiscono la peculiarità di compiti diversi cogliendo la differenziazione dei movimenti e una maggiore significatività (Shea, Zimny 1983); l'esercitazione randomizzata favorisce inoltre la memorizzazione a lungo termine: ciò è dovuto proprio alla capacità di cogliere i molteplici aspetti dei movimenti, che vengono proposti attraverso attività che si caratterizzano per la continua alternanza e varietà dei compiti. In tal modo si esercita la capacità di recupero e di rielaborazione di più PMG che vengono ancora una volta richiamati in contesti situazionali. È evidente che ciò comporta un maggiore affaticamento a livello mentale, a differenza delle esercitazioni per blocchi. Pertanto, il dover passare da un compito all'altro in modo seriale o casuale sottopone l'atleta ad uno sforzo di rielaborazione del compito motorio, poiché sperimentalmente è dimostrato che dimentica quanto fatto in precedenza (Lee, Magill 1985).

Nonostante una prestazione iniziale scarsa, i risultati del lavoro svolto in forma randomizzata si colgono all'atto della contestualizzazione dei movimenti appresi, e sono la conseguenza della continua proposizione di piani d'azione adeguati e collegati a condizioni differenti. Il lavoro risulta essere sostanzialmente diverso da quello in cui i giocatori si esercitano con la metodica a blocchi in cui, dovendo eseguire ripetutamente un singolo piano d'azione (ottenendo un'evidente prestazione nell'immediato), non si usufruisce dell'efficacia prodotta nel lungo termine dall'elaborazione di piani di azione differenti richiesti da un contesto *target*.

L'esercitazione randomizzata, con la proposta di compiti in successione, comporta una continua ricerca di soluzioni per compiti diversi e la capacità di generare i relativi piani di movimento. La necessità di dover accedere continuamente alle esperienze presenti nella memoria a lungo termine per "recuperare" i PMG adeguati, produrrà un apprendimento migliore (Landauer, Bjork 1978). In sintesi, in presenza di uno stimolo, la risposta attesa è caratterizzata (auspicata) da un movimento rapido finalizzato ad un risultato, frutto di quanto recuperato dalla memoria a lungo termine e dai PMG in essa contenuti (stadio della selezione della risposta). Il giocatore, quindi, seleziona il PMG e determina i parametri necessari per la prestazione (stato desiderato); tutto ciò rappresenta una possibile soluzione del compito.

Sia la pratica per blocchi che quella *random* possono essere organizzate mantenendo costanti i parametri di movimento dei programmi motori oppure variandoli. Pertanto, è possibile organizzare un allenamento per blocchi in cui l'abilità viene ripetuta più volte senza che vengano variati i parametri del movimento come, ad esempio, se si effettuano una serie di tiri tutti dalla stessa posizione e distanza: ciò implica che l'abilità deve essere eseguita sempre con la stessa quantità di forza e ampiezza di movimento; in questo caso avremo una pratica per *blocchi-costante*. Allo stesso modo può essere organizzato un allenamento in cui la stessa abilità viene ripetuta più volte ma con una variazione dei parametri: ad esempio una serie di tiri effettuati da distanze diverse; in questo caso abbiamo una pratica per *blocchi-variabile*.

Anche nella pratica *random* si può applicare lo stesso principio. Possiamo far eseguire in modo alternato un tiro piazzato, un tiro in corsa e un cambio di mano in palleggio. Se nell'esecuzione di ogni singola abilità rimangono invariati i parametri di movimento, avremo una pratica *random-costante*. Viceversa, se l'esecuzione di ogni abilità viene variata nei parametri del programma, ad esempio il tiro piazzato si esegue ogni volta da distanze diverse, il tiro in corsa si esegue ogni volta variando l'ampiezza degli appoggi, e il cambio di mano si esegue variando di volta in volta l'ampiezza del rimbalzo della palla, allora avremo una pratica *random-variabile*. Nelle esercitazioni *random*-costante e *random*-variabile si avrà una maggiore interferenza contestuale, che assumerà contorni ancora più rilevanti se i diversi programmi motori saranno alternati in modo sempre più casuale.

Per quanto ampiamente diffusa, l'esercitazione costante di un'abilità cestistica è in realtà molto difficile da controllare, in quanto il fondamentale, anche a fronte di una esercitazione "a secco", è continuamente sottoposto ad interferenze situazionali che difficilmente possono essere mantenute costanti. L'unico caso in cui si può verificare empiricamente una esercitazione costante è sulla pratica del tiro libero, in quanto le condizioni per l'esecuzione dell'abilità sono stabili, al punto che si potrebbe quasi considerare come un'abilità chiusa.

La sequenza didattica, cioè la successione con cui gli esercizi vengono proposti agli allievi, facilita l'apprendimento

La sequenza didattica (SD) rappresenta il mezzo utilizzato dagli allenatori per proporre in modo logico una serie di esercizi per il raggiungimento di obiettivi tecnici o tattici. Nell'evidenziare il ritorno positivo di apprendimento che si ottiene a fronte di un'organizzazione oculata di esercizi, possiamo definire la sequenza didattica (SD) come quella *"successione di esercizi finalizzati all'apprendimento progressivo di abilità tecniche o comportamenti tattici/strategici, logicamente collegati secondo criteri dettati dalle caratteristiche del compito oggetto di apprendimento e dalle adeguate strategie didattiche e metodologiche"*. La SD prevede quindi una *"successione di esercizi, all'interno dell'allenamento, finalizzati al raggiungimento di un obiettivo didattico, ad esempio, l'apprendimento o il consolidamento di un movimento individuale, di una collaborazione, di un sistema di gioco"* (Gebbia, Messina 2012).

Le SD, dunque, orientano con criterio all'obiettivo permettendo una disposizione organica dei contenuti su cui lavorare e contribuiscono, inoltre, a programmare in modo razionale la seduta di allenamento.

Le domande alle quali occorre dare una risposta nel programmare una sequenza didattica sono:

1. Cosa sanno fare i giocatori?
2. Cosa si vuole che sappiano fare?
3. Come si può arrivare all'obiettivo?

E successivamente:
1. Da dove cominciare?
2. Quali esercizi scegliere?
3. Con quale ordine?

È chiaro che una scarsa o errata conoscenza degli obiettivi tecnici o tattici e dei contenuti relativi agli itinerari didattici (*step* formativi) necessari per raggiungere l'obiettivo primario, può disorientare nel procedere in modo logico alla creazione delle SD.

Le due tipologie di compito di base, cioè abilità tecnica (fondamentali) e tattica individuale (1 c 1), seguono criteri di progressione differenti in quanto gli obiettivi operativi richiedono prestazioni cognitive e applicazioni motorie differenti. Comunque, per entrambi i temi, è necessario definire "l'obiettivo" della sequenza e il "punto di partenza" della stessa; ad esempio, nell'insegnamento di un cambio di mano in palleggio si può iniziare dall'esecuzione da fermo o in movimento, con utilizzo di ostacoli o con presenza del difensore. La scelta dell'esercizio di partenza dipende dal livello del giocatore e dalla sua capacità di padroneggiare il movimento e/o di saperlo applicare in una situazione di gioco.

Naturalmente un altro elemento di cui tenere conto è il "tempo globale" a disposizione dell'allenamento e quanto se ne vuole dedicare a una sequenza didattica; da ciò l'individuazione dei singoli esercizi e la loro durata. Sia nell'insegnamento della tecnica che della tattica individuale, si adottano strategie di facilitazione o di supporto che permettono un apprendimento graduale e consapevole dei compiti. Questi strumenti, che possiamo definire "modulatori di progressione", se adeguatamente utilizzati, sia nella funzione che nella successione delle proposte didattiche, permettono al tecnico di distribuire il carico delle informazioni in modo funzionale all'apprendimento, massimizzando il rendimento. Bisogna considerare, infatti, che non sempre la logica d'insegnamento coincide con la logica di apprendimento, in quanto le modalità di apprendimento migliori si basano su sequenze di lavoro non sempre facilmente codificabili dall'allenatore; è evidente quindi che alcuni esercizi possono andar bene per alcuni giocatori di una certa età e con un determinato livello di esperienza e di apprendimento, ma non per altri.

Le sequenze didattiche possono essere *semplici*, *orizzontali*, *verticali* o *diagonali* (Gebbia, Messina 2012).

- Una sequenza è *semplice* quando il movimento è proposto con variazioni semplici, quali ad esempio l'aumento della distanza (nel caso del tiro o del passaggio), del numero di ripetizioni dello stesso movimento (eseguire un palleggio con un solo cambio di mano e di direzione e poi eseguirne uno con più cambi), dell'ampiezza del movimento (eseguire una virata in palleggio con angolo diverso o un arresto da angoli diversi), oppure quando il compito è reso più difficile dal movimento (ad esempio passare da un palleggio sul posto ad uno in movimento camminando e poi correndo, o passare ad un compagno fermo e poi ad uno che si muove). Nelle sequenze semplici viene utilizzato un criterio di modulazione che è basato sulla variazione dei parametri esecutivi del movimento (frequenza, distanza, velocità, durata, ecc.) e delle variabili coordinative (direzione e controllo, adattamento e trasformazione).
- Si parla di sequenza *orizzontale* quando la maggiore complessità si ottiene aggiungendo al movimento base (ad esempio la partenza in palleggio) altri movimenti che possono precederlo e/o seguirlo (ad esempio una ricezione ed arresto che precede la partenza e/o il palleggio e tiro in corsa che seguono). In questo caso viene utilizzato un criterio di modulazione basato sul volume dei contenuti tecnici o tattici. È necessario modulare con attenzione la quantità di informazioni in modo da garantire il giusto equilibrio tra contenuti trasmessi e possibilità di apprendimento in rapporto all'obiettivo da raggiungere.
- La sequenza è invece *verticale* quando la maggiore complessità viene data dalla presenza della difesa (ad esempio dal 1 c 0 al 1 c 1 con la

difesa che prima è guidata e poi agonistica). Il criterio di modulazione utilizzato in questo tipo di sequenza è quindi basato sull'incidenza delle modalità di opposizione; queste ultime possono avere caratteristiche attive o passive.

- Infine, la sequenza può essere *diagonale* quando la maggiore complessità è data dall'aumento del numero di giocatori (ad esempio dal 1 c 1 al 3 c 3). La modulazione del numero dei giocatori coinvolti agisce sulla capacità di gestire forme più complesse di collaborazione con tutti i vincoli di spazio, di tempo e d'incertezza che ne conseguono.

Non ci sono regole rigide che stabiliscono il modo in cui una sequenza debba svilupparsi, purché sia coerente con l'obiettivo da raggiungere; è parimenti possibile progredire nella sequenza intervenendo contemporaneamente in più di una direzione (semplice, orizzontale, verticale e diagonale). Ad esempio, si può passare da una situazione senza difensori e con ridotto numero di giocatori (1 c 0) ad una più complessa (1 c 1) per poi aumentare solo i giocatori in attacco (2 c 0) e successivamente inserire i difensori (2 c 2). Oppure si può procedere aumentando sia i giocatori in attacco che i difensori (procedendo ad esempio dal 1 c 1 al 2 c 2). Anche l'inserimento dei giocatori in difesa può essere modulato, ad esempio passare dal 1 c 1 al 1 c 1 + 1 (quindi con un difensore su un solo attaccante) e poi al 2 c 2.

La flessibilità didattica dell'allenatore deve consentirgli di modificare le sequenze programmate modulandole in base ai riscontri che emergono durante lo svolgimento dell'attività: ad esempio, se durante l'esecuzione di un movimento complesso (partenza in palleggio, cambio di mano e direzione, arresto e tiro), uno degli elementi dovesse far emergere delle difficoltà esecutive, l'allenatore può decidere di isolare quell'elemento, sia pur momentaneamente, proponendo uno o più esercizi specifici, per poi riprendere la sequenza stabilita. In questo caso si crea uno spazio, una sorta di pit-stop didattico, per mettere a posto gli elementi che necessitano di particolare attenzione e procedere con quanto programmato.

In definitiva, *coerenza* rispetto all'obiettivo e *flessibilità* sono le caratteristiche più importanti di ogni sequenza didattica.

L'allenatore deve saper motivare gli allievi aumentando il desiderio di migliorarsi

Motivare gli allievi rendendoli desiderosi di allenarsi pur tra mille difficoltà e fatiche non è sicuramente facile. Ma cos'è la motivazione? È l'insieme dei bisogni, dei desideri, delle necessità, delle mete che si vogliono raggiungere; tali bisogni spingono l'individuo ad affrontare attività anche elevate pur di essere soddisfatti. Ma quali sono i principali bisogni che l'atleta vuole soddisfare per mezzo dell'attività sportiva? Vediamone alcuni: divertirsi, soddisfa il bisogno di stimolazione ed eccitamento; dimostrare competenza, soddisfa il bisogno di acquisire abilità e di sentirsi auto-determinati nelle attività svolte; stare con gli altri, soddisfa il bisogno di affiliazione con gli altri e di stare in gruppo. Ma esistono fattori che portano ad un calo della motivazione o addirittura all'abbandono: tra i più ricorrenti vi sono la mancanza di divertimento, gli insuccessi, lo stress da competizione, l'assenza di sostegno da parte dei genitori, le incomprensioni con l'allenatore, la noia e gli incidenti sportivi. Talvolta l'abbandono nasce anche dalla difficoltà di conciliare l'attività sportiva con altri impegni e dalle minori opportunità che si hanno di stare con i coetanei in ambienti diversi da quelli sportivi. Ancora più complesse sono le situazioni che vedono al centro i rapporti con i dirigenti o, nel caso dello sport femminile, i rapporti di coppia. L'allievo, quindi, pone sul piatto della bilancia sia i benefici che trae dall'attività sportiva che i costi, ovvero i sacrifici a cui deve sottoporsi; questo processo assai delicato di valutazione da parte dell'allievo può spesso sfociare, nella misura in cui i benefici non superano i costi, in un abbandono dalla pratica sportiva. È evidente, pertanto, che il giocatore, se vuole realmente raggiungere un certo grado di successo, deve essere disponibile ad apprendere cioè deve scegliere di voler imparare (Novak, Gowin 1989). È necessario pertanto pianificare strategie utili per aiutare l'allievo a costruire una stima di sé realistica e positiva attraverso un atteggiamento ottimista, creando un ambiente che sappia accettarlo, e orientandolo al processo (fare bene) più che al prodotto (il risultato); sarà fondamentale insegnargli a individuare/condividere mete realistiche, abituarlo ad analizzare correttamente le situazioni che affronta, evitando lodi eccessive e "giudizi di valore" costantemente negativi, coinvolgendolo nell'analisi delle eventuali cause dei successi/insuccessi e costruendo insieme un percorso che concili le sue aspettative con obiettivi realmente perseguibili, evitando di sopra/sotto stimare. L'allievo ha bisogno di confrontarsi con i "pari", dobbiamo offrirgli le occasioni per farlo; questo confronto deve essere aperto a possibilità di "successo", non può essere sempre e comunque completamente sfavorevole. L'allenatore può suscitare passione e motivazione per la disciplina in modi diversi, ad esempio programmando attività variate e ricche di stimoli significativi, interessanti, coinvolgenti e divertenti, accompagnando i propri allievi ad assistere a gare e partite importanti, organizzando incontri con campioni di un passato recente o in attività, raccontando le proprie esperienze di allievo. La motivazione può quindi essere sviluppata e consolidata con modalità diverse, ad esempio: utilizzando rinforzi positivi; sottolineando i progressi compiuti dall'allievo e ponendo la sua attenzione sull'esecuzione corretta, limitando allo stretto necessario la correzione degli errori, per non indurre l'allievo ad allenarsi per non sbagliare, piuttosto che per fare bene; aiutando l'allievo a considerare l'errore come una parte naturale del processo di apprendimento; definendo e programmando obiettivi individualizzati che, pur tenendo in considerazione gli eventi agonistici, rispettino i bisogni, gli interessi e gli impegni extra sportivi di ciascuno.

PARTE III
GIOCARE IN ATTACCO:
DAI FONDAMENTALI INDIVIDUALI ALL'UNO
CONTRO UNO

5 - IL GIOCATORE DEVE POSSEDERE ABILITÀ TECNICHE INDIVIDUALI PER GIOCARE SENZA PALLA

I fondamentali individuali d'attacco (FIA) sono gli strumenti tecnici (abilità) necessari per assolvere i compiti offensivi. I FIA, come del resto tutti i fondamentali cestistici (ad eccezione del tiro libero), sono abilità tecniche aperte (*open skill*), pertanto, sarà fondamentale quell'allenamento applicativo e situazionale che fa da ponte tra le esercitazioni a secco o esecutive e le esercitazioni prettamente tattiche o strategiche. In questa III parte verranno esposti alcuni principi di didattica dei fondamentali offensivi partendo da situazioni facilitate per arrivare alle situazioni di 1 c 1 con palla e senza. Come si vedrà anche per la difesa, la possibilità di perseguire obiettivi tattici nel 1 c 1 è fortemente condizionata dal grado e dalle modalità di sviluppo dei contenuti tecnici.

La pallacanestro è un gioco che richiede rapidità di spostamento e capacità di osservazione, per tale ragione prendiamo in prestito l'asserzione che "la pallacanestro si gioca con i piedi e con gli occhi" (Gebbia 2005). Tutti i fondamentali cestistici espressi nelle diverse forme di equilibrio, sono direttamente o indirettamente condizionati dal lavoro dei piedi; pertanto, sarà dedicata particolare attenzione a tale aspetto.

Le abilità tecniche senza palla devono essere adeguatamente applicate in gara

Cambiare direzione o senso, accelerare o decelerare fino ad arrestarsi, ruotare su un piede, saltare su uno o due appoggi orientandosi in attitudine di volo, sono atti motori che stanno alla base di tutti i movimenti tecnici cestistici. In modo particolare si evidenzia come la continua variabilità dei programmi motori e dei parametri di movimento, permette un'applicazione funzionale di questi fondamentali. Ci riferiamo all'alternanza delle andature, alla frequenza e all'ampiezza degli appoggi, all'uso dei piedi di spinta e perno, ai modi di distribuire lo sforzo per partire, arrestarsi o orientarsi, alla capacità di mantenere costantemente la posizione fondamentale. Le attività che sviluppano tutte queste abilità devono tenere conto della grande varietà di condizioni tattiche nelle quali i giocatori si esprimono, anche in modo creativo. Pertanto, la parte applicativa deve essere, non solo supportata da un adeguato lavoro dei piedi e da una propedeutica a secco, ma costantemente volta a sollecitare gli aspetti funzionali delle diverse abilità tecniche.

I giocatori devono conoscere e acquisire la tecnica dei fondamentali d'attacco senza palla

La posizione fondamentale permette di essere pronti all'azione
Il giocatore tenta di mantenere costante una posizione, detta *fondamentale*, al fine di essere pronto per l'esecuzione immediata di un'azione di gioco che preveda una qualunque abilità tecnica con palla o senza. La posizione del corpo prevede: piedi paralleli e larghi quanto le spalle, angolo al ginocchio di circa 160°, busto leggermente inclinato in avanti, baricentro che cade dentro la base di appoggio, sguardo pronto alla lettura.

La corsa cestistica si acquisisce automaticamente allenando i fondamentali
La corsa cestistica è l'abitudine che si acquisisce man mano che si eseguono i fondamentali individuali e, pertanto, non viene allenata in maniera specifica. L'uso ripetuto dei fondamentali (cambi di direzione, di velocità, cambi di mano, ecc.) porta il giocatore ad avere una necessaria tendenza ad essere pronto con i piedi, e quindi a ridurre al massimo le fasi di volo e ad abbassare costantemente il baricentro. Gli interventi di correzione della corsa sono prevalentemente mirati a perfezionare le variazioni di direzione e l'ampiezza degli appoggi.

Per cambiare velocità occorre variare rapidamente l'altezza del baricentro e l'ampiezza degli appoggi
Il giocatore che passa dalla corsa lenta a quella veloce, effettua uno spostamento delle spalle in avanti, aumenta la frequenza degli appoggi e l'intensità della forza esplosiva, con una contemporanea riduzione dell'ampiezza dei passi. Questo tipo di cambio di velocità si esegue in tutte quelle situazioni in cui il giocatore deve recuperare uno svantaggio in termini di spazio, smarcarsi, battere un avversario, sfruttare un contropiede, ecc. Anche il passaggio dalla corsa veloce a quella lenta può produrre una condizione di vantaggio come nel cambio di direzione o di senso o in situazioni di 1 c 1; in questi casi è evidente che la meccanica della corsa varierà con un innalzamento delle spalle e del baricentro e conseguente riduzione della frequenza degli appoggi.

La tecnica del cambio di direzione è condizionata dall'ampiezza dell'angolo da coprire

L'esecuzione tecnica del cambio di direzione è condizionata da due fattori: *l'angolo di cambio* e la *velocità di esecuzione*. Il giocatore, per eseguire il cambio di direzione con un angolo sufficientemente ampio, porterà avanti il piede opposto alla direzione che si intende intraprendere e, con questo, spingerà il corpo verso la nuova direzione, con un contemporaneo richiamo dell'altra gamba che attaccherà rapidamente la nuova direzione. A fronte di cambi di direzione con angoli acuti (come nel caso dei tagli *backdoor*), il giocatore tenderà a rallentare la corsa utilizzando gli ultimi due appoggi per spostare il peso del corpo dal piede avanzato (che è sempre quello opposto alla direzione da intraprendere) a quello arretrato, che si posizionerà, approssimativamente, sulla stessa area da cui si era staccato; questo piede spingerà il giocatore verso la nuova direzione, con un rapido richiamo e avanzamento dell'altra gamba. In sostanza, il giocatore crea il cosiddetto "fuori-equilibrio" necessario per orientarsi verso la nuova direzione, portando avanti lo stesso piede che ha utilizzato per frenare. Nella figura 1 si può osservare come in presenza di angoli ottusi (ad esempio di 130°) il giocatore cambia direzione con una successione alternata degli appoggi, mentre per angoli al di sotto dei 130° (ad esempio a fronte di un angolo di 90°) è possibile che il giocatore utilizzi lo stesso appoggio in successione. Una esecuzione lenta, se da un lato permetterà una maggiore gestione di ogni tipo di cambi di direzione, dall'altra potrebbe risultare poco efficace.

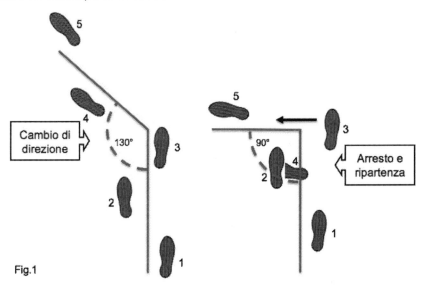

Fig.1

Entrambe le tipologie tecniche vengono eseguite mantenendo il bacino naturalmente basso (limiti fisiologici adeguati) con una contemporanea torsione del busto verso la nuova direzione e utilizzando traiettorie di corsa angolari evitando di eseguire curve; le mani saranno sempre pronte a ricevere un eventuale passaggio. Il cambio di direzione viene utilizzato per acquisire una condizione di vantaggio sull'avversario (ad es. smarcarsi, effettuare un taglio, ecc.).

La peculiarità del cambio di direzione nella pallacanestro risiede nell'assenza di pausa nell'intraprendere una nuova direzione durante la corsa; anzi, il più delle volte, si richiede al giocatore un'accelerazione nella nuova direzione. Il cambio di direzione, quindi, per quanto lenta o veloce che sia la corsa, non prevede alcun arresto; pertanto, se il giocatore, effettua un arresto a due tempi e riprende la corsa con il piede libero effettuando quindi due appoggi consecutivi con lo stesso piede (in qualunque direzione, eseguendo anche un eventuale giro), non è da considerarsi cambio di direzione, bensì una semplice partenza (o ripartenza, che dir si voglia).

La tecnica del cambio di senso può cambiare al variare della velocità di esecuzione

Nel momento in cui il giocatore decide di cambiare senso sono ipotizzabili le seguenti due modalità: 1, viene ridotta l'ampiezza dei passi, in modo tale che il piede avanzato freni la corsa e spinga nel senso opposto, con una contemporanea torsione del busto di 180°; allo stesso tempo il piede arretrato si solleva per effettuare un primo e breve passo verso la nuova direzione; questa condizione può effettuarsi a fronte di una bassa velocità di esecuzione. 2, viene ridotta l'ampiezza dei passi sino ad arrestarsi, il peso del corpo passa dal piede avanzato a quello arretrato con una contemporanea torsione del busto di 180°; il piede avanzato (che dopo il cambio di fronte si trova dietro) effettua il primo passo verso la nuova direzione.

In entrambi i casi si osserverà che, al momento dell'arresto, il piede avanzato sarà già orientato esternamente, cioè in direzione del lato in cui si effettua la torsione; questo particolare è frutto di un processo di anticipazione che permette al giocatore di essere già pronto per ripristinare la nuova condizione di equilibrio. Il cambio di senso viene utilizzato in tutte quelle situazioni che necessitano di passare da una situazione d'attacco a una di difesa, o in specifiche situazioni di smarcamento e adattamento.

Il giocatore effettua un giro quando si muove ruotando su un appoggio
Il giro è un movimento con cui il giocatore (da fermo, o a seguito di un arresto) effettua una rotazione in senso ventrale o dorsale facendo perno su un appoggio. La posizione è quella fondamentale a cui si aggiunge un adeguato lavoro delle mani (chiamare la palla con una o due mani, controllo/contatto dell'avversario).

Il giro in corsa si effettua solo dorsalmente
Il giro in corsa si effettua ruotando (facendo perno) dorsalmente sul piede (avampiede) del lato della direzione che si intende prendere, il bacino rimane naturalmente basso, il busto leggermente inclinato e l'ampiezza del giro sarà funzionale all'avversario, il piede libero punterà verso la nuova direzione. Anche in questo caso le mani saranno pronte per un'eventuale ricezione della palla. Il giro in corsa viene utilizzato prevalentemente per smarcarsi.

Per insegnare i fondamentali d'attacco senza palla occorre conoscere le strategie didattiche e metodologiche
I fondamentali in questione possono essere allenati sotto tre profili: il lavoro dei piedi, la tecnica a secco e l'allenamento applicativo.
1. Il lavoro dei piedi è un'attività propedeutica ai fondamentali che migliora la rapidità negli spostamenti sia offensivi che difensivi, nelle situazioni di salto e negli arresti; incide notevolmente sul miglioramento delle capacità coordinative. Un lavoro adeguato dei piedi dovrebbe seguire un carico allenante come di seguito proposto:
   - Volume totale: 12'- 15'
   - Una serie: 4'- 6'
   - Pausa tra le serie: 90''
   - Una ripetizione: 6''- 8''
   - Pausa tra le ripetizioni: 20''- 40''

   Tutti gli esercizi vengono eseguiti con un angolo al ginocchio compreso tra 140° e 160°, ad alta intensità, con lo sguardo del giocatore in avanti e le braccia pronte. Il lavoro dei piedi può essere gradualmente combinato con l'utilizzo della palla.
2. La tecnica a secco prevede esercizi di esecuzione della tecnica la cui variabilità dei parametri è stabilita a priori; pertanto, i tempi di movimento o lo spazio d'azione di una accelerazione della corsa o di un

cambio di direzione, o di un giro, sono funzionali solo ad una condizione di gara ipotetica e quindi non verificabili in termini di efficacia.

3. Con l'allenamento applicativo si cerca di sviluppare la capacità di determinare i parametri di movimento adeguati a rendere efficace l'abilità. Ad esempio, se si è lavorato a secco sui tagli *backdoor*, il successivo lavoro di applicazione dovrà verificare se la condizione generale di equilibrio, l'angolo del cambio di direzione, l'accelerazione a canestro permettono di ottenere una condizione di vantaggio sull'avversario.

La proposta di alcuni esercizi per il lavoro dei piedi può suggerire altre forme di attività funzionali all'attacco
Per gli esercizi sul lavoro dei piedi vengono utilizzati piccoli attrezzi, come le strisce di gommapiuma, cinesini o coni, la scala libera (in uso per la preparazione fisica), o le stesse righe del campo. Questi attrezzi possono essere utilizzati singolarmente o combinati tra loro e abbinati anche all'uso della palla.

Gli spostamenti sulle linee o sulle strisce devono essere effettuati mantenendo la posizione fondamentale, alla massima velocità e con piccoli passi (2-3 appoggi), facendo in modo che l'appoggio dei piedi sia alternato (dx-sx-dx-sx, e non dx-sx-sx-dx) e che i piedi siano sempre radenti al suolo (evitare i saltelli). Negli spostamenti laterali il piede che per primo supera la linea può essere sia quello omologo alla direzione presa (in tal modo si evita di incrociare i piedi, peculiarità tecnica necessaria in molti fondamentali), che quello incrociato (utile, per esempio, nelle partenze). Pertanto, in una serie continua di spostamenti laterali, sarà sufficiente effettuare due appoggi tra ogni linea. Nella serie di spostamenti in avanti, all'indietro, o laterali alternati, è possibile effettuare anche tre appoggi, in modo da alternare il piede che valica la linea, come illustrato nella serie di diagrammi 1 dalla a alla f e di figure 2 dalla a alla k.

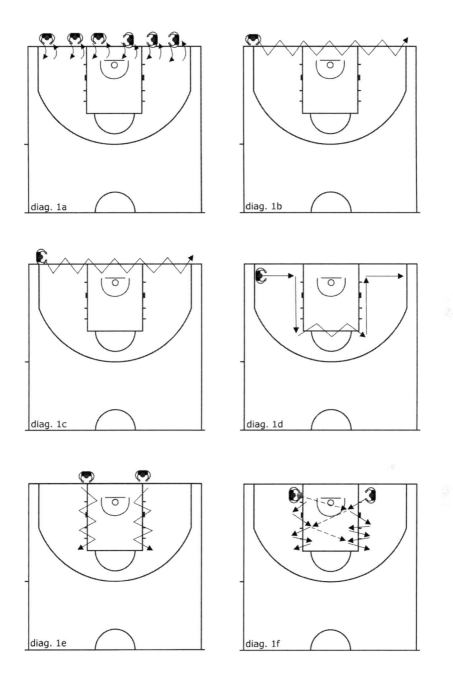

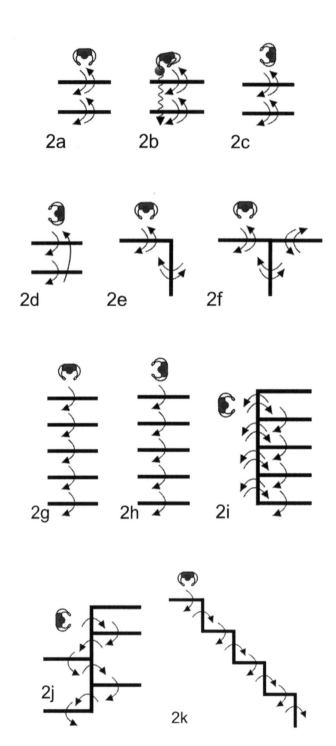

Gli esercizi con i cinesini hanno lo scopo di migliorare la rapidità negli spostamenti, specie quelli laterali, che vengono eseguiti a "passi accostati"; i giocatori si muovono attorno ai cinesini, mantenendo prevalentemente lo stesso fronte ed evitando di incrociare i piedi (l'incrocio dei piedi porta inevitabilmente a non essere sufficientemente reattivi alla comparsa di stimoli improvvisi); ciò permette un miglioramento della rapidità e dell'equilibrio negli spostamenti più complessi come quelli laterali e in arretramento.

Il lavoro sulle linee può essere abbinato a movimenti delle braccia, al trattamento della palla, al palleggio o al passaggio (figure 3 dalla a alla g).

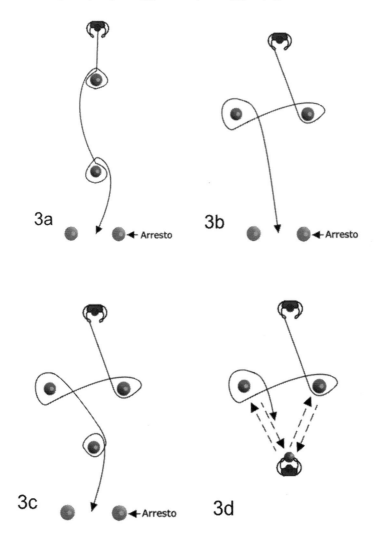

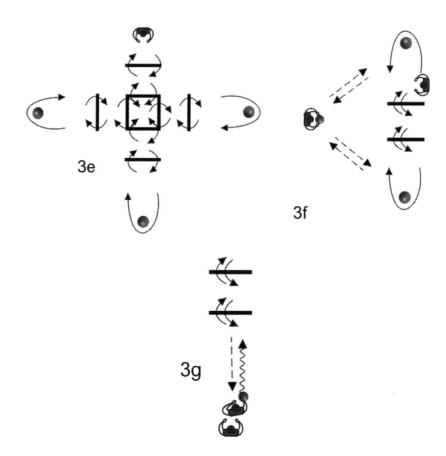

3e

3f

3g

Possono anche essere organizzati esercizi in cui, combinati al lavoro dei piedi, si eseguono fondamentali con e senza palla (giri in corsa, cambi di mano, ecc.), utilizzando anche due palloni, usufruendo dell'appoggio dell'allenatore, e che si concludono con un tiro a canestro (diag.4a-b-c-d).

diag. 4a

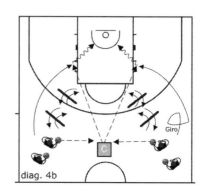

diag. 4b

La proposta di alcuni esercizi può suggerire altre forme di attività funzionali all'attacco

Le esercitazioni potranno prevedere inizialmente l'esecuzione dei singoli movimenti, o la combinazione degli stessi, utilizzando il campo in lunghezza o in larghezza, e avendo come riferimento le linee dello stesso o i comandi dell'allenatore (diag.1). I movimenti possono anche essere allenati lasciando ai giocatori l'autonomia nella scelta esecutiva in un contesto di movimenti liberi, oppure adeguandoli agli stimoli provenienti dagli interventi degli allenatori (diag.2).

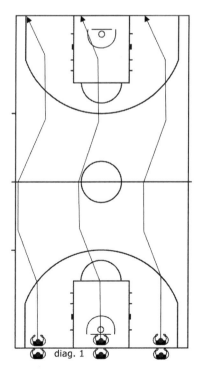

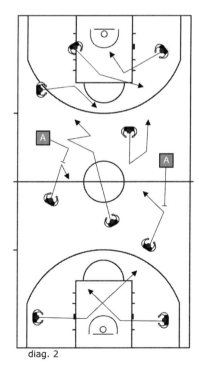

Risultano efficaci anche le esercitazioni svolte in forma ludica, dove situazioni più agonistiche rappresentano una spinta ad avvicinare l'esecuzione all'intensità del contesto *target*. Ad esempio, nel diagramma 3, il giocatore che parte da sotto canestro, ha come obiettivo il superare la linea di metà campo senza farsi toccare dal giocatore b, utilizzando strumenti quali i cambi di velocità e di direzione. Tali strumenti possono trovare un'applicazione anche in giochi come "il cacciatore e la lepre" o "guardie e ladri", mutuati dai cosiddetti giochi di strada, utilizzando spazi e tempi diversificati.

diag.3

È indubbio che la fase istruente non può prescindere dal collegare i movimenti senza palla alla ricezione della stessa. Nel diagramma 4, il primo giocatore della fila è senza palla e, partendo dalla posizione di punta sulla linea dei 3 punti, si muove verso il canestro; arrivato all'altezza dello *smile* (semicerchio tracciato nell'area dei tre secondi sotto il canestro) esegue un cambio di direzione e di velocità, per ricevere sul perimetro un passaggio dal secondo della fila che si è mosso in palleggio. A sua volta il passatore eseguirà un taglio e sceglierà di uscire su uno dei due lati della metà campo. L'esercizio può essere strutturato per chi ha ricevuto il passaggio o con un riposizionamento in fila tramite il palleggio, o una partenza per andare a concludere a canestro.

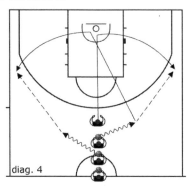

diag. 4

Un maggiore impegno cognitivo è richiesto lì dove si richiede una lettura di uno spazio che può essere occupato/libero. Inizialmente lo stesso allenatore può simulare le eventuali scelte di un difensore e gli attaccanti, posizionati su due file in guardia, dovranno muoversi su traiettorie angolari (cambi di direzione e velocità), per sfruttare gli spazi con tagli avanti o dietro, così come illustrato nei diagrammi 5 e 6. Successivamente, con l'inserimento di uno o più difensori, si avrà la possibilità di lavorare sugli aspetti applicativi del movimento.

diag. 5 diag. 6

La proposta di alcuni esempi di sequenze didattiche può suggerire altre forme ordinate di esercitazione per lo sviluppo dei fondamentali d'attacco

Sequenza orizzontale-verticale
Obiettivo della sequenza: apprendere/consolidare una corretta tecnica del cambio di direzione, abbinandola ad altri contenuti tecnici (passaggio, tiro) e di lettura (riconoscere lo spazio da attaccare), con successivo inserimento in un contesto di gioco semplice (1 c 1) in metà campo.

Es.1 - Cambio di direzione e velocità senza palla. Il giocatore in angolo si sposta in palleggio verso la posizione di ala, passa la palla al compagno che, partendo dal lato opposto, si muove lungo la linea dei tre punti; dopo il passaggio, l'attaccante corre verso l'ostacolo (cono, sedia) e, dopo aver effettuato un cambio di direzione, taglia davanti o dietro (*backdoor cut)*, per ricevere e concludere a canestro (diag.7). La variabile può essere data anche dall'utilizzo di un diverso fondamentale come, per esempio, il giro (diag.8) o un movimento *fade* (diag.9).

diag. 7

diag. 8

diag. 9

Es.2 - 1 c 0 con difesa guidata in un quarto di campo. Il giocatore, come nell'esercizio precedente, dopo aver passato la palla al giocatore in punta, inizia un movimento di taglio verso il canestro *leggendo* la reazione dell'allenatore, posizionato tra i coni (diag.10). Questi potrà restare fermo o effettuare un passo di condizionamento, chiudendo la traiettoria del taglio. In questo caso l'applicazione del fondamentale richiede di riconoscere rapidamente uno spazio utile da attaccare.

diag. 10

Es.3 - 1 c 1 + A in un quarto di campo, con difesa guidata. La sequenza prevede che l'attaccante, dopo aver passato la palla al giocatore in punta, tagli a canestro cambiando direzione davanti al difensore che prova a chiudere il *backdoor* (diag.11). L'applicazione efficace del fondamentale metterà in condizione l'attaccante di concludere a canestro eludendo il recupero dell'avversario.

Es.4 - 1 c 1 + A in metà campo. La situazione è prettamente applicativa non essendoci più limiti di spazio e condizionamenti per la difesa (diag.12). In questo caso, sul salto verso la palla effettuato dal difensore, l'attaccante taglia *backdoor* per ricevere e concludere, evitando il recupero difensivo.

Es.5 - 2 c 2 in metà campo. La presenza di un altro attaccante con relativo difensore rappresenta il passo successivo (diag.13). Adesso entrambi gli attaccanti, al fine di ricevere/concludere, dovranno utilizzare, fra gli strumenti, i cambi di direzione e di velocità, ma dovranno considerare l'interazione negli spazi e le scelte che ogni giocatore (attaccante/difensore) andrà a fare.

6 - IL GIOCATORE DEVE SAPER PALLEGGIARE

Si potrebbe dire che la palla, in assoluto, rappresenta l'oggetto più coinvolgente dal punto di vista ludico nella vita dell'uomo. Sin da piccoli, e in modo del tutto autonomo, i bambini, con un pallone, riescono a realizzare molteplici attività, anche creative, in spazi a volte improvvisati (cortili, piazze, spiagge). In questa fase, con un'attività libera, si possono acquisire abilità grossolane (calciare, lanciare, rotolare, passare) e abitudini che ritroviamo nella pratica sportiva. I bambini imparano a palleggiare da soli: alcuni sono già in grado di farlo a tre anni. Il possesso della palla genera spesso, non solo nei fanciulli, ma anche negli adolescenti, forme di egoismo che portano, inizialmente, a non condividere la palla con gli altri compagni e, successivamente, si evidenziano forme di egocentrismo e individualismo poco utili negli sport di squadra.

Pertanto, l'uso del palleggio, specie nelle categorie giovanili, deve essere adeguatamente modulato; gli esercizi situazionali consentono di formare i giocatori fornendo loro gli strumenti per riconoscere le potenzialità offensive del palleggio, e permettendo quindi di acquisire le capacità applicative corrette e di sviluppare le relative capacità tattiche.

Le varie forme di palleggio devono essere adeguatamente applicate in gara

Il palleggio, come altre abilità tecniche della pallacanestro, è uno strumento a disposizione del giocatore. Se utilizzato adeguatamente, cioè se l'uso è dettato da una scelta applicativa guidata da ragioni tattiche, permette di risolvere situazioni di gioco diverse, dalle più facili alle più difficili. Spesso i giovanissimi abusano nell'uso del palleggio, ciò comporta una riduzione della capacità e della volontà di osservare il gioco e conseguentemente di cogliere forme vantaggiose di collaborazione.

Il palleggio assume connotazioni diverse in funzione del tempo di esecuzione, del tempo di contatto della mano sulla palla e della posizione assunta su di essa, dell'alternanza o meno delle mani, dell'ampiezza, del ritmo e dell'angolo di rimbalzo, della distanza dal corpo, dagli avversari e dalle linee. Ciascuna di queste caratteristiche, da sola o combinata con altre, caratterizza il tipo di palleggio utile per le diverse situazioni di gioco. Inoltre, quanto meglio saranno stati sviluppati i prerequisiti coordinativi come il ritmo, la combinazione e differenziazione motoria (piedi-mani), la reattività, il controllo motorio, l'equilibrio, tanto più facile sarà la possibilità di esprimere un palleggio funzionale alla situazione. È chiaro che le modalità tecniche risulteranno adeguate da un punto di vista applicativo, se, in fase di selezione e di programmazione della risposta, si saranno scelti correttamente il programma motorio e i relativi parametri. Il giocatore dovrà quindi adeguare il palleggio per far fronte a esigenze tattiche e a condizioni spazio-temporali diverse, come accelerazioni e decelerazioni, rapidi arresti, spostamenti laterali o in arretramento, in condizioni di controllo complesse. Si sottolinea inoltre che l'alternanza del controllo della palla (fase di contatto con la mano e fase di rimbalzo), non permette sempre un'immediata disponibilità della stessa per effettuare rapidi tiri o passaggi; ciò implica la necessità di acquisire ritmi e tempi di palleggio funzionali al gioco sia in chiusura, così come anche in apertura di palleggio, come ad esempio nelle partenze.

Ovviamente il giocatore dovrà acquisire abitudini di gioco che richiedono espressioni diverse di palleggio, come possibili azioni di contropiede, uno contro uno e penetrazioni a canestro, *pick and roll*, spostamenti preparatori per un passaggio o di adattamento generale, ecc.

Esponiamo di seguito un elenco, certamente non esaustivo, delle principali situazioni applicative del palleggio:

- *Andare in contropiede*: è consigliabile l'uso del palleggio nelle situazioni di 1 c 0 e nel gioco in velocità tutto campo, prioritariamente nelle situazioni in campo aperto e lì dove, pur sussistendo una situazione di sovrannumero, non è ancora possibile effettuare un passaggio. È richiesta capacità sia di anticipazione che di reazione per decidere se e fino a quando palleggiare verso il canestro.

- *Spostarsi sul campo*: è la situazione che deve essere maggiormente controllata dall'allenatore, poiché nasce dalla necessità di mantenere vivo il palleggio sino a quando non si prospetta una situazione tatticamente utile per sé o per i compagni.

- *Battere l'avversario*: l'uso del palleggio per battere l'avversario è una delle abilità più importanti che il giocatore deve acquisire. Se si effettua una partenza, il primo palleggio deve essere forte e basso, poiché risulta determinante assieme al primo passo per battere l'avversario. Alcuni allenatori, al fine di garantire un controllo maggiore della palla in situazione di traffico (penetrazione), consigliano di effettuare uno, massimo due palleggi dalle posizioni perimetrali (cioè dalla linea dei tre punti), ponendo attenzione alla chiusura del palleggio che deve essere effettuata con due mani e distante dall'avversario. Chiaramente i giovani delle prime fasce giovanili possono avere difficoltà nel coprire la distanza dalla linea dei tre punti (m 6,75) con due soli palleggi, e comunque, non sempre tale scelta potrebbe risultare efficace tatticamente. In tal senso si riportano di seguito, in modo sintetico, i risultati di un lavoro condotto con una selezione provinciale under 13 maschile (Cazzetta 2009). I giovani selezionati vennero sottoposti a due prove separate in cui veniva registrata la velocità d'entrata in terzo tempo, con partenza appena fuori dalla linea dei tre punti, utilizzando uno o due palleggi. I tempi rilevati si riferiscono alla distanza di 5 metri coperti dal giocatore, tra il primo e il secondo sensore di registrazione: i risultati registrarono nella prima prova (entrata con un palleggio) una media=1"828, e nella seconda (entrata con due palleggi) una media=1"629. La differenza di 199ms tra le due prove dimostrò che il giocatore che eseguiva due palleggi era più veloce (la distanza della linea dei tre punti, all'epoca della prova, era di m 6,25).

- *Migliorare l'angolo di passaggio*: è utile spostarsi in palleggio per migliorare la linea di passaggio; ciò avviene dalle posizioni sul perimetro per i passaggi agli interni, o anche tra gli esterni quando i giocatori sono fortemente pressati (vedi anche le situazioni di taglio).
- *Uscire da una situazione di pericolo*: viene utilizzato un palleggio protetto, anche in arretramento, in tutte quelle fasi di gioco in cui il giocatore deve affrontare situazioni pericolose come quelle indotte da difese particolarmente pressanti, spesso in corrispondenza delle linee perimetrali del campo, e che si concretizzano talvolta in raddoppi di marcatura.
- *Dare inizio a un gioco organizzato*: spesso il giocatore ha la necessità di portarsi in palleggio in una determinata posizione, segnalando in tal modo ai compagni di voler dare in inizio ad un gioco.

Il palleggio e i cambi di mano possono essere eseguiti con tecniche diverse
In fase di apprendimento, e non solo, il giocatore distribuisce la propria attenzione sia sul compito motorio (palleggiare) sia su aspetti del gioco. Fermo restando il concetto intuitivo che all'aumentare della padronanza (controllo cieco della palla) aumenta la possibilità di prestare attenzione ad altri fattori, si ribadisce la necessità, in allenamento, di utilizzare sequenze didattiche che abbiano l'obiettivo di acquisire abilità e sicurezza con una graduale limitazione del controllo visivo sulla palla.
I fondamentali individuali senza palla, quando sono abbinati all'uso della palla, rimangono invariati nella loro struttura tecnica; quindi, per fare un

esempio, se un giocatore effettua un cambio di mano frontale, i piedi si muoveranno secondo la tecnica utilizzata nel cambio di direzione senza palla, utilizzando lo stesso programma motorio e variandone i parametri. È necessario precisare che i cambi di mano, in modo particolare quello frontale, quello dietro la schiena e quello in frammezzo, devono essere eseguiti con esplosività, in modo che la palla risalga verso la mano opposta con grande velocità (in particolare se eseguiti da fermo); questo aspetto risulta determinante per il miglioramento del controllo della palla nella fase in cui il giocatore riattacca con la mano opposta. La valenza tecnica del cambio di mano non si esaurisce dunque con il semplice passaggio della palla da una mano all'altra, ma trova la sua totale applicazione nel gestire e indirizzare la palla per un rapido attacco.

Vengono di seguito illustrate le principali tecniche di esecuzione che caratterizzano l'uso del palleggio in contesti situazionali.

La tecnica più semplice è quella del palleggio da fermo

L'azione di palleggio ha inizio con la palla che, presa con entrambe le mani, viene portata lateralmente sul fianco con il gomito che punta dietro, e con una contemporanea rotazione in modo tale da portare in alto la mano che dovrà palleggiare. Quindi inizia la distensione del braccio e a seguire la flessione della mano per spingere la palla verso il basso, accompagnando la palla per un breve tratto, e avendo cura che, al momento del distacco, le dita siano distese e aperte verso il basso, a completare in modo fluido il movimento. Il contatto della mano sulla palla in fase ascendente avviene sulla parte superiore, con le dita che ammortizzano la risalita e il braccio che si flette per accompagnare il ritorno della palla. L'azione ricorda quella di uno stantuffo, e non invece, uno schiaffeggiamento, come spesso accade in fase di apprendimento. Il tutto avviene mantenendo una posizione delle gambe semi piegata, con baricentro basso, e posizionando piede e braccio opposto alla mano che palleggia più avanti a protezione dell'azione di palleggio. Lo sguardo è rivolto in avanti. L'azione di palleggio si conclude, chiaramente, nel momento in cui vi è la raccolta della palla, sia con una mano che con tutte e due.

Il giocatore in palleggio può aumentare o diminuire la velocità della corsa
Se il giocatore si sposta rapidamente dovrà controllare la palla per un palleggio in avanzamento veloce: la mano di palleggio viene spostata dietro la palla in modo da permetterne lo spostamento in avanti, con una decisa accelerazione del movimento degli arti inferiori. L'incremento del ritmo del palleggio e della velocità di spostamento sono due caratteristiche che il giocatore deve imparare a modulare. La frequenza dei palleggi diminuisce nel momento in cui il giocatore velocizza la sua azione di corsa e, viceversa, aumenta in quelle situazioni in cui il giocatore si muove in spazi più ristretti come quando affronta una forte pressione difensiva e la protezione della palla lo porta a diminuire il tempo di rimbalzo. Nel palleggio in velocità la mano spinge la palla da dietro, con un'ampiezza dell'angolo di rimbalzo maggiore; dovendo coprire rapidamente larghe zone di campo, si richiede al giocatore di incrementare il numero degli appoggi rispetto al numero di palleggi e con rimbalzi fuori dalla linea dei piedi. Spesso in queste situazioni di campo aperto il giocatore spinge la palla alternando la mano di contatto su di essa (cambio di lato al palleggio, pur senza cambiare direzione), coordinandosi così con l'azione delle gambe, ma anche utilizzando questo movimento per "tagliare la strada" ad un eventuale recupero difensivo.
Diminuendo la velocità, il giocatore dovrà frenare la propria corsa attraverso una riduzione dell'ampiezza degli appoggi e, nel contempo, dovrà rallentare la palla spostando la mano anteriormente ad essa con un accorciamento del tempo di rimbalzo.

Contro difese aggressive, la palla deve essere palleggiata in modo protetto
A fronte di situazioni difensive pressanti, il giocatore protegge la palla con l'avambraccio opposto alla mano utilizzata. Il palleggio è basso e vicino al piede arretrato, con la mano posta sopra la palla che esegue piccoli aggiustamenti (lievemente avanti o dietro alla palla) se si arretra o si avanza, modulando così l'inclinazione del palleggio. Il giocatore deve mantenere lo sguardo avanti, utilizzando ove necessario delle minime torsioni del busto ad ulteriore protezione della palla e, a fronte di una difesa molto aggressiva, si sposta attraverso una serie di passi accostati. Particolare attenzione dovrà essere posta alla posizione dei piedi, che devono muoversi su un binario e devono stare quanto possibile, orientati verso l'area d'attacco: se si osserva il giocatore con la prospettiva che ha un difensore che marca a muro, i piedi dovranno trovarsi su due linee parallele e non sulla stessa linea come accade, per comprenderci, all'equilibrista che cammina

sulla fune. Questa posizione diventa particolarmente funzionale nel momento in cui il giocatore decide di cambiare mano, in quanto si ha una migliore condizione di equilibrio e prontezza per battere l'avversario sul fianco opposto.

Nelle situazioni in cui il giocatore deve arretrare, ad esempio per uscire da un raddoppio difensivo, viene prevalentemente utilizzato lo stesso palleggio protetto ma spingendo la palla dalla parte anteriore in modo da portarla dietro; contemporaneamente il giocatore arretra, a passi accostati, spingendo con il piede anteriore e portando indietro l'altro, e utilizzando il braccio libero a protezione della palla che cade così all'altezza del piede posteriore. Da questa posizione il giocatore potrà avanzare nuovamente utilizzando uno dei cambi di mano già descritti. Nel caso del cambio di mano frontale, per rimanere ulteriormente protetti, si potrà effettuare un arretramento del piede avanzato (l'altro piede farà chiaramente da perno), portando rapidamente la palla da una parte all'altra con una spinta diagonale all'indietro, in modo che la palla venga afferrata dalla mano opposta quanto più indietro possibile e con una protezione immediata del braccio con cui si è cambiato mano. Anche in questo caso viene evidenziata la necessità funzionale di spostarsi su un binario.

Per spostarsi lateralmente in palleggio si utilizzano i passi accostati
Quando il giocatore ha necessità di spostarsi lateralmente, può generalmente utilizzare due modalità tecniche di riferimento:

1. Può, mantenendo la posizione fondamentale e proteggendo quanto basta la palla attraverso una lieve rotazione del corpo, spostarsi lateralmente, a passi accostati, spingendo con il piede opposto alla direzione che si intende prendere. La palla potrà essere palleggiata sia con la destra che con la sinistra, indipendentemente dalla direzione presa. È bene osservare che in questa situazione vi potrebbe essere una non adeguata protezione della palla con il corpo; sarà quindi necessario che il palleggio abbia un punto d'impatto al suolo più arretrato e laterale rispetto al piede corrispondente. Gli spostamenti laterali sul perimetro dei tre punti sono molto più funzionali rispetto ad uno spostamento con passi alternati (camminata o corsa), in quanto il giocatore orienta maggiormente la punta dei piedi verso la zona d'attacco, ed è quindi pronto sia per eseguire i cambi di mano e di direzione, sia per attaccare il canestro sui due fianchi del difensore, o anche solo per tirare.

2. Nel caso in cui questi spostamenti laterali, siano effettuati con la finalità di andare a canestro, come ad esempio nelle entrate dal fondo, necessitano, per essere efficaci, di una esecuzione con passi accostati con un palleggio forte che cade in mezzo alle gambe, tagliando fuori contemporaneamente l'avversario con la schiena.

Per cambiare senso in palleggio occorre arrestarsi
Nel cambio di senso il giocatore, dopo aver decelerato fino ad arrestarsi frenando la palla, si gira dal lato del palleggio e nel contempo cambia mano. È il caso dell'attaccante che, spostandosi orizzontalmente in palleggio su un lato del fronte di attacco, decide di invertire il palleggio per dirigersi sull'altro lato (ad esempio, dalla posizione di play a quella di guardia destra e ritorno). È bene ricordare che, poiché vi è il rischio di perdere momentaneamente la visione del gioco, il giocatore deve osservare la situazione complessiva al fine di effettuare o meno un lieve arretramento della palla prima del cambio.

Il cambio di direzione in palleggio può essere combinato con diverse tecniche di cambi di mano
Il giocatore può cambiare direzione combinando diversi tipi di cambi di mano che saranno descritti di seguito. La caratteristica comune è costituita da un baricentro basso in modo da garantire sempre il massimo equilibrio, e da un buon lavoro dei piedi e delle mani per permettere spostamenti rapidi e un costante controllo della palla. La tecnica dei piedi varia in base al tipo di cambio di mano adottato; ad esclusione del cambio di direzione abbinato alla virata, gli altri cambi di direzione vengono agevolati se il giocatore riesce, prima del cambio di direzione, a mantenere i piedi pronti sul fronte d'attacco.

Il cambio di mano frontale è caratterizzato da un rimbalzo a "V"
Il cambio di mano più utilizzato è quello frontale. L'esecuzione prevede che la mano di palleggio si sposti lateralmente alla palla, spingendola bassa, forte e veloce verso la nuova direzione in modo da tracciare con la palla, davanti alle ginocchia, una traiettoria a "V". La mano opposta è laterale (bassa) e pronta a ricevere la palla. Occorre valutare attentamente la distanza dal difensore per evitare che la palla possa essere intercettata nel primo tratto di discesa o nell'ultima parte di risalita del palleggio.

Nel cambio di mano in mezzo alle gambe la palla deve cadere vicino alla diagonale dei piedi

Nel cambio di mano in mezzo alle gambe, la mano viene posta lateralmente o davanti alla palla, in modo da spingerla in basso in corrispondenza della linea che congiunge i piedi, il più delle volte divaricati sul piano sagittale, con l'altra mano laterale e pronta a recuperare la palla; la differenza di posizione della mano di spinta dipende dalla rotazione del busto rispetto alla disposizione dei piedi. Si osserva che questo cambio di mano può essere eseguito in maniera diversa in considerazione della pressione esercitata dal difensore e del tipo di protezione della palla, ovvero:

1. Con un avversario molto vicino, il palleggio protetto sarà eseguito con i piedi orientati diagonalmente rispetto all'avversario; pertanto, per cambiare in frammezzo, potrà essere necessario eseguire, mentre la palla è in fase ascendente, un arretramento del piede avanzato facendo perno sul piede arretrato. I piedi, come per il palleggio protetto, devono stare su un binario e quanto più orientati alla zona d'attacco; è chiaro che più il giocatore sta chiuso, cioè gira il fianco a protezione della palla, e meno disponibilità funzionale si ha nell'attaccare frontalmente il fianco opposto dell'avversario.

2. Viceversa, se l'avversario è più largo, è possibile mantenere i piedi in direzione dell'avversario (piedi sempre su un binario), cambiare mano e continuare ad avanzare nella nuova direzione con il piede arretrato che incrocia. In questo ultimo caso, è necessaria maggiore abilità e un baricentro basso per un'esecuzione tecnica corretta. Il miglioramento di questa abilità consentirà al giocatore di effettuare il cambio di mano ruotando entrambi i piedi nella nuova direzione e, addirittura, di procedere in tal senso con il piede avanzato mentre la palla passa in mezzo alle gambe; la difficoltà maggiore consiste, come detto, nel mantenere la condizione di equilibrio e di sincronizzazione (mani-palla-piedi) e nel ripristinare la spinta necessaria per accelerare la corsa.

In entrambi i cambi di mano, la palla traccerà una linea diagonale rispetto all'asse dei piedi (formando una X), pertanto occorrerà la dovuta abilità nel frenare la palla e spingerla in avanti per riattaccare: maggiore sarà la spinta della palla e più si acquisirà l'abitudine a gestirla in fase ascendente. Si ritiene utilissimo far esercitare i giocatori anche con i piedi paralleli (ad esempio perpendicolari ad una linea del campo), in quanto la fase di risalita della palla richiederà una tecnica di controllo più complessa. Il cambio in frammezzo viene utilizzato da molti giocatori sia nelle partenze in palleggio (ad esempio partenza con la mano destra passando la palla sotto la gamba destra avanzata) che in altri movimenti "speciali": si pensi ad esempio allo stesso cambio di mano collegato ad una partenza diretta in arretramento, o effettuato contro una difesa pressante, o abbinato ad un altro cambio di mano (dietro la schiena), e che, se eseguiti rapidamente, permettono di ottenere vantaggi non indifferenti sull'avversario.

Nel cambio di mano dietro la schiena la spinta della mano varia al variare della velocità di spostamento

Possiamo distinguere due tipi di cambio di mano dietro la schiena:
1. Se eseguito da fermo, cioè dalla posizione fondamentale, la palla deve essere arretrata e immediatamente orientata e spinta dal lato esterno sotto il bacino, in modo che si abbia una traiettoria di rimbalzo a "V"; la mano opposta è bassa e pronta per ricevere la palla e controllarla.
2. Se eseguito in movimento, non sarà necessario far arretrare la palla più di tanto, poiché durante la fase discendente e ascendente del palleggio si ha un contemporaneo avanzamento del giocatore. La palla, spinta lateralmente, viene accompagnata per un breve tratto dietro la schiena per poi essere spinta in basso verso la direzione di corsa; l'altra mano recupera e controlla la palla nella fase ascendente. Il movimento richiede una notevole escursione in estensione della spalla per permettere al braccio di ruotare dietro la schiena.

In entrambi i casi la sua esecuzione è necessaria lì dove lo spazio tra attaccante e difensore è ridotto.

Nella virata (giro) in palleggio il giocatore utilizza il piede avanzato come perno

Nell'esecuzione del giro in palleggio, il giocatore affronta l'avversario avanzando con il piede opposto alla mano di palleggio e mantenendo la posizione fondamentale; il giro dorsale sarà effettuato, dopo un ultimo palleggio forte, spostando la mano anteriormente alla palla e mantenendo il contatto fino a virata completata. Sarà necessario guardare preventivamente, in visione periferica, dal lato del palleggio in modo da anticipare azioni di disturbo da parte di difensori che stanno alle spalle. Se la virata viene eseguita prendendo contatto con l'avversario, il piede libero cadrà oltre la linea dei piedi del difensore in modo da non permettere un facile recupero.

Le finte di cambio di mano richiedono molta destrezza
Fermo restando che le possibilità di finta in palleggio sono tanto più ampie quanto maggiore è il livello di abilità acquisita, possiamo distinguere due finte di cambio di mano comunemente utilizzate: 1 - il giocatore affronta l'avversario puntando il piede opposto alla mano di palleggio e il busto verso il lato in cui si vuole indurre uno spostamento dell'avversario; contemporaneamente, la palla viene ruotata per un attimo nella stessa direzione della finta, per poi tornare rapidamente a palleggiarla sullo stesso lato, in modo da attaccare l'avversario, probabilmente sbilanciato, sul fianco con un passo rapido (ovviamente della gamba omologa); 2 - l'altra finta è quella di virata; in questo caso il giocatore effettua una torsione del busto accompagnata, ma non sempre, da un leggero spostamento indietro della gamba arretrata in modo da simulare la virata; la mano, a contatto con la palla nella parte anteriore, ruota rapidamente passando sulla parte posteriore con un contemporaneo arretramento della spalla, per poi riprendere a palleggiare in avanti.
Sia nell'uno che nell'altro caso, sarà necessario effettuare, prima della finta, un ultimo palleggio forte in modo che la palla possa rimanere, nella fase ascendente, quanto più tempo possibile a contatto con la mano; evidentemente, considerando il tempo brevissimo di contatto, anche la grandezza della mano incide sul controllo della palla. L'utilizzo di queste finte risulterà efficace se l'attaccante avrà già indotto il difensore a muoversi.

L'esitazione in palleggio ha lo scopo di creare incertezza nell'avversario
L'esitazione è un comportamento tecnico in cui il giocatore, mantenendo la posizione fondamentale d'attacco e un alto livello di attivazione, esegue in palleggio brevissimi spostamenti in avanti e piccoli movimenti laterali delle spalle in modo da creare una condizione d'incertezza nell'avversario. L'esitazione è seguita prevalentemente da una finta o da un cambio di mano, anche in combinazione con un cambio di velocità.

Per insegnare il palleggio in tutte le sue forme occorre conoscere le strategie didattiche e metodologiche
Il compito dell'allenatore è quello di dare inizialmente poche indicazioni tecniche di base e abituare a variare il modo in cui il palleggio può essere effettuato. Per certi aspetti il palleggio da fermo può essere più semplice di quello in movimento, ma man mano che si aumenta il grado di difficoltà coordinativa e di combinazione motoria, il palleggio da fermo può diventare anche più complesso. Didatticamente si può lavorare sul palleggio

parallelamente secondo due sistemi: 1 - il trattamento della palla o *Ball handling;* 2 - l'esecuzione/applicazione dei fondamentali relativi al palleggio (cambi di mano).

Il Ball Handling

Il trattamento della palla viene curato innanzitutto attraverso gli esercizi di *Ball handling.* Per ottenere un miglioramento dell'abilità sarà necessario agire didatticamente su due aspetti essenziali: la varietà di modalità del palleggio e la velocità di esecuzione. Nel primo caso, il giocatore dovrà essere sollecitato a spingere le articolazioni della spalla, del gomito e del polso, all'estremo dei gradi di libertà articolare e di combinare il palleggio a posture diverse (posizioni, atteggiamenti); in tal modo si acquisirà il grado di flessibilità/adattabilità necessaria per far fronte alle più disparate situazioni di gioco. Nel secondo caso, l'aumento della velocità di esecuzione si potrà ottenere attraverso gare a tempo (numero di palleggi, combinati e non, nell'unità di tempo) o giochi in cui la velocità del palleggio o l'alternanza nell'uso delle mani è indispensabile per affrontare adeguatamente il compito; comunque, la rapidità delle braccia viene acquisita anche attraverso esercizi di controllo senza palleggio. In tutti i casi, il giocatore dovrà essere in grado di eseguire il palleggio senza utilizzare il controllo visivo sulla palla. Si ritiene che il lavoro di *Ball handling* sia una tappa indispensabile per una corretta e completa acquisizione dei fondamentali, specialmente se non si proviene da esperienze di minibasket o se, in tale fascia d'età, non si è fatto questo tipo di lavoro (vedi *multilateralità* nel capitolo della didattica). Spesso questa tipologia di esercitazione trova un'applicazione limitata: accade di proporla ad inizio stagione solo nelle prime settimane e solo per pochissimi minuti ad allenamento, curando poco quei dettagli che invece potrebbero rivelarsi, per la loro propedeuticità, importanti per il palleggio, e che contribuiscono a migliorare la capacità di controllare e dirigere la palla, la velocità di esecuzione, spesso in dissociazione con i movimenti degli arti inferiori, e gli aspetti legati alla lateralità (uso della mano debole).

Esecuzione/applicazione delle diverse forme di palleggio

Le proposte sui cambi di mano in palleggio devono prevedere parallelamente sia il lavoro a secco che quello applicativo. Il primo migliora l'impostazione tecnica di base dei fondamentali, la variabilità dei parametri e la loro automatizzazione; il secondo migliora la variabilità dei programmi, ma anche (seppur in misura minore rispetto all'allenamento a secco) quella dei parametri. Poiché l'emisfero cerebrale destro è principalmente responsabile dell'orientamento spaziale e della coordinazione delle azioni, ovvero del controllo delle posizioni finali e della precisione mirata (rispetto all'emisfero sinistro che elabora il controllo temporale e sequenziale dei movimenti) (Serrien et al.2006), studi suggeriscono che la pratica iniziale del palleggio con la mano sinistra (mano non dominante) porti, per effetto di trasferimento *interlimb* positivo, ad una migliore acquisizione dell'abilità della mano dominante, in quanto il sistema specializzato cervello-destro mano-sinistra è più efficiente nell'elaborazione delle informazioni visuo-spaziali (Stöckel et al. 2011). Si ritiene che con un allenamento costante (cioè in ogni seduta di allenamento) e con un adeguato lavoro di *Ball handling* (come sopra ricordato), si potrà procedere in tempi brevi ad esercitarsi contemporaneamente sui quattro principali cambi di mano (frontale, frammezzo, virata e dietro la schiena). Come accennato nel capitolo sulla didattica, per un principio di *trasferibilità* delle abilità, possono essere utili quelle proposte in cui il cambio di mano frontale viene abbinato a quello in mezzo le gambe, mentre quello in virata assieme a quello dietro la schiena. I diversi modi di utilizzare il palleggio o di cambiare mano sono direttamente collegati non solo con il grado di maestria e di esperienza del giocatore, ma anche con la sua creatività, intendendo la capacità di eseguire una forma di atto motorio (in questo caso il palleggio) inusuale ma efficace per la situazione. Il grado di maestria viene raggiunto quando nella esecuzione di ogni forma di abilità, il giocatore unisce correttezza e velocità elevata; pertanto, l'abilità deve essere allenata anche attraverso un supporto fisico importante, in grado cioè di incrementare la *forza rapida* del giocatore.

Un ultimo aspetto didattico da considerare è quello relativo alla necessità di limitare fortemente il controllo visivo del palleggio. A tal proposito gli istruttori stimolano frequentemente gli allievi a non guardare la palla con l'intento di ottenere un'esecuzione più funzionale in fase applicativa; sappiamo bene, infatti, che il giocatore impegnato nel palleggio e in tutte le sue variazioni, tenendo lo sguardo in avanti avrà modo di reperire informazioni utili ad un efficace sviluppo dell'azione di gara. È evidente che un elevato grado di abilità può essere raggiunto con un contemporaneo, seppur minimo, controllo visivo. Ma è anche plausibile che lo stesso grado di maestria sia raggiungibile liberando completamente l'attenzione visiva per renderla disponibile in direzione di altre informazioni. Dal punto di vista metodologico, si pone l'accento su due modi simili di procedere. Il primo, comunemente conosciuto, è quello che prevede esercizi esecutivi a secco in cui, solo dopo un certo numero di tentativi (sedute di allenamento), si chiede all'allievo di cominciare a non guardare la palla; tali lavori vengono poi associati ad esercitazioni applicative in cui si richiede di monitorare l'ambiente durante l'esecuzione con l'intervento visivo. La logica di questo sistema è di insegnare prima ad eseguire e poi a leggere. L'altro metodo è paragonabile a quello utilizzato per imparare a guidare l'automobile, cioè con una immediata e rigida richiesta di controllo del veicolo senza guardare i comandi (volante, pedali, cambio, ecc.). Allo stesso modo l'allievo è impegnato, fin dalle prime esperienze di apprendimento, a esercitarsi senza guardare la palla e con un contemporaneo, seppur graduale e difficoltoso, impegno di monitoraggio. L'obiettivo è quello di acquisire, fin da subito, "l'abitudine del mentre", ovvero l'abitudine a rendere associativa l'abilità. Se al palleggio non si associa (forzatamente) fin da subito un'alternativa visiva, il sistema di controllo motorio segue vie differenti: nel caso del controllo con visione, l'esecuzione dell'abilità terrà conto di *feedback* correttivi provenienti prevalentemente dai recettori visivi, mentre nel caso del controllo senza visione, si farà affidamento alla memoria motoria e alle afferenze tattili e cinestesico/vestibolari. Per tale ragione è ipotizzabile che l'abitudine al monitoraggio diventi più naturale se l'acquisizione dell'abilità tecnica, fin dalle prime proposte, avvenga senza controllo visivo e con un contemporaneo impegno dell'attenzione verso informazioni diverse da quelle relative al palleggio stesso. Chiaramente le letture in fase di apprendimento seguono adeguate strategie di facilitazione ed è naturale aspettarsi che il discente sia tentato di controllare visivamente il pallone. Pertanto, anche l'utilizzo di speciali occhialini che limitano la parte bassa della visione, porterà ad un miglioramento applicativo solo se i lavori sul palleggio saranno associati ad una funzione cognitiva di lettura.

La proposta di alcuni esercizi può suggerire altre forme di attività funzionali al palleggio

Trattando le proposte didattiche, inizialmente si delineeranno alcune indicazioni relative al *Ball handling*, poiché sicuramente la vastità dell'argomento coinvolge aspetti legati ad attività di carattere generale, non sempre specifiche del nostro sport o, per esempio, molto più legate alla fase del minibasket. Indicativamente e dal punto di vista della strutturazione potremo classificare, nel caso del palleggio:

- *esercizi* da fermo e in movimento, con variazioni di intensità e modulando il passaggio da situazioni statiche a dinamiche;
- esercizi con uno o due palloni, con implicazioni sulle capacità coordinative di combinazione e ritmo;
- esercizi individuali, a coppie, in gruppo, dove il lavoro con uno o più compagni abitua a percepire spazi e tempi che variano (avanti/dietro, sopra/sotto, destra/sinistra, ecc.).

Tra le proposte si ritrovano, ad esempio, tutti i lavori di palleggio sul posto, camminando o correndo negli spazi del campo, fermandosi e ripartendo ("semaforo"), guardando gli stimoli visivi proposti dall'insegnante o dagli stessi compagni, aumentando la difficoltà nel controllo della palla, come ad esempio cercando di toccare la palla di un avversario e proteggendo la propria ("gioco del cacciatore") (diag.1). Con il crescere delle capacità degli allievi vi potranno essere richieste più diversificate e più orientate all'acquisizione di una tecnica corretta. Ad esempio, palleggiare sul posto o in movimento, con variazione dell'altezza e del ritmo, cambiando mano, con oscillazioni frontali e laterali, con l'utilizzo di due palloni. Allo stesso modo possono essere intesi quei lavori che prevedono movimenti in avanzamento, arretramento, laterali (diag.2.).

diag.1

diag.2

In ogni caso queste proposte, dopo una prima fase istruente, dovranno essere rese più stimolanti, in fase applicativa, utilizzando forme ludiche come gare (chi effettua più palleggi in un determinato tempo), staffette, ecc. Sono anche efficaci le esercitazioni a coppie come il "trenino" (ombra) e lo "specchio", poiché in questo modo gli allievi acquisiscono confidenza con la palla esercitando anche la visione di gioco. In queste proposte viene anche stimolata la creatività e la fantasia. In particolare, nella situazione di "trenino", (a coppie o terzetti), il giocatore che è davanti esegue i fondamentali in palleggio, il/i compagno/i dietro imitano i suoi movimenti; nella situazione di "specchio" (a coppie) uno dei due giocatori esegue i fonda-mentali in palleggio, il compagno, posto di fronte, ne riproduce i movi-menti in modo speculare (diag.3).

diag.3

I percorsi

Anche queste attività possono essere proposte in modo molto diversifi-cato. Possono essere sviluppati in tutte le zone del campo (un quarto di campo, metà campo, tutto campo), inserendo progressivamente difficoltà di ordine tecnico (palleggi con variazione di ritmo e direzione), nuovi ele-menti (cambi di mano e di direzione), lettura di spazi liberi/occupati con, ad esempio, l'utilizzo di ostacoli (diag.4).

diag. 4

Come accennato in precedenza distinguiamo sempre una fase istruente e una fase in cui le esercitazioni presentano aspetti ludici che avvicinano l'esecuzione ad un contesto applicativo.

Nel diagramma 5, ad esempio, i giocatori, tutti con palla, partendo dagli angoli di fondo campo, eseguono palleggi spinti e veloci in avanti, con o senza conclusione a canestro.

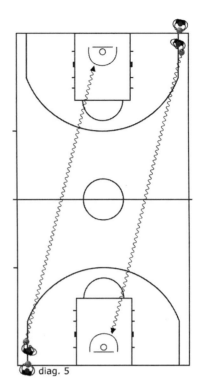

diag. 5

Nel diagramma 6, i giocatori, tutti con palla, partendo dagli angoli di fon-do campo, eseguono un percorso a zig-zag, utilizzando cambi di mano e di direzione.

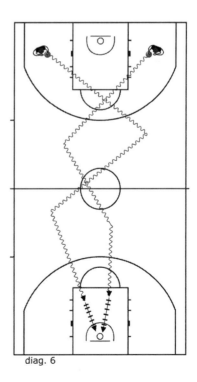

diag. 6

Gli stessi obiettivi si perseguono attraverso proposte ludiche come "ruba-palla" (diag.7) e "il cacciatore", sia 1 c 1 (diag.8) che 2 c 2: nella ricerca di toccare la palla dell'avversario, i giocatori sono stimolati all'uso del palleggio protetto, dei cambi di mano, di direzione e di velocità.

Diag.7   Diag.8

Le letture
Si possono formulare proposte per esercitare il palleggio contestualizzandolo ad una lettura di una situazione sia pure parziale; ad esempio, nell'esercizio illustrato nel diagramma 9, i giocatori a coppie, tutti con palla, partono in palleggio da metà campo verso il cono posizionato sul proprio lato; chi arriva per primo sceglie il tipo di conclusione a canestro, il secondo si adegua. Pertanto, ad un vantaggio temporale conseguente ad un'accelerazione (palleggio veloce/spinto) corrisponde la precedenza nella scelta della conclusione a canestro.
Nel diagramma 10, i giocatori, divisi in coppie, partono in palleggio dalle linee laterali a metà campo verso il cerchio di centrocampo: il giocatore 1, a questo punto, decide il lato su cui andare a canestro e, avendo acquisito un vantaggio, dovrà farlo, evitando di farsi toccare dall'altro giocatore che, sempre in palleggio, lo insegue.

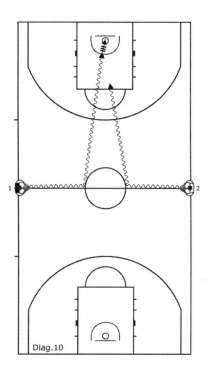

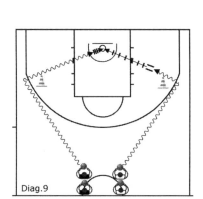

Diag.9

Diag.10

Le letture coinvolgono anche gli spazi: come già ricordato, nella pallacanestro essi si dilatano o si restringono (si occupano/si liberano), in funzione dei movimenti di compagni/avversari. Le esercitazioni di tipo situazionale (con difficoltà crescenti) sono le più adatte alla acquisizione/allenamento di quelle abilità legate al riconoscimento di spazi tecnici, tattici, proiettivi. Nel diagramma 11, i giocatori, tutti con palla, partendo da metà campo, attaccano in palleggio lo spazio, delimitato dai coni posti all'altezza della linea del tiro libero a destra e a sinistra dell'allenatore, e concludono a canestro. In una variante (diag.12), l'allenatore, posizionato tra i coni, ha inizialmente le braccia allargate lateralmente al corpo; il giocatore dovrà attaccare lo spazio liberato dal successivo abbassamento di uno dei due arti, applicando il fondamentale più adatto rispetto alla situazione (esitazione e ripartenza, cambio di mano e di direzione frontale, dietro schiena, ecc.).

Altra variante può essere rappresentata dall'allenatore che, effettuando un passo nella direzione inizialmente presa dal giocatore, lo costringerà a valutare la possibilità di continuare nella stessa direzione o variare la scelta, eseguendo un cambio di mano e di direzione (diag.13). Progressivamente potrà essere inserito un difensore ricreando situazioni più vicine a quelle di gioco, pur mantenendo ancora un leggero vantaggio per l'attacco: ad esempio il difensore, come illustrato nel diagramma 14, posizionato vicino al cono, può muoversi solo orizzontalmente su una linea, stimolando l'attaccante a leggere lo spazio libero/occupato.

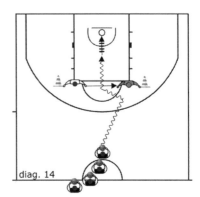

Successivamente il difensore partendo dal centro, se battuto, potrà anche inseguire (diag.15). Nel diagramma 16, la proposta richiama l'uso del palleggio in uno spazio più ampio: il giocatore che riceve la palla dall'allenatore attacca, avendo il vantaggio che il suo avversario, prima di difendere, deve girare attorno ad un cono.

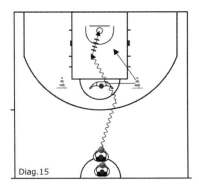

Diag.15

Diag.16

La proposta di alcuni esempi di sequenze didattiche può suggerire altre forme ordinate di esercitazione per lo sviluppo del palleggio

Nell'organizzazione delle sequenze didattiche dobbiamo considerare che saper palleggiare può rappresentare sia l'obiettivo generale (saper palleggiare nelle varie forme e condizioni), sia un contenuto per raggiungere altri obiettivi (utilizzo del palleggio per giocare in velocità, in contropiede, per penetrare). Le sequenze semplici e orizzontali sono quelle che meglio si prestano quando l'obiettivo generale della sequenza è il miglioramento dell'abilità. Ad esempio, una sequenza semplice, composta prevalentemente da esercizi a secco, potrà avere come obiettivo generale la capacità di eseguire il palleggio in una certa forma; il miglioramento applicativo/funzionale di quella forma di palleggio si potrà ottenere attraverso sequenze (orizzontali, verticali, diagonali) in cui l'obiettivo generale sarà diretto alla capacità di gioco, mentre il palleggio in sé, diventa un contenuto essenziale del gioco. Pertanto, le sequenze verticali e diagonali risulteranno particolarmente indicate quando l'obiettivo della sequenza è relativo alla capacità di gioco (giocare in velocità, in soprannumero, in penetrazione, *pick and roll*, 2 c 2, ecc.), utilizzando le abilità tecniche (partenza, palleggio, arresto, passaggio) come contenuto (e in questo caso anche strumento tecnico).

Sequenza didattica semplice
Obiettivo della sequenza: saper palleggiare in velocità.
Es.1 - 1 c 0. I giocatori, tutti con palla a fondo campo, partendo da palleggio aperto sul posto, corrono in palleggio fino a metà campo (diag.17).

Es.2 - 1 c 0. Come l'esercizio precedente, ma le proposte prevedono di variare la lunghezza del percorso (tre quarti di campo, tutto campo) e le traiettorie (orizzontali, diagonali) (diag.18).

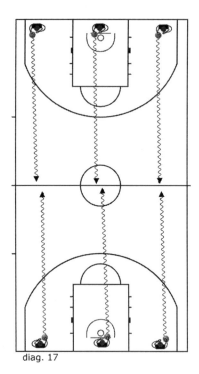

diag. 17

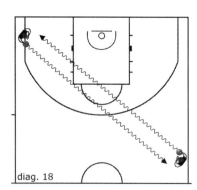

diag. 18

Es.3 - 1 c 0. Come l'esercizio precedente, ma dando stimoli di tipo temporale (chi percorre nel minore tempo il percorso) o numerico (chi lo fa con il minor numero di palleggi). Nel proporre sequenze semplici, resta invariato il fondamentale (in questo caso il palleggio spinto in velocità), ma si agisce sui parametri esecutivi del movimento (frequenza, distanza, velocità) e sulle variabili coordinative (direzione e controllo) come già descritto nel capitolo sulla didattica.

Sequenza didattica orizzontale
Obiettivo della sequenza: saper palleggiare in velocità in modo funzionale e combinato.

diag. 19

Es.1 - 1 c 0. I giocatori, tutti con palla, posizionati lateralmente a metà campo, effettuano una partenza incrociata con mano esterna, e con il minor numero di palleggi (palleggio spinto) vanno a concludere a canestro con tiro in corsa (diag.19).

Es.2 - 1 c 0 tutto campo. I giocatori tutti con palla, all'altezza delle linee laterali, sul prolungamento del tiro libero, eseguono una partenza incrociata verso il centro (diag.20); arrivati sull'ostacolo, effettuano un cambio di mano (dietro schiena, virata), e puntano verso il canestro, utilizzando il palleggio spinto alternato, e concludono con un tiro in corsa.

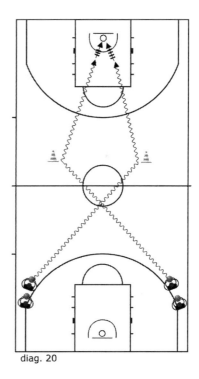

diag. 20

Es.3 - 1 c 0 + A. Il giocatore parte da tre quarti di campo per ricevere un passaggio dall'appoggio (diag.21) e, utilizzando il movimento di presa palleggio, spinge la palla avanti per andare a concludere con tiro in corsa (il contenuto palleggio spinto è preceduto da corsa e ricezione, ed è seguito dal tiro). L'esercizio va effettuato su entrambi i lati.

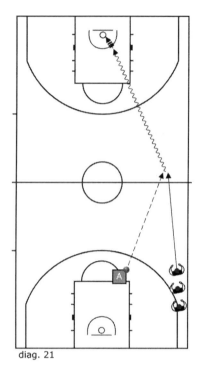

diag. 21

Es.4 - 3 c 0 nelle corsie. I giocatori, divisi in terzetti, tutti con palla, corro-no nell'area dei tre secondi (diag.22), variando la tipologia di palleggio (alto/basso/protetto/con cambi di mano); al segnale dell'allenatore par-tono in palleggio, utilizzando spazi liberi, verso il canestro opposto, con il primo arrivato che sceglie la soluzione di tiro e con gli altri che si adeguano.

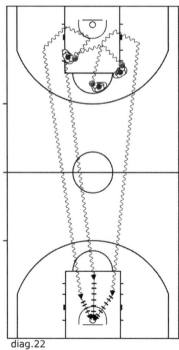

diag.22

l proporre la sequenza *orizzontale* si è rispettato il principio di modulazione (variazione del volume dei contenuti tecnici) facendo precedere o seguire il fondamentale da altri movimenti.

Sequenza didattica verticale
Obiettivo della sequenza: saper palleggiare in velocità in contesti situazionali simili alla gara. In questa tipologia di sequenza, la complessità è data dall'introduzione di forme di opposizione (difesa) graduali, che possono essere di tipo guidata, passiva, attiva, con vantaggio spazio-temporale per l'attacco (*handicap*, recupero).

Es.1 - 1 c 1 a metà campo + A. L'attaccante, posizionato nell'angolo della metà campo, ricevuta la palla dall'allenatore, parte in palleggio verso il canestro per concludere eludendo il recupero del difensore, attardato dal fatto di aver toccato la linea di metà campo al momento del passaggio (diag.23). L'esercizio può prevedere due ripetizioni a testa in attacco, per poi cambiare lato.
Variante: lo stesso esercizio può essere sviluppato con partenza da tre quarti di campo o tutto campo.

diag.23

Es.2 - 1 c 1 metà campo + A. L'attaccante, posizionato poco dietro la metà campo, parte con un vantaggio spaziale (difensore dietro 2m) e riceve il passaggio dall'allenatore, ricercando una rapida conclusione a canestro per evitare il recupero del difensore (diag.24). Anche in questo caso è bene che entrambi i giocatori provino più volte l'esercizio su un lato, per poi spostarsi sull'altro.

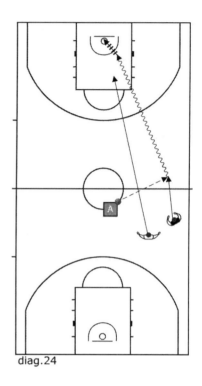

diag.24

Es.3 - 1 c 1 tutto campo + A. In questo caso, partendo da una situazione di anticipo difensivo su un attaccante in ala, l'allenatore passa la palla, agevolando l'intercetto da parte del difensore che, a questo punto, si proietta velocemente verso l'altro canestro concludendo prima del recupero di-fensivo (diag.25).

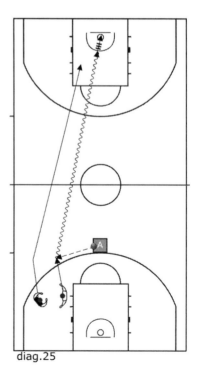

diag.25

Sequenza didattica diagonale
Obiettivo della sequenza: applicazione funzionale e combinata del palleggio spinto in contesto agonistico.
Il criterio di modulazione è dato dall'aumento dei giocatori coinvolti, sia in attacco che in difesa. Nelle sequenze diagonali le situazioni diventano più complesse all'aumentare del numero dei giocatori; l'allenatore dovrà osservare se l'uso del palleggio sarà adeguato alle diverse situazioni di gioco, se sarà cioè funzionale. È da notare che nella sequenza, il passaggio dal 2 c 2 al 3 c 3 viene utilizzato come criterio di modulazione di tipo verticale, in quanto si modula la difesa creando un momentaneo ritardo difensivo.

Es.1 - 2 c 2 tutto campo + A. È la logica evoluzione dell'esercizio visto in precedenza, dove attraverso una soluzione guidata dall'allenatore (passaggio intercettabile), si sviluppa una situazione in campo aperto, nella quale potrebbe concretizzarsi un utilizzo del palleggio spinto da parte del giocatore in possesso di palla (diag.26).

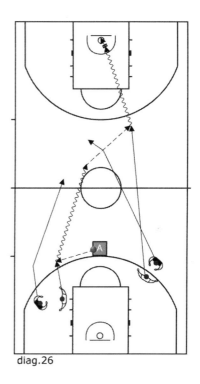

diag.26

Es.2 - 3 c 3 tutto campo, andata (handicap difensivo) e ritorno. All'andata i tre attaccanti partiranno dalla linea di fondo, mentre i tre difensori corrispondenti, dalla linea di tiro libero e i suoi ipotetici prolungamenti (diag.27). L'allenatore passerà la palla a uno dei tre attaccanti che darà così avvio all'azione in velocità (contropiede) verso l'altro canestro, mentre il difensore corrispondente al ricevente dovrà toccare la linea di fondo e recuperare. L'obiettivo è quello di mantenere il vantaggio numerico per andare ad una rapida conclusione, utilizzando la verticalizzazione del gioco senza palla (correre nelle corsie libere) e la capacità di guadagnare spazi utilizzando il palleggio (spinto) e il passaggio.

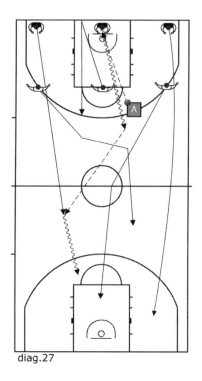

diag.27

È da notare che nella sequenza, composta in questo caso da soli due esercizi in quanto ritenuti esaustivi rispetto all'obiettivo perseguito, le proposte dal 2 c 2 al 3 c 3 con un momentaneo ritardo difensivo, richiamano il criterio di modulazione di tipo verticale, a conferma di come le varie tipologie di sequenze possano intersecarsi fra loro.

7 - IL GIOCATORE DEVE SAPERE ARRESTARSI E PARTIRE IN PALLEGGIO

Gli arresti e le partenze sono abilità fondamentali del gioco della pallacanestro; possono essere legati fra di loro oppure ad altre abilità (ad esempio arresto e ricezione, partenze e passaggio, palleggio ed arresto, arresto e tiro). Il mantenimento dell'equilibrio è un presupposto essenziale per la corretta esecuzione dei fondamentali in questione; in modo particolare è necessario che il giocatore acquisisca quei particolari tecnici che gli permetteranno di assumere la postura più adatta nell'esecuzione dell'atto motorio (equilibrio dinamico); in tal modo il giocatore sarà in grado di gestire il proprio baricentro anche nei limiti di stabilità consentiti dalla base di appoggio.

Il tipo di arresto (ad uno o due tempi) stabilisce il piede perno e conseguentemente il tipo di partenza e, più in generale, le possibilità di movimento da poter effettuare. Infatti, la corretta gestione del piede perno e del piede libero permette non solo un adeguato controllo dell'equilibrio, ma anche la possibilità di gestire la palla in modo variabile ed efficace. A tal proposito, con nota a piè di pagina, è riportato un estratto dall'**art.25 del regolamento FIBA** relativo al piede perno e alla violazione di passi, perché questa risulta essere, in particolar modo a livello giovanile, quella più "evidenziata" dagli arbitri.

Art. 25 Passi

25.1 Definizione
- 25.1.1 **Passi** è il movimento illegale di uno o entrambi i piedi in una direzione qualsiasi trattenendo una palla viva in mano, oltre i limiti definiti in questo articolo.
- 25.1.2 **Un giro** è il movimento legale che si ha quando un giocatore, in possesso di una palla viva sul terreno, si muove una o più volte in una direzione qualsiasi con lo stesso piede, mentre l'altro piede, chiamato piede perno, viene tenuto fermo sul suo punto di contatto con il terreno.

25.2 Regola
- 25.2.1 **Come si stabilisce un piede perno per un giocatore che prende una palla viva sul terreno: Un giocatore che prende una palla mentre è fermo con entrambi i piedi sul terreno di gioco.**
  Nel momento in cui viene sollevato un piede, l'altro diventa piede perno. Per iniziare un palleggio, il piede perno non può essere alzato prima che la palla abbia lasciato la mano(i). Per passare o tirare a canestro, il giocatore può saltare con il piede perno, ma non può ritoccare il terreno prima che la palla abbia lasciato la mano(i).

Un giocatore che prende una palla mentre è in movimento o al termine di un palleggio può fare due passi per fermarsi, passare o tirare:
- se riceve la palla il giocatore deve rilasciare la palla per iniziare un palleggio prima del suo secondo passo.
- Il primo passo avviene quando un piede o entrambi i piedi toccano il terreno di gioco dopo aver ottenuto il controllo della palla.
- Il secondo passo avviene dopo il primo passo quando l'altro piede tocca il terreno di gioco o entrambi i piedi toccano il terreno di gioco simultaneamente.

Una corretta esecuzione dell'arresto incide positivamente sulle abilità immediatamente successive

Il modo in cui il giocatore arresta la propria corsa, incide notevolmente sullo sviluppo delle abilità che vengono eseguite immediatamente dopo l'arresto. Si intuisce che, se il giocatore si arresta mantenendo un buon equilibrio e gestendo correttamente il baricentro, sarà più pronto per effettuare un tiro o per passare o anche semplicemente per non cadere nella violazione di passi. Da un punto di vista applicativo, l'arresto può essere effettuato in preparazione a un tiro, a un passaggio, a una partenza in palleggio, o per fermarsi utilizzando o non il piede perno.

Rispetto alla situazione, ovvero alla combinazione con altre abilità, gli arresti si distinguono in: arresto dopo il palleggio e arresto a seguito della ricezione della palla.
- *Arresto dopo il palleggio*: si ha quando il giocatore, dopo aver chiuso il palleggio con un'ultima spinta più forte e reattiva e, senza la necessità di guardare la palla, si arresta e gestisce la stessa in funzione della situazione di gioco.
- *Arresto a seguito della ricezione della palla*: la dinamica posturale e di preparazione è identica a quella precedente, ma il giocatore durante la ricezione dovrà tenere gli occhi sulla palla fin quando non ne percepisce la possibilità di controllo.

Entrambi gli arresti, se eseguiti in funzione di un tiro in sospensione, sono caratterizzati da una fase eccentrica, in cui il giocatore ammortizza l'arresto piegando le gambe e abbassando il baricentro, e una successiva fase concentrica in cui si ha la distensione delle gambe per la fase di volo (tiro in elevazione o sospensione). Durante la fase eccentrica, che prevede un angolo al ginocchio di circa 140°, il giocatore accumula energia elastica che sarà utilizzata per la spinta verso l'alto; in questa fase il giocatore gestisce la palla in modo da trovarsi, al termine della fase discendente, in una posizione tale da essere pronto a tirare.

Se un giocatore si arresta sul suo primo passo ed ha entrambi i piedi a contatto con il terreno di gioco o essi toccano contemporaneamente il terreno di gioco, può usare entrambi i piedi come piede perno. Se quindi salta con entrambi i piedi nessun piede può ritornare sul terreno di gioco prima che la palla abbia lasciato la mano (i). Se un giocatore atterra con un piede può usare solo quel piede come piede perno. Se un giocatore salta su un piede durante il suo primo passo può atterrare con entrambi i piedi simultaneamente per il secondo passo. In questo caso, il giocatore non può usare nessun piede successivamente, come piede perno. Se quindi un piede o entrambi i piedi vengono sollevati nessun piede può ritornare a contatto con il terreno di gioco prima che la palla abbia lasciato la mano (i). Se entrambi i piedi sono sollevati dal terreno di gioco e il giocatore atterra con entrambi i piedi simultaneamente, nel momento che uno dei due piedi viene sollevato l'altro diventa piede perno. Un giocatore non può toccare il terreno di gioco consecutivamente con lo stesso piede o con entrambi i piedi dopo aver concluso il palleggio e ottenuto il controllo della palla.

È interessante notare che l'arresto finalizzato al tiro prevede un leggero avanzamento del piede corrispondente al braccio dominante; l'arresto avrà inoltre le stesse caratteristiche anche in funzione di un passaggio in attitudine di volo.
Nel corso della descrizione tecnica, verranno passati in rassegna altri aspetti applicativi collegati all'arresto a uno o due tempi.

I giocatori devono conoscere e acquisire la tecnica per arrestarsi
Rispetto all'esecuzione, cioè in relazione al modo in cui si organizza la direzione da prendere e la successione degli appoggi, distinguiamo arresti a uno e a due tempi.

Nell'arresto a un tempo non c'è vincolo di piede perno
Per arresto a un tempo si intende l'azione con cui un giocatore, ricevuta la palla o chiuso il palleggio, si arresta in modo tale da non avere vincoli di piede perno; si può eseguire in tre condizioni: 1 - il giocatore in movimento, in attitudine di volo (piedi in aria), si ferma (si arresta) poggiando contemporaneamente entrambi i piedi; 2 - il giocatore in movimento con un piede a contatto con il terreno (passo "0"), poggia poi contemporaneamente i piedi per terra; 3 - Il giocatore in movimento potrà utilizzare il passo "0" seguito da un solo appoggio: in questo tipo di arresto, che possiamo chiamare "0-1", come nei due casi precedenti, non c'è vincolo di

piede perno ed è quindi equiparabile a un arresto a un tempo. Nei primi due casi l'arresto è preceduto da una breve fase di volo aderente al terreno, che si conclude con un appoggio su entrambi gli avampiedi, segue una fase di ammortizzamento che permette sia il ripristino della condizione di equilibrio statico per riacquisire la posizione fondamentale, sia la condizione di pre-stiramento muscolare delle gambe (forza eccentrica) necessaria per un eventuale tiro o partenza immediata. L'arresto "0-1" non ha invece fasi di volo ma, eventualmente, una possibile rotazione sul passo "0". L'arresto a piedi paralleli si esegue con maggiore facilità quando la punta dei piedi è rivolta nella stessa direzione della corsa da cui si proviene: è il caso dell'arresto "in avanzamento"; per tale ragione i piedi possono avere una distanza tra loro approssimativamente costante, cioè pari alla larghezza delle spalle. Lo stesso arresto può essere eseguito anche "in arretramento" con appoggio sempre sugli avampiedi e richiede, per il mantenimento dell'equilibrio, sicuramente un impegno muscolare maggiore.

Nell'arresto a due tempi il piede perno è quello che poggia per primo

Per arresto a due tempi si intende l'azione con cui il giocatore, ricevuta la palla o chiuso il palleggio, si arresta poggiando in successione prima un piede e poi l'altro; si può eseguire in due condizioni: 1 - il giocatore in movimento, dopo aver ricevuto la palla o chiuso il palleggio in attitudine di volo, si ferma (si arresta) poggiando prima un piede e immediatamente dopo l'altro; 2 - il giocatore in movimento che ha un piede a contatto con il terreno (passo "0"), si arresta poggiando prima un piede (passo 1: piede perno) e immediatamente dopo l'altro (passo 2: piede libero); la regola specifica però che il giocatore in movimento e in appoggio monopodalico, ad esempio supponiamo che il piede destro sia il passo "0", non può utilizzare lo stesso piede per effettuare il primo appoggio di un arresto a due tempi o come primo appoggio di un terzo tempo; quindi, nel nostro esempio, non potrà fare un arresto destro-sinistro, ma soltanto un arresto sinistro-destro, oppure, nel caso del terzo tempo, potrà fare solo sinistro-destro e tiro. In tutti i casi, il primo piede che poggia per terra è piede perno. L'arresto a due tempi può essere effettuato "in avanzamento" nei seguenti modi:

- *Arresto in avanti*: è il movimento che il giocatore esegue avanzando rapidamente sia con il primo appoggio che con il secondo (fig.1a).

- *Arresto a chiudere*: in questo caso il giocatore, facendo perno sul primo appoggio, effettua un giro avanti prima di poggiare il secondo appoggio. Questo movimento "a chiudere" si effettua anche quando si fa perno sul passo "0". Viene spesso utilizzato in uscita dai blocchi o, più in generale, per fronteggiare il canestro (fig.1b).

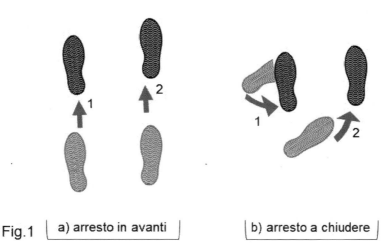

Fig.1 | a) arresto in avanti | | b) arresto a chiudere |

Anche in questi casi l'arresto è preceduto da una breve fase di volo aderente al terreno che si conclude con un primo appoggio, rullando prima sul tallone e poi sull'avampiede, stabilendo così il piede perno, e il secondo appoggio sempre sull'avampiede. Come per gli arresti a un tempo, la fase di ammortizzamento risulta importante ai fini delle dinamiche successive. Quando il giocatore si arresta con i piedi orientati in una direzione diversa rispetto a quella di provenienza, la distanza dei piedi può essere anche maggiore rispetto alla larghezza delle spalle; ciò è dovuto al fatto che la fase di volo discendente che precede l'arresto, ha una direzione diagonale che, in base alla velocità acquisita, implica un maggiore allontanamento degli appoggi, senza considerare che tale allontanamento può essere funzionale all'azione che segue. Come per l'arresto a un tempo, anche quello a due tempi può essere effettuato "in arretramento" e si prospettano due modi:

- *Arresto arretrato*: è il movimento che il giocatore esegue, specie dopo aver chiuso il palleggio, arretrando rapidamente sia con il primo appoggio che con il secondo; in questo caso l'appoggio avviene sugli avampiedi. Questo tipo di arresto si utilizza dopo aver provocato in palleggio uno sbilanciamento all'indietro del diretto avversario (vedi *step back* o *Kiki move*) (fig.2a).

- *Arresto ad aprire*: è il movimento che il giocatore esegue nella situazione in cui riceve un passaggio, nella maggior parte dei casi di tipo perimetrale e in posizione esterna, e può essere effettuato utilizzando come perno sia il passo "0", sia l'appoggio successivo (passo 1); in entrambi i casi, il giocatore, facendo perno su un appoggio, effettuerà un giro dorsale più o meno ampio che gli consentirà di guadagnare spazio nei confronti di un avversario che pressa, e con un posizionamento funzionale dei piedi, potrà scegliere se tirare, passare, o partire in palleggio. Chiaramente, se l'appoggio su cui si fa perno è il passo "0", il giocatore potrà effettuare una partenza incrociata con uno qualunque degli appoggi; in caso contrario, il perno non potrà essere spostato prima che ci si liberi della palla. Questo tipo di arresto può essere utilizzato allo scopo di ricercare principalmente una buona linea di passaggio (ribaltamento di lato, passaggio ad un centro) (fig.2b).

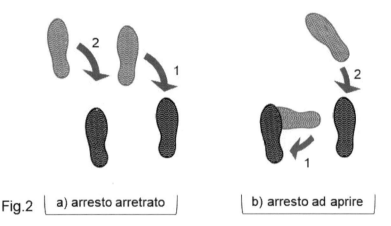

Fig.2 | a) arresto arretrato | | b) arresto ad aprire |

Un particolare arresto a due tempi è quello definito *rovescio* che si esegue con una sequenza di appoggi "esterno-interno" rispetto al piano del canestro; è seguito solitamente da un tiro con la mano esterna e con il braccio e la spalla interna a protezione della palla, eludendo, in tal modo, l'intervento di un avversario in aiuto o in recupero.

La partenza in palleggio può essere eseguita in condizioni diverse
Le esercitazioni sulle partenze devono prevedere modalità di allenamento sia di tipo "esecutivo", che permettono l'acquisizione di una tecnica di base che soddisfi le richieste del regolamento (passi di partenza), che di tipo "applicativo", che permettono l'acquisizione dei parametri necessari per battere l'avversario. La partenza in palleggio assume connotazioni diverse in base alla distanza dall'avversario, all'ampiezza e direzione del passo, alla velocità di esecuzione, alla posizione e all'orientamento del corpo rispetto al canestro, nonché alla condizione statico-dinamica che si registra quando si riceve la palla.
Partenze ed arresti devono essere allenati sia con esercizi specifici, sia abbinati ad altri movimenti. Gli esercizi in cui si utilizzano sedie o "ostacoli difensivi" hanno una valenza di tipo esecutivo, in quanto permettono fondamentalmente di acquisire la tecnica di base con parametri costanti. L'inserimento graduale della difesa svilupperà la capacità di modificare i parametri del programma motorio per adattarlo alla situazione.

I giocatori devono conoscere e acquisire la tecnica per partire in palleggio
Il giocatore che vuole partire in palleggio dovrà combinare e coordinare in vario modo il lavoro dei piedi con quello delle mani; le diverse possibilità prevedono ricezione e partenza sia da fermo che in movimento, utilizzando variabilmente sia il passo "0" che il piede perno.

La partenza incrociata si esegue con mano e piede opposti
Dalla posizione fondamentale il giocatore porta la palla lateralmente ruotandola in modo che la mano di palleggio venga posta dietro con le dita verso l'alto, ciò consentirà di spingere la palla in avanti, senza trascurare che la mano opposta fungerà da supporto posizionandosi in basso lateralmente. Seguirà un palleggio basso e forte contemporaneamente ad un passo incrociato (da qui la denominazione di partenza incrociata) avanzando con la gamba opposta (partenza "in avanzamento"); la palla dovrà cadere vicino al piede incrociato e il busto, inclinato in avanti, farà da protezione (fig.3a). È un tipo di partenza che trova applicazione anche "in arretramento", ma richiede una esecuzione con caratteristiche coordinative non abituali. Il giocatore, allo scopo di allentare la pressione difensiva, ma anche per prendere spazio, arretra con il piede libero e palleggia con la mano opposta in modo che la palla cada in linea con il piede arretrato;

l'altra mano può controbilanciare il movimento spostando il gomito in avanti (fig.3b).

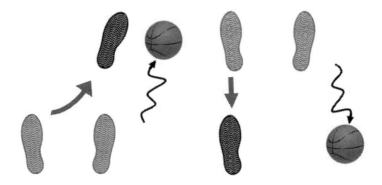

Fig.3 | a) partenza Incrociata avanti | | b) partenza Incrociata indietro |

La partenza omologa si esegue con mano e piede dello stesso lato
La palla viene gestita come nella partenza incrociata (posizione fondamen-tale e palla laterale) ma al palleggio si associa un passo con la gamba cor-rispondente alla mano di palleggio. La partenza omologa può essere ese-guita sia "in avanzamento" che "in arretramento": nel primo caso (fig.4a) si tenta di battere l'avversario attaccandone il fianco, nel secondo caso, si acquisisce spazio in allontanamento da esso (fig.4b). Dall'osservazione di otto gare relative alle fasi finali dei Mondiali U19 maschili disputati in Gre-cia nel 2015, è emerso un frequente utilizzo della partenza in arretra-mento che, abbinata ad un rapido cambio di mano in frammezzo o dietro la schiena, consentiva di superare un difensore particolarmente aggres-sivo.

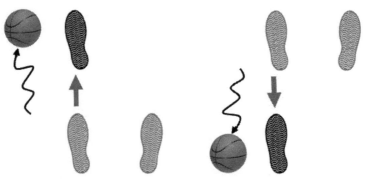

Fig.4 | a) partenza omologa avanti | | b) partenza omologa indietro |

La partenza in reverse si esegue in arretramento

È una partenza che si effettua in arretramento con giro dorsale (se si considera il movimento della gamba) e può essere eseguita con la mano omologa o con la mano opposta; in quest'ultimo caso la partenza non ha le caratteristiche della partenza incrociata in arretramento, bensì della partenza incrociata in avanzamento, in quanto, nella fase di arretramento della gamba, il busto si gira verso la nuova direzione con conseguente palleggio incrociato in avanzamento. Questa partenza dà la possibilità di superare agevolmente il difensore sbilanciato avanti sull'anticipo difensivo: il rapido giro dorsale permette di gestire la palla in sicurezza e di oltrepassare con il piede libero il diretto avversario.

Il giocatore deve saper aprire il palleggio in situazione dinamica

Si effettua quando il giocatore riceve la palla mentre corre (o cammina). In questo caso il giocatore afferra la palla con la mano con cui "chiama" il passaggio e bloccandola con l'altra (ma può anche non bloccarla) la spinge a terra prima di incorrere nella violazione di passi di partenza. Spesso viene utilizzato un semplice "tocco" per orientare la palla a terra sulla direzione di corsa. Alcuni definiscono questo movimento come "presa-palleggio" e risulta particolarmente efficace in situazioni di gioco in campo aperto.

La partenza può essere effettuata da palleggio vivo

Quando il giocatore palleggia da fermo e decide di spostarsi o di attaccare, dovrà muovere la mano sulla palla per orientarla nella direzione desiderata; questi adattamenti si ottengono attraverso l'intra-extra rotazione dell'avambraccio e la flesso-estensione della mano; si dovrà inoltre prevedere che il palleggio sia protetto e che il punto d'impatto della palla non coincida con le zone di appoggio dei piedi. Oltre alle partenze già descritte, esiste una svariata possibilità di combinare le partenze. Ad esempio, è possibile effettuare la partenza con il palleggio incrociato, facendo perno sul piede corrispondente al lato da cui si tiene o si riceve la palla (ad esempio, perno destro), ed effettuando un palleggio frontale con la mano destra e, riprendendo il palleggio con la mano sinistra (movimento identico al cambio di mano frontale), si avanza contemporaneamente con la gamba sinistra. Questa partenza denominata "spagnola" è frutto di un'evoluzione delle partenze e nasce dall'esigenza di incrementare la velocità. La stessa partenza può essere effettuata inframmezzando il palleggio, o effettuando il primo palleggio dietro la schiena. Come sempre accade, qualunque evoluzione tecnica portata alla ribalta da grandi giocatori, spazza via rigide convinzioni e divieti tecnici dettati in passato dagli allenatori. È frequente anche l'uso della *finta di partenza omologa* (quella incrociata è scarsamente funzionale), che consiste nel simulare la partenza attraverso un passo breve e deciso e con un atteggiamento complessivo (spalle, mani, palla, ecc.) che induce a credere che si tratti realmente di una partenza in palleggio. Il passo breve può essere effettuato o esternamente al piede avversario o in direzione laterale.

Per insegnare le diverse forme di arresto e di partenza in palleggio occorre conoscere le strategie didattiche e metodologiche

Ad esclusione delle fasi iniziali di apprendimento, gli arresti e le partenze sono spesso allenati in combinazione con altri fondamentali, proprio per le peculiarità che li contraddistinguono nell'ambito del gioco. Pertanto, inizialmente, le proposte saranno orientate all'acquisizione delle modalità esecutive, per poi inserire gradualmente elementi di parametrizzazione dell'atto motorio. Il passo successivo sarà quello dell'allenamento applicativo, in cui, oltre a variare il programma motorio, si inseriranno elementi di incertezza e di imprevedibilità creati dalla presenza del difensore (fase applicativa), modulando adeguatamente le possibilità di vantaggio per l'attaccante (strategie di facilitazione con handicap diversi); ciò consentirà di affrontare adeguatamente e progressivamente le condizioni di variabilità legate alle situazioni di 1 c 1.

Gli allenatori che provengono da esperienze di insegnamento scolastico sanno bene che i ragazzi che hanno provato e vissuto quelli che una volta erano considerati giochi di strada, e che rappresentavano l'occasione di acquisire alcune abilità riconducibili ai fondamentali tecnici di padronanza spaziale (come ad esempio guardia e ladri, il cacciatore e le lepri, il fazzoletto o ruba bandiera, palla prigioniera, ecc.), hanno un modo di approcciarsi alla tecnica cestistica molto più naturale; arresti, partenze, cambi di direzione e di velocità, utilizzo di varie traiettorie, sono ben presenti in questi giochi, perché fondati sullo scappare e non farsi prendere o colpire, proprio come le scelte tattiche (chi inseguire, dove c'è più/meno traffico, come spostarsi, ecc.).

Gli arresti, in particolare, possono essere insegnati in modi diversi. La condizione didattica più semplice è quella dell'auto passaggio con arresti in avanzamento e dopo la chiusura del palleggio. Poi possono essere combinati arresti preceduti da passaggi consegnati o prese in attitudine di volo. Gli arresti funzionali al tiro, cioè necessari per tirare piazzato, in elevazione o in sospensione, dovranno prevedere, quando possibile, un leggero avanzamento del piede corrispondente alla mano di tiro. Un'interessante indicazione generale, che proviene dalla scuola slava, prevede il solo insegnamento degli arresti a un tempo, che com'è noto, è più rapido rispetto all'arresto a due tempi. Ne consegue, secondo tale concezione, che, per l'abitudine acquisita, il giovane riuscirà ad imparare da solo ad effettuare arresti a due tempi, eseguendoli istintivamente, solo in condizioni di necessità e con tempi d'appoggio incredibilmente ristretti.

Le partenze presentano spesso il problema del cosiddetto "fuori equilibrio": in sostanza un soggetto fermo e con piedi paralleli, per potersi spostare rapidamente in avanti ha bisogno di una spinta che proviene da dietro, e per tale ragione è portato ad arretrare prima con un piede e avanzare con l'altro. Questo fenomeno può avvenire anche se il giocatore viene preventivamente avvertito di non arretrare: infatti, in risposta ad un segnale improvviso (ad es. un fischio), il sistema neuromuscolare porterà automaticamente a risolvere il problema con l'arretramento di un piede. In caso contrario, cioè con un maggiore controllo da parte del soggetto, si avrà un rallentamento della partenza.

È chiaro che se parliamo di un giocatore con palla, il fenomeno induce facilmente alla violazione di passi di partenza. Gli esercizi propedeutici per le partenze mutuati dall'atletica leggera, ci suggeriscono ad esempio di spostare in avanti le spalle inclinando il busto per portare il corpo in "fuori equilibrio" senza dover arretrare con i piedi. Queste considerazioni ci fanno riflettere su una serie di soluzioni tecniche spesso adottate dai giocatori e che permettono una partenza più rapida ed efficace: ad esempio, alcuni trovano utile abbassare e spostare in avanti il baricentro per acquisire una posizione fondamentale più corretta o, in alternativa, i giocatori più evoluti utilizzano la possibilità di partire con il piede libero più arretrato. È chiaro, comunque, che le partenze dovranno essere insegnate innanzitutto senza vincolo di piede perno, in modo da poter avere maggiori opportunità funzionali. Esercitazioni in cui si enfatizzano appoggi monopodalici, permettono un miglioramento della propriocettività e della capacità di gestire il baricentro sugli appoggi.

La proposta di alcuni esercizi può suggerire altre forme di attività funzionali all'arresto e alla partenza in palleggio

Facendo riferimento a quanto sopra indicato, le proposte inizialmente saranno esclusivamente orientate all'esecuzione. Ad esempio, i giocatori, disposti su più file a fondocampo (diag.1), eseguono gli arresti all'altezza delle linee del campo (tiro libero, metà campo, tiro libero, fondo campo). Oppure i giocatori, senza palla, si muovono liberamente per il campo (diag.2), eseguendo a velocità moderata, arresti a un tempo, per poi ripartire usando come appoggio alternativamente il piede sinistro o il piede destro. Variante: uso dell'arresto a due tempi.

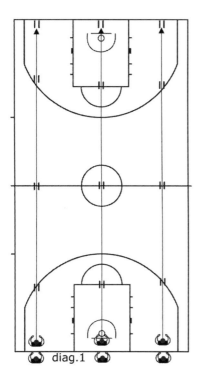
diag.1

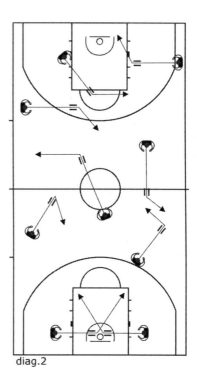
diag.2

L'introduzione della palla e di elementi che stimolano l'attenzione rappresenta una diversificazione della precedente proposta. I giocatori possono effettuare un arresto quando l'allenatore o un compagno si pone sulla traiettoria del movimento (diag.3a), oppure eseguirlo quando l'allenatore passa loro la palla (diag.3b). La tipologia di arresto può essere indicata dall'allenatore o effettuata liberamente dai giocatori.

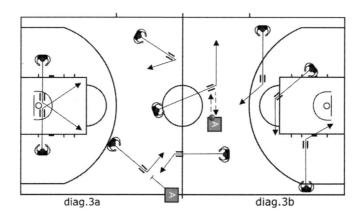
diag.3a   diag.3b

Le proposte dovranno necessariamente tenere in conto poi il collegamento con gli altri elementi come il passaggio, la ricezione e le partenze. Nel diagramma 4, i giocatori, correndo lentamente con la palla tra le mani, effettuano autopassaggi: mentre "strappano" la palla eseguono un arresto a due tempi. Variante: dopo l'arresto eseguono una partenza incrociata con un solo palleggio. Da sottolineare: a) la forte presa della palla sul primo appoggio dell'arresto; b) lo spostamento della palla e del peso del corpo sulla gamba di spinta al momento della partenza.

Nel diagramma 5, l'esercizio prevede che i giocatori, a coppie e con una palla, siano disposti uno di fronte all'altro: quello con palla la lancia una volta alla dx e una volta alla sx del compagno; questi dovrà raccoglierla eseguendo un arresto a due tempi con movimento interno/esterno e ripassarla, per poi riposizionarsi.

Variante: il lancio non sarà eseguito in modo sistematico e quindi avrà un minimo di imprevedibilità. Il movimento laterale è preceduto da *skip* sul posto.

diag.4

diag.5

Nel diagramma 6, il giocatore che ha raccolto la palla esegue una partenza incrociata e si posiziona al posto del compagno che a sua volta lo rimpiazza per effettuare l'esercizio. Sempre con i giocatori suddivisi in coppie, la proposta prevede che il giocatore in possesso di palla si posizioni alle spalle del compagno (diag.7).

Questi dovrà recuperare la palla lanciata in alto-avanti, non appena entra nel suo cono visivo, effettuando un arresto a due tempi; a seguire effettuerà una partenza incrociata, posizionandosi a sua volta alle spalle del compagno.

diag.6

diag.7

Anche il tiro rientra tra i movimenti collegati agli arresti e alle partenze; ad esempio, nel diagramma 8, i giocatori, partendo da centrocampo, dopo aver passato la palla al *coach*, andranno a riprenderla in seguito ad un passaggio consegnato o recuperandola da un rimbalzo a terra, a dx o a sx; a questo punto eseguiranno in successione un arresto a due tempi (interno/esterno) e una partenza incrociata con tiro in corsa.

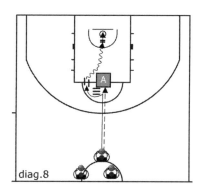

diag.8

Variando la posizione di partenza, i giocatori con palla, posizionati sotto canestro, effettuano un passaggio in lunetta al *coach* (diag.9); questi la lascerà cadere a dx o a sx: i giocatori inizialmente recuperano la palla eseguendo un arresto a due tempi con giro frontale interno, per poi effettuare una partenza incrociata e concludere con un tiro in corsa. È possibile diversificare il tipo di conclusione: tiro dall'arresto, passo e tiro, tiro dopo arresto a rovescio. Allo stesso modo i giocatori possono essere suddivisi su due file, una sotto canestro con palla e l'altra a centrocampo senza (diag.10): il primo giocatore senza palla corre verso il compagno con palla e nell'atto di ricevere il passaggio esegue un arresto a due tempi e conseguentemente una partenza incrociata, curando il corretto uso del piede perno. Anche in questo caso le varianti possono essere rappresentate dal tipo di conclusione a canestro.

diag.9

diag.10

Nel diagramma 11, i giocatori, iniziando con un autopassaggio da posizioni diversificate, eseguono arresti e partenze, variando la tipologia delle conclusioni a canestro, e ricercando in questo modo un elevato automatismo del gesto. Alla luce di quanto introdotto dall'articolo 25 del regolamento, si può indirizzare o meno la scelta del tipo di arresto da effettuare. In questo tipo di esercitazioni risulta evidente che, a differenza delle precedenti, però è assente un minimo di imprevedibilità.

Gli esercizi di seguito proposti sono indirizzati all'applicazione del fondamentale nel rispetto del criterio di gradualità.

1 c 1 + A con vantaggio per l'attaccante. Due giocatori sono posizionati sulle tacche del tiro libero: quando il coach lascia cadere la palla su un lato, il giocatore corrispondente la recupererà cercando di concludere a canestro, evitando il recupero del compagno attardato dal fatto che dovrà toccare la mano del *coach* (diag.12).

diag.11

diag.12

1 c 1 + A con vantaggio per l'attaccante. A coppie a fondocampo: il giocatore con palla, posizionato in angolo, passa al *coach* e corre a strapparla per eseguire una partenza incrociata con conclusione da sotto; contemporaneamente l'altro giocatore, posizionato all'incrocio della linea dell'area con fondocampo, toccherà la mano del *coach* e proverà ad ostacolarne l'azione (diag.13). L'esercizio va eseguito sia su un lato che sull'altro.

1 c 1 con vantaggio per l'attaccante. I giocatori, suddivisi in coppie, sono posizionati lungo la linea dei 3 punti (diag.14): l'attaccante con palla esegue una partenza incrociata per andare a canestro sfruttando il vantaggio che il difensore, posto di spalle, si muoverà solo nel momento in cui lo vedrà nel suo cono visivo. Ogni coppia cambia posizione dopo che i giocatori hanno effettuato un'azione in attacco ed una in difesa.

diag.13

diag.14

1 c 1 + A con vantaggio per l'attaccante. Il giocatore in lunetta dopo aver ricevuto la palla dal giocatore sotto canestro, eseguirà una partenza incrociata leggendo il lato libero, poiché, il difensore (il giocatore che ha passato la palla) si sbilancerà per toccare la mano del *coach* e quindi tentare un recupero (diag.15).

Variante: l'esercizio si può eseguire utilizzando altre posizioni.

1 c 1 con recupero difensivo. Una coppia di giocatori con una palla, parte da fondocampo eseguendo tre passaggi fino alla linea dei 3 punti (diag.16). Qui, il giocatore senza palla, ne raccoglie una da dentro un cerchio o da un assistente ed esegue una partenza incrociata per andare a concludere a canestro. L'altro giocatore, dopo aver deposto la palla dentro un cerchio posto in linea con l'altro, cercherà di recuperare e ostacolare la conclusione dell'avversario.

Una tipologia di lavoro che può essere utile, con finalità propedeutica, è quella che prevede l'utilizzo di sedie come appoggio (posizione bassa sulle gambe nello strappare la palla) o come riferimento spaziale (avversario da superare).

La proposta di alcuni esempi di sequenze didattiche può suggerire altre forme ordinate di esercitazione per lo sviluppo dell'arresto e della partenza in palleggio

Sequenza didattica semplice
Obiettivo della sequenza: apprendere/consolidare una partenza incrociata

Es.1 - Partenze. I giocatori, tutti con palla, sparsi per il campo effettuano partenze incrociate limitandosi all'esecuzione di un palleggio (diag.17).

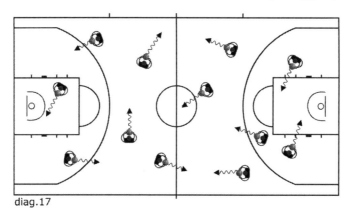

diag.17

Es.2 - Partenze. I giocatori, tutti con palla, sparsi per il campo effettuano autopassaggio, arresti (1-2 tempi), partenze incrociate con un palleggio e conseguente arresto (diag.18). In una prima fase si possono dare indicazioni sulla tipologia di arresti e partenze; in seguito, può essere data libertà di scelta ai giocatori.

diag.18

Es.3 - Partenze. A coppie con un pallone. Il giocatore con palla, posizionato sulla linea laterale, passa al compagno, posizionato di fronte a lui a 4-5 metri di distanza, e va a ricevere un passaggio consegnato arrestandosi contemporaneamente; quindi, effettua una partenza in palleggio per raggiungere la linea laterale opposta, per poi scambiare i ruoli (diag.19).

diag.19

Es.4 - Partenze. Giocatori e palloni disposti come da diagramma 20. Il giocatore con palla si avvia in palleggio verso il compagno che gli viene incontro per ricevere consegnato e arrestarsi; quest'ultimo effettua quindi una partenza in palleggio e va a posare il pallone, mentre il compagno va a raccogliere quello che è collocato a terra sull'altro lato del campo.

diag.20

Sequenza didattica orizzontale
Obiettivo della sequenza: eseguire arresti e partenze abbinate a ricezione, cambi di mano e di direzione, passaggi, tiri.

Es.1 - 1 c 0 metà campo + A. I giocatori con palla sono posizionati a centrocampo, mentre l'allenatore, anche lui con palla, difronte in lunetta. Il giocatore passa all'allenatore e, dopo aver effettuato un cambio di direzione, va a ricevere con un arresto a due tempi; quindi, riconsegna la palla e riceve dalla parte opposta l'altro pallone, sempre effettuando un arresto a due tempi, questa volta seguito da una partenza in palleggio con conclusione in corsa (diag.21).

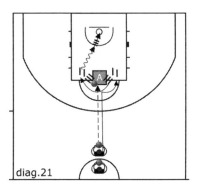
diag.21

Es.2 - 1 c 0 metà campo + A. I giocatori, tutti con palla, posizionati in fila all'altezza della linea dei 3p., passano all'appoggio sotto canestro. Quindi corrono verso la posizione di ala dx o sx, per ricevere dall'appoggio ed effettuano un arresto "0-1". A questo punto eseguono una partenza incrociata verso il centro per andare a concludere a canestro (diag.22).

diag.22

Es.3 - 2 c 0 metà campo + A. I giocatori, tutti con palla e a coppie, sono posizionati a centro campo (diag.23). Il primo esegue una partenza incrociata e si sposta in posizione di ala e passa la palla all'appoggio. Il secondo giocatore parte in palleggio sullo stesso lato per poi passare la palla al compagno che contemporaneamente taglia sul lato opposto (diag.24). Questi esegue una partenza verso il fondo per andare a concludere a canestro. Il compagno riceve a sua volta dall'appoggio ed esegue una partenza verso il centro per andare a concludere anch'egli a canestro.

diag.23   diag.24

N.B.: volutamente non sono stati specificati il tipo di arresti e di partenze da eseguire, piuttosto che le conclusioni a canestro, poiché l'allenatore può dare indicazioni o lasciare la scelta ai singoli di allenare gli aspetti che ritengono più utili.

Sequenza didattica verticale
Obiettivo della sequenza: utilizzo degli arresti in fase di ricezione e delle partenze per acquisire uno spazio utile al fine di raggiungere una conclusione efficace.

Es.1 - 1 c 1 lettura guidata. Inizialmente l'attaccante, partendo dall'angolo, arriverà in posizione di ala dove riceverà la palla dall'allenatore (diag.25); questi si avvicinerà al giocatore assumendo una posizione che simula quella di un difensore e pertanto l'attaccante dovrà mettere in atto una soluzione adeguata. Successivamente i compiti dell'allenatore saranno svolti da un giocatore.

diag.25

Es.2 - 1 c 1 metà campo con H difensivo. I giocatori a coppie sono posizionati sotto canestro con attaccante avanti al difensore; due appoggi con palla sono posizionati in ala dx e sx (diag.26); l'attaccante taglia in punta per ricevere la palla da uno dei due appoggi all'interno dello spazio delimitato dai due birilli, per poi attaccare il canestro nello spazio lasciato libero dal difensore, obbligato a toccare il birillo sul lato da cui proviene il passaggio.

diag.26

Es.3 - 1 c 1 metà campo con A e difesa guidata. Il difensore, posizionato sotto canestro, passa la palla all'appoggio posto in ala e va ad ostacolare l'attaccante che, muovendosi dal lato opposto va a ricevere in punta (diag.27); la difesa deve obbligatoriamente marcare il piede perno dell'attaccante in modo da negare la partenza incrociata e indurlo all'uso di quella omologa o diretta.

diag.27

Es.4 - 2 c 2 metà campo con A. Gli attaccanti giocano per ricevere dall'appoggio posizionato in ala, sfruttando il vantaggio che deriva dal partire davanti al proprio avversario. L'esercitazione si sviluppa attraverso la lettura della collaborazione fra i due attaccanti che ricercheranno una soluzione efficace (diag.28).

diag.28

Sequenza didattica verticale/diagonale
Obiettivo della sequenza: utilizzare gli arresti e le partenze nell'ambito di collaborazioni offensive complesse.

Es.1 - 3 c 3 metà campo, da situazione di penetrazione dal centro. Il giocatore in punta effettua una partenza in palleggio sul lato che si libera in seguito allo sbilanciamento del suo difensore, che deve toccare la mano mostrata dall'allenatore (diag.29). A questo punto le scelte sono la conseguenza dei movimenti dei difensori in aiuto e dei suoi compagni.

diag.29

Es.2 - 3 c 3 metà campo + A. Il 3 c 3 si sviluppa in seguito ad una rimessa laterale effettuata dall'appoggio (diag.30).

diag.30

Es.3 - 4 c 4 metà campo. Le proposte possono essere diversificate nel punto di partenza (rimesse laterali e di fondo, penetrazioni centrali e laterali), nel tempo da utilizzare per concludere l'azione, nell'utilizzare aspetti tattici predefiniti (blocchi sulla palla, tagli dal lato debole, utilizzo di passaggi di scarico in conseguenza di aiuti difensivi), nella scelta delle conclusioni (dal perimetro, dall'interno dell'area). L'allenatore dovrà, comunque, sempre curare, in questa tipologia di proposta, il corretto utilizzo degli arresti e delle partenze in un contesto in cui la lettura degli spazi sarà evidentemente più complessa (diag.31).

diag.31

8 - IL GIOCATORE DEVE SAPER TIRARE

Attraverso il tiro il giocatore finalizza un'azione di gioco che può essere frutto di un lavoro di squadra o di un'iniziativa individuale. Gli aspetti mentali rivestono un ruolo importante nell'esecuzione di questo fondamentale, poiché il risultato della prestazione, nella maggior parte delle situazioni, è dato dall'incidenza degli aspetti decisionali (responsabilità nel decidere se e quando tirare), dalla fatica mentale e quindi dalla concentrazione (tirare sotto pressione spaziale e temporale). Prendendo spunto dalla filosofia cestistica slava, si condivide l'idea per cui il giocatore, nell'atto di tiro, "deve credere" nella propria capacità di realizzazione, deve cioè avere non solo padronanza tecnica ma anche grande fiducia nelle proprie potenzialità.

Una corretta applicazione del tiro incide positivamente sulla collaborazione con i compagni

Saper tirare non è un'abilità semplicemente legata alla capacità di eseguire un atto motorio finalizzato. Saper tirare significa anche comprendere il contesto e la condizione di gioco per scegliere il momento giusto. A questo scopo, i giocatori devono necessariamente allenarsi parallelamente in modalità sia esecutiva che applicativa. Le esercitazioni seriali producono stabilità tecnica, mentre le esercitazioni applicative consentono di acquisire consapevolezza in termini di sicurezza e coerenza decisionale. Saper scegliere operativamente se tirare o meno, saper valutare correttamente la distanza dall'avversario per non essere stoppato o come acquisire il massimo controllo tecnico sotto pressione temporale, sono abilità cognitive che si sviluppano solo attraverso esercizi di situazione ed esperienze di gara. È bene però ribadire che, in fase di apprendimento, il volume di lavoro esecutivo è decisamente maggiore rispetto a quello applicativo, in quanto i processi per rendere stabile l'abilità sono molto lunghi e contribuiscono al miglioramento della capacità applicativa.

A livello più evoluto, i giocatori vanno al tiro prevalentemente in funzione di giochi preordinati con relative letture ed opzioni. Nell'attività giovanile le azioni dovrebbero essere improntate all'uso di criteri più elastici, dando maggiore spazio al gioco in velocità e al gioco libero per letture, riducendo al minimo l'utilizzo di laboriosi schemi. Conseguentemente, vista la variabilità delle condizioni con cui si perviene al tiro, i giocatori, sia per trovare un giusto equilibrio, che per meglio eludere la difesa, utilizzano tipologie diverse di arresto: riunendo i piedi, a uno o due tempi, in avanzamento o in arretramento.

Si ritiene che una buona formazione abbia inizio attraverso le attività di 1 c 1 con palla, ovvero affrontando quelle situazioni in cui, o da condizione statica (1 c 1 da fermo), o da condizione dinamica (palleggio, arresto e tiro, o ricezione, arresto e tiro), viene riconosciuto il contesto *target* e fatta una scelta di tiro. Gli esercizi di 2 c 2 e 3 c 3 propongono situazioni di gioco in cui la possibilità di tiro è condizionata dall'incertezza difensiva: infatti, in questa fase, le scelte tecnico-tattiche non potranno non tenere conto degli adeguamenti difensivi, sia se il giocatore è già in possesso di palla, sia che la riceva sul lato forte o sul lato debole (passaggio di scarico, passaggio *skip*). In fase più evoluta, il giocatore dovrà essere in grado di gestire possibilità di tiro da *pick and roll* e in uscita dai blocchi.

I giocatori devono conoscere e acquisire la tecnica per tirare a canestro

In base alla distanza dal canestro e alla condizione statico-dinamica in cui si trova il giocatore, vengono utilizzate tecniche diverse di tiro, sia da fermo che in movimento. Il tiro più frequente è quello frontale a una mano che, nella letteratura scientifica internazionale, è distinto in *free throw shot* e *jump shot*. Il primo è il tiro libero, la cui tecnica coincide con il tiro piazzato (*set shot*), il secondo è il tiro in sospensione; risalente agli inizi degli anni '50 (AA.VV. 1984), quest'ultimo tiro permetteva di portare la palla più in alto sopra la fronte e di saltare eludendo l'intervento difensivo. Vedremo comunque come il giocatore può utilizzare anche la tecnica di tiro in elevazione, cioè tirare durante la fase ascendente del salto. A metà degli anni '60, i testi italiani di tecnica cestistica riportavano ancora la tecnica di tiro a due mani e con i piedi per terra (Ferrero, Sabelli Fioretti 1964, Taurisano 1967).

In relazione al movimento delle braccia, non si evince alcuna differenza tecnica tra il tiro in sospensione e il tiro libero: in quest'ultimo non si salta e ci si solleva leggermente sugli avampiedi (Goodrich's 1976). Il tiro, dal punto di vista gestuale, è probabilmente il fondamentale che più risente della personalizzazione a livello evoluto: si parla infatti di stile, ovvero di quel processo automatizzato di adattamento della tecnica alle caratteristiche del giocatore.

Inizieremo con la descrizione del tiro libero e piazzato che, come vedremo, rappresentano il modello tecnico di riferimento per la fase iniziale dell'apprendimento.

Il tiro libero è equiparabile a un tiro piazzato

È un tiro che si esegue a gioco fermo in seguito ad una sanzione e viene effettuato dalla linea di tiro libero, con i piedi a contatto con il terreno per l'intera esecuzione del gesto; per via delle condizioni stabili dell'ambiente, può essere considerato un'abilità chiusa. Le condizioni di grande tensione emotiva a cui si è spesso sottoposti, portano i giocatori ad effettuare, a volte, una sorta di rito preparatorio e di *self talk* al fine di concentrarsi ulteriormente, con la conseguenza di una personalizzazione dello stile di esecuzione del movimento. Il tiro libero rappresenta il riferimento tecnico del tiro piazzato, cioè quel "modello" di esecuzione che si utilizza in fase di apprendimento e che i giocatori possono utilizzare quando hanno buoni margini di vantaggio spaziale sull'avversario.

L'impostazione del tiro piazzato è caratterizzata da due riferimenti tecnici che permettono di focalizzare meglio la fase dinamica dell'intero movimento, cioè da quando la palla è in posizione iniziale di tiro fino al momento del rilascio; i due riferimenti sono: la *posizione di preparazione* (fig.1A) e la *posizione di pre-estensione* (fig.1B). Anche se la posizione tecnica *di pre-estensione* segue cinematicamente quella di *preparazione*, per comodità didattica la tratteremo per prima, anche perché viene considerata dagli studi biomeccanici come momento essenziale per la corretta esecuzione del tiro.

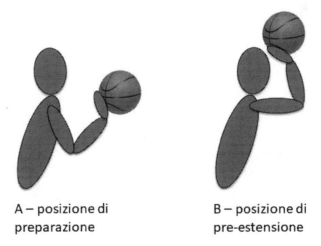

A – posizione di   B – posizione di
preparazione   pre-estensione

Figura 1. Posizione di preparazione (A) e posizione di pre-estensione (B)

Nella *posizione di pre-estensione* (come per la *posizione di preparazione*), il giocatore mantiene la posizione fondamentale, con i piedi divaricati sul piano frontale orientativamente quanto la larghezza delle spalle, le gambe sono leggermente piegate (angolo al ginocchio di circa 160°), con il piede corrispondente alla mano di tiro leggermente più avanti dell'altro (non più di 10-15 cm); questo posizionamento del piede aiuta a mantenere sia il braccio di tiro che la palla allineati al canestro migliorando, nel contempo, la stabilità e l'equilibrio (Hudson 1985; Knudson 1993). Il busto, legger-mente inclinato in avanti, è ruotato assieme al bacino in modo che il go-mito del giocatore si trovi sopra il piede avanzato; la palla, più centrata rispetto alla linea longitudinale del corpo, rientra nel campo visivo tra oc-chi e canestro. La palla è tenuta dalla mano forte sopra-avanti alla fronte, con la spalla piegata in anteposizione, il braccio extra-ruotato e l'avanbrac-cio intra-ruotato in modo tale che, sia il gomito che la mano che sorregge la palla, si trovino sotto di essa e con l'indice, indicativamente, sopra l'oc-chio omologo. Il contatto con la palla avviene con la sola parte digitale della mano che è sufficientemente aperta, con presa stabile e dorsalmente flessa; il pre-allungamento dei flessori carpali produce energia elastica che sarà utilizzata per generare maggiore forza e velocità da applicare alla palla al momento del rilascio (Okazaki et al., 2006). L'altra mano (mano d'ap-poggio o di sostegno) è posta lateralmente alla palla e con le dita rivolte verso l'alto a supporto funzionale del tiro, serve cioè a stabilizzare la palla contribuendo a sollevarla durante il tiro (Hopla 2017). Indice, gomito, spalla, ginocchio e punta del piede stanno sulla stessa "linea unica" verti-cale (Peterson 1993) (fig.2 e 3).

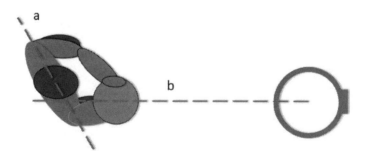

Figura 2. La rotazione del busto (a) migliora l'allineamento visivo con il canestro (b).

Figura 3. La palla, il gomito, il ginocchio e la punta del piede sono sulla stessa linea unica verticale.

Questa posizione statica di *pre-estensione tecnica,* dalla quale ha inizio l'estensione del braccio e la flessione della mano fino al rilascio della palla, è anche definita "posizione di tiro" (Hay 1993; Kirby & Roberts 1985) o "posizione pronta" (Penrose e Blanksby 1976) (fig.4A). Accanto a questo stile con "palla alta", ne viene descritto un altro con "palla bassa" (Oude-jans et al. 2002), in cui la palla e le mani rimangono sotto il livello dell'occhio per quasi l'intera azione di tiro (a parte, forse, la fase finale di propulsione) (fig.4B); quando la palla è in "posizione pronta" (cioè di *pre-estensione*), la palla e le mani sono di fronte al volto e, contemporaneamente, nel campo visivo. In uno studio condotto su giocatori e giocatrici in cui si testava il tiro su tre diverse distanze, le giocatrici guardavano il canestro da sopra la palla per due delle tre distanze di tiro (Elliot 1992), mentre i giocatori guardavano il canestro da sotto.

A - posizione alta   B – posizione bassa

Figura 4. Stile di tiro con palla alta (A) e con palla bassa (B)

Questo stile più basso non è comunque determinato necessariamente dall'allenatore; accade spesso che la mancanza di adeguata forza da parte delle ragazze, specie le più giovani, porti ad anticipare il rilascio della palla automatizzando il movimento. È probabile che, in modo naturale, le ragazze cerchino maggiore forza dall'azione sinergica dall'elevazione del braccio e dall'estensione dell'avambraccio, rispetto alla posizione più alta che richiede molta forza dell'avambraccio e flessione della spalla. I tiri particolarmente ravvicinati obbligano chiaramente ad alzare maggiormente il gomito avvicinandosi alla posizione alta.

Come già detto, la *posizione di pre-estensione* è preceduta da quella di *preparazione*. Nell'esecuzione del tiro libero, la palla viene portata centralmente davanti al petto, appena sotto il mento (Wooden 1981), con il polso e il gomito della mano che tira già carichi (angoli chiusi), come nella *posizione di pre-estensione*, e con le stesse caratteristiche posturali precedentemente descritte; la presa delle mani sulla palla è comoda e rilassata, con il pollice e l'indice che formano una "V"; nel caso dei tiri liberi, alcuni allenatori consigliano di avere le dita perpendicolari alle cuciture della palla per avere un buon *backspin* (effetto di rotazione della palla). Quando il giocatore chiude il palleggio o riceve un passaggio per prepararsi al tiro (piazzato, elevazione o in sospensione), l'acquisizione della *posizione di preparazione* deve avvenire in tempi ristrettissimi e, in base alle caratteristiche fisico-atletiche del giocatore, può anche essere più bassa (palla sotto il petto). La mano d'appoggio è posta di lato alla palla con le dita rivolte in avanti.

Al momento del tiro, la palla viene sollevata da questa posizione fino ad arrivare alla *posizione di pre-estensione* da cui ha effettivamente inizio l'estensione del braccio. Il passaggio dalla prima alla seconda posizione è caratterizzato da un leggero raddrizzamento del busto, una iniziale distensione delle gambe e una elevazione del braccio di circa 15-25 cm, controllando però che gli angoli al gomito e al polso rimangano costanti. L'intero movimento, composto dunque da una fase' di elevazione e da una di distensione fino al rilascio della palla, viene eseguito con continuità e in modo fluido, e richiede un'accurata regolazione dei gradi di libertà coinvolti.

L'esecuzione tecnica del tiro libero è composta dall'azione sinergica di più parti. Partendo dalla posizione fondamentale e con la palla in posizione di preparazione, il movimento ha inizio con l'elevazione della stessa e il raddrizzamento del busto a cui si associa un abbassamento del bacino e, dunque, una minima riduzione dell'angolo posteriore del ginocchio. La spinta delle gambe e l'estensione del braccio in direzione del canestro iniziano quando la palla raggiunge la *posizione di pre-estensione*; la mano d'appoggio, posta lateralmente, si stacca leggermente lasciando scivolare la palla. Il braccio di tiro completa la distensione con la flessione della mano che imprime alla palla un *backspin*, cioè una rotazione sull'asse parallelo all'asse del flessore carpale con la parte superiore della palla che gira in direzione del tiratore; questo *spin*, di circa tre giri al secondo (Tran, Silverberg 2008), rende stabile il volo della palla e permette un eventuale contatto più morbido con il tabellone. L'indice (Haskell 1985), o l'indice e il medio (Booher 1990), sono le ultime dita che lasciano la palla. Al termine del tiro, il braccio esteso forma con il piano orizzontale un angolo di rilascio che cambia al variare della distanza dal canestro, mentre la mano d'appoggio punterà naturalmente in alto. Il giocatore deve cercare di "congelare" questa posizione finale (*follow-through position*) fino a quando la palla non entra nella retina, evitando quindi di abbassare istintivamente le braccia subito dopo il tiro (Wissel 2011, Hopla 2017); mantenere questa posizione finale aiuta il giocatore a "risentire" il movimento eseguito, a valutarlo e a comprenderne la dinamica.

La palla traccia una traiettoria ad arco

Al momento del rilascio, la palla andrà a descrivere una traiettoria a forma di arco che dovrà essere tale da permettere un facile ingresso nel canestro. L'angolo di entrata della palla è determinante per il successo del tiro; ovviamente, con un angolo di entrata di 90° la palla entrerà perpendicolarmente nel canestro. Se quest'angolo diminuisce, si ridurrà anche il lume del canestro: il valore minimo dell'angolo di entrata senza che la palla (regolamentare di misura 7) tocchi il cerchio, è di 32° (Ernst 1998). L'angolo di entrata della palla è determinato da tre fattori: spostamento verticale, spostamento orizzontale e velocità (Okazaki et al. 2015); questi tre fattori sono influenzati dalla velocità di rilascio, dall'angolo di rilascio e dall'altezza del punto di rilascio (Miller & Bartlett, 1996).

All'aumentare dell'altezza di rilascio della palla, conseguente l'altezza propria del giocatore o del fatto che si tiri saltando, si può collegare una diminuzione dell'angolo di rilascio. L'altezza del rilascio è condizionata anche dalla flessione della spalla nella fase di estensione del braccio (Satern 1988, Knudson 1993, Miller, Bartlett 1993, Malone et al. 2002), flessione che, come vedremo negli aspetti didattici, dovrà essere curata con attenzione in fase di apprendimento. Alcune ricerche riportano infatti che i tiri di giocatori altamente qualificati vengono rilasciati ad altezze superiori rispetto a quelli dei giocatori meno qualificati, e che un rilascio più elevato è legato, appunto, alla maggiore flessione della spalla di tiro (Hudson, 1982); nell'attività femminile giovanile è possibile riscontrare una scarsa capacità di flettere la spalla, determinando una conseguente riduzione dell'angolo di rilascio.

Da uno studio di Miller e Bartlett (1996), è emerso che i centri hanno la tendenza a tirare da lunghe distanze con i piedi ancora a contatto con il terreno, ricercando in tal modo un maggiore agio nel tiro e un maggiore controllo dei parametri di rilascio della palla. In uno studio in cui si poneva a confronto la differenza di tiro tra giovanissimi di minibasket (tiro da 4 metri con canestro a m2.60) e adulti (tiro da 4.6 metri con canestro a m3.05), si è osservata una velocità angolare della spalla che ha raggiunto nei giovanissimii il suo valore massimo nella fase corrispondente al 89% del movimento e nel gruppo degli adulti nella fase corrispondente al 45% del movimento (Okazaki et al. 2006). Sulla base del margine consentito per l'errore, Hay ha determinato che gli angoli di rilascio ottimali per un tiro da 4,57 metri devono essere compresi tra 52° e 55° (Hay 1993).

Occorre indicare al giocatore un punto di mira
È possibile suggerire al giocatore di mirare al bordo anteriore del canestro e, nel caso di tiri ravvicinati effettuati con un angolo di 45° rispetto al tabellone, all'angolo superiore del rettangolo interno dello stesso.
È stato dimostrato che uno dei fattori di successo del tiro è correlato all'efficienza con cui la testa e gli occhi fissano il bersaglio (Ripoll et al. 1986). Vickers (2007) ha esaminato il comportamento dello sguardo di giocatori di basket di *elite* e di livello inferiore mentre eseguivano tiri riusciti e non. Gli esperti mostravano movimenti della testa meno frequenti, presentavano un numero minore di fissazioni, fra l'altro orientate per un tempo più lungo sul cerchio del canestro durante le fasi di preparazione immediatamente precedente al tiro. Inoltre, evidenziavano una durata più lunga del *quiet eye* (tra 800 e 1000ms), intendendo il periodo di tempo che va dalla fissazione sul *target* (bersaglio) al primo movimento osservabile delle mani nell'azione di tiro. Una volta iniziato il movimento, gli esperti spostano la fissazione lontano dal *target* più rapidamente, impiegano più fissazioni e battiti degli occhi, presumibilmente per sopprimere l'interferenza dalle mani e dalla palla in movimento nel campo visivo, con un'incidenza maggiore di movimenti della testa durante le fasi del tiro e del volo. Anche la posizione di tiro sembra avere un ruolo significativo in termini di precisione, evidenziando in tal modo la specializzazione che acquisiscono i giocatori preferendo alcune posizioni rispetto ad altre (Pohl et al. 2017).

Il tiro in elevazione si esegue mentre si salta
Il giocatore tira mentre salta. In questo caso la spinta delle gambe contribuirebbe, in parte, a dare accelerazione alla palla che viene rilasciata mentre il giocatore è in fase ascendente; non è del tutto chiaro, però, se la velocità verticale del corpo può essere considerata un fattore significativo per il trasferimento della velocità alla palla durante gli ultimi istanti del tiro (Elliott 1992, Knudson 1993). Oggi, molti giocatori esperti, utilizzano il tiro in elevazione per i tiri da tre punti; ciò è facilitato dalla grande rapidità con cui gli stessi sono in grado di passare dal palleggio al tiro, permettendo di acquisire dei margini di vantaggio sull'avversario. Ne è un esempio Stephen Curry, stella della NBA con i Golden State Warriors, che impiega meno di un secondo da quando inizia l'ultimo palleggio a quando la palla lascia le sue mani (Tranquillo 2013).

Il tiro in sospensione si esegue al termine della fase ascendente del salto

Nel tiro in sospensione il giocatore scocca il tiro dopo aver raggiunto il massimo dell'elevazione (tiro in attitudine di volo). Rispetto al tiro piazzato, il tiro in sospensione risulta essere più vantaggioso in quanto lievi margini di errore tecnico non si ripercuotono sulle possibilità di realizzazione. Ciò è dimostrato dal fatto che, nel tiro piazzato, la traiettoria del pallone giunto a segno deve essere compresa nella zona tra due archi, i quali, al punto più alto della traiettoria, sono distanti 29 cm; la stessa zona limitata dagli archi per il tiro in sospensione è larga 35 cm; pertanto, il margine di errore concesso è del 20% (Ernst 1998).

Okazaki et al. (2007) hanno determinato una organizzazione in cinque fasi che definisce il tiro in sospensione: la preparazione, l'elevazione della palla, la stabilità, il rilascio e l'inerzia (fig.5).

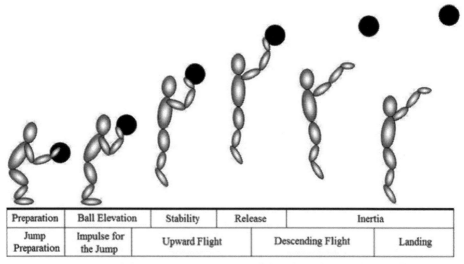

Preparation	Ball Elevation	Stability	Release	Inertia		
Jump Preparation	Impulse for the Jump	Upward Flight		Descending Flight		Landing

Figura 5 Fasi del tiro in sospensione (da Okazaki *et al.* 2015).

Nella fase di preparazione il giocatore assume una posizione simile a quella del tiro piazzato: gambe piegate, busto inclinato avanti e in leggera torsione, piedi larghi quanto le spalle (leggermente avanti quello corrispondente al lato del tiro) e palla in posizione di preparazione. Questa fase che predispone al salto è spesso preceduta da un arresto, durante il quale è necessario controllare e ristabilire le condizioni di equilibrio. Se la ricezione della palla avviene da fermo, la prontezza al tiro sarà determinata da un rapido caricamento delle gambe e da una presa efficace (mani forti) della palla; in particolare, la mano di tiro sarà già dietro la palla e la mano d'appoggio di lato, in modo da portare rapidamente la palla nella posizione di preparazione, cioè davanti al petto. Sia nel caso di ricezione in movimento che in chiusura del palleggio, l'arresto, a uno o a due tempi, si eseguirà con un allineamento dei piedi (vedi capitolo su arresti e partenze) che permetterà di frenare drasticamente la corsa e distribuire il peso del corpo su entrambe le gambe; in tal modo si potrà utilizzare, per saltare, l'energia accumulata in fase eccentrica e quella successiva in fase concentrica, (*stiffness* muscolare); la palla sarà controllata con una presa forte, simile a quanto visto in precedenza.

Durante la fase di ricezione abbinata ad arresto a un tempo o a due tempi, i giocatori esperti presentano una anticipata e rapida stabilizzazione della testa nella direzione del canestro, azione questa che, tra l'altro, precede la rotazione del corpo. Al contrario, i giocatori meno esperti mostrano un evidente ritardo nel movimento della testa durante la rotazione orientata del corpo (Ripoll et al. 1986).

La fase di elevazione della palla inizia con la flessione della spalla e del gomito per portare la palla in posizione di pre-estensione, necessaria per il rilascio; contemporaneamente ha inizio l'estensione delle articolazioni della caviglia, del ginocchio e dell'anca. Durante la fase di stabilità, gli arti inferiori continuano ad estendersi per dare inizio al salto.

La palla viene mantenuta in posizione di pre-estensione mentre il pre-allungamento dei flessori della mano genera maggiore forza e velocità che può essere applicata alla palla al momento del rilascio (Okazaki et al., 2006); i muscoli del tronco fungono da fissatori per il braccio di leva. L'altezza del salto dipende ovviamente dalle caratteristiche proprie del giocatore; in tal senso è bene raggiungere il punto più alto con naturalezza e senza sforzi inopportuni (Wooden 1981).

La fase di rilascio inizia con l'estensione dell'avambraccio e la flessione della mano e termina con il rilascio della palla; alcuni giocatori tendono a flettere la mano prima che il gomito sia completamente esteso, in modo da utilizzare l'energia generata dalle articolazioni responsabili del rilascio (Okazaki et al., 2006).

Nella fase inerziale, il giocatore ha già iniziato la sua discesa, mantenendo il braccio su un angolo di rilascio ottimale. La mano è flessa e il giocatore tende a "tarare" il tiro, cioè ad accompagnare la fase di volo della palla con il braccio e lo sguardo; è sostanzialmente un momento di valutazione delle componenti dinamiche espresse per scoccare quel tiro (*follow-through*).

In una interessante revisione della letteratura esistente sul tiro in sospensione proposta da Okazaki et al. (2015) (alla quale rimandiamo il lettore per una esaustiva trattazione), vengono evidenziati, oltre a quanto esposto, altri fattori che possono influenzare l'esecuzione della stessa, e in particolare: la distanza dal canestro, la presenza di un avversario, la postura al momento del rilascio della palla, i diversi movimenti completati dal giocatore prima dell'azione di tiro, il peso e la larghezza della palla, il livello di competenza del giocatore e il campo visivo. Analizzando sinteticamente alcuni di questi aspetti, possiamo evidenziare, innanzitutto, come i giovanissimi non solo hanno difficoltà nell'acquisire la dinamica tecnica del movimento, ma devono anche fare i conti con la forza necessaria per tirare da distanze sempre maggiori; questa difficoltà è maggiore nelle femmine rispetto ai maschi. Riteniamo, quindi, che il processo di automatizzazione deve necessariamente essere sviluppato garantendo le possibilità coordinative e condizionali dell'allievo. Uno dei primi aspetti che potrà essere curato, successivamente all'acquisizione tecnica, è la rapidità con cui il giocatore dovrà passare al tiro dalle abilità che lo precedono (ad esempio, chiusura del palleggio o ricezione, nonché l'arresto), iniziando sempre da distanze fisicamente sostenibili.

I giocatori con poca esperienza tendono a congelare i gradi di libertà per alleggerire il controllo delle articolazioni della spalla, del gomito e del polso durante la fase di rilascio del tiro. Occorre inoltre considerare che il giocatore, dovendo spesso effettuare tiri sotto pressione difensiva, sarà portato ad aumentare l'angolo di rilascio della palla, e quindi ad estendere maggiormente il gomito, a flettere maggiormente la spalla e ad anticipare il punto di rilascio (Oudejans et al. 2002).

I risultati di uno studio, effettuato con giocatrici di pallacanestro militanti nella massima divisione dei Paesi Bassi, hanno dimostrato che le percentuali di tiro in sospensione sono state influenzate dalle azioni che precedevano l'atto di tiro. In generale, la precisione con cui i giocatori tirano può dipendere anche dalla mano con cui palleggiano e dal lato dal quale ricevono il passaggio. Se un giocatore destrimano palleggia con la mano destra o riceve il passaggio dal lato destro prima di un tiro, avrà la palla già sul lato di tiro. In caso di palleggio con la mano non dominante o di ricezione di un passaggio da sinistra, la palla deve essere spostata dal lato sinistro al lato destro del corpo per essere correttamente in posizione di tiro (Oudejans et al. 2012). Questi dati suggeriscono la possibilità di pianificare aspetti tattici in relazione al lato dominante del giocatore.

L'evoluzione del gioco, ha portato i giocatori con maggiore talento ad apportare accorgimenti che rendono più efficaci le soluzioni scelte: ad esempio oggi il giocatore che ha spostato i valori nel campionato NBA, Stephen Curry (Golden State Warriors), fa precedere il suo tiro in sospensione, anche da grandi distanze, da numerosi cambi di mano sul posto (soprattutto dietro schiena) che sbilanciano in modo evidente il diretto avversario, e gli consentono di effettuare il gesto in modo del tutto imprevedibile e con grande rapidità. Allo stesso modo è diventato normale vedere a tutti i livelli il tiro preceduto da un movimento denominato *step back* (passo all'indietro). Ad utilizzarlo per primo fu il giocatore NBA Kiki Vandeweghe (1958-UCLA, Denver Nuggets, Portland Trail Blazers, N.Y. Knicks, L.A. Clippers) e per questo denominato in origine *Kiki move*: il giocatore, in seguito ad un palleggio per penetrare esegue, sull'arretramento del difensore, un arresto all'indietro (1-2 tempi) e il tiro. Non necessariamente è richiesta rapidità nella sua esecuzione, quanto precisione e controllo del corpo. Un ulteriore adattamento è quello che prevede, sempre sul perimetro, che il tiro sia preceduto da una finta e un palleggio con arresto a uno o due tempi laterale.

Il tiro in terzo tempo si esegue correndo
Il giocatore che rapidamente si dirige a canestro, prima di tirare, esegue due appoggi con la palla in mano. È necessario ricordare che il tiro in corsa o *terzo tempo* può essere effettuato solo se il giocatore riceve la palla in movimento o proviene da una situazione dinamica di palleggio. I due appoggi che precedono il tiro (escludendo chiaramente il passo "0") si effettuano, il primo, in profondità e il secondo con una spinta verso l'alto (trasformazione cinetica), per cui occorre che gli appoggi (soprattutto l'ultimo) avvengano sul tallone e che venga effettuata una rullata completa sul piede. La gamba corrispondente alla mano di tiro si fletterà in alto, contribuendo alla spinta necessaria per avvicinarsi al canestro, con la contemporanea distensione del braccio. L'atto di tiro può avvenire secondo la sequenza canonica inizialmente descritta (gomito sotto la palla e braccio intra-ruotato), o con un tiro in *sottomano*, frequentemente usato nelle conclusioni veloci: in questo caso la palla è tenuta con l'avambraccio extra-ruotato (supino) che si protende verso il canestro, la mano in linea con il braccio e con spinta finale delle dita.
Un tipo di conclusione a canestro prevede che il giocatore tiri in *sottomano rovesciato*, cioè con la mano interna, ovvero opposta al lato da cui si entra. Poiché la mano interna è quella più esposta alla difesa, il giocatore utilizza la spalla interna, combinata ad una torsione del busto, per proteggersi dall'intervento difensivo (stoppata). L'azione più semplice ed efficace da

un punto di vista coordinativo è quella in cui il giocatore stacca (salta) sull'appoggio opposto alla mano che tira; ciò vuol dire che, quando possibile, il giocatore effettuerà un terzo tempo di destro sul lato sinistro del campo e viceversa. In alternativa potrà tirare in secondo tempo utilizzando la mano esterna per il palleggio. Oggi è frequente vedere anche un terzo tempo, chiamato *Euro step*, che si esegue con appoggi distanziati lateralmente tra di loro e con un'accentuazione del tempo di appoggio sul terreno, per saltare la presenza di un eventuale difensore. Così come anche l'accresciuto atletismo dei giocatori, porta in fase terminale gli attaccanti ad eseguire movimenti con torsioni accentuate del busto, con salto all'indietro sull'ultimo passo, tiri in controtempo e schiacciate. In definitiva questa soluzione offensiva è quella che più di ogni altra si presta ad una personalizzazione (stile) da parte del giocatore, soprattutto se dotato di una spiccata creatività e coordinazione motoria.

Il tiro in corsa in secondo tempo si effettua con un appoggio in meno

Il tiro in corsa può essere eseguito anche in *secondo tempo*, cioè con un appoggio in meno; è quindi un'azione combinata che, rispetto al terzo tempo, si svolge chiaramente in meno tempo. L'azione potrà essere eseguita con un ultimo palleggio sia incrociato che omologo; in entrambi i casi, sul successivo appoggio (gamba di stacco) si combinerà la salita del braccio e della gamba del lato opposto. Ad esempio, se l'ultimo palleggio fosse incrociato con mano dx e appoggio sx, si avrà lo stacco sul successivo appoggio di dx e conseguente tiro con impegno degli arti del lato sx (braccio sx che tira e gamba sx che sale in flessione al ginocchio). Se l'ultimo palleggio fosse invece omologo con mano dx e appoggio dx si avrà lo stacco sul successivo appoggio di sx e conseguente tiro con impegno degli arti del lato dx (braccio dx che tira e gamba dx che sale). Peraltro, in questo come in altri casi, a fronte di situazioni dinamiche complesse dettate dalla lettura della posizione del difensore, il giocatore potrà decidere, per un maggior controllo e precisione, di utilizzare la mano forte, indipendentemente dall'ultimo appoggio. Bisogna considerare inoltre che in base al grado di avvicinamento al canestro e alla posizione rispetto ad esso, il giocatore potrà finalizzare l'azione utilizzando forme diverse di tiro. Pertanto, l'utilizzo di strategie che consentano il successo dell'azione può avvenire a prescindere dall'evidente complessità coordinativa dovuta alla combinazione motoria tra arti superiori ed inferiori; è plausibile, infatti, che il giocatore evoluto riesca a mettere in atto azioni che non rientrano in condizioni di compatibilità tra stimolo e risposta.

Il tiro floater ha una parabola molto alta

Il tiro *floater* viene eseguito prevalentemente dalle guardie per evitare la stoppata di giocatori particolarmente alti ed è caratterizzato da una parabola molto alta. Può essere effettuato in corsa o dopo un arresto, prevalentemente a due tempi; in entrambi i casi il giocatore tira con la mano opposta all'ultimo appoggio. Il tiro viene effettuato in anticipo rispetto all'intervento del difensore e dunque, specie se in corsa, sarà necessario uno stacco che verticalizzi molto il salto. La palla viene portata alta sopra la testa controllata solo dalla mano di tiro e, con una leggera estensione del braccio, viene rilasciata in modo soffice alzando la parabola e mirando quasi sempre direttamente al cerchio (solo in alcuni tiri dal lato si usa il tabellone); in molti casi il giocatore non flette la mano, tira cioè di solo braccio e con la mano in linea con l'avambraccio.

Il tiro da arresto di potenza (arresto a rovescio) è un tiro protetto

Anche questo tipo di conclusione si effettua in avvicinamento a canestro e nasce dalla necessità di proteggere la palla dalla presenza di un difensore vicino. Si sviluppa attraverso l'esecuzione di un arresto a due tempi esterno/interno, con piedi e spalle parallele al tabellone, con gambe caricate per esplodere in alto/avanti e tirare con la mano esterna, avendo mano interna e corpo a protezione. Oggi si vede questa soluzione, soprattutto su movimenti che portano il giocatore dall'esterno verso l'interno dell'area, effettuata anche con spalle e piedi rivolti alla linea laterale e conclusione in semi gancio (vedi tiro ad uncino).

L'arresto passo e tiro si esegue da distanza ravvicinata

L'esecuzione di questo tiro è legata alla presenza di un difensore sulla linea di penetrazione nei pressi del canestro. Ciò induce l'attaccante ad eseguire un arresto e, dopo una probabile finta di tiro, un passo di incrocio e tiro con la mano opposta. La nuova interpretazione della regola dei passi (passo 0), ha introdotto la possibilità (in passato lasciata alla libera interpretazione degli arbitri) che in continuità si possa effettuare un giro dorsale e un tiro con stacco simultaneo su entrambi i piedi.

Il tiro a uncino si esegue da distanza ravvicinata

L'uncino è uno dei tiri che, se eseguito tecnicamente e tatticamente in modo corretto, risulta difficile da ostacolare (stoppare). Si esegue sia di destro che di sinistro e a una distanza non superiore ai 3 metri dal canestro, in relazione alla posizione che l'attaccante assume rispetto al canestro e al proprio difensore, e viene generalmente usato dai giocatori più alti. Partendo con la schiena al canestro, si effettua un passo con il piede opposto alla mano che tira (mano di tiro sotto la palla) e, guardando il canestro, con un movimento continuo si porta la palla in linea lateralmente tra orecchio e spalla esterna, per poi concludere con l'estensione del braccio e la flessione della mano, curando che le spalle siano perpendicolari al canestro e che la mano d'appoggio accompagni il movimento fino al rilascio della palla. Se l'azione viene eseguita con un'apertura più ampia del braccio di tiro, si definirà gancio.

Il tap-in si esegue in attitudine di volo

Consiste nell'indirizzare, saltando e con un tocco della mano, la palla nel canestro. Viene eseguito quando non c'è tempo per un controllo preciso a due mani, come nell'azione tipica di rimbalzo. È un'azione che viene eseguita in situazione di traffico sotto canestro, e richiede quindi tempismo e determinazione, oltre alla necessità di dover saltare più volte per tentare di fare canestro.

La finta di tiro permette di acquisire vantaggi

Come per altri fondamentali, la finta di tiro può rivelarsi efficace per acquisire vantaggi in fase di conclusione. Per finta s'intende l'esecuzione del fondamentale che viene ad un certo punto interrotta. È bene sottolineare che la fase dell'atto motorio che viene mostrata per ingannare l'avversario è quella in cui il gomito della mano tiratrice si solleva leggermente, lasciando invariati gli angoli al gomito e al polso; contemporaneamente si ha un breve raddrizzamento del busto. Il punto d'interruzione coincide quindi con il momento in cui la palla è posta sopra la fronte e dalla quale inizia l'estensione del braccio (*immagine di descrizione tecnica iniziale*). Una finta efficace deve avere le stesse caratteristiche tecniche del fondamentale e deve essere eseguita ad una velocità leggibile dall'avversario. Il comportamento generale del giocatore è quello tipico di chi ha realmente intenzione di tirare, ovvero posizione fondamentale, fronteggiare e occhi a canestro.

Per insegnare le diverse forme di tiro occorre conoscere le strategie didattiche e metodologiche

Il tiro piazzato e in sospensione richiedono un'adeguata metodologia di insegnamento
Il periodo iniziale di apprendimento è, didatticamente, un momento particolarmente delicato poiché, oltre a seminare le basi tecniche su cui costruire l'abilità, possono essere acquisite, involontariamente, abitudini errate. È possibile, infatti, che il giovane, preso dalla voglia di tirare, esegua ripetutamente l'abilità tecnica, specie in contesti diversi da quelli controllati direttamente dall'allenatore, in modo tecnicamente scorretto, acquisendo incoscientemente abitudini motorie (Farfel 1988), cioè automatismi che diventano difficili da correggere. Ad esempio, nella pallacanestro giovanile, e in particolare in quella femminile, uno degli aspetti tecnici da controllare con grande attenzione è il passaggio dalla posizione di pre-estensione; accade infatti che il discente inizi la fase di estensione del braccio quando la palla è davanti al naso e non dopo che la palla ha superato il livello degli occhi. Quest'abitudine motoria nasce spesso sia dall'istinto di mantenere il contatto visivo con il canestro anche durante la fase di estensione, sia dalla scarsa disponibilità di recuperare forza piegando la spalla. Quando, come in questo caso, il movimento di estensione del braccio è anticipato, l'angolo di rilascio della palla è minore, la traiettoria della palla è più tesa e la velocità di rilascio è maggiore; se si riduce la velocità di rilascio, il tempo supplementare consente al giocatore di eseguire correzioni di movimento utilizzando *feedback* sia visivi che propriocettivi (Schmidt, Zelaznik, Hawkins, Frank, & Quinn, 1979). Questo risultato suggerisce che i giocatori dovrebbero utilizzare angoli di rilascio che consentono una bassa velocità di movimento.
Altra abitudine motoria ricorrente è quella della pausa in posizione di pre-estensione: in pratica, anziché eseguire l'abilità in modo continuo, attraverso le fasi che vanno dalla posizione di preparazione a quella di estensione, l'allievo si ferma per un istante nella posizione di pre-estensione, perdendo in tal modo anche una parte dell'energia necessaria per tirare.
Rispetto al tiro piazzato, il tiro in sospensione richiede uno sviluppo specifico sia delle capacità coordinative che delle capacità condizionali; la possibilità di mantenere stabile la posizione del braccio durante la fase di volo e il successivo rilascio della palla, è fortemente condizionata dal livello di abilità tecnica raggiunto nel tiro piazzato e dalle caratteristiche fisico-

atletiche del giocatore. Generalmente la propensione a tirare in sospensione appare in modo naturale quando si comincia ad avere sicurezza nel controllare e direzionare con precisione la palla. L'allenatore potrà comunque osservare se il giocatore mostra le caratteristiche necessarie per iniziare adeguate esperienze di tiro in sospensione.

L'allenamento tecnico dovrà prevedere due aspetti: un lavoro a secco e un lavoro applicato.

1. Con il lavoro a secco e per parti, attraverso un'esecuzione per blocchi sia costante (stessa distanza dal canestro) che variata (distanze diverse dal canestro), il giocatore ripeterà sia l'intera abilità che parte di essa. Il lavoro per parti potrà essere relativo solo agli arti superiori o ad alcune parti di essi, o combinato (anche parzialmente) con gli arti inferiori. Il lavoro per parti è chiaramente un lavoro frazionato in cui si mette in evidenza, volta per volta, un particolare tecnico attraverso una forte enfatizzazione di alcuni punti chiave dell'abilità; ad esempio il posizionamento della palla dopo l'arresto da chiusura del palleggio o da ricezione, oppure il lavoro di articolazione del polso e delle dita, oppure il passaggio dalla posizione di preparazione a quella di pre-estensione fino al rilascio della palla, o ancora, la necessaria coordinazione tra spinta delle gambe e braccio di tiro, ecc..
    Si procede inizialmente con tiri da posizioni ravvicinate per poi aumentare gradualmente la distanza. A tal proposito occorre ricordare che all'aumentare della distanza è possibile che le richieste di forza modifichino la meccanica di tiro; occorrerà fare molta attenzione specialmente ai possibili anticipi della fase di rilascio e agli incrementi di velocità della stessa.
    In relazione alle diverse problematiche di apprendimento, è possibile utilizzare altri metodi che favoriscono il miglioramento della tecnica. Ad esempio, l'allenamento ideomotorio e quello simulato, permette miglioramenti osservabili dell'abilità. L'immaginazione motoria (*motor imagery*) è un processo cognitivo durante il quale il soggetto immagina il movimento senza eseguirlo (Jeannerod 2001) ed è funzionalmente equivalente alla pianificazione del movimento a cui però non fa seguito l'esecuzione (Jeannerod 1995). Quando il giocatore immagina di eseguire il movimento di tiro dovrà anche immaginare di eseguirlo con una tempistica reale.

2. Con il lavoro applicato, si forniscono esperienze di apprendimento in situazioni vicine al contesto *target*, ad esempio attraverso esercizi di 1 c 0 da palleggio o su ricezione (autopassaggio), di 1 c 1, e 1 c 1 con appoggio. L'obiettivo sarà quello di acquisire abitudini di tiro che variano nella fase di preparazione (cioè con ricezione da fermo o in movimento o da palleggio), nella tipologia di arresto (con o senza vincolo di piede perno, in avanzamento o arretramento) e nel posizionamento rispetto al canestro.

Il tiro in corsa richiede un'adeguata metodologia di insegnamento

Il tiro in corsa può essere insegnato in molteplici modi:

1. Un metodo prevede come primo approccio, l'esecuzione completa dell'azione e, successivamente, la scomposizione in parti con un procedimento a ritroso. Il discente esegue inizialmente il movimento nella sua totalità e negli esercizi successivi proverà prima la fase di stacco e tiro da fermo, poi la combinazione dei due appoggi con palla consegnata o recuperata da terra, ed infine con il palleggio.

2. Un altro metodo prevede che, dopo aver provato l'azione nella sua totalità, il discente esegua, partendo da metà campo, una serie di palleggi combinati ritmicamente con passi accostati mantenendo sempre avanzato il piede opposto alla mano di palleggio (serie di palleggi laterali incrociati); in tal modo, sull'ultimo palleggio, l'allievo si ritroverà con i piedi pronti per effettuare i due appoggi del terzo tempo. Man mano che l'abilità viene automatizzata, i giovani dovranno imparare a gestire la palla proteggendola dal difensore (presa e posizionamento della palla) e a parametrizzare correttamente l'ampiezza dei passi e la fase di salto (tempo di movimento complessivo, momento di chiusura del palleggio, ritmo degli appoggi, linea/e di corsa).

La proposta di alcuni esercizi può suggerire altre forme di attività funzionali al tiro

Inizialmente i giocatori saranno coinvolti in lavori prettamente esecutivi e analitici: lo scambio di informazioni (*feedback* intrinseci ed estrinseci) stimolerà i giocatori ad avere una consapevolezza motoria crescente.

Nel diagramma 1, i giocatori, tutti con palla, simulano l'azione di tiro, sostenendo la palla con una mano ed eseguono l'azione con la flessione della mano. Lo stesso lavoro può essere eseguito da seduti per concentrare ancora di più l'attenzione sul lavoro degli arti superiori.

Nel diagramma 2, i giocatori, suddivisi in coppie e posti uno di fronte all'altro, con un pallone, eseguono tiri curando che la parabola sia tale da far cadere la palla vicino al compagno. L'allenatore osserverà l'allineamento del corpo e il rilascio della palla.

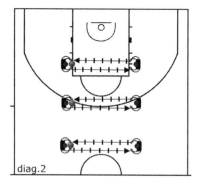

Inevitabilmente, quanto prima, le esercitazioni dovranno utilizzare il canestro: i giocatori, posizionati su tre file a due metri dal canestro (diag.3), eseguono tiri partendo da braccio disteso in avanti con successiva flessione ed estensione, senza sostegno della mano d'appoggio e con una leggera spinta delle gambe.

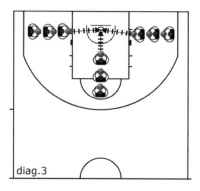

Variante: inserimento della mano d'appoggio. I giocatori, partendo dalla posizione fondamentale, poggiano la palla sulla coscia, tenendola con la mano forte, la fanno scorrere verso l'anca caricando il polso e, dopo averla raccolta anche con la mano d'appoggio, tirano.

Variante: dalla raccolta della palla i giocatori lasciano cadere la palla a terra e tirano dopo averla "strappata" (utilizzo parziale delle gambe).

L'obiettivo di questi esercizi è di stimolare la percezione del controllo del corpo durante l'azione tecnica, partendo dalla presa della palla e concludendo con la distensione del braccio. Si può suggerire di rimanere, al termine dell'esecuzione, qualche secondo con il braccio disteso e verificare anche il corretto posizionamento delle dita (aperte e rivolte verso il basso).

Esercizi di tiro con inserimento dell'arresto.

I giocatori, suddivisi in due file, posizionate sugli spigoli alti della lunetta, dopo aver lasciato cadere la palla a terra, la raccolgono effettuando un arresto (1t.-2t.), per poi tirare con un piccolo saltello (diag.4). Il tiro può essere anche preceduto da più saltelli eseguiti sul posto o su vari piani (laterale/frontale). L'esercizio può essere proposto variando le distanze e le posizioni.

Partendo di lato al canestro, sulla linea di fondo, i giocatori effettuano auto-passaggi (due sui gomiti della lunetta e uno sulle tacche opposte), con arresti a uno e a due tempi e con tiro finale (diag.5).

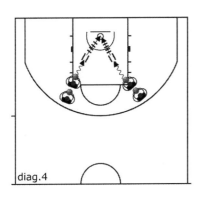

diag.4

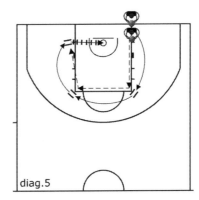

diag.5

Esercizi di tiro abbinati al passaggio (ricezione in movimento).

I giocatori, variando le posizioni e le distanze, eseguono autopassaggi, utilizzando, nel momento della raccolta della palla, diverse tipologie di arresti: a un tempo o a due tempi interno-esterno, esterno-interno e concludendo con un tiro (diag.6-7).

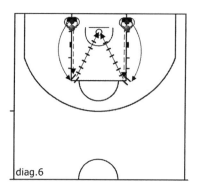

diag.6

diag.7

I giocatori, sulla base dell'esercizio precedente, eseguono il tiro a seguito di una partenza in palleggio (diag.8).

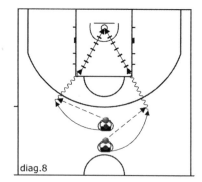

diag.8

L'automatismo dovrà essere ricercato con esercizi di tiro in continuità lavorando, ad esempio, a coppie. Il giocatore tira e va a rimbalzo, contemporaneamente il compagno tocca una linea (laterale o a metà campo) e ritorna per ricevere e tirare (diag.9).

diag.9

I giocatori, tutti con palla tranne il primo di una fila, sono disposti in ala dx e ala sx: il giocatore senza palla effettua un taglio per ricevere un passaggio dalla guardia opposta e tirare dalla lunetta. L'esercizio prosegue in continuità con il tiratore che va a rimbalzo e cambia fila e il passatore che va a ricevere per tirare (diag.10).

diag.10

I giocatori, tutti con palla tranne il primo della fila, sono disposti in ala dx e nell'angolo di sx a fondo campo (diag.11): il giocatore senza palla effettua un movimento in avanti, per poi eseguire un cambio di senso e di velocità, ricevere un passaggio dal compagno della propria fila e concludere in arresto e tiro.
L'esercizio prosegue in continuità con il tiratore che va a rimbalzo e cambia fila e il passatore che va a ricevere per tirare.

diag.11

Gli esercizi possono essere proposti diversificando le posizioni di tiro e facendo precedere la conclusione con vari tipi di arresti e partenze. Altri esercizi di tiro possono essere riconducibili a situazioni di gioco (diag.12-13), in forma di gare individuali o a squadre (diag.14).

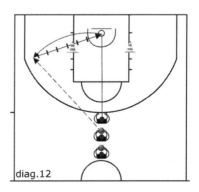

diag.12

diag.13

diag.14

Esercizi per il tiro in corsa e il tiro da sotto canestro

Dalla raccolta della palla i giocatori eseguono un passo e tiro con l'obiettivo di curare la presa (strappare), la protezione e il controllo della palla, nonché lo stacco di tutta la pianta del piede (diag.15). L'esercizio va proposto diversificando le posizioni di partenza e le distanze (vicino/lontano), facendolo eseguire su entrambi i lati, per sollecitare così l'uso della mano debole. In seguito, allontanandosi si possono eseguire due passi e tiro.

Potrebbe essere utile, sempre in fase iniziale, prendere/strappare la palla dalle mani dell'istruttore (diag.16); anche in questo caso, modulando le distanze, si faranno eseguire uno/due passi e tiro. Le proposte prevederanno in seguito l'uso del palleggio (partenze).

diag.15

diag.16

I giocatori, posizionati lungo il perimetro, lasciano cadere la palla su un lato e, dopo averla raccolta, eseguono partenze (dirette/incrociate) e concludono in terzo tempo (diag.17). In seguito al miglioramento dell'abilità si potranno variare le distanze e gli angoli di tiro. Le conclusioni possono prevedere anche il secondo tempo, l'arresto passo e tiro, l'arresto di potenza.

diag.17

I giocatori, tutti con palla, partendo dagli angoli di fondo campo, eseguono un autopassaggio per raccogliere la palla in posizione di ala ed andare a concludere da sotto (diag.18). Volutamente nella descrizione si è tralasciato di indicare il tipo di arresto e di partenze da utilizzare, così come per quanto riguarda le conclusioni e le posizioni/distanze.

Tutti gli esercizi possono essere svolti con la ripetizione sempre degli stessi gesti tecnici o dando autonomia ai giocatori di scegliere liberamente le soluzioni, variandole in base alle proprie esigenze (insegnare ad allenarsi). Il lavoro dovrà comunque prevedere quasi contemporaneamente un inserimento, seppure graduale per modalità, della difesa. Ad esempio, i giocatori con palla, posizionati lungo il perimetro, dovranno andare a concludere da sotto, sfruttando il vantaggio che deriva dal posizionamento del difensore, che volge la schiena all'attaccante (diag.19).

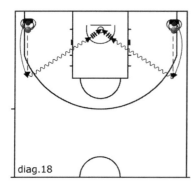

Il giocatore con palla, posizionato all'altezza dell'angolo di metà campo, corre palleggiando lentamente verso il canestro, poi cambia velocità per concludere in corsa, evitando l'intervento del difensore che inizialmente arretra e solo in seguito può girarsi e inseguire l'avversario (diag.20). In questo caso il tiro da sotto viene effettuato sotto pressione.

Nel proporre esercizi di tiro, con giocatori in fase di perfezionamento, sarà necessario un maggior impegno mentale, poiché saranno sollecitate decisioni rapide lì dove le richieste sono diversificate e non preordinate (esercitazioni randomizzate).

2 c 0 + A in metà campo. I giocatori, divisi a coppie e tutti con palla, sono in posizione di ala; l'appoggio, in punta sul perimetro, mostra le mani a uno dei due e ne riceve il passaggio (diag.21); colui che ha passato la palla (in questo caso l'ala dx) taglia in area e, dopo aver ricevuto il passaggio dal compagno che ha palleggiato verso il fondo, tira da sotto. A questo punto il giocatore a sx corre verso la sedia e strappa la palla che è stata posata lì dall'allenatore. Esegue una partenza in palleggio concludendo in arresto e tiro.

diag.21

3 c 0 + A in metà campo. I giocatori sono posizionati su tre file, due in ala e una sotto canestro, con appoggio in punta (diag.22). L'esercizio inizia nel momento in cui l'appoggio, mostrando le mani ad uno dei tre giocatori, ne riceve la palla. A questo punto i giocatori si muovono cercando uno spazio utile per ricevere a loro volta un passaggio e scegliere una conclusione a canestro: ad esempio, il giocatore sotto canestro, dopo aver passato all'appoggio, tira dall'angolo dx dopo aver ricevuto la palla dall'ala sullo stesso lato; l'ala dx tira dal centro dopo aver ricevuto dall'ala sx e quest'ultimo tira dall'angolo sul suo lato, dopo aver ricevuto dall'appoggio.

diag.22

La proposta di alcuni esempi di sequenze didattiche può suggerire altre forme ordinate di esercitazione per lo sviluppo del tiro

Sequenza didattica semplice
Obiettivo della sequenza: saper eseguire un tiro in corsa (terzo tempo).
Ricordiamo che nelle sequenze didattiche semplici, l'obiettivo è quello di acquisire i particolari tecnici dell'abilità partendo da forme grossolane di movimento ed eseguite inizialmente a secco per poi passare, a distanza di tempo, alla variabilità dei parametri.

Es.1 - 1 c 0 in metà campo. I giocatori, tutti con palla, posizionati lungo il perimetro dell'area, palleggiano sul posto e, successivamente, eseguono un tiro in corsa (terzo tempo) dopo aver chiuso il palleggio (diag.23).

Es.2 - 1 c 0 in metà campo. Come il precedente, ma i giocatori eseguono il terzo tempo curando che l'ultimo palleggio sia eseguito nell'area dei tre secondi (diag.24).

Es.3 - 1 c 0 in metà campo. Come il precedente, ma i giocatori eseguono il terzo tempo curando che l'ultimo palleggio sia eseguito fuori dall'area dei tre secondi (diag.25).

diag.25

Es.4 - 1 c 0 in metà campo: i giocatori, tutti con palla, lungo il perimetro dell'area, eseguono un tiro in corsa (terzo tempo), ma, dopo la raccolta della palla, eseguono i due passi che precedono il tiro con appoggi laterali (*Euro step*) (diag.26).

diag.26

Sequenza didattica orizzontale

Obiettivo della sequenza: eseguire conclusioni in corsa precedute da ricezione, partenza in palleggio, cambi di mano e di direzione.

Le sequenze orizzontali hanno una valenza didattica elevatissima ai fini della capacità di acquisire una condizione ottimale per eseguire un buon tiro. In modo particolare, la rapidità e l'abilità con cui il giocatore è in grado di eseguire repentini cambi di mano e di direzione, oltre che finte (1 c 1 con palla), incide enormemente sulla condizione di pressione difensiva sul tiro, specie se non si conclude con un tiro in corsa. In eguale misura le sequenze orizzontali (combinate con quelle diagonali e verticali) risultano efficaci quando sono strutturate per sviluppare le capacità di adattamento del giocatore (1 c 1 senza palla), per far in modo che riceva la palla in condizioni già vantaggiose per un buon tiro.

Es.1 - 1 c 0 in metà campo. I giocatori, tutti a centrocampo con palla, attaccano il canestro con un tiro in corsa, dopo aver effettuato un cambio di mano (frontale, sottogamba) all'altezza dell'ostacolo (diag.27).

Es.2 - 1 c 0 in metà campo. I giocatori, tutti a centrocampo con palla, eseguono un autopassaggio in guardia, raccolgono la palla con un arresto (1t-2t) e attaccano il canestro con un tiro in corsa (diag.28).

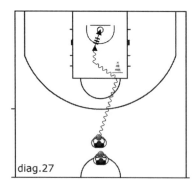

diag.27

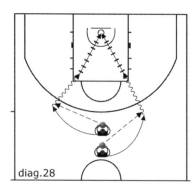

diag.28

Es.3 - 1 c 0 + A in metà campo. I giocatori, tutti a centrocampo con palla, passano la palla all'appoggio: corrono verso la lunetta dove ricevono un passaggio consegnato e, dopo aver eseguito una partenza incrociata, concludono a canestro con un tiro in corsa (diag.29).

Gli stessi esercizi possono essere proposti variando la tipologia di partenza e di conclusioni da sotto (secondo tempo, tiro di potenza, ecc.) o variando le posizioni sul campo (diag.30).

Sequenza didattica verticale
Obiettivo della sequenza: concludere da sotto con pressione difensiva (re-cupero/*handicap* difensivo).
La sequenza verticale, che ha come obiettivo quello di trovare soluzioni di tiro in condizioni di traffico, recupero e pressione difensiva, deve stimolare processi di adattamento attraverso la continua lettura della condizione di gioco (posizionamento e spostamenti di attaccanti e difensori) ed è, per-tanto, spesso abbinata ad una di tipo diagonale. In tal modo operando sulle condizioni di variabilità difensiva (sequenza verticale) si sviluppa pa-rallelamente la capacità di adattamento offensivo su prospettive sempre più complesse ed estese (sequenza diagonale).

Es.1 - 1 c 1 in metà campo con recupero difensivo. Gli attaccanti con palla, posizionati lungo il perimetro, devono concludere da sotto eludendo il re-cupero del difensore che parte alle loro spalle (diag.31).

diag.31

Es.2 - 1 c 1 in metà campo con recupero difensivo. Esercizio simile al pre-cedente (vantaggio per l'attacco), ma il difensore si posiziona spalla contro spalla al giocatore con palla (diag.32).

diag.32

Es.3 - 1 c 1 in metà campo + A con H difensivo. Il difensore, sotto canestro, passa la palla all'attaccante in lunetta e va a toccare la mano che gli mostra l'appoggio; l'attaccante deve concludere da sotto, evitando il recupero del difensore (diag.33).

diag.33

Es.4 - 1 c 1 in metà campo + A con H difensivo. L'attaccante, in angolo a fondo campo, passa la palla all'appoggio in ala e va a strapparla cercando di concludere eludendo il recupero del difensore che, partito al suo fianco, deve toccare la mano più lontana dell'appoggio (diag.34).

Es.5 - 2 c 2 in metà campo + A con H difensivo. Come il precedente, ma in questo caso l'attaccante con palla deve valutare la possibilità di concludere da sotto, considerando l'eventualità di un recupero del secondo difensore, impegnato prima a toccare le tacche del tiro libero (diag.35).

diag.34

diag.35

9 - IL GIOCATORE DEVE SAPER PASSARE

Oltre ad essere un fondamentale che implica necessariamente la collaborazione tra due giocatori, il passaggio è un'abilità aperta fortemente condizionata dalle situazioni di gioco; pertanto, la palla può essere passata in un numero infinito di modi. Questa premessa ci aiuta a comprendere come in realtà, la canonica classificazione per i passaggi risulta essere solo orientativa, vista la grande possibilità di esprimere il fondamentale in forme diverse; è chiaro quindi che la descrizione di un passaggio non può essere fatta come se ci riferissimo a un modello di abilità chiusa (*closed skill*), bensì sottolineando quelle note di flessibilità che permettono l'adattamento alle condizioni variabili del gioco (contesto *target*). Pertanto, per affrontare correttamente le problematiche d'insegnamento, dobbiamo soffermarci sul fatto che qualunque tipo di passaggio può subire decine di variazioni dei parametri di movimento del programma. Osserviamo infatti che, quando si passa la palla, avviene un adattamento articolare degli angoli al polso, al gomito e alla spalla su più assi di movimento, senza contare le possibilità di combinazione e di adattamento del tronco e delle gambe. È evidente, quindi, che se vogliamo dare un'idea sull'esecuzione di un passaggio, dobbiamo innanzitutto spiegare qual è il contesto *target* a cui ci si riferisce, descrivendo i termini di adattabilità per renderlo efficace, cioè quali parametri e in che misura dovranno essere variati per adattare il programma motorio.

Le varie forme di passaggio devono essere adeguatamente applicate in gara
Come già sopra evidenziato, questo fondamentale risulta complesso per gli aspetti cognitivi e tecnico-tattici che sono coinvolti. Abilità come il lancio (passaggio) e la presa (ricezione), che dovrebbero svilupparsi nell'ambito delle attività motorie da proporre sin dalle prime fasce d'età, rappresentano requisiti necessari su cui si innesta la capacità di differenziazione spazio-temporale; l'anticipazione e la pianificazione di tecniche esecutive, di traiettorie, di efficaci modulazioni di forza e di velocità sono, d'altronde, frutto di un allenamento degli aspetti cognitivi che, a loro volta, rivestono un ruolo centrale.
Alcuni passaggi sono spesso eseguiti in gara in una forma che non necessita di macroscopiche modificazioni dei parametri del programma: ad esempio i passaggi perimetrali, in virtù della scarsa possibilità di essere

ostacolati, vengono eseguiti spesso con adattamenti minimi. Altri passaggi vengono eseguiti invece variandone in modo significativo i parametri, come ad esempio quelli in cui la palla deve oltrepassare la sagoma dell'avversario, o quelli particolarmente creativi. In tutti i casi, la descrizione tecnica dell'allenatore dovrà sottolineare la possibilità di apportare, su una tipologia/classe di passaggio (regolato da un preciso programma motorio generalizzato), variazioni dei parametri di movimento, come i muscoli utilizzati, l'ampiezza del movimento, il tempo del movimento, l'arto impiegato.

È interessante notare che alcuni passaggi, anche se scarsamente allenati, possono essere eseguiti comunque con particolare destrezza: ciò è possibile in quanto il giocatore ripesca dalla memoria il programma utilizzato per eseguire movimenti con finalità diversa, come ad esempio il palleggio: costituisce un esempio il passaggio schiacciato a una mano dal palleggio, o il passaggio in mezzo alle gambe o il passaggio dietro la schiena, o ancora, laterale battuto, ecc. Quando il giocatore elabora le informazioni necessarie per far fronte alle situazioni di gioco, giunto alla fase di selezione della risposta, recupera e parametrizza i programmi motori di esperienze passate, anche se utilizzati con finalità diverse. Per tale ragione spesso, giocatori esperti, mostrano una certa facilità nel giocare in discipline diverse dalla propria. Si ritiene che quest'esigenza di "trasferibilità" di abilità tecniche potrebbe aprire itinerari didattici e metodologici interessanti, specie in età giovanile. Si ricorda che all'aumentare del livello di maestria, il giocatore sarà in grado di passare la palla in modi estremamente personali e creativi, specie nelle situazioni di traffico, di *assist*, di scarico e di contropiede; questo elevato livello di abilità è frutto della capacità di combinare e variare programmi motori spinti al limite dei gradi di libertà motoria.

In relazione alla posizione in campo e alle applicazioni tattiche, che si vedranno più dettagliatamente nel capitolo dedicato alle collaborazioni, potremo avere: passaggi tra giocatori esterni (diag.1 fase a) che permettono la circolazione della palla e i cambi di fronte, mentre quelli da esterno a interno sono più filtranti (diag.1 fase b); passaggi in uscita da interno a esterno (diag.2 fase a) che permettono possibili tiri da tre punti, mentre quelli tra giocatori interni sono spesso *assist* o passaggi di scarico (diag.2 fase b).

Distinguiamo i passaggi anche rispetto alle situazioni di gioco: ad esempio nel diagramma 3, è illustrata una situazione di passaggio in campo aperto in conseguenza di un'azione in sovrannumero da parte dell'attacco; nel diagramma 4 il passaggio viene effettuato contro una difesa schierata.

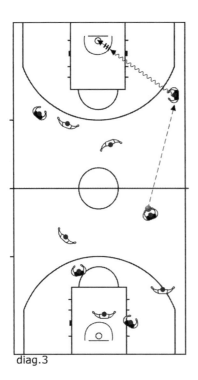

Un breve accenno va dato anche alla ricezione e al controllo della palla. È utile suggerire di cercare la palla con gli occhi e con le mani, un'abitudine che tornerà utile per velocizzare l'apertura del palleggio o il tiro. La palla può essere ricevuta (afferrata) con una o due mani. Nel caso di ricezione a una mano, si consiglia sempre di bloccare la palla con l'altra mano al fine di garantire una presa più efficace. Una volta bloccata la palla, è importante controllarla tenendola protetta dagli interventi difensivi; l'errore più frequente dei giovani inesperti è quello di portare la palla davanti al petto diminuendo in tal modo la possibilità di proteggerla adeguatamente.

I giocatori devono conoscere e acquisire la tecnica per passare la palla
In generale durante la gara, si ha una prevalenza di passaggi "perimetrali" rispetto ai passaggi "filtranti" (in media, solo il 15-20% dei passaggi effettuati in gara vengono eseguiti oltre la sagoma dell'avversario); ciò induce anche ad una particolare attenzione nel proporre esercitazioni applicative, in particolar modo nel caso dei passaggi più o meno strutturati, dove necessita una adeguata modulazione della difesa.
Occorre considerare che chi passa o riceve la palla può trovarsi in condizioni di equilibrio variabili (fermi, in movimento), oltre che in posizioni (vicino o lontano dal canestro, dentro o fuori alle linee o aree) e attitudini diverse (con appoggio mono-podalico o bi-podalico, in volo, seduti); nelle stesse condizioni possono trovarsi anche gli avversari. Il passaggio, pertanto, è costantemente sottoposto a vincoli di spazio, di tempo e d'incertezza, vincoli che pongono a dura prova le capacità coordinative dei giocatori, in particolare la capacità di anticipazione, di modulazione della forza, di reazione, di equilibrio, di coordinazione.
Più in generale, tra le esigenze tecniche da enfatizzare ricordiamo la necessità di accorciare la distanza tra passatore e ricevente, come nelle situazioni di passaggi perimetrali fra giocatori esterni o fra giocatori esterni e interni (passo verso il ricevitore e verso la palla), oppure di parametrizzare correttamente forza e ampiezza del movimento nel caso di passaggi con aumento delle distanze (contropiede, *backdoor cut*), il tutto allo scopo di indirizzare la palla nel punto richiesto (con una o due mani) dal ricevente, far viaggiare rapidamente la palla e per vie orizzontali (con le dovute eccezioni). Ricordiamo che alcuni passaggi (ad esempio in favore di un giocatore che taglia a canestro) devono essere eseguiti con tempi di movimento brevissimi e iniziati con un tempismo (*timing*) funzionale alla condizione; questa abilità di gestione dei tempi dipende da capacità sia

coordinative che condizionali (anticipazione, combinazione, modulazione della forza, ritmo, rapidità, flessibilità, ecc.). Inoltre, una buona base d'appoggio garantisce un buon equilibrio e una corretta dinamica di passaggio; l'uso del piede perno dovrà pertanto rientrare tra le caratteristiche tecniche che rappresentano, assieme alla gestione della palla, parte integrante del fondamentale.

Il ricevitore darà sempre al compagno un riferimento, mostrando preferibilmente una o due mani (polsi vicini e mani ad imbuto o comunque pronte alla presa), bloccando la palla possibilmente con entrambe le mani. Questo, peraltro, non è requisito che vincola il giocatore a passare la palla; infatti, spesso accade in partita che il giocatore in possesso di palla effettua un passaggio anche ad un compagno che non la "chiama", ma è in posizione di vantaggio rispetto al proprio difensore; così come una corretta lettura del difensore dell'ipotetico ricevente (o di altri difensori in aiuto) potrebbe indurre lo stesso giocatore a non passare la palla al compagno che invece mostra le mani. La palla preferibilmente sarà controllata a due mani con una presa forte e passata sia a una che a due mani. Durante la fase di volo e ricezione della palla, è bene guardare la palla finché non se ne effettua la presa; questa attenzione visiva è necessaria a fronte di passaggi forti e distanti, mentre la presa di passaggi ravvicinati e lenti può essere effettuata mantenendo la visione periferica. Quindi, diversamente dalla chiusura del palleggio, in cui la breve fase di volo del rimbalzo non necessita di un controllo visivo, nella ricezione del passaggio, la distanza, la velocità e la tipologia del passaggio può obbligare o meno il ricevitore a guardare la palla per tutta la fase di volo. Pertanto, qualunque possibile informazione pertinente, utile negli istanti immediatamente successivi alla ricezione (ad esempio sapere se poter passare subito ad un compagno libero), dovrà essere osservata e valutata dal ricevitore non oltre l'istante in cui la palla avrà lasciato le mani del passatore o, quando possibile, in visione periferica contemporaneamente alla fase di volo. Inoltre, nella fase di ricezione della palla, il giocatore deve immediatamente proteggere la palla "strappandola" a due mani dal contesto d'interferenza difensiva, non solo portandola al sicuro, ma prendendo iniziativa, partendo dall'assunzione, nelle situazioni di 1c1 statico, di quella che molti allenatori indicano come posizione di "triplice minaccia" (palla sul fianco). Questa caratteristica tecnica rientra tra le abilità che il giocatore deve acquisire quando, sia in fase statica che dinamica, gestisce la palla. Riteniamo comunque che la posizione della palla debba essere funzionale al gioco: ciò significa che non esiste una regola generale che predetermina dove e come tenere la palla, bensì una condizione di prudenza nel tenere la palla lontana dall'interferenza difensiva e uno stato di prontezza per una rapida partenza in palleggio, passaggio o tiro; quest'abilità si manifesta sempre più precisa all'aumentare della padronanza e della maestria del giocatore.

Passiamo adesso in rassegna le principali forme di passaggio, dividendoli, per comodità didattica, in passaggi a una mano e passaggi a due mani. Ricordiamo ancora una volta che queste classificazioni sono orientative in quanto ogni tipologia di passaggio è caratterizzata da una grande variabilità del programma motorio; la descrizione tecnica, dunque, focalizza aspetti centrali dell'abilità ma senza vincolare la forma espressiva, i gradi di libertà dell'esecuzione e le possibili combinazioni tra arti superiori e inferiori.

La palla può essere passata a due mani

Di seguito vengono trattati alcuni tipi di passaggio controllati e rilasciati a due mani. Occorre tenere presente che in alcuni di questi passaggi la tecnica esecutiva non richiede un lavoro simmetrico e speculare delle mani; ciò dipende dal fatto che in alcuni passaggi, come ad esempio quello laterale, la palla viene direzionata con maggiore precisione se il movimento finale di rilascio avviene con la spinta di una sola mano. L'esempio contrario è il passaggio a due mani sopra la testa, in cui il lavoro delle mani è spesso simmetrico e speculare.

Il passaggio dal petto ha una traiettoria tesa

Nel passaggio dal petto, la palla viene spinta in avanti, sfruttando l'assenza del proprio marcatore, con una intra-torsione e contemporanea estensione degli avambracci, la palla viene rilasciata flettendo i polsi a mani aperte e pollici in basso. È usato prevalentemente in situazione di campo aperto (difensori distanti) sia a tutto campo (contropiede), sia a metà campo. Bisogna sottolineare l'importanza di una traiettoria tesa e, ove fosse necessario, del movimento degli arti superiori che deve essere combinato con un passo avanti per mantenere un buon impulso di forza.

Il passaggio battuto a terra (o indiretto) elude la difesa sui tagli

Nel passaggio battuto, l'esecuzione è identica a quella dal petto ma la palla viene spinta "battendola" ad una distanza tale da far sì che il compagno la possa ricevere all'altezza del fianco. È utilizzato prevalentemente per evitare che la palla possa essere intercettata da un difensore in recupero, come in situazione di contropiede o di *backdoor cut*. Non è raro oggi vedere usare questo passaggio, anche a livello internazionale, nello sviluppo del *pick and roll* su spazi ampi. In presenza di un avversario sul passatore è necessario effettuare il passaggio lateralmente controllando la palla a due mani. In entrambi i casi, le mani saranno flesse in direzione del ricevente.

Il passaggio a due mani sopra la testa è utile nei ribaltamenti di fronte

In questo passaggio (talvolta chiamato anche "passaggio dall'alto") la palla è tenuta con due mani sopra la testa e da questa posizione viene spinta distendendo le braccia e flettendo i polsi. La traiettoria è legata alla posizione del difensore del ricevente (difensore dietro: tesa; difensore avanti: lob). È usato in situazioni di apertura del contropiede (rimbalzista con braccia alte), per ribaltare il lato di attacco specie contro le difese a zona, per servire un giocatore interno (lob) o un compagno che sfrutta un blocco in allontanamento.

Il passaggio laterale diretto richiede spesso l'uso del piede perno

Il passaggio laterale a due mani viene eseguito dopo aver gestito la palla per ricercare lo spazio da cui passare; è un passaggio che può essere effettuato abbinando l'uso del piede perno, ciò per uscire dalla figura di un difensore particolarmente aggressivo. La difficoltà di questo passaggio è da ricercare nell'impossibilità di allargare il punto di rilascio della palla a causa dell'eccessiva distensione del braccio opposto; nella fase finale di rilascio, la palla può essere spinta con un contributo maggiore del polso corrispondente al lato da cui si passa.

La palla può essere passata a una mano

La maggior parte dei passaggi a una mano sono comunque controllati a due mani per essere poi passati, in fase di rilascio, a una sola mano. È evidente, comunque, che la grandezza della mano del giocatore incide sul controllo e sulla direzione della palla.

Il passaggio baseball copre lunghe distanze

È un passaggio che si effettua in assenza di opposizione ravvicinata di un avversario e per coprire distanze più ampie (ad esempio in contropiede), pertanto richiede particolare forza e coordinazione. La palla viene portata lateralmente all'altezza dell'orecchio tenendola con la mano che passa dietro e la mano d'appoggio lateralmente avanti. Al momento del passaggio il braccio viene disteso in avanti con una flessione finale della mano; il movimento è combinato ad un avanzamento del piede opposto alla mano che passa.

Il passaggio laterale ha un ampio margine applicativo

Il passaggio laterale a una mano si effettua portando la palla lateralmente, distendendo il braccio e flettendo la mano, con l'altra mano posta a sostegno e per questo motivo spesso viene denominato come passaggio ad una mano e mezzo (Messina E. 2004). Può essere eseguito diretto o battuto, avendo come vincolo il piede perno e abbinando il movimento della mano con quello del piede libero (omologo dx-dx, sx-sx, o incrociato dx-sx, sx-dx). Viene usato molto spesso per servire i giocatori interni, ma oggi è ormai sempre più utilizzato nelle collaborazioni perimetrali fra giocatori esterni, quando il passatore, sotto pressione difensiva, deve conseguire uno spazio utile. Una delle particolarità di questo passaggio risiede nel fatto che, nelle situazioni che richiedono una notevole estensione laterale (cioè completa distensione del braccio associato ad un ampio passo), la palla è controllata per un breve tratto dalla sola mano passatrice a causa dell'impossibilità, imposta dalla meccanica articolare di mantenere la presa a due mani (specie se le spalle rimangono in linea con il braccio che passa).

Il passaggio dal palleggio richiede grande coordinazione e rapidità

Nel passaggio dal palleggio la palla viene raccolta bassa ad una mano, accompagnando la fase ascendente del palleggio con una flessione dorsale della mano e spingendo con una sequenza immediata la palla in direzione del ricevente; il movimento, complesso dal punto di vista coordinativo, si conclude con la completa distensione del braccio e la flessione della mano. Il suo utilizzo è fondamentale in quelle fasi di gioco in cui è richiesta un'esecuzione rapida (spazi e tempi ristretti), come nei tagli *backdoor* o nello sviluppo di un *pick and roll* (*Pocket Pass*). Bisogna però sottolineare come, soprattutto nelle categorie giovanili, questa tecnica sia utilizzata in modo non sempre appropriato e i giocatori spesso trascurano di considerare come il controllo con una mano sia molto rischioso.

Il passaggio consegnato va effetuato in spazi ristretti

Per effettuare un passaggio consegnato, occorre controllare la palla con due mani ma consegnarla con una; la mano che consegna è sempre quella opposta a quella che permette una maggiore protezione della palla dall'azione del difensore. Viene sempre abbinato con un giro dorsale o frontale, in modo tale che il corpo del passatore rappresenti un ostacolo per il difensore del ricevente. Oggi è usato spesso nel movimento cosiddetto di *hand off*: in questo caso la sua esecuzione dovrà essere rapida, visto lo spazio ristretto in cui si muovono gli attaccanti, perché potrebbe esporli al rischio di un raddoppio.

La finta di passaggio permette di acquisire vantaggi

Con la finta di passaggio il giocatore cerca di indurre ad una reazione sia il diretto avversario che altri difensori, condizionandone le scelte; la finta di passaggio prevede, come tutte le finte, una iniziale esecuzione tecnica che viene però interrotta e variata in modo da sfruttare a proprio favore l'eventuale reazione dell'avversario. Le finte sono particolarmente utili nelle situazioni di 1 c 1 statico e contro le difese a zona. È chiaro che esistono moltissimi altri modi di passare la palla, espressioni di abilità nate, come già detto, dalla capacità del giocatore di modificare i parametri di programmi motori già esistenti e di utilizzare in modo personale e creativo la propria motricità.

Per insegnare il passaggio in tutte le sue forme occorre conoscere le strategie didattiche e metodologiche

Dal punto di vista metodologico, sarà necessario proporre inizialmente situazioni in cui il passaggio viene eseguito sia in assenza di una reale opposizione dell'avversario, come ad esempio nelle situazioni di contropiede o nel gioco perimetrale, che con opposizione (pressione difensiva), come nei casi in cui è necessario affrontare difese pressanti o effettuare passaggi oltre la sagoma dell'avversario. Sarà chiaro pertanto che, pur riferendoci alle classificazioni canoniche del passaggio (diretti e indiretti, con una o due mani, dal petto o laterali), si dovranno proporre esperienze reali con e senza opposizione e in cui le varie tipologie si combinano tra di loro: ne è un esempio il passaggio battuto a terra che può partire dal petto o lateralmente, che può essere effettuato con una o due mani, in presenza o meno di uno o più avversari. È necessario comunque lasciare alla creatività dei giocatori la possibilità di effettuare passaggi che non rientrano fra quelli precedentemente descritti, ma che potrebbero rivelarsi efficaci nelle situazioni opportune.

Si ritiene utile soffermarsi sui criteri utilizzati dai giocatori per orientare l'attenzione sugli aspetti considerati rilevanti (lettura della situazione) e che incidono sulla decisione tattica. Come dimostrano alcuni studi (Furley, Memmert 2007), i giocatori che vengono istruiti ad indirizzare l'attenzione (orientamento del focus), possono non vedere eventuali passaggi a favore di compagni che si sono improvvisamente smarcati. Gli stessi autori (Memmert, Furley 2009) hanno documentato ampiamente come nei giochi sportivi sia necessaria un'attenzione ampia (distribuita) che permetta di assumere dalla gara un numero maggiore di informazioni utili. D'altro canto, altri autori (Most et al. 2005) hanno sottolineato come invece molti allenatori tendono a restringere notevolmente il focus attentivo attraverso l'applicazione precoce di regole tattiche, inducendo un cosiddetto "set attentivo". Un esempio è il "dai e vai", una forma di collaborazione preordinata che consiste nel passare la palla al compagno e tagliare (correre) verso il canestro per ricevere un passaggio di ritorno. In questa situazione entrambi i giocatori sono talmente presi dall'attenzionare il "gioco a due" (il compito), che diventano "ciechi" nei confronti di altre situazioni vantaggiose (i comportamenti) emerse nel frattempo o che addirittura rappresentano uno svantaggio per lo stesso gioco a due. Torna utile abbinare, quindi, a queste semplici forme di collaborazione, soluzioni di passaggio a favore di un altro giocatore che si libera improvvisamente. Altri autori (Messina, Bozzaro 2005) hanno evidenziato come, ad esempio, a fronte di un mancato passaggio per un compagno smarcato, sia necessario far emergere la consapevolezza attentiva attraverso un *flashback* mnemonico, un modo di "rivivere la situazione" che l'allenatore favorisce attraverso un colloquio diagnostico, aiutando l'allievo a descrivere dove si trovavano gli avversari e i compagni in quel preciso istante, tracciando quindi una mappa sugli spostamenti dell'attenzione.

Altro fattore non sempre considerato è quello relativo al livello di abilità raggiunto. Passare la palla bene e tempestivamente a un compagno libero dipende anche dal livello di acquisizione dell'abilità. È necessario, infatti, prendere in considerazione il tipo di impegno tecnico nel quale è coinvolto il giocatore che deve passare la palla. Situazioni diverse come quella del giocatore in palleggio o con la palla in mano, del giocatore fermo o in movimento, del giocatore pressato o marcato largo, incidono sulla reale possibilità di vedere un compagno libero; è evidente, infatti, che la completa disponibilità attentiva (indipendentemente dall'ampiezza dell'attenzione) si potrà avere solo se si è in possesso di abilità alternative da utilizzare in situazioni complesse e con pressione sia di spazio che di tempo. Attraverso un processo di separazione dell'attenzione è quindi possibile controllare contemporaneamente due compiti, come palleggiare e nel contempo informarsi, che è possibile solo se il palleggio non richiede attenzione (Ripoll 2008); bisogna infine considerare che le stesse caratteristiche fisiche incidono sulle reali possibilità tecniche.

Poiché i test di abilità di passaggio valutano generalmente la potenza e l'accuratezza delle prestazioni dei giocatori, ma non possono valutare le loro qualità psicologiche e mentali, i tempi decisionali e l'esecuzione dell'abilità, la scelta della corretta opzione di passaggio in relazione all'evento e, infine, l'interferenza e l'opposizione da parte dell'avversario, che sono componenti chiave di una gara, l'osservazione rimane un metodo di valutazione più accurato per determinare le prestazioni dei giovani (Sachanidi 2013).

Possiamo osservare che la scelta e la corretta esecuzione di un determinato passaggio è condizionata dalla capacità di gestire la palla nella fase di ricerca degli spazi liberi. È evidente che l'abilità nel muovere e proteggere la palla, sia in situazione statica (1 c 1 da fermo) che in situazione dinamica (1 c 1 in movimento), diviene preparatoria alla fase vera e propria del passaggio. Inoltre la pressione difensiva condiziona notevolmente la scelta del passaggio; è possibile sostenere pertanto che se il giocatore è in grado di gestire bene la palla, sarà conseguentemente agevolato sia nella scelta di un passaggio adeguato che nella esecuzione di un passaggio comunque predefinito. Sarebbe opportuno dunque ridefinire l'orientamento tecnico del passaggio ponendo in maggiore evidenza sia il collegamento tra gestione della palla e passaggio, sia gli aspetti tecnici sostanziali (come e per quali vie muovere la palla, come proteggerla, come combinare il piede perno, ecc.) per la gestione della palla.

Si ritiene, inoltre, molto importante sottolineare la necessità di collegare sempre in un unico processo didattico le due componenti sopra descritte e trattarle quindi, quando occorre, come componenti di un unico fondamentale. Dalla visione di molteplici filmati (ci riferiamo alle categorie giovanili) si evidenzia come la fase di gestione della palla ed il movimento del passaggio siano cinematicamente collegati; la fluidità con cui le due fasi sono collegate evidenzia la maggiore o minore precisione del passaggio stesso in termini sia spaziali che temporali. Nei giocatori più evoluti, le due fasi sono maggiormente distinte in quanto, essendo anticipate le situazioni di crisi dovute alla pressione difensiva e avendo una padronanza della palla ed una velocità di esecuzione elevata, il momento del passaggio viene eseguito prevalentemente in condizioni più vantaggiose rispetto ai giocatori meno esperti. Ricordiamo che la fase di gestione della palla è da valutare non solo nelle situazioni di pressione difensiva ma anche nelle situazioni più semplici, come ad esempio, quando si passa dal palleggio al passaggio o dalla ricezione a un immediato passaggio. In quest'ultimo caso è da rilevare la preparazione che si effettua con le gambe quando si esegue un rapido passaggio perimetrale (ad esempio, da posizione di guardia destra si riceve la palla dalla guardia sinistra per passarla all'ala destra) in preparazione di un taglio immediato: mentre il giocatore gestisce la palla per passarla al compagno, prepara le gambe utilizzando adeguatamente il piede perno in modo che, sul rilascio della palla, abbia già una buona posizione di spinta per iniziare un rapido taglio a canestro.

La proposta di alcuni esercizi può suggerire altre forme di attività funzionali al passaggio

Sin dall'inizio dell'attività potranno essere utilizzate esercitazioni che impegnano dal punto di vista dell'attenzione: nel diagramma 5, ad esempio, vengono mostrati i giocatori che corrono liberi per il campo, ed eseguono passaggi (no palleggio, no tiro) inizialmente con un pallone, poi con un numero crescente; il diagramma 6 mostra, invece, i giocatori che, suddivisi in coppie, muovendosi eseguono passaggi in forma libera in situazione di traffico. Un ulteriore impegno attentivo è dato dal cambiare compagno al segnale, preferibilmente visivo, dell'allenatore.

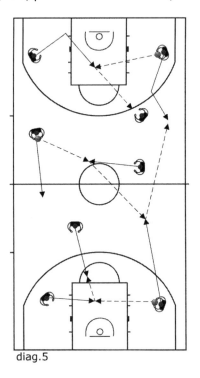 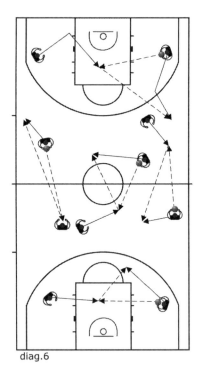

diag.5   diag.6

Fra le prime proposte possono essere inseriti esercizi che richiamano i requisiti di presa e ricezione come illustrato nel diagramma 7: a coppie gli allievi si passano la palla attraverso torsioni e flessioni del busto o con rotolamenti della stessa fra le gambe conoscendo lo spazio sotto/sopra/destra/sinistra. Variante: da una distanza di 3-4 metri, oppure in movimento, i giocatori eseguono "passaggi difficili".

In fase istruente è bene proporre esercizi a coppie, in posizione statica (diag.8), dove occorre porre maggiore attenzione alla tecnica esecutiva del passaggio ad una o due mani diretto o battuto.

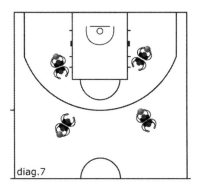
diag.7

diag.8

La stessa tipologia di esercizi può evolversi con l'inserimento del movimento dei giocatori. Nel diagramma 9, distinguiamo un lato a dove è previsto il movimento del ricevente, un lato b dove si muovono entrambi; l'esercizio del diagramma 9a può essere eseguito con l'inserimento di un difensore che inizialmente sarà parzialmente attivo, volgendo per esempio la schiena al ricevente (diag.10).

diag.9

diag.10

Sulla stessa falsariga sono gli esercizi proposti nel diagramma 11: a) difensore su passatore, b) difensore su ricevente.

diag.11

Altri esercizi rivolti prevalentemente all'esecuzione del gesto tecnico sono quelli illustrati nei diagrammi 12 e 13: nel primo, con la disposizione a qudrato in metà campo, i giocatori possono utilizzare vari tipi di passaggi; nel secondo, denominato tic-tac a 3, si privilegia una esecuzione rapida di passaggi a due mani su tutto campo.

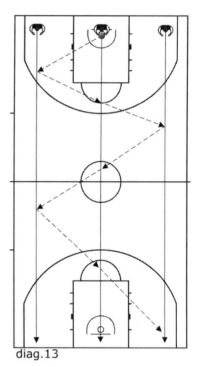

diag.12

diag.13

Le esercitazioni dovranno progressivamente interessare situazioni di gioco. Nel diagramma 14, ad esempio, si sviluppa un 3 c 2 rapido in metà campo. Il giocatore con palla, partendo da sotto il canestro, dopo averla passata lateralmente, va a ricevere in punta un passaggio dall'ala che ha ricevuto a sua volta dall'angolo.

diag.14

A questo punto i due giocatori che partono negli angoli di fondo campo difendono contro i tre giocatori collocati sul perimetro. L'attacco dovrà muoversi utilizzando passaggi efficaci, ricercando il compagno libero da marcature. La rotazione potrà essere in senso orario o antiorario.

Altre situazioni simili (vicine a quelle di gioco) sono illustrate nei diag.15a-15b-16a-16b.

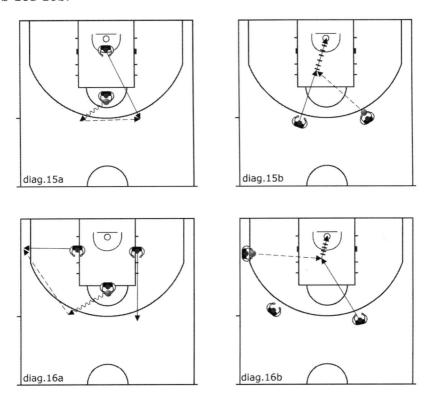

L'evoluzione è il 2 c 2 con appoggio (diag.17a-17b): il difensore sotto canestro deciderà su quale attaccante difendere, pertanto, quello che rimarrà libero da marcatura farà da appoggio (potrà solo ricevere e passare). Lo *step* successivo è il 3 c 3 (diag.18a-18b) dove i difensori, ad esempio, entrano progressivamente sul primo e sul secondo passaggio.

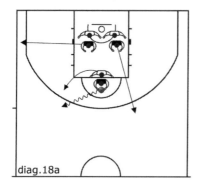

diag.18a

diag.18b

La proposta di alcuni esempi di sequenze didattiche può suggerire altre forme ordinate di esercitazione per lo sviluppo del passaggio

Sequenza didattica semplice
Obiettivo della sequenza: saper passare a una mano.

Es.1 - 2 c 0. I giocatori, divisi in cop- pie, e posti uno di fronte all'altro (4 metri di distanza), eseguono pas- saggi ad una mano diretti (diag.19), rammentando il ruolo dell'altra mano a supporto/controllo di quella di passaggio.

Es.2 - 2 c 0. Partendo dalla stessa disposizione del diagramma 19, i gioca- tori effettuano una gara in cui la coppia vincitrice sarà quella in grado di effettuare il maggior numero di passaggi in un tempo prestabilito (criterio di modulazione: variazione di velocità).

Es.3 - 2 c 0. I giocatori, divisi in cop- pie, e posti uno di fronte all'altro, eseguono passaggi ad una mano in posizioni ravvicinate/allontanate (diag.20) (criterio di modulazione: variazione di forza).

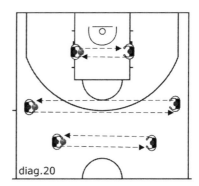

Es.4 - 2 c 0. I giocatori, tutti con palla e divisi in coppie, fronteggiandosi, eseguono passaggi simultanei ad una mano (diag.21) (criterio di modulazione: variabili coordinative di direzione e controllo).

diag.21

I giocatori, pertanto, in questa fase curano la tecnica del passaggio ad una mano, sollecitandone l'esecuzione con variazioni di velocità (esercizi sotto pressione cronometrica), e di forza (esercizi con distanze diversificate), e coinvolgendo capacità coordinative (esercizi con presenza di più palloni).

Sequenza didattica orizzontale
Obiettivo della sequenza: saper passare in modo funzionale e combinato.

Es.1 - 2 c 0. I giocatori, divisi in coppie, e posti uno di fronte all'altro, eseguono passaggi ad una mano, facendoli precedere da palleggi sul posto, in avanzamento, in arretramento, laterali, con uso di cambi di mano (diag.22).

Es.2 - 2 c 0. I giocatori, divisi in coppie, ognuna con un pallone, eseguono la stessa tipologia di passaggio, seguita da un taglio e un arresto con giro frontale (diag.23).

Es.3 - 2 c 0. I giocatori, divisi in coppie, ognuna con un pallone, sono messi in posizione di ala dx (con palla) e sotto canestro; il giocatore con palla si sposta in palleggio verso il centro, sempre perimetralmente, mentre il giocatore senza palla si porta in ala sx e riceve il passaggio ad una mano esterna (diretto/battuto) dal compagno (diag.24a). A questo punto il giocatore in punta taglia a canestro per ricevere un passaggio di ritorno (sempre ad una mano) e concludere a canestro (diag.24b).

In questa fase l'aspetto da evidenziare è la combinazione di più contenuti tecnici come palleggi, tagli, arresti, tiri che precedono o seguono l'esecuzione del fondamentale e concorrono ad aumentare la complessità delle proposte.

Sequenza didattica verticale

Obiettivo della sequenza: saper passare in contesti situazionali simili alla gara.

Es.1 - 2 c 1. I giocatori sono divisi in terzetti, con due attaccanti e un difensore. Il giocatore in possesso di palla deve cogliere il tempo giusto per passare al compagno (diag.25-fase a), che si muove uscendo dalla figura del difensore che gli volge la schiena (handicap per la difesa).

Es.2 - 2 c 1. Come il precedente, ma questa volta è il passatore che è impegnato da un difensore che ostacola il passaggio, inizialmente muovendo le braccia e mantenendosi a distanza, in seguito accentuando l'aggressività, riducendo le distanze e cercando di toccare la palla (diag.25- fase b).

Es.3 - 1 c 1 + A in metà campo. I giocatori sono divisi in terzetti. L'attaccante con palla, pressato da un difensore, parte in palleggio dalla posizione in punta, spostandosi orizzontalmente (diag.26). Il compagno che fungerà da appoggio (che non potrà andare a concludere) cercherà uno spazio libero, partendo da sotto canestro fronte alla palla; ricevuto il passaggio sul perimetro avrà come obiettivo ripassare la palla al compagno per consentirgli di battere l'avversario con una rapida conclusione.

diag.25

diag.26

Es.4 - 1 c 1 in + A in metà campo. Identica suddivisione dell'esercizio precedente, ma con difensore su ricevente che parte da sotto canestro con fronte alla palla (diag.27). In questo caso funge da appoggio il giocatore in punta (non può andare a concludere), ma dovrà cercare di servire il compagno in una posizione tale da consentirgli di attaccare il canestro superando l'avversario.

In questa fase, la graduale introduzione di una opposizione, che si caratterizza in un primo momento per un'intensità moderata (fase didattica), per poi aumentare (fase agonistica), farà sì che i giocatori dovranno utilizzare il fondamentale in contesti che cominceranno ad avvicinarsi a quelli *target*. Questo è, come vedremo di seguito, un esempio di sequenza verticale che interseca una sequenza diagonale.

Sequenza didattica diagonale (interseca la sequenza verticale)
Obiettivo della sequenza: saper utilizzare e variare il passaggio in situazioni di collaborazione fra giocatori esterni e fra esterni e interni.

Es.1 - 2 c 2 in metà campo. Gli attaccanti si muovono sul perimetro come già visto negli esercizi della sequenza verticale (diag.28).

Es.2 - 3 c 0 in metà campo. I tre giocatori dovranno muoversi alla ricerca di uno spazio sia esterno che interno ed andare a concludere, avendo come unico obbligo che la palla deve pervenire almeno una volta ad un giocatore in posizione interna (Diag.29-30).

Es.3. - 3 c 3 in metà campo. Lo stesso lavoro viene eseguito con l'inserimento dei tre difensori e con partenza come da diagramma 31.

Questa sequenza di esercizi permette di sviluppare, da una parte, la capacità di gestire il passaggio e gli spostamenti in spazi sempre più ristretti per via dell'aumento numerico dei giocatori in attacco e, dall'altra, di migliorare la parametrizzazione dei programmi dovuta alla richiesta di una maggiore precisione dettata dal contesto *target*. I passaggi perimetrali richiedono chiaramente modificazioni minori rispetto ai passaggi che devono oltrepassare la sagoma dell'avversario. Nel lavoro di 3 c 0 bisognerà dunque valutare la capacità dei giocatori di immaginare la difesa e di applicare adeguatamente il passaggio.

10 - PER AFFRONTARE LE SITUAZIONI DI GIOCO IN ATTACCO OCCORRE SAPER COMBINARE I FONDAMENTALI

Per combinare i fondamentali, in modo da finalizzarli ad uno scopo preciso, occorre sviluppare un'intenzione tattica. Il modo di affrontare una situazione di gioco di 1 c 1, cioè l'osservazione del campo d'azione, gli strumenti tecnici, la loro scelta e variazione per adattarli, il modo e il ritmo con cui sono combinati, contribuiscono a determinare un'azione adeguata allo scopo. Il processo richiede necessariamente un calcolo delle possibilità sia offensive che difensive, ovvero di tutte quelle condizioni di superiorità, beneficio, utilità, convenienza, differenza tra sé e gli avversari; si sviluppa attraverso un lavoro di formazione a lungo termine che permette di assimilare adeguatamente le dinamiche del gioco. In modo particolare per l'attività giovanile, l'idea di giocare 1 c 1 dovrà essere vista con una prospettiva (adeguatamente programmata) che permette un congruo inserimento nel contesto e nelle dinamiche del 5 c 5. Saper giocare 1 c 1 significa comprendere gradualmente che, oltre a riconoscere gli indicatori o le regole che dettano i comportamenti adeguati, occorrerà gestire vincoli di spazio e di tempo strettamente dipendenti dal numero dei giocatori in campo (sia attaccanti che difensori) e dal loro comportamento (interazione). Il lavoro applicato di combinazione dei fondamentali richiede, contemporaneamente, un lavoro di automatizzazione che deve essere sviluppato a secco e che rende il giocatore più libero di comprendere il gioco. L'allenamento di acquisizione (ripetitivo) che viene fatto singolarmente per ciascuna abilità tecnica (ad esempio del solo palleggio, del solo arresto, o del solo tiro) non soddisfa l'esigenza di combinazione necessaria per eseguire un'azione di gioco (ad esempio palleggio arresto e tiro). Pertanto, l'acquisizione di una padronanza nella combinazione di più abilità dovrà essere adeguatamente posta in evidenza e collegata con le richieste di obiettivi tattici programmati (ad esempio di 1c1).

11 - I GIOCATORI DEVONO SVILUPPARE COMPETENZE SPECIFI-CHE PER GIOCARE UNO CONTRO UNO CON PALLA IN ATTACCO

Per giocare uno contro uno con palla bisogna tenere conto delle variabili tecniche e tattiche

Le situazioni di 1 c 1 che vengono prese qui in esame vedono il giocatore impegnato nelle soluzioni d'attacco nella metà campo offensiva; mentre l'azione del giocatore che si sposta in palleggio nella metà campo di difesa viene sviluppata unitamente alle diverse situazioni di transizione offensiva (gioco in velocità, in soprannumero e attacco alle difese pressanti).

Il giocatore che viene in possesso della palla ha la responsabilità di gestirla in modo adeguato e funzionale alla situazione di gioco. Per fare ciò è necessario che sia abituato a osservare il contesto di gioco e a riconoscere e a valutarne le possibilità di vantaggio immediatamente acquisibili, o a intraprendere iniziative offensive atte a generarle per andare a segno. Questo processo di osservazione e riconoscimento delle situazioni, di valutazione delle possibilità di vantaggio (e di svantaggio) e di decisione dell'azione da intraprendere, necessita di un lavoro didattico e metodologico particolarmente complesso, da sviluppare attraverso una pianificazione mirata e in un tempo certamente non breve. È necessario comunque considerare che sia l'esigenza che la possibilità materiale di orientare l'attenzione verso fattori pertinenti e, quindi salienti, è fortemente dipendente dall'esperienza di formazione e dal livello di abilità tecnica acquisita nel gioco. È chiaro, pertanto, che i comportamenti che verranno presi in esame da qui in avanti, sono dettati da una logica d'azione non preordinata, basata cioè su una pianificazione dettata istantaneamente dai continui cambiamenti di situazione della gara: non verranno pertanto considerati i comportamenti preordinati.

Obiettivo dell'uno contro uno con palla è quello di attaccare, battere l'avversario e realizzare un canestro. È chiaro che il raggiungimento di questo obiettivo dipende da tanti fattori, primi tra tutti la distanza dell'attaccante dal canestro e la rilevanza delle attività difensive. A tal fine, il giocatore deve conoscere gli indicatori che gli permettono di comprendere qual è il modo migliore per attaccare. Il primo indicatore è la *distanza dall'avversario*; pertanto, in linea di principio, se un giocatore sul perimetro dei tre punti è marcato a distanza, cercherà una soluzione da lontano (diag.1), viceversa se è marcato stretto si muoverà per una soluzione in avvicinamento (diag.2); tutto ciò in accordo con il riconoscimento e la consapevolezza di essere in possesso delle abilità necessarie a rendere efficaci queste soluzioni. Il secondo indicatore è la *condizione statico-dinamica* del difensore in azione: in base al movimento o al posizionamento del difensore (non in linea con il canestro, in ritardo, sbilanciato e fuori equilibrio, ecc.), l'attaccante potrà utilizzare a proprio favore i punti deboli dell'avversario. Sono due le zone del campo in cui si può trovare un giocatore mentre riceve la palla: sul lato forte (sia da esterno che da interno) e sul lato debole (sia da esterno che da interno).

diag. 1   diag. 2

L'uno contro uno con palla può essere giocato ricevendo la palla sul lato forte

Un giocatore può trovarsi nella condizione di giocare 1 c 1 dopo aver ricevuto la palla dal lato forte (o comunque a un passaggio dalla palla). Considerando che una formazione basata sulla volontà di sfruttare ogni forma di vantaggio, riduce drasticamente l'esigenza di giocare 1 c 1 statico (cioè da fermo e con la difesa piazzata), si deduce facilmente che l'attaccante con palla dovrà valutare e sfruttare costantemente le possibili condizioni di vantaggio che si stabiliscono nell'istante immediatamente precedente alla ricezione dalla palla. Questo concetto può essere espresso attraverso comportamenti tecnici adeguati a situazioni difensive diverse, comportamenti realizzabili solo se si è in grado di cogliere informazioni prima, durante e dopo la ricezione della palla. Quando un giocatore esterno entra in possesso della palla, dovrà sempre "chiudere" tecnicamente il suo movimento in avvicinamento alla palla in modo da accorciare la linea di passaggio, togliendo così il tempo d'anticipo alla difesa. Durante la ricezione della palla, in base al comportamento difensivo, si possono avere soluzioni offensive diverse; di seguito vengono descritte tre situazioni:

- *Difensore sbilanciato sull'anticipo difensivo*. Nella situazione in cui, sulla ricezione della palla, l'attaccante osserva il difensore sbilanciato nella ricerca dell'anticipo e ciò non gli consente di fronteggiare correttamente il proprio avversario (diag.3). In questo caso l'attaccante può sfruttare il vantaggio attraverso una partenza incrociata (strappare la palla in allontanamento dal difensore e abbassarla contemporaneamente al passo incrociato) ed una entrata a canestro. Talvolta, sulla stessa condizione di vantaggio, l'attaccante che riceve la palla, ma con i piedi non orientati a canestro, può eseguire una partenza in *reverse* (giro dorsale sul piede interno) che risulta essere spesso più funzionale (diag.4).

diag.3

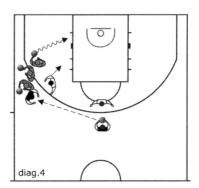

diag.4

- *Difensore in ritardo sull'avversario*. Nel caso in cui, al momento della ricezione della palla, l'attaccante osserva un ritardo del proprio difensore, sfrutterà tale vantaggio con un movimento continuo, che attraverso il palleggio in corsa, gli consentirà di passare davanti all'avversario e penetrare a canestro (diag.5).

diag.5

È interessante notare che l'attaccante dovrà essere in grado di eseguire la partenza in palleggio, sia omologa che incrociata, in funzione dell'appoggio utilizzato come perno al momento della ricezione; si evidenzia l'importanza di non farsi condizionare da forme di arresto automatiche o particolari, che possono inibire la continuità dalla ricezione al palleggio immediato.

- *Difensore posizionato correttamente sull'avversario.* L'attaccante
gioca 1 c 1 statico, cioè contro un
avversario posizionato correttamente (diag.6). In questo caso l'attaccante dovrà essere in grado di
gestire adeguatamente la palla
(protezione e spostamento) e avvalersi delle finte (di passaggio, di
partenza o di tiro) per tentare di
acquisire un vantaggio, creando
una situazione di disequilibrio nel
diretto avversario.

diag.6

Come ribadito, la situazione di 1 c 1 statico è quella che si tenta, per
quanto possibile, di evitare, privilegiando invece situazioni che prospettano un vantaggio immediato.

Tale è invece la condizione ricorrente nel caso del 1 c 1 di un giocatore interno che, nella maggior
parte dei casi, si trova a ricevere
la palla con le spalle rivolte al canestro. In questa situazione
spesso la difesa è ben piazzata, vista la posizione ravvicinata
dell'attaccante rispetto al canestro (diag.7);

diag.7

pertanto, il giocatore interno dovrà acquisire abitudini e abilità tecniche
(incluso le varie soluzioni di tiro) che saranno chiaramente diverse rispetto al lavoro degli esterni. Il giocatore che riceve in condizioni statiche (cioè senza smarcarsi) sulla tacca lunga laterale dell'area, potrà iniziare il suo movimento offensivo direttamente da spalle a canestro, o
(utilizzando spesso un giro ad aprire) dopo aver fronteggiato.

L'uno contro uno con palla può essere giocato ricevendo la palla sul lato debole

Un giocatore può ritrovarsi a giocare 1 c 1 dopo aver ricevuto la palla sul lato debole (o comunque a due o più passaggi dalla palla). Come per la ricezione sul lato forte, anche sul lato debole dovranno essere eventualmente sfruttati gli errori difensivi nel momento della ricezione; possiamo prospettare tre situazioni generali:

- *Difensore in ritardo sull'avversario.* È la situazione in cui l'attaccante, in seguito ad un ribaltamento di palla (passaggio *skip*), può sfruttare il ritardo del difensore che si sposta dalla posizione di aiuto verso il diretto avversario, con un tiro immediato (diag.8).

diag.8

- *Difensore in corsa verso l'avversario.* L'attaccante, leggendo il tentativo di recupero in corsa del difensore (*close out*) per ostacolarne la conclusione, finta il tiro per poi penetrare o fare un palleggio arresto e tiro (diag.9).

finta di tiro

diag.9

- *Difensore che recupera correttamente sull'avversario.* Come nella ricezione sul lato forte, se il difensore si posiziona sull'avversario correttamente ("vola con la palla"), l'attaccante dovrà anche in questo caso gestire correttamente la palla (protezione e spostamento) e avvalersi delle finte (di passaggio, di partenza o di tiro) per tentare di acquisire un vantaggio.

Anche in posizione interna è possibile ricevere un passaggio sul lato debole. Chiaramente, a seguito della marcatura più serrata (l'attaccante posizionato ai limiti dell'area sul lato debole è ovviamente marcato stretto), non vengono a crearsi le situazioni illustrate per gli esterni. La situazione più frequente è invece la ricezione su assist a seguito di una penetrazione: in questo caso si conclude con un tiro rapido, o con un giro avanti (diag.10), dando le spalle alla metà campo, e conclusione con un tiro di potenza.

diag.10

Per insegnare ad attaccare uno contro uno con palla occorre conoscere le strategie didattiche e metodologiche

L'allenamento applicativo della tecnica e quello situazionale rappresentano i due riferimenti fondamentali per l'insegnamento del 1 c 1. L'allenamento applicativo abitua il giocatore a scegliere i fondamentali e a variare i programmi per adattarli al contesto (che può non essere necessariamente quello della gara); l'allenamento in situazione crea le condizioni tattiche necessarie per abituare a scegliere i fondamentali e a trovare soluzioni corrette di gioco. Gli esercizi di 1 c 1 con palla sono orientati a sviluppare capacità di tiro rapido, di spostamento in palleggio e penetrazione a canestro e di passaggio. Gli esercizi di penetrazione dovranno sviluppare non solo la capacità di leggere la condizione difensiva del diretto avversario, ma anche (seppure in un secondo momento) la capacità di determinare il lato più favorevole per attaccare il canestro. Si ritiene opportuno però soffermarsi brevemente su un aspetto inerente all'attività decisionale del giocatore. Le esercitazioni atte a sviluppare competenze per giocare 1 c 1 con palla, possono essere trattate partendo da presupposti formativi differenti. Più chiaramente, il comportamento del giocatore può essere determinato genericamente da:

- discrezionalità: al giocatore viene lasciata piena libertà di decidere il comportamento più adeguato in base alle proprie caratteristiche (tecniche, fisiche) e formazione (esperienza).
- applicazione di regole: il giocatore sceglie il comportamento in base a regole che gli sono state dettate (ad esempio: *"ogni volta che ricevi la palla in ala penetra dal fondo!"*)
- lettura di indicatori: il comportamento del giocatore è determinato dalla sua capacità di leggere gli indicatori situazionali; quest'ultima modalità (ampiamente discussa nel presente testo) necessita di una formazione tecnica e tattica di lunga durata e altamente formativa.

È chiaro, dunque, che le diverse richieste di comportamento nascono da approcci didattici differenti e condizionati anche dal livello di abilità e di esperienza dei giocatori.

Attraverso l'inserimento del passaggio si crea una prima forma di collaborazione tra due giocatori. L'uso del passaggio dovrà essere sviluppato prevalentemente in tre condizioni: passaggi perimetrali per servire compagni smarcati lontano dal canestro, passaggi filtranti per servire compagni vicino al canestro (ai centri, ai tagli, assist), passaggi di scarico a seguito di penetrazioni a canestro.

Nelle situazioni di 2 c 2 vedremo come al variare delle posizioni occupate dai due giocatori attaccanti, varia la lettura e la soluzione di gioco. Vedremo anche come i comportamenti dei giocatori senza palla siano fortemente condizionati dalle iniziative d'azione del giocatore con palla; questo aspetto sarà ampiamente discusso nel capitolo delle collaborazioni.

La proposta di alcuni esercizi può suggerire altre forme di attività funzionali all'uno contro uno con palla

Inizialmente le proposte saranno di tipo istruente, per cui l'obiettivo del lavoro sarà rivolto ad una acquisizione via via più corretta della tecnica esecutiva del gesto, così come mostrato nella esposizione delle componenti tecniche (palleggio, arresti, partenze); ciò rappresenta la premessa per poter effettuare in seguito esercitazioni in situazione, inizialmente semplici, attraverso le quali poi giungere all'applicazione delle abilità in un contesto più ampio.

Pertanto, nella prima fase la difesa "collaborerà", poiché sarà impegnata relativamente e in condizioni che faciliteranno l'attacco.

In questo senso bisogna intendere le esercitazioni di 1 c 1 statico, come quella del diagramma 11: gli attaccanti con palla, posizionati sul perimetro, effettuano una partenza incrociata e un tiro in corsa, cercando di utilizzare il vantaggio che deriva dal posizionamento dei rispettivi difensori, inizialmente di spalle agli avversari. L'obiettivo è allenare i giocatori a utilizzare correttamente condizioni di vantaggio sia spaziale (posizione inusuale dal difensore) che temporale (reazione tardiva del difensore). Naturalmente la proposta può essere sviluppata nelle varie posizioni.

Le proposte dovranno rivolgere anche maggiore attenzione all'aspetto decisionale (attenzione nel riconoscere una situazione determinata da scelte difensive). Nel diagramma 12 è rappresentato un esercizio di 1 c 1 da situazione statica: Il difensore parte da sotto canestro, passa la palla all'attaccante, posizionato in lunetta, e corre verso di lui; l'attaccante dovrà avere la percezione del lato su cui si sbilancerà il diretto avversario (che tocca la mano mostrata dall'allenatore alle sue spalle), per effettuare una partenza in palleggio e concludere a canestro evitando il recupero difensivo.

diag.11

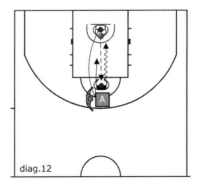

diag.12

Come criteri di modulazione possono essere utilizzati la posizione di partenza e il grado di imprevedibilità: entrambi rappresentano un incremento della complessità delle richieste. Ad esempio, nel diagramma 13, i giocatori, divisi in coppie e posizionati uno di fronte all'altro sugli spigoli alti della lunetta, attendono che l'allenatore lasci rotolare la palla su un lato per strapparla e attaccare il canestro, valutando le scelte difensive dell'avversario.

Nel diagramma 14, abbiamo una esemplificazione della variazione dei criteri di modulazione: infatti, rispetto all'esercizio precedente, cambia il posizionamento iniziale con i due giocatori a contatto con la schiena. Questo comporterà che la presa della palla, sempre lanciata dall'allenatore, e le scelte del difensore, indurranno l'attaccante a ricercare una soluzione che risulti efficace anche in funzione delle sue abilità: potrebbe, ad esempio, cercare di attaccare in modo dinamico, utilizzando una presa-palleggio (difensore in ritardo), o giocando un 1 c 1 statico, utilizzando finte, partenze in palleggio, tiro in corsa o arresto e tiro (difensore molto reattivo e posizionato sulla linea palla/canestro).

diag. 13

diag. 14

L'esercitazione visualizzata nel diagramma 15, oltre che una variazione nel posizionamento iniziale, è complicata dall'imprevedibilità nel ricoprire i ruoli (chi attacca/chi difende). Ciò sarà determinato dall'appoggio/allenatore che si sposterà in palleggio dalla posizione in punta verso un lato.

diag. 15

Il giocatore (attaccante) che si muoverà su quel lato, ricevuta la palla dall'appoggio, leggerà il comportamento difensivo dell'altro giocatore che andrà a marcarlo, scegliendo una soluzione con l'intento di realizzare un canestro.

Anche per quanto concerne l'uno contro uno del giocatore interno, inizialmente le esercitazioni saranno di tipo istruente e prevederanno un iniziale vantaggio per l'attaccante.

Nel diagramma 16, il giocatore con palla, partendo da sotto canestro, effettua un autopassaggio all'altezza delle tacche del tiro libero; il difensore, partendo dietro di lui, sceglie di posizionarsi lateralmente (in alto o in basso), dando una chiara indicazione del lato da attaccare.

diag.16

Nel diagramma 17, similmente, la lettura dell'attaccante è conseguente allo sbilanciamento del difensore che tocca la mano esposta dall'allenatore.

Anche nel caso del 1 c 1, gli elementi cosiddetti facilitanti, dovranno quanto prima lasciare posto a situazioni in cui la complessità sia quanto più vicina alla competizione: in particolar modo, l'azione dovrà essere contestualizzata in presenza di spazi occupati da compagni ed avversari (vedi diag.18).

diag.17

diag.18

La proposta di alcuni esempi di sequenze didattiche può suggerire altre forme ordinate di esercitazione per lo sviluppo delle competenze offensive dell'uno contro uno con palla

Sequenza didattica verticale
Obiettivo della sequenza: riconoscere le aree di attacco nelle situazioni di 1 c 1 dinamico.

Es.1 - 1 c 1 (difesa guidata). I giocatori, tutti con un pallone, posizionati a centro campo, attaccano da palleggio aperto lo spazio delimitato dai coni, osservando se l'allenatore, sulla linea del tiro libero, esegue o meno un passo di condizionamento, e comportandosi di conseguenza (cambi di mano e direzione, palleggio in arretramento), per poi andare a concludere (diag.19).

Es.2 - 1 c 1 (difesa guidata). I giocatori sono divisi a coppie: il giocatore con palla, posizionato a centro campo, attacca lo spazio delimitato dai birilli, osservando se il difensore, che parte all'altezza di uno dei due coni e che può muoversi solo orizzontalmente, riesce a condizionarne l'azione (diag.20). L'attaccante con un'accelerazione può tentare di passare comunque, o rallentando e riprogrammando l'azione, con l'utilizzo dei fondamentali di palleggio, può attaccare un nuovo spazio.

Es.3 - 1 c 1. I giocatori sono divisi a coppie: il giocatore con palla, posizionato a centro campo, attacca lo spazio delimitato dai coni; il difensore inizialmente si muove lungo una linea orizzontale (cono-cono), successivamente potrà muoversi liberamente (diag.21).

diag.21

Es.4 - 1 c 1 simultaneo. I giocatori sono divisi a coppie e posizionati in ordine sparso nella metà campo: giocheranno simultaneamente 1 c 1 da palleggio aperto, dovendo considerare anche il movimento delle altre coppie. In questo caso la complessità è data dal dover allargare il *focus* attentivo per poter riconoscere lo spazio utile (prodotto anche da altri compagni/avversari) da attaccare (diag.22).

diag.22

12 - I GIOCATORI DEVONO SVILUPPARE COMPETENZE SPECIFI- CHE PER GIOCARE UNO CONTRO UNO SENZA PALLA IN ATTACCO

Per giocare uno contro uno senza palla bisogna tenere conto delle variabili tecniche e tattiche

Il giocatore senza palla ha il compito di comprendere, mediante una lettura complessiva della situazione di gioco, le varie possibilità che insorgono sia in favore del compagno con la palla che per sé stesso, in modo da intraprendere comportamenti di collaborazione ottimali; questa capacità sarà estesa anche al resto dei compagni senza palla nel momento in cui si proporranno forme di collaborazione oltre il 2 c 2.

Nel giocare 1 c 1 senza palla è possibile perseguire due forme diverse di comportamento: uno comunemente definito *smarcamento* e l'altro di *adattamento* (o adeguamento).

Con lo *smarcamento* il giocatore tenta di liberarsi dell'avversario in modo da ricevere la palla possibilmente in condizioni favorevoli; tale comportamento, che si concretizza la maggior parte delle volte attraverso l'utilizzo di tagli, è dettato prevalentemente da un'oggettiva mancanza di prospettive vantaggiose per il compagno con la palla. Con l'*adattamento* il giocatore si muove, invece, per favorire comportamenti/iniziative intraprese dal compagno con la palla, allargando/restringendo gli spazi, giocando così anche contro gli aiuti difensivi, e nel contempo per essere libero e pronto per ricevere un passaggio.

È evidente, pertanto, che il giocatore che si "smarca" ha un numero minore di informazioni da monitorare e gestire, perché impegnato prevalentemente nell'acquisire, nei confronti del diretto avversario, un vantaggio al fine di ricevere la palla. I comportamenti adattivi, o di adeguamento, sono invece più complessi poiché richiedono una lettura contemporanea sia del 1 c 1 con palla, sia del rispettivo avversario; è necessario inoltre considerare che all'aumentare del numero di giocatori coinvolti (dal 2 c 2 al 5 c 5), le possibilità di muoversi adeguatamente, oltre a diminuire a causa della riduzione degli spazi liberi, si complicano per l'interazione con un numero maggiore di compagni e avversari.

I comportamenti di smarcamento non sono funzionali alle iniziative del giocatore con palla

Un'idea assai diffusa e comune di smarcamento è quella che vede il giocatore muoversi secondo linee predefinite (a "V", a "triangolo", con giro, ecc.), che una volta eseguite dovrebbero garantire la possibilità di ricevere la palla ma, presumibilmente, non sempre sono sufficienti a porre il giocatore nelle condizioni di tirare (diag.1).

diag.1

Queste forme di smarcamento rispondono, infatti, ad un'esigenza che limita notevolmente le potenzialità offensive del giocatore, specie se si vuole agire in base ad una lettura tattica, sfruttando cioè ogni forma di vantaggio creato dalla situazione di gioco. È evidente che se un attaccante permette al diretto avversario di posizionarsi tanto rapidamente quanto correttamente in difesa, sarà sempre costretto ad attivarsi per creare opportunità di vantaggio e quindi di ricezione, cioè di giocare 1 c 1 da una condizione "statica" e quindi non immediatamente vantaggiosa. Vogliamo pertanto sviluppare un'idea di attaccante che valuta e utilizza ogni situazione di transizione e di adeguamento difensivi, sfruttando opportunità che scaturiscono dal fatto che i difensori non sono ancora sistemati o lo sono ma non correttamente, in modo da ricevere la palla in condizioni favorevoli per una rapida conclusione.

In base al posizionamento e alla distanza rispetto alla palla, possiamo individuare, genericamente, due ambiti situazionali di 1 c 1 senza palla: smarcamento vicino alla palla e smarcamento lontano dalla palla, sia da posizione esterna che da spalle a canestro.

Smarcamento del giocatore esterno vicino alla palla. Si valutano i comportamenti del giocatore che, una volta superata la metà campo, occupando una posizione perimetrale (esterna) e vicina alla palla (a un passaggio dalla palla), si muove sulla base del comportamento dell'avversario e si osservano tre situazioni frequenti:

- *Ricezione e tiro*: se il difensore non anticipa e rimane staccato verso la palla, l'attaccante si avvicina per ricevere la palla (passo verso la palla) per una possibile conclusione dalla distanza (diag.2).

- *Taglio dietro o backdoor cut*: se il difensore è in forte anticipo, l'attaccante enfatizza la possibile ricezione con un passo verso la palla (si utilizza sempre il piede corrispondente al lato della palla) per tagliare *backdoor* (diag.3).

Bisogna sottolineare che più i tagli sono "profondi" e maggiore è la possibilità di mantenere il vantaggio sull'avversario, con conseguente aumento del tempo a disposizione per chi deve passare la palla.

- *Taglio davanti*: se il difensore rimane stretto ma sulla linea del canestro (non si sposta in anticipo), l'attaccante effettua un taglio davanti (diag.4).

Smarcamento del giocatore esterno lontano dalla palla. Si valutano i comportamenti del giocatore che si trova sul lato debole con due situazioni che si presentano più frequentemente:

- *Taglio verso la palla*: se il difensore si sposta rapidamente d'anticipo negando un taglio davanti, l'attaccante eseguirà un taglio dietro (diag.5); se il difensore non si sposta in anticipo ma rimane largo sull'avversario, l'attaccante riceve con un arresto in allontanamento per un rapido tiro o per sfruttare con una penetrazione l'eventuale disequilibrio del difensore in recupero (diag.6).

diag.5   diag.6

- *Taglio verso il canestro*: se il difensore si abbassa, ma non mantiene l'anticipo, l'attaccante esegue un rapido taglio davanti (diag.7); se il difensore rimane alto mantenendo un forte anticipo, l'attaccante tenta di batterlo con un taglio dietro (diag.8); se il difensore difende correttamente, l'attaccante gioca 1c1 con l'uso delle finte (diag.9).

diag.7   diag.8

diag.9

Smarcamento del giocatore spalle a canestro sia sul lato forte che sul lato debole. Si valutano i comportamenti del giocatore che, occupando una posizione attorno all'area dei tre secondi, chiama la palla da fermo (sul lato forte) o si muove sulla base del comportamento dell'avversario (sul lato debole). Il giocatore da fermo, sul lato forte, si allinea con la palla in modo da rendere difficoltoso l'anticipo difensivo (diag.10); una volta allineato, legge la scelta difensiva e si adegua giocando 1 c 1 statico. Se il difensore marca d'anticipo, l'attaccante chiama la palla con la mano più lontana dall'avversario, mantenendo la distanza con l'altro braccio piegato e con il gomito a contatto del petto del difensore (diag.11). Se il difensore marca da dietro, l'attaccante si pone di taglio prendendo contatto con il braccio interno sul petto dell'avversario e chiamando la palla con l'altra mano protesa verso il passatore (diag.12). È opportuno che l'attaccante assuma questa posizione di taglio effettuando, contemporaneamente alla ricezione, un passo verso la palla (arresto ad aprire) per creare un ulteriore distanza dall'avversario. Se il difensore marca davanti, il giocatore mantiene il contatto sulla schiena dell'avversario chiamando la palla che gli potrà pervenire con un passaggio *lob* (diag.13).

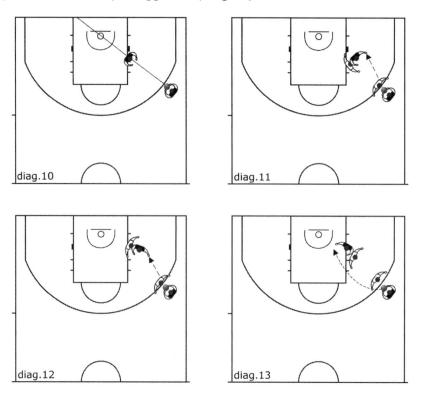

diag.10

diag.11

diag.12

diag.13

Nella situazione di 1 c 1 dal lato debole, il giocatore interno dovrà, valutando il posizionamento del proprio avversario e le iniziative del compagno con palla, muoversi per cercare uno spazio utile alla ricezione della
palla come esemplificato nei diagrammi 14-15-16.

I comportamenti di adattamento sono funzionali alle iniziative del giocatore con palla

I comportamenti di adattamento sono sostanzialmente finalizzati a favorire (supportare) le iniziative offensive del compagno con la palla. Escludendo il passaggio, sono generalmente ipotizzabili tre possibilità di scelta per il giocatore con la palla: spostamento in palleggio, tiro e penetrazione a canestro. A ciascuna di esse dovrebbero corrispondere adeguati comportamenti dei compagni senza palla, scelti tra centinaia di possibilità e dettati da principi logici (e non da una codotta preordinata) che l'allenatore cercherà di sviluppare attraverso esercizi situazionali.

- *Giocatore che si muove in palleggio lontano dal canestro (dalla metà campo di difesa)*
  Adattamento: in generale il giocatore senza palla si muove per creare o mantenere una situazione di soprannumero, per creare una buona linea di passaggio, per ricercare rapidamente una buona organizzazione d'attacco.

- *Giocatore che si muove in palleggio vicino al canestro (nella metà campo d'attacco)*
  Adattamento: il giocatore senza palla si muove per rispettare le regole di organizzazione (distanze, triangolazioni, posizioni, ecc.), per intraprendere una eventuale iniziativa di smarcamento o per favorire una imminente iniziativa del compagno con la palla.

- *Giocatore che tira (tiro perimetrale)*
  Adattamento: il giocatore senza palla ha la possibilità di andare a rimbalzo o di bilanciare in difesa; ciascuna delle due opzioni dipende dal ruolo, dalla posizione e dalle regole sia di organizzazione che di scelta tattica dettate dall'allenatore.

- *Giocatore che penetra a canestro*
  Adattamento: il giocatore senza palla ha molte possibilità d'azione, tutte finalizzate a favorire l'iniziativa del compagno, come di seguito elencate.
  a) Togliersi dalla linea di penetrazione, in modo da non ostacolare involontariamente il compagno (diag.17). Questa forma di adattamento può prevedere una lettura anticipata dell'iniziativa del compagno, in

particolare quando emergono indicatori di previsione, come nel caso di una ricezione in cui il difensore si è notevolmente sbilanciato in anticipo favorendo in tal modo l'entrata a canestro.

b) Tentare di allontanare il proprio difensore dalla linea di penetrazione del compagno, in modo da creare incertezze sulle scelte difensive da attuare (seguire il diretto avversario o aiutare) (diag.18). Questa forma di adattamento avviene prevalentemente sul lato debole, da dove prevalentemente si portano gli aiuti difensivi.

diag.17

diag.18

c) Creare sempre una linea di passaggio, in modo da sostenere il compagno in ogni situazione. Si può considerare la prima forma di adattamento da apprendere; implica una rapida lettura del posizionamento difensivo e degli spazi liberi per creare linee d'uscita della palla.
d) Punire l'aiuto ricercando uno spazio utile in allontanamento dal canestro (diag.19-20).

diag.19

diag.20

e) Punire l'aiuto acquisendo uno spazio utile dietro al difensore (diag.21-22). Questa forma di adattamento, in caso di ricezione della palla, risulta essere molto efficace poiché, uscendo dal cono visivo dell'avversario, non permette un facile recupero difensivo. È chiaro che sarà necessario valutare se tale spazio sia sufficiente per una soluzione efficace dietro la difesa.

diag.21

diag.22

f) Punire l'aiuto acquisendo uno spazio utile dietro al compagno (diag.23-24). È un adattamento che, anche se in zona "cieca" per il passatore, può essere utile per mantenere una equilibrata distribuzione degli spazi sul quarto di campo. Spesso questo movimento viene dettato dalla necessità di mantenere un adeguato "bilanciamento difensivo", cioè fare in modo che vi sia sempre almeno un giocatore in posizione alta pronto a rientrare in difesa in caso di palla persa.

diag.23

diag.24

Per insegnare ad attaccare uno contro uno senza palla occorre conoscere le strategie didattiche e metodologiche

Il processo metodologico per l'insegnamento del 1 c 1 senza palla segue itinerari diversi a seconda che si tratti di smarcamento o di adattamento. È chiaro che insegnare ai giocatori, specie ai giovanissimi e in fase di apprendimento, a muoversi secondo criteri di adattamento richiede molto tempo e abilità nel pianificare adeguati esercizi situazionali. Comunque, in entrambe le condizioni, sarà necessario fornire gli strumenti tecnici necessari per giocare in modo efficace; primi fra tutti l'uso dei piedi e la prontezza delle mani per chiamare e ricevere la palla.

Il lavoro sullo smarcamento non può essere costruito senza valutare la condizione tattica che si stabilisce tra giocatore con palla e giocatore senza palla: se, ad esempio, si fa eseguire un esercizio di smarcamento utilizzando un appoggio con palla (1 c 1 + A), la proposta, pur avendo la connotazione tipica degli esercizi di applicazione della tecnica, non evidenzia il contesto tattico che si crea nella gara; il giocatore avrà certamente sviluppato il modo per liberarsi, ma non saprà perché si è dovuto smarcare. Pertanto, gli esercizi applicativi della tecnica, acquisiscono un'impronta tattica significativa per l'apprendimento man mano che il giocatore viene posto nella condizione di determinare "da solo" quando e perché smarcarsi. Quindi le esercitazioni di 1 c 1 con appoggio dovranno essere quanto prima seguite da esercizi di 2 c 2, in modo da porre in relazione tattica i comportamenti dei due giocatori.

Il lavoro sull'adattamento è molto più complesso e quindi richiede più tempo. Per insegnare a giocare 1 c 1 in adattamento è necessario saper leggere con gli occhi di chi ha la palla; questo assunto è dato dal fatto che l'adattamento sarà tanto più funzionale quanto più si è in grado di anticipare l'iniziativa del compagno con palla. Facciamo alcuni esempi: un giocatore si adatta correttamente andando a rimbalzo d'attacco quando osserva che il compagno sta per tirare (vedi indicatori di lettura) e non dopo che ha tirato; un giocatore sa di doversi togliere dalla linea di penetrazione del compagno quando questi sta per palleggiare e non quando ha già palleggiato; un giocatore, il cui difensore va in aiuto, sa di doversi muovere e in quale direzione, solo se ha monitorato in anticipo i posizionamenti dei giocatori.

La capacità di adattarsi adeguatamente si complica man mano che aumentano i giocatori coinvolti nell'esercitazione: adattarsi in un contesto di 3 c 3 è più complesso rispetto a farlo nel 2 c 2, in quanto alcuni adattamenti

non possono essere effettuati perché non permangono le stesse condizioni di spazio. I lavori per lo sviluppo della capacità di adattamento prevedono sia esercizi di tipo esecutivo, in cui il giocatore impara a muoversi
nelle diverse direzioni (avanti, indietro, laterale) e con passi alternati, successivi o incrociati, sia di tipo applicativo in cui si verifica l'efficacia tecnica
dei movimenti; si completa il lavoro con gli esercizi situazionali in cui, una
volta create condizioni specifiche di gioco, si pone il giocatore nella situazione di decidere il comportamento migliore.

**La proposta di alcuni esercizi può suggerire altre forme di esercitazione
funzionali per lo sviluppo delle competenze offensive dell'uno contro uno
con palla**
Anche nel caso del 1 c 1 senza palla, sarà importante che i giocatori siano
in possesso dei prerequisiti legati allo smarcamento e alla ricezione e che
fanno riferimento ai fondamentali senza palla, in stretto contatto poi con
l'applicazione della tecnica nel contesto del 1 c 1 con palla (ricezione, arresti, partenze, passaggio, conclusioni). Pertanto, inizialmente le proposte
di tipo istruente faranno riferimento alla lettura del comportamento di
una difesa guidata (allenatore o compagno) o di un difensore che parte
con un leggero ritardo (handicap). Nei diagrammi seguenti, ad esempio, la
proposta prevede che l'attaccante leggendo la posizione della difesa guidata, in un contesto prettamente esecutivo, riceva la palla dall'appoggio e
attacchi davanti nel caso di difesa completamente staccata (diag.25), con
taglio *backdoor* nel caso di forte anticipo (diag.26), in allontanamento in
seguito a smarcamento da contatto (diag.27).

diag.25

diag.26

diag.27

Allo stesso modo le proposte possono prevedere un movimento in spazi più ampi, come illustrato nei successivi diagrammi, sempre con una difesa guidata. Sul contemporaneo palleggio dell'appoggio, l'attaccante si muove verso la palla e sul ritardo della difesa taglia avanti (diag.28); sul forte anticipo della difesa l'attaccante effettua un taglio *backdoor* (diag.29); se sul taglio *backdoor* la difesa recupera dentro, l'attaccante può andare in allontanamento (movimento "*fade*") (diag.30).

diag.28

diag.29

diag.30

Anche per l'allenamento del giocatore interno inizialmente sarà utile proporre esercizi prettamente esecutivi con utilizzo di una difesa guidata (allenatore o compagno), che può o meno muoversi rispetto alle iniziative dell'attaccante. Nei diagrammi sottostanti, l'attaccante, partendo dalla posizione di *post* alto sul lato opposto rispetto alla palla posizionata in ala, cerca uno spazio utile, leggendo l'atteggiamento del difensore, per ricevere dall'appoggio e attaccare il canestro: potrà essere avanti alla difesa (diag.31) o alle spalle (diag.32).

diag.31   diag.32

Allo stesso modo è da intendersi il movimento riferito ad un giocatore interno che parte dalla posizione di *post* basso sul lato opposto alla palla (diag.33-34).

diag.33   diag.34

In seguito, all'attaccante saranno proposte situazioni con una difesa più intensa, pur consentendo ancora un vantaggio. Ad esempio, nei diagrammi successivi le esercitazioni prevedono che l'attaccante, posizionato sotto canestro, si avvantaggi dal fatto che il difensore parte davanti (diag.35) o dietro di sé (diag.36) per ricevere la palla dall'appoggio posto in punta. L'allenatore potrà dare indicazioni su dove ricevere la palla o lasciare all'attaccante la decisione in merito allo spazio da ricercare.

A tal proposito possono essere utili quelle esercitazioni in cui i margini di azione sono delimitati dalla presenza di ostacoli (coni) e da una difesa inizialmente guidata. Con fini propedeutici possono essere proposte attività come quelle mostrate nel diagramma 37: l'attaccante, pàrtendo in ala, deve provare a ricevere la palla dall'appoggio posizionato sul lato opposto, dopo aver evitato di essere toccato dal difensore che si muove in scivolamento e solo orizzontalmente.

Nelle proposte illustrate nei diagrammi seguenti, l'attaccante in ala, mentre la palla viene passata sul lato opposto dall'appoggio in punta, si muove per tagliare dal lato debole all'interno dello spazio delimitato dai coni, osservando la reazione del proprio difensore.

Quest'ultimo può rimanere fermo (diag.38) o chiudere la traiettoria inizialmente presa dall'attaccante (diag.39). Successivamente (diag.40) il difensore insegue per ostacolare le iniziative dell'avversario.

Per quanto riguarda l'allenamento dell'adattamento, le proposte dovranno richiamare necessariamente situazioni legate al movimento del giocatore con palla. Pertanto, le esercitazioni implicheranno il coinvolgimento di 2 o più attaccanti. Inizialmente dovranno essere previste soluzioni guidate per l'attaccante con palla, in modo da avere uno sviluppo legato alla reazione sia dei compagni (adattamento), sia dei difensori (eventuali aiuti, rotazioni, cambi).

Nel diagramma 41, la proposta si sviluppa sul perimetro: l'attaccante con palla, sfruttando la posizione del proprio difensore (al suo fianco) penetra centralmente; l'attaccante senza palla "adatta la sua posizione" rispetto all'aiuto del proprio avversario e quindi ricercherà uno spazio dietro al difensore o dietro il compagno.

Allo stesso modo un adattamento sul perimetro tra esterni può nascere da una esercitazione come quella illustrata nel diagramma 42, dove l'attaccante in angolo, dopo aver passato la palla all'appoggio in ala, la va a riprendere e penetra, sfruttando il vantaggio derivante dal fatto che il difensore deve toccare la mano dell'appoggio. Sul lato debole l'attaccante, a sua volta, si muove in modo da esser in visione per un passaggio di scarico sull'aiuto che il proprio difensore porta sulla penetrazione.

diag.42

Ma va allenata anche la capacità del giocatore di leggere una potenziale situazione di vantaggio per il compagno con palla. Ad esempio, nel diagramma 43, i due attaccanti sono posizionati sotto canestro con i rispettivi difensori dietro. L'appoggio lascia cader la palla su un lato e l'attaccante sul lato opposto deve correre a recuperare la palla.

diag.43

A questo punto si può sviluppare una situazione di passaggio esterno-interno con relativo adattamento del giocatore sul perimetro (diag.44); oppure privilegiare un 1 c 1 con palla del giocatore esterno con il giocatore interno che libera rapidamente uno spazio (diag.45).

diag.44

diag.45

Dall'esempio sopra riportato, ne consegue che anche gli adattamenti / collaborazioni fra giocatori esterni e interni vanno allenati con situazioni simili alle precedenti. Nel caso di penetrazione centrale, ad esempio, l'esercitazione di 2 c 2 sarà inizialmente guidata, oltre che facilitata in partenza (difensore sulla palla sbilanciato dal toccare la mano dell'allenatore), poiché al difensore del giocatore interno sarà indicato se effettuare un aiuto aggressivo/alto (diag.46) o un aiuto più contenitivo/basso (diag.47). Il giocatore interno dovrà muoversi di conseguenza (tagliare alle spalle/allargarsi).

diag.46

diag.47

Successivamente si dovrà procedere con esercitazioni sempre più legate a contesti applicativi con meno indicazioni e con il coinvolgimento di più giocatori (3 c 3 e 4 c 4).

La proposta di alcuni esempi di sequenze didattiche può suggerire altre forme ordinate di esercitazione per lo sviluppo delle competenze offensive dell'uno contro uno senza palla

Sequenza didattica verticale/diagonale
Obiettivo della sequenza: riconoscere le modalità di smarcamento/adattamento in relazione ai comportamenti del compagno con palla.

Es.1 - 1 c 1 in metà campo + A con handicap per la difesa. L'attaccante, sfruttando il posizionamento di schiena del proprio difensore, partendo da sotto canestro si smarca in posizione di ala (dx/sx) per ricevere dall'appoggio e poi giocare 1 c 1 (diag.48). Inizialmente si può dare indicazione che la ricezione debba avvenire sul perimetro, per poi consentirla lì dove in realtà l'attaccante riconosce un vantaggio come nel diagramma 49 (vicino canestro).

diag.48   diag.49

Es.2 - 1 c 1 in metà campo + A. L'appoggio, in punta sul perimetro, si muove in palleggio, mentre l'attaccante, partendo da sotto canestro, marcato faccia a faccia, cerca di ricevere utilizzando i fondamentali senza palla e giocando in seguito 1 c 1 per andare a concludere. È data la possibilità di utilizzare ancora una volta l'appoggio (diag.50).

Es.3 - 2 c 2 in metà campo con handicap difensivo. L'attaccante 1 con palla, posizionato sotto canestro, la passa al compagno 2, che partendo centralmente al di là della linea dei tre punti, si smarca, obbligatoriamente sul perimetro, avvantaggiato dal posizionamento del proprio difensore (davanti a lui ma posizionato di schiena) (diag.51). A questo punto 1 si muove per favorire l'1 c 1 del compagno (adattamento) o per ricevere a sua volta la palla e giocare per andare a concludere.

diag.50

diag.51

Es.4 - 3 c 3 in metà campo + A. L'attaccante 1 con palla è posizionato sotto canestro con il proprio difensore che lo marca di fronte. Altri due attaccanti (2 e 3) con i propri difensori sono posizionati negli angoli a fondo campo. 1, dopo aver passato la palla in punta all'appoggio, si smarca sul perimetro per ricevere e giocare 1 c 1(diag.52). I due compagni si muovono per favorirne l'azione o per ricevere a loro volta la palla (diag.53). Nel caso in cui 1, per il forte anticipo, non possa ricevere la palla, taglia *backdoor* e viene rimpiazzato da uno dei suoi compagni (diag.54).

diag.52

diag.53

diag.54

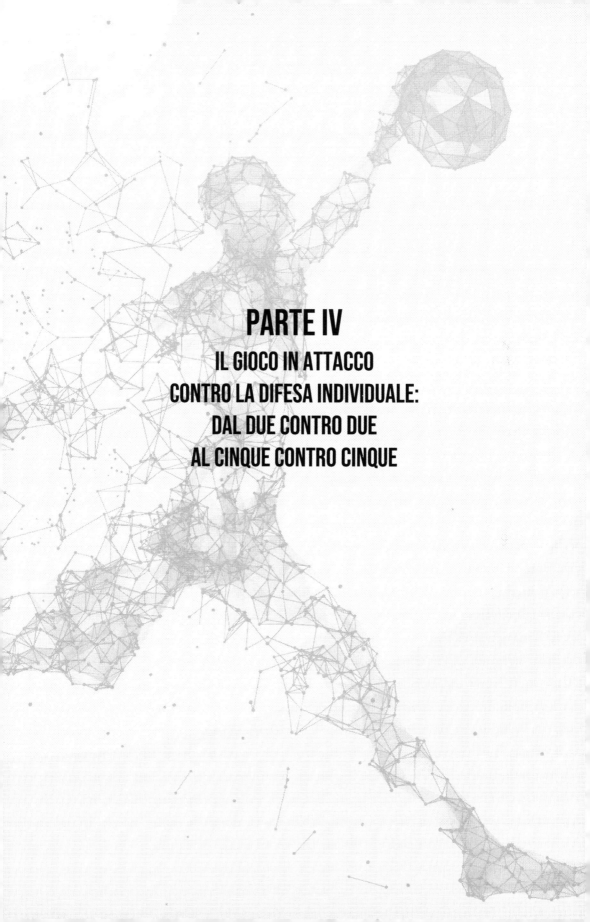

PARTE IV
IL GIOCO IN ATTACCO
CONTRO LA DIFESA INDIVIDUALE:
DAL DUE CONTRO DUE
AL CINQUE CONTRO CINQUE

13 - LA COLLABORAZIONE TRA I GIOCATORI PUÒ ESSERE IN FORMA LIBERA

Come già esplicitato in altro lavoro (Messina, Bifulco 2018), per collaborazione in forma libera si intende il gioco realizzato da due o più giocatori e fondato sulla capacità di creare opportunità offensive e di realizzazione, attraverso criteri prettamente tattici. Spesso i termini tattica e strategia vengono utilizzati come sinonimi; si ritiene invece, sia necessario distinguere i due concetti in modo da rendere più chiare le fasi di intervento per la pianificazione dell'azione di gioco. Un'esaustiva definizione dei concetti di tattica e di strategia viene fornita da Rossi e Nougier (1996): si intende per tattica *"l'insieme di comportamenti (azioni, operazioni) individuali e/o collettivi che, tenendo conto della situazione attuale, produce condizioni che possono essere utilizzate a proprio vantaggio durante l'incontro"*, comportamenti quindi che sono frutto di un monitoraggio effettuato istante per istante durante la gara; si intende per strategia la *"pianificazione mentale che, tenendo conto delle regole dell'attività sportiva, delle caratteristiche proprie e dell'avversario, anticipa e prestabilisce nelle loro linee generali le decisioni relative al comportamento di gara"*, e pertanto in una pianificazione strategica può essere quindi inclusa la scelta di qualunque forma di collaborazione tra i giocatori. Risulta chiaro, dunque, che la strategia è un piano d'azione globale che si prevede prima di incontrare una squadra, mentre la tattica è il piano d'azione che viene implementato sul campo (Ripoll 2008).

Le collaborazioni che i giocatori decidono di attuare in campo possono essere parte integrante dei giochi d'attacco (*schemi di gioco, 5 c 5*), e si distinguono in: *collaborazioni in forma libera* e *collaborazioni in forma preordinata*; queste ultime saranno trattate più avanti nell'apposito capitolo. Le collaborazioni in forma libera sono frutto di comportamenti che vengono pianificati istante per istante durante la gara: ogni singolo giocatore legge la situazione e mette in atto un comportamento che i compagni devono riconoscere e in qualche modo favorire. La complessità delle collaborazioni in forma libera sta proprio nel fatto che le iniziative di ogni singolo giocatore non sono conosciute con largo anticipo dai compagni stessi: la possibilità di collaborare è pertanto improntata sulla capacità di riconoscere le situazioni di gioco e le possibili intenzioni e ipotesi di comportamento, perché animati da un criterio generale e comune di lettura e di condotta. Organizzazioni offensive che prevedono continue collaborazioni in forma libera vengono anche definite *giochi per letture*, proprio perché le decisioni tattiche sono condizionate dall'acquisizione di informazioni sulla situazione di gioco.

Un elemento determinante nelle collaborazioni di gioco è costituito dall'interazione tra i giocatori esterni e quelli interni (Bourbousson et al. 2010a; 2010b; Lapresa et al. 2014). Comportamenti atti a creare condizioni favorevoli alla realizzazione di passaggi interni e passaggi d'uscita, determinano vantaggiosi squilibri difensivi; in particolare, l'atteggiamento dinamico del ricevitore, il controllo e la durata del possesso, la distanza di ricezione e l'aiuto difensivo, influenzano l'efficacia del passaggio interno (Courel-Ibáñez et al. 2016).

La decisione su quale dovrà essere il tipo di condotta da adottare nella gara (piano strategico), può prevedere sia collaborazioni in forma libera, sia in forma preordinata e sia in forma mista; è ovvio che quando il giocatore è in campo, dovrà essere in grado di esprimere capacità tattiche adeguate decidendo, all'istante, qual è la scelta migliore da fare; occorreranno moltissime ore di allenamento di tipo situazionale per acquisire una certa padronanza nel trattare le informazioni ed acquisire esperienza. Alcuni studi hanno dimostrato che atleti esperti, rispetto a non atleti, sono più rapidi a trattare le informazioni se attinenti alle competenze acquisite. In un lavoro sperimentale in cui ad atleti esperti di basket e a non atleti venivano mostrate per cinque secondi delle scene raffiguranti dei giocatori disposti nella metà campo, si è registrato una capacità di prestazione notevolmente superiore da parte dei giocatori (Starkes et al. 1995).

Le collaborazioni in forma libera nascono dall'unione dell'uno contro uno con palla con l'uno contro uno senza palla

Giocare 2 c 2 significa unire i concetti che i giocatori hanno acquisito lavorando su 1 c 1 con palla e su 1 c 1 senza palla. In fase di apprendimento e per gran parte del periodo dell'attività giovanile, le esperienze di 2 c 2 dovranno essere vissute da posizioni diverse e indipendentemente dai ruoli potenziali che si andranno a delineare; inoltre, si dovrà lasciare spazio ad un uso anche variato e creativo dei fondamentali.

Il lavoro sul 2 c 2 come quello per il 3 c 3 deve prevedere sia collaborazioni tra giocatori esterni che combinate, cioè esterni e interni assieme. Se si considerano in generale le posizioni di riferimento esterne (punta, guardie, ali, angoli) e le posizioni interne (post basso, medio, alto), sarà possibile realizzare centinaia di collaborazioni: in esse si ipotizzano le azioni/iniziative di un giocatore con palla da una di queste posizioni, e le azioni/iniziative del compagno che si muove da un'altra delle posizioni rimanenti. Occorre anche valutare che i giocatori senza palla possono alternare movimenti di smarcamento a movimenti di adattamento, e che, all'aumentare del numero di giocatori coinvolti (3 c 3, 4 c 4, 5 c 5), i criteri che guidano i suddetti movimenti cambiano, in quanto gli spazi in cui muoversi possono anche essere alternativamente occupati da altri compagni; verranno quindi utilizzati criteri che riducono al massimo eventuali interferenze d'azione. Per tale ragione, l'allenatore potrà innanzitutto adottare una serie di regole che aiutino i giocatori ad esprimere meglio le diverse forme di collaborazione libera; possono essere utilizzate sia regole di organizzazione che regole di scelta (Messina P.M. 2004, Messina, Bocchino 2011).

Le *regole di organizzazione* hanno lo scopo di permettere una distribuzione equilibrata degli spazi in modo da favorire le iniziative e le collaborazioni tra i giocatori, riducendo l'interferenza e il traffico. Spesso, il termine 'regole' ha indotto a un'interpretazione errata del concetto, sviluppando l'idea sbagliata di controllo restrittivo dei comportamenti dei giocatori. In realtà, le regole di organizzazione non limitano in alcun modo le scelte tattiche dei giocatori, anzi contribuiscono a sviluppare l'ordine necessario per attuare le scelte tattiche e per favorire i comportamenti dei compagni. Le regole di organizzazione sono solitamente poche, flessibili e facilmente acquisibili; si riportano alcuni esempi:

- è utile mantenere una distanza dai compagni tra i 4 e i 5 metri;
- quando si è in atteggiamento di attesa o di incertezza, è preferibile mantenere posizioni fuori dal perimetro dei tre punti o attorno all'area dei tre secondi;
- con la palla in ala, l'ala stessa, il centro sul lato forte e il canestro devono stare sulla stessa retta;
- chi ha la palla, in linea di massima, acquisisce la precedenza sulle iniziative d'azione.

In relazione all'organizzazione dei giocatori, occorre evidenziare un concetto, presente in tutti i giochi d'attacco sia in forma libera che preordinata, ovvero quello del *bilanciamento*. Quando si costruiscono i giochi d'attacco è necessario prevedere che, durante le diverse azioni di collaborazione, venga mantenuta anche una condizione di equilibrio tra chi libera e chi occupa le posizioni in campo; una regola di organizzazione, che richiama questo bilanciamento, stabilisce che vi sia sempre almeno un giocatore al di sopra della linea di tiro libero e del suo prolungamento garantendo, in tal modo, la copertura difensiva in caso di perdita del possesso di palla.

Le *regole di scelta* sono norme necessarie per favorire un determinato orientamento tattico del gioco. Si chiamano regole di scelta perché quando si creano determinate situazioni di gioco che prospettano più possibilità di soluzione, il giocatore dovrà optare per un dato comportamento rispetto ad un altro, comunque, plausibile; di seguito alcuni esempi:

- ogni volta che la palla arriva in ala, l'angolo sul lato forte deve tagliare;
- ogni volta che l'ala penetra dal fondo, un giocatore deve spostarsi in angolo sul lato debole;
- ogni volta che il giocatore in ala riceve la palla deve guardare per un passaggio al centro;
- un giocatore non deve mai muoversi dietro al compagno con la palla, a meno che non si pensi di giocare con un passaggio consegnato (questa regola può anche avere una valenza organizzativa);
- se un giocatore effettua un taglio, non può tornare nella posizione da cui è partito (anche questa regola può avere una valenza organizzativa).

Diversamente dalle regole di organizzazione, le regole di scelta possono condizionare i giocatori limitandone l'autonomia decisionale. È pur vero, comunque, che se l'allenatore riesce a stabilire un corretto equilibrio tra regole di scelta (ad esempio riducendole al minimo indispensabile) e libertà d'azione, si potrà migliorare notevolmente la qualità delle collaborazioni e l'efficacia tattica.

Un elemento tecnico che incide sull'efficacia collaborativa tra due o più giocatori è quello della prontezza posturale, un'abitudine comportamentale che tutti i giocatori devono acquisire e rendere automatica; per il momento, interessa definire tecnicamente la prontezza che deve acquisire il giocatore senza palla, sia quando è schierato nella metà campo d'attacco e fronte a canestro, che quando si muove in adattamento e supporto al compagno con palla. Tale prontezza si basa sul mantenimento della posizione fondamentale, con un'attenzione particolare alla posizione delle mani che devono essere sempre pronte per la ricezione della palla (braccia flesse e mani aperte e vicine, all'altezza del torace) in modo da poter attaccare rapidamente in palleggio, con un tiro o con un passaggio; a questa condizione tecnica va abbinata la costanza del monitoraggio visivo, cioè l'attenzione nel focalizzare gli elementi salienti dell'azione (palla, compagni, avversario, ecc.). L'atteggiamento tecnico acquisito dal giocatore prima di ricevere la palla, rappresenta un importante indicatore per il passatore e fattore incisivo sull'efficacia offensiva in termini temporali. Se la ricezione della palla avviene frontalmente (ad esempio, a seguito di un passaggio di scarico o da parte di un giocatore centrale), la palla dovrà pervenire quanto più precisa possibile all'altezza delle mani (zona del torace). Se la palla perviene per vie laterali, in base alle situazioni di pressione difensiva, potrà essere ricevuta a una o direttamente a due mani e funzionalmente distante dal difensore; in questo caso il giocatore dovrà conoscere le modalità più economiche ed efficaci di gestione tecnica della palla, per ciascuna delle tre possibilità d'azione (palleggio, tiro, passaggio). La prontezza posturale va sollecitata continuamente in quanto, per far fronte ad un processo di acquisizione di competenze specifiche e complesse, come quelle necessarie per applicare un gioco in forma libera, occorre una predisposizione attentiva molto alta orientata al reclutamento di informazioni pertinenti.

Nell'organizzazione del lavoro di 2 c 2 occorre sempre mantenere una certa coerenza con quanto svolto nelle situazioni di 1 c 1. Ad esempio, se un giocatore esterno, leggendo il comportamento del diretto avversario, si smarca e, nel ricevere la palla, sceglie di eseguire un arresto a chiudere (arresto a due tempi in avanzamento), non gli si potrà rimproverare di non aver fatto un arresto ad aprire (arresto a due tempi in arretramento) che potrebbe risultare più funzionale per servire un compagno sul lato forte posizionato spalle a canestro. Questo è il tipico esempio in cui, in mancanza di una regola di scelta (che, prioritariamente a qualunque altra scelta, costringe l'ala a guardare sempre per un passaggio al *post* basso), il giocatore agisce in modo autonomo e condiviso, utilizzando correttamente i criteri di lettura che si riporta dalle esperienze di 1 c 1 senza palla. Emerge dunque l'esistenza di un potenziale conflitto tra chi è in possesso della palla e chi non lo è, tra la possibilità di azioni individuali e azioni collaborative. Le collaborazioni in forma libera sviluppano nel giocatore la capacità di fare scelte nel rispetto del lavoro di squadra, utilizzando un criterio d'azione condiviso. Il concetto di condivisione si sviluppa anche attraverso la capacità di vedere il gioco con la prospettiva dei compagni: saper guardare attraverso gli occhi di un compagno permette di formulare ipotesi d'azione più precise e con un notevole anticipo dei relativi adattamenti. Pertanto, nella scelta di metodi di allenamento di tipo formativo, in cui l'obiettivo è lo sviluppo di comportamenti prodotti da una chiara capacità cognitiva (osservare e comprendere le situazioni, selezionare le informazioni, decidere sul da farsi, pianificare e mettere in atto risposte adeguate), è necessario fornire al giocatore un sistema di riferimento che evidenzia quali classi di comportamento possono avere una rilevanza tattica maggiore rispetto ad altre.

Per insegnare le collaborazioni in forma libera occorre conoscere le strategie didattiche e metodologiche e gli aspetti di variabilità che le caratterizzano

Si deve innanzitutto considerare che i giocatori vengono abituati ad affrontare situazioni sempre più complesse attraverso un processo di ragionamento sulle dinamiche del gioco, che si sviluppa tanto più quanto maggiore è l'attenzione che il tecnico pone sulle attività di lettura e di risoluzione dei problemi. È impossibile immaginare una squadra in grado di giocare in forma libera senza avere una base di allenamento formativo prevalentemente rivolto alle attività cognitive dei giocatori e all'aspetto applicativo dei fondamentali; è impossibile cioè pretendere che i giocatori siano in grado di comprendere e decidere durante il gioco, se alla base del loro allenamento non c'è un'attività costante che stimoli il riconoscimento delle situazioni e delle intenzioni e le modalità tecniche per affrontarle, stimoli che dovranno essere proposti già dall'utilizzo tattico della tecnica (applicazione della tecnica).

È sicuramente un processo molto complesso che necessita di moltissime ore di formazione, e che si va strutturando attraverso un'ampia gamma di esperienze situazionali che hanno inizio dal 2 c 2. Le collaborazioni tra due giocatori possono essere proposte ponendo come criterio di progressione l'interazione tra due giocatori esterni e poi tra un giocatore esterno e uno interno. Le stesse collaborazioni possono essere sviluppate solo tra giocatori che stanno su un quarto di campo per poi estenderle alla metà campo; quando si lavora sulla metà campo, i criteri di adattamento dell'uomo senza palla cambiano, specialmente in virtù del fatto che i difensori sul lato debole possono collaborare portando aiuti in direzione del lato forte. È chiaro quindi che i criteri di adattamento non sono solo funzionali alle iniziative offensive del compagno con palla, ma anche delle scelte difensive. Inoltre, il gioco libero o per letture, non può essere ricondotto alla lettura di un solo avversario o compagno, ma deve necessariamente essere allargato alla lettura del più ampio numero di giocatori in campo. Il filo conduttore per ampliare le collaborazioni dal 2 c 2 al 5 c 5 è quello della coerenza tecnica e tattica, cioè la capacità di mantenere saldi i principi di base, per poi migliorare attraverso l'acquisizione di nuove competenze in situazioni via via più complesse. Le attività senza difesa (2 c 0, 3 c 0, 4 c 0, 5 c 0) devono prevedere un impegno decisionale importante e possono essere sviluppate, ad esempio, attraverso la richiesta di autoregolazione delle spaziature, del bilanciamento offensivo, del riconoscimento delle azioni che hanno priorità sulle altre o di comportamenti messi in atto da altri compagni, ecc.; queste attività avranno anche una valenza tattica nel momento in cui i giocatori saranno in grado di immaginare realisticamente i comportamenti difensivi, acquisendo in tal modo automatismi e ritmi operativi simili al contesto di gara.

L'efficacia di un'azione è determinata prioritariamente dalla corretta percezione che i giocatori hanno dello spazio (*spacing*) e del tempo (*timing*), due aspetti che saranno sviluppati in modo dettagliato.

Spacing

In fase offensiva, ogni azione che coinvolge direttamente o indirettamente tutti i giocatori in campo, deve tenere conto della possibilità di variare il posizionamento scelto dai difensori per controllare l'attacco. Questa capacità tattica è dettata non solo dalle regole di organizzazione, ma anche da un'idea di adattamento funzionale che necessita per conoscere l'identità degli spazi necessari per agire (ambiente d'azione), limitando così l'interferenza difensiva. La parte più complessa di questo processo è il riconoscimento delle possibilità d'azione offerte dal contesto in cui si svolge la gara; quest'ultimo è un ambiente dinamico, in cui circostanze e area d'azione prestazionale richiedono ai giocatori di esprimere comportamenti flessibili e adattivi (Araújo 2016). La teoria sull'approccio dinamico ecologico (Gibson 1979) prospetta una visione interessante dei processi tattici dei giocatori: essa presuppone che i processi decisionali e i relativi comportamenti tattici siano da attribuire ad un sistema combinato organismo-ambiente; in fase di apprendimento, le azioni sono il risultato di una combinazione tra esecutore, ambiente e compito. Questa prospettiva pone in evidenza come, in modo rilevante, il campo d'azione suggerisce il modo per agire; in tal senso, i giocatori, più che percepire lo spazio, ne intuiscono l'*affordance* (*con questo termine si definisce la qualità fisica di un oggetto che suggerisce a un essere umano le azioni appropriate per manipolarlo*), cioè il comportamento più appropriato. Le mani protese verso la palla suggeriscono un passaggio, uno sbilanciamento del difensore suggerisce una condizione vantaggiosa per l'attaccante, un giocatore che penetra a canestro suggerisce un tentativo di tiro; queste indicazioni che provengono dall'ambiente d'azione costituiscono il fondamento su cui i giocatori basano le proprie scelte.

Spesso gli allenatori propongono esercizi con l'intento di far riconoscere lo spazio ai loro giocatori; le indicazioni più frequenti sono relative al lato di penetrazione rispetto all'avversario, o al lato d'entrata rispetto al canestro (dal fondo o dal centro), ai corridoi o alle fasce del campo, sulla distanza da percorrere, su dove posizionarsi e non. Si ha talvolta l'impressione che il giocatore debba elaborare una serie di istruzioni con modalità simili a quelle del navigatore di un'auto nel tracciare il percorso per una data destinazione. Quello che riduttivamente viene definito spazio, è in realtà un ambiente d'azione, che suggerisce qualcosa, che stimola in quanto crea interesse, quello che varia in continuazione perché utilizzato da tutti i giocatori; pertanto, ciò che serve comprendere è il modo in cui esso è determinato e utilizzato. Gli allenatori sollecitano frequentemente i giocatori a orientare la propria attenzione in direzione di aree che contengono informazioni pertinenti, attività espressa attraverso il concetto di "ampiezza dell'attenzione" (Kasof 1997), che indica, appunto, il numero degli stimoli e la grandezza della zona su cui porre attenzione. Queste informazioni sono quasi sempre presenti in uno spazio ampio (Ripoll 2008); ma si rivela importante la capacità di associare all'ambiente osservato il significato che esso racchiude in relazione alle scelte che potranno scaturire (Goulet et al. 1989). Per comprendere meglio il concetto, si porta l'esempio del giocatore che, in possesso della palla osserva un compagno sul lato debole, e il cui difensore è chiaramente staccato; il vantaggio di effettuare un passaggio in direzione del compagno dovrà scaturire non tanto dal fatto di vederlo libero, quanto dalla conoscenza che il passatore dovrà avere delle dinamiche offensive per affrontare una difesa che si sposta da un lato all'altro del campo.

Si ricorda che in un sistema di gioco che prevede collaborazioni in forma libera, il grado di incertezza è elevatissimo in quanto nessuna delle iniziative d'azione è stata preordinatamente pianificata. Pertanto, nell'esecuzione di un compito per il raggiungimento di un obiettivo finale (ad esempio, in un contesto di 5 c 5, si considera l'azione di 1 c 1 per attaccare e realizzare un canestro), il giocatore deve avere una prospettiva iniziale di osservazione che gli permetta di cogliere l'aspetto semantico dell'ambiente d'azione. I vincoli ambientali richiedono una selezione continua dei percorsi di azione che implicano, man mano, una conseguente ricerca di informazioni, e una ridefinizione e riduzione dei gradi di libertà necessari per il raggiungimento dell'obiettivo. Questa attività percettiva include il riconoscimento delle intenzioni dei giocatori e ciò incide sul comportamento adattivo, in un processo che prende il nome di *educazione all'intenzione* (Jacobs, Michaels 2002).

La proposta di sequenze di lavoro (sequenze didattiche) mirate a sviluppare azioni simili al contesto di gara, deve tenere conto del fatto che un solo esercizio che sviluppa il riconoscimento di una condizione iniziale e del relativo piano d'azione, non sarà esaustivo dal punto di vista prettamente didattico; saranno necessarie, infatti, proposte di esperienze in cui, all'azione iniziale sviluppata segue una condizione emergente contenenti vincoli e informazioni che obbligano a riformulare e a decidere i percorsi d'azione che conducono alla condizione finale, cioè all'obiettivo. Questo passaggio da una situazione didattica che prospetta fasi iniziali di pianificazione, ad una successiva, in cui emergono variabili di gioco, deve far parte di un percorso che aiuta il giocatore a trattare continuamente informazioni mentre gioca. L'obiettivo dell'allenamento è quello di guidare il giocatore attraverso uno stato in cui apprende come un esperto, ovvero scoprendo informazioni rilevanti che orientano nell'azione (Araújo et al. 2009).

Un'adeguata suddivisione degli ambienti d'azione tra i giocatori necessita di metodologie diverse in base alla libertà di collaborazione concessa. Si è detto che le collaborazioni in forma libera possono essere gestite se si è in grado di riconoscere e superare vincoli di varia natura; questa condizione perdura in ogni situazione di gioco effettivo, inclusa la fase di passaggio da un'azione a quella successiva: sapere dove e in che modo riprendere una posizione dopo una penetrazione, un taglio o in un cambio di posizione, fa parte di un bagaglio di esperienze acquisite attraverso l'osservazione del gioco e l'interazione con i compagni in attività situazionali.

Timing

La percezione del tempo non è limitata soltanto al risultato, ovvero alla capacità di muoversi (agire) prima o dopo rispetto ad una situazione (quando agire), o di agire più o meno velocemente (tempo di movimento e ritmo). La gestione temporale che interessa è innanzitutto quella relativa al processo di elaborazione delle informazioni pertinenti: sapere quando reperirle e in che tempo trattarle diventa l'elemento determinante per agire tempestivamente. Questo tempo mentale è chiaramente espresso da E. Messina quando afferma: *"..una cosa importante, se non la più importante, è capire che mentre completo un'azione, devo iniziarne un'altra.."* (Messina E. 2004). Un giocatore che sta per ricevere la palla e che ha intenzione di passarla ad un terzo compagno, deve necessariamente acquisire le informazioni su quest'ultimo prima ancora di aver ricevuto la palla e non dopo che ne è venuto in possesso; inoltre, al termine dell'elaborazione, l'azione dovrà soddisfare le esigenze di *timing*, cioè la necessità di coordinare la propria azione con quella di un compagno (Messina E. 1999). A questa componente si associa l'abilità del giocatore di ricercare indicatori di previsione disponibili in una sequenza di azioni al fine di ridurre le condizioni di incertezza (Abernethy et al. 2001); pertanto la capacità predittiva permette, quando possibile, di limitare la lentezza delle risposte in modalità reattiva.

Ma l'attitudine decisionale e la determinazione non sono una predisposizione scontata, specialmente quando viene chiesto ai giocatori di agire attraverso principi e non sulla base di istruzioni, come i giochi preordinati (ad esempio il dai e vai, il dai e segui o il dai e blocca). Nelle categorie giovanili e, in particolare, in fase di apprendimento, è frequente assistere a situazioni in cui gli allievi non mostrano una chiara partecipazione della volontà e dell'intelligenza nel decidere e compiere un'azione: in sostanza, non mostrano intenzione. Spesso sono anche consapevoli della possibilità di poter sprecare un'azione, ma mostrano scarsa attitudine e determinazione nell'agire.

Al di là delle riflessioni esposte, allenare l'intenzione, cioè fare in modo che il giocatore sfrutti puntualmente le occasioni per agire, fa parte di un processo metodologico che il tecnico gestisce durante l'allenamento; egli dovrà intanto comprendere la natura dei problemi relativi alla capacità d'azione attraverso un esteso monitoraggio su caratteristiche di diversa natura. Il processo può essere centrato sui seguenti punti:

- Verificare se i giocatori comprendono chiaramente il compito nella sua specificità e il relativo obiettivo.
- Verificare se i giocatori hanno i mezzi tecnici per trasformare i concetti in comportamenti; lo scarso sviluppo delle abilità tecniche può inibire le iniziative d'azione.
- Intervenire in modo metodico e ricorrente alla comparsa di risposte incongruenti. L'allenatore potrà chiedere all'allievo di ricreare o rievocare la situazione di gioco non sfruttata e, nel caso in cui non riuscisse a ricordare, sarà l'allenatore stesso a riposizionare tutti i giocatori nella condizione che si era creata, chiedendo di osservare con attenzione la dinamica situazionale e riflettere sulle possibilità d'azione. La capacità di rievocazione è chiaramente maggiore nei giocatori esperti, sorretta da una base di conoscenza specifica della disciplina che permette di rievocare l'informazione dalla memoria più efficacemente (Allard et al 1980).
- Verificare la fiducia che l'allievo ripone nelle proprie capacità di eseguire un compito, ovvero l'autoefficacia. Questa si sviluppa attraverso la convinzione di poter controllare una certa situazione e agire in modo intenzionale (Bandura 2000). L'interpretazione dei risultati di un lavoro sulla relazione tra sviluppo motorio e autostima in allievi e allieve di età compresa tra gli 11 e i 14 anni, ha evidenziato che, in generale, le ragazze mostrano maggiori convinzioni di *self efficacy*, che sembrano essere principalmente connesse con la percezione della competenza sportiva più che alla condizione fisica. È risultato difficile, inoltre, stabilire se livelli di sviluppo più alti delle capacità motorie e di acquisizione delle abilità contribuiscano a migliorare le convinzioni di autoefficacia; comunque, una bassa autoefficacia è correlata con bassi livelli di prestazione e con tentativi di evitamento (Colella et al. 2006).
- Verificare se il "clima motivazionale" (Ames 1992) espresso dall'allenatore durante gli allenamenti e le gare, ovvero la scelta degli atteggiamenti, dei comportamenti e delle comunicazioni (aspettative, sollecitazioni, riconoscimenti) espressi, rientrano in un modello TARGET di motivazione prevalentemente orientato sulla competenza rispetto a un modello basato sulla prestazione (Bortoli et al. 2005); in particolare, un orientamento basato sulla prestazione può determinare difficoltà motivazionali, quando si associano una percezione di scarsa competenza ed un basso orientamento sul compito (Biddle 2001).

Si ritiene dunque, che l'allenamento delle abilità cognitive, ovvero l'abitudine ad attivarsi mentalmente in anticipo, e di trattare informazioni mentre si eseguono compiti diversi, deve essere proposto già dalle prime esperienze di gioco e, in particolare, nelle attività che fondono i concetti di 1 c 1 con palla a quelli di 1 c 1 senza palla. Il passaggio dal 2 c 2 al 3 c 3 dovrà mirare sia al perfezionamento e al consolidamento di collaborazioni già note, che al miglioramento della capacità di trattare un numero sempre maggiore di informazioni in tempi ristretti; condizione, questa, necessaria alla costruzione di un gioco di squadra (5 c 5) che prevede chiaramente altre conoscenze e abilità tattiche (bilanciamento, rimbalzo, equilibrio tra ruoli e posizioni, triangolazioni, ecc.).

Nel passaggio dal 2 c 2 al 3 c 3, l'aumento dei vincoli ambientali richiede una lettura più ampia. Gli adattamenti dei giocatori non avvengono solo in funzione della palla ma anche in funzione del posizionamento del terzo giocatore; per coerenza, quindi, non devono essere cambiate, per quanto possibile, le abitudini di collaborazione che si riportano dalle esperienze di 2 c 2. È evidente che quando un giocatore si muove in adattamento alla palla (ad esempio in seguito ad una penetrazione), potrà involontariamente occupare uno spazio già occupato da un terzo compagno; pertanto, sarà questi, di conseguenza, a muoversi "adattandosi" a sua volta; ovviamente, la restrittività decisionale verrà determinata sempre attraverso le regole di scelta (diag.1). Anche a fronte di una iniziativa di smarcamento (ad esempio un taglio *backdoor* o un movimento in allontanamento, il terzo giocatore che si trova sulla linea d'azione di chi si smarca dovrà imparare ad adattarsi rapidamente per favorire il compagno (diag.2).

diag.1

diag.2

Se un giocatore effettua un taglio a canestro, e questo movimento interferisce con un giocatore che sta sulla linea di corsa, occorrerà una regola di scelta che obbliga ad una lettura della situazione in atto prima di eseguire il taglio stesso; in mancanza di regola, il giocatore che sta sulla linea di taglio dovrà adattarsi.

Altre situazioni richiedono criteri di lettura e, come sempre, di buon senso. Se, per ipotesi, due giocatori senza palla effettuano contemporaneamente due movimenti di smarcamento (ad esempio, entrambi tagliano contemporaneamente), chi dei due avrà una visione del campo maggiore si adatterà, lasciando spazio al compagno che taglia (diag.3). Una situazione simile alla precedente si verifica quando un giocatore in ala esegue una penetrazione a canestro, ad esempio sul fondo: il *post* basso, per liberare la linea di penetrazione, si adatta alzandosi in direzione di uno spazio già occupato; il terzo giocatore si "adatta all'adattamento" perché ha una visuale maggiore rispetto al compagno (diag.4).

 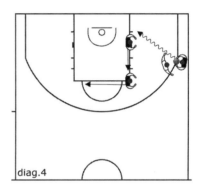

diag.3   diag.4

Si ipotizza, quindi, un criterio metodologico che non è costituito solo da regole (come quelle di organizzazione e di scelta), bensì da un'analisi valutativa prodotta dall'osservazione di adeguati indicatori: il riconoscere zone del campo più o meno libere, gli intenti di compagni o avversari (anticipazione), la capacità di analizzare le distanze e di calcolare i tempi di spostamento, il buon senso nel collaborare, rientrano tutti nelle prerogative indispensabili per giocare in equilibrio con i compagni. Il tentativo di sviluppare un criterio di deduzione di condotte condivisibili è stato già affrontato ipotizzando un "sistema delle priorità" (Messina, Bocchino 2011), proposto in passato anche come concetto di "azione dominante" (Messina P.M. 2004) o come possibile "precedenza" che acquisisce il giocatore che ha maggiore vantaggio rispetto agli altri compagni (Gebbia 2007).

14 - LA COLLABORAZIONE TRA I GIOCATORI PUÒ ESSERE IN FORMA PREORDINATA

Le collaborazioni preordinate si attuano prevalentemente attraverso il dai e vai, il dai e segui e il dai e blocca

Le collaborazioni in forma preordinata prevedono azioni già codificate collettivamente; in sostanza, i giocatori che mettono in atto tale collaborazione sono già d'accordo sul da farsi. Si possono avere collaborazioni preordinate che coinvolgono l'intera squadra (5 giocatori), in questo caso parliamo di *schemi di gioco*; oppure collaborazioni preordinate che prevedono un ristretto numero di giocatori, questi vengono definiti *giochi a due* o *giochi a tre* in base al numero di giocatori coinvolti.

Le collaborazioni parziali sono, per tradizione cestistica, identificate nel *dai e vai*, nel *dai e segui* e nel *dai e blocca*; in questi casi, il giocatore che riceve la palla sa già che il compagno eseguirà quel determinato movimento indipendentemente dal comportamento della difesa. Tra le collaborazioni preordinate viene spesso incluso il *penetra e scarica*, ovvero l'azione di penetrazione a canestro di un giocatore che si conclude con un passaggio di scarico. Questo tipo di collaborazione dovrà essere adeguatamente interpretato perché soggetto ad applicazioni con finalità tattiche diverse. Infatti, specie nel settore giovanile, l'azione di penetrazione di un giocatore deve avere come obiettivo primario la realizzazione di un canestro, e quindi non deve essere condizionata da altri fattori; pertanto, il passaggio di scarico ad un compagno dovrà essere la naturale conseguenza di una reale impossibilità di concludere a canestro (scarso controllo della palla per effettuare un buon tiro, aiuti tempestivi, ecc.). Una interpretazione tattica diversa del *penetra e scarica* si ha quando l'intento del giocatore che penetra è quello di attirarsi la difesa addosso in modo da servire, con un passaggio, i compagni sul perimetro per un buon tiro; questo concetto di collaborazione richiede ovviamente un adeguato bilanciamento tra piano d'azione e abilità specifiche.

I giochi a tre, come il *dai e cambia* o il *dai e blocca lato opposto*, seguono gli stessi principi dei giochi a due, e non verranno trattati in questo testo se non nella parte relativa all'uso dei blocchi.

Gli schemi di gioco possono essere suddivisi, secondo una classificazione d'uso comune, in: *gioco in continuità* e *gioco a termine*. Nel gioco in continuità tutti gli spostamenti dei giocatori e della palla sono chiaramente preordinati e i giocatori possono, in rapida successione, finalizzare i movimenti previsti. Nei giochi a termine la collaborazione viene costruita e predefinita per permettere a un determinato giocatore di finalizzare l'azione. In entrambe le tipologie di gioco, i giochi a due costituiscono spesso parti dell'intero schema di gioco e, nei giochi a termine, hanno spesso una funzione preparatoria per portare un giocatore al tiro.

Il modo per comunicare la collaborazione preordinata può essere palese o mascherato. È palese quando il giocatore chiama il gioco con un segnale della mano o a voce; è mascherato quando si utilizza un codice convenzionale: ad esempio, il passaggio ad un certo compagno implica sempre l'attuazione di un determinato gioco.

- *Dai e vai*: è una collaborazione preordinata eseguita tra due giocatori, prevalentemente a un passaggio dalla palla. Consiste nel passare la palla al compagno (dai...), effettuare un rapido taglio a canestro (...e vai), con l'obiettivo di ricevere di ritorno la palla per tirare da posizione chiaramente ravvicinata (diag.1).

diag.1

Tecnicamente deve essere eseguito con modalità applicative già sviluppate nell'uso dei fondamentali coinvolti. Il giocatore passerà la palla con un movimento largo ed esterno e un controllo a due mani, ma distendendo e flettendo la mano esterna. Contemporaneamente si avvicina al compagno con il piede corrispondente alla direzione del passaggio e, valutando il comportamento difensivo del diretto avversario, si prepara per il taglio. Il compagno si avvicinerà con mani pronte per ricevere e, una volta bloccata la palla, osserverà il tipo di taglio del compagno per ripassarla; nella collaborazione tra esterni, il passaggio di ritorno sarà prevalentemente schiacciato, ma è chiaro che necessita un'adeguata lettura. Il taglio potrà essere effettuato in due modi: se il difensore non si sposta rapidamente in posizione di anticipo, si effettua un taglio davanti, se invece si sposta in posizione di anticipo si taglia *backdoor*; il giocatore chiama la palla e, se riceve, può concludere con un arresto e tiro o un tiro in corsa. Il taglio è tanto efficace quanto più è profondo, poiché aumenta la possibilità di mantenere il vantaggio spaziale sull'avversario con conseguente aumento del tempo a disposizione per chi deve passare la palla; chiaramente la profondità del taglio è intesa dall'arco dei tre punti, in quanto tagli che hanno inizio da distanze minori dal canestro risultano essere meno funzionali per la ricezione di un passaggio.

- *Dai e segui*: anche questa è una collaborazione eseguita tra due giocatori a un passaggio dalla palla. Consiste nel passare la palla al compagno (dai...) e, dopo aver preso un leggero vantaggio sul diretto avversario, si va a ricevere la palla consegnata passando dietro al compagno (...e segui) (diag.2a). Anche in questo caso sono necessarie capacità tecniche adeguate, in particolare nell'uso del passaggio e del cambio di velocità e direzione. Le diverse soluzioni sono dettate chiaramente dal comportamento della difesa: se il difensore segue l'attaccante, si potrà concludere con una penetrazione (diag.2b), se invece passa dietro al giocatore che ha consegnato, si concluderà con un arresto e tiro. Questo movimento oggi ha trovato molta applicazione in contesti di gioco di squadra dove viene denominato *hand off* e, molto spesso, identifica una collaborazione fra un giocatore esterno, che passa la palla e la va a riprendere, e un giocatore interno che consegna la palla, per poi giocare una situazione di blocco sulla palla (si veda *ball screen*).

diag.2a

diag.2b

- *Dai e blocca*: questo gioco a due prevede, rispetto a quelli precedenti, l'uso di un blocco. Consiste nel passare la palla ad un compagno (dai) e, dopo aver preso un leggero vantaggio sul diretto avversario, portare un blocco a favore del compagno con la palla (diag.3a-3b). Della tecnica e dell'uso dei blocchi si parlerà in dettaglio nel capitolo successivo.

diag.3a

diag.3b

Per insegnare le collaborazioni in forma preordinata occorre conoscere le strategie didattiche e metodologiche e gli aspetti di variabilità che le caratterizzano

Le forme di collaborazione che sono state appena trattate, se proposte in modo rigido, limitano fortemente le possibilità decisionali dei giocatori. Per essere più chiari, se il piano strategico prevede di giocare il *dai e vai*, sarà anche preclusa la possibilità di sfruttare opportunità offensive create dalla difesa; in un gioco per letture, chi passa la palla sa di poter giocare secondo la logica del *"se dai (la palla), fai quello che è più giusto!"*; il giocatore, cioè, valuta non solo se passare la palla e a chi, ma anche tutto ciò che potrà fare dopo il passaggio (restare fermo, tagliare, allontanarsi, adattarsi, smarcarsi, bloccare, ecc.). Nei giochi preordinati, ciò non accade, in quanto si dà per scontato che la collaborazione sia efficace. È chiaro dunque, che la decisione strategica di applicare questi giochi, deve necessariamente prevedere un'analisi tattica che rilevi l'adeguata congruenza tra gioco preordinato e situazione; ad esempio: se si sa che la difesa è sempre particolarmente aggressiva nella difesa d'anticipo, il *dai e vai* sarà certamente congruente; ma se la difesa sul giocatore con palla è larga e non si è sufficientemente abili per un tiro da tre punti, l'attaccante potrà optare per un *dai e blocca*, in quanto il difensore del bloccante, marcando largo, non uscirà in aiuto sul palleggiatore (bloccato). Nel capitolo dedicato al passaggio, è stato sottolineato come i giochi preordinati possono indurre il giocatore a non vedere soluzioni diverse da quella programmata; l'eccessiva focalizzazione del gioco a due (o a tre) restringe l'ampiezza dell'attenzione a discapito di ulteriori e contemporanee soluzioni offensive.

Come già detto, queste collaborazioni vengono spesso inserite in *schemi di gioco*, fornendo opportunità offensive ai giocatori. Chiaramente, qualunque collaborazione preordinata deve essere proposta tenendo conto che l'efficacia che ne deriva è condizionata dalle modalità di risoluzione degli avversari, specie a fronte di collaborazioni più complesse come il *dai e blocca*, che richiede letture e adattamenti immediati a una molteplicità di scelte difensive (capacità tattica). Con l'esperienza, la capacità tattica migliora perché si riduce la condizione d'incertezza e i tempi di decisione; le attività di monitoraggio delle squadre permettono, inoltre, di conoscere in anticipo l'orientamento difensivo degli avversari.

Sia il *dai e vai* che il *dai e segui* possono essere proposti, fornendo innanzitutto un'idea della collaborazione nella sua globalità, ovvero l'esplicitazione di come si possa creare una condizione di vantaggio favorevole per una conclusione a canestro. Come già ribadito nel contesto delle collaborazioni in forma libera, nelle esercitazioni senza difesa sarà necessario sviluppare valori spazio-temporali e modalità tecniche congruenti con il contesto *target*.

15 - LA COLLABORAZIONE TRA I GIOCATORI PUÒ PREVEDERE L'USO DEI BLOCCHI

Le collaborazioni con blocchi permettono di liberare sia un giocatore con palla che uno senza

Il blocco è un fondamentale utilizzato in attacco per permettere a un compagno di acquisire un vantaggio e tirare. Consiste nel porsi come ostacolo al difensore di un compagno, il quale, muovendosi, porta il diretto avversario sul blocco interrompendone temporaneamente la marcatura. I blocchi possono essere portati a favore di un compagno con palla o di un compagno senza palla: in entrambi i casi, si libera il compagno al fine di farlo tirare o ricevere con maggiore facilità; permettono, tra l'altro, di portare al tiro un giocatore che si muove dal canestro verso l'esterno, condizione che non è facilmente realizzabile con un normale smarcamento; inoltre, facilita chiaramente il giocatore più debole che ha difficoltà nel liberarsi da solo. L'uso dei blocchi non deve ridurre o sostituire abilità tecniche già acquisite (ad esempio smarcarsi attraverso cambi di direzione), bensì incrementare il *range* delle possibilità offensive.

Il giocatore che piazza il blocco viene definito *bloccante*, mentre chi lo sfrutta è il *bloccato*. In questa collaborazione sia il bloccante che il bloccato, in base alla loro capacità di reagire tempestivamente alle scelte difensive, possono avere l'opportunità di segnare.

I giocatori devono conoscere e acquisire la tecnica per portare e sfruttare un blocco

Il numero considerevole di situazioni con l'uso dei blocchi implica contemporaneamente una graduale conoscenza delle soluzioni difensive. La capacità di affrontare tempestivamente gli aggiustamenti degli avversari comporta, da parte degli attaccanti coinvolti nella collaborazione, un costo attentivo notevole, prodotto dalla lettura, dal riconoscimento tattico delle scelte difensive e dalla pressione temporale nel formulare una risposta; questa variabilità dell'associazione stimolo-risposta (*mapping* variato) richiede un'elaborazione controllata, che è chiaramente più lenta rispetto a compiti ad elaborazione automatica (*mapping* costante).

I fattori di variabilità tecnica nell'uso dei blocchi sono:

- *Il posizionamento del blocco in funzione alla preparazione del bloccato*: il blocco può essere portato sia su un giocatore con palla che su uno senza. Nel primo caso il blocco deve tenere conto della situazione statica o dinamica di 1 c 1; infatti, se l'attaccante con palla è in palleggio e in movimento, il blocco deve essere portato ad una distanza tale da non interferire illegalmente con gli spostamenti difensivi; pertanto, anche il palleggiatore dovrà gestire l'avvicinamento sul blocco. Questa gestione dello spazio da parte del bloccato vale anche per i blocchi su giocatore senza palla: accade infatti che il blocco, per essere funzionale, deve essere portato in una zona d'incontro in cui il difensore da bloccare non è ancora posizionato; sarà pertanto il bloccato a fare in modo che il proprio difensore cada sul blocco nella zona d'incontro stabilita con il compagno (diag.1).

diag.1

Relativamente ai blocchi sul lato debole, occorre osservare che il difensore del bloccato è staccato perché in aiuto. In questo caso il bloccato dovrà avvicinarsi al canestro per fare in modo che il diretto avversario riduca la distanza; la marcatura più stretta permetterà infatti di portare più facilmente il difensore sul blocco. Questa diversità di marcatura più stretta rappresenterà per il bloccante un indicatore per piazzare il blocco.

- *Il posizionamento del blocco in funzione del difensore da bloccare*: a fronte di un difensore fermo, il blocco va genericamente portato a circa 50 cm da esso, ma chiaramente la distanza può variare da una situazione a un'altra. Con il palleggiatore in movimento, il bloccante deve prevedere il corretto angolo di blocco e la possibilità di variarlo, anche all'ultimo istante, se il difensore anticipa adattamenti sulla palla. Le braccia devono restare distese lungo i fianchi e le mani possono essere poste a protezione dell'addome. Il bloccante deve avere una buona stabilità in modo da resistere all'impatto del difensore bloccato. I blocchi piazzati su zone d'incontro, devono prevedere la condotta sia del compagno (bloccato) che del difensore da bloccare.

- *L'angolo di blocco e la possibilità di variarlo*: l'angolo di blocco va calcolato ipotizzando la traiettoria d'uscita del difensore; il petto del bloccante (piano frontale) deve essere inclinato in modo tale che il difensore nell'impattare di spalla, perda molto tempo a ripristinare il posizionamento difensivo. Il bloccante può anche trovarsi nella situazione di bloccare nuovamente variando l'angolo di blocco: nel caso di soluzioni in allontanamento dal blocco la variazione dell'angolo va effettuata sempre attraverso un giro dorsale, cioè in allontanamento dalla difesa (diag.2). Nei blocchi sulla palla potrà anche accadere che il bloccante blocchi nuovamente di schiena.

-

diag.2

- *La modalità d'uscita del bloccante dopo il blocco (giro avanti o dietro)*: dopo che è stato sfruttato il blocco, il bloccante si gira in avanti o indietro in funzione dello spazio d'uscita e della reazione difensiva.

- *La linea, l'angolo e lo spazio d'uscita del bloccante dopo il blocco*: il bloccante potrà uscire o in posizione esterna o in posizione interna e prevalentemente per linea retta. L'angolo d'uscita non è sempre facile da gestire specie nella ricezione della palla in spazi affollati come l'area;

comunque, il bloccante nelle situazioni di *pick and roll*, prenderà sempre una direzione che crea un angolo abbastanza grande con la linea d'azione del palleggiatore (diag.3). Nel blocco per un giocatore senza palla, lo spazio d'uscita è variabile perché condizionato dalla difesa (in allontanamento, in entrata, ricciolo, ecc.) (diag.4).

- *La preparazione del bloccato*: il giocatore che sfrutta il blocco deve creare incertezza sul diretto avversario per impedirgli di acquisire in anticipo un posizionamento che elude il blocco stesso; il movimento preparatorio può essere costituito da comportamenti di finta o da un'adeguata modulazione della velocità e da un adeguato cambio di direzione; questi principi sono validi sia per bloccato in palleggio che senza palla.

- *L'angolo d'entrata del bloccato sul blocco*: il bloccato deve muoversi per fare in modo che, al momento del passaggio sul blocco, il difensore si trovi su una direzione di corsa diretta verso il blocco; il bloccato deve passare aderente al blocco in modo da negare lo spazio per un passaggio contemporaneo del diretto avversario.

- *La linea d'uscita del bloccato dopo il blocco*: nel caso del *ball screen*, il bloccato deve essere pronto per tirare, penetrare, passare o allargarsi in palleggio. Se il blocco è a favore di un giocatore senza palla, il passaggio dovrà essere effettuato nell'istante in cui viene chiamata la palla, momento che il passatore dovrà essere in grado di predeterminare. La linea d'uscita varia al variare delle scelte difensive; in ogni caso il bloccato deve adeguare direzione e velocità degli spostamenti in funzione della scelta effettuata.

- *La scelta del tipo di passaggio e il "timing".* In questa tipologia di collaborazione diventa fondamentale il ruolo di chi deve mettere il bloccato
o il bloccante in condizioni di massima efficacia. Pertanto, il giocatore
in possesso di palla dovrà essere in grado di interpretare al meglio la
visione d'assieme di quanto sta accadendo (*focus attentivo* allargato),
e questo presuppone che debba essere in possesso di una adeguata
padronanza delle tecniche di passaggio e del loro utilizzo. In sintesi, la
lettura delle scelte/reazioni difensive farà sì che il passatore scelga il
miglior passaggio e lo esegua al momento e nello spazio giusto (lontano
dalla difesa), anche considerando l'eventuale utilizzo del palleggio per
migliorare l'angolo di passaggio (diag.5).

diag.5

Nei paragrafi successivi saranno trattate le variabili che caratterizzano i
blocchi sia sul giocatore con palla che senza; tali variabili, sono quasi sempre legate alla capacità di riconoscere gli adattamenti difensivi (risposte-
reazioni) e di scegliere i comportamenti più adeguati.

Il blocco su un giocatore con palla viene spesso portato da un lungo
Questo tipo di blocco nasce come gioco a due e può avere natura diversa. Oggi questa collaborazione, genericamente chiamata *ball screen* (blocco sulla palla), può per ragioni derivanti da adattamenti difensivi, coinvolgere giocatori con ruoli diversi (diag.1); se un giocatore riceve un blocco da un compagno (nella maggior parte dei casi da un lungo), e dopo il blocco il bloccante taglia in area, la collaborazione prende il nome di *pick and roll*.

diag.1

Entrambi i giochi possono essere inseriti in schemi, e il blocco sulla palla può nascere anche da una situazione di lettura e di iniziativa tra i due giocatori, e quindi può non essere una collaborazione preordinata. Di regola ad eseguire questo movimento sono un piccolo e un lungo per far sì che eventuali cambi difensivi risultino vantaggiosi per l'attacco. Il blocco sulla palla può essere sviluppato lateralmente o centralmente, con evidenti differenze nell'utilizzo di spazi e angoli di blocco diversi. La tecnica prevede, nel caso ad esempio del blocco laterale, che il bloccante si piazzi di fianco al difensore del bloccato, ad una distanza di circa mezzo metro, con i piedi paralleli e larghi quanto le spalle, e le braccia lungo i fianchi, pronto per ricevere l'eventuale impatto della spalla del difensore. Il bloccato sfrutta il blocco passando radente alla spalla del bloccante, in modo da impedire al diretto avversario la continuità della marcatura. Perché il blocco possa essere più efficace, potrebbe talvolta essere utile che il bloccato porti il proprio difensore sotto la linea di blocco e poi, cambiando mano di palleggio, lo porti sulla spalla del bloccante. In base alla reazione/scelta della difesa, si possono avere più soluzioni:

- se il difensore del bloccato cade sul blocco e c'è aiuto sul bloccato, o comunque un cambio difensivo, il bloccante taglia forte a canestro (*pick and roll*) spingendo sotto il difensore per ricevere, mentre il giocatore con palla prova a sfruttare sul perimetro il *mismatch* (differenza di ruolo) che si è creato (diag.2);

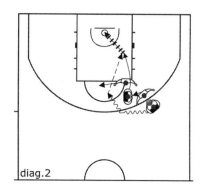

diag.2

- se il difensore del bloccato cade sul blocco e non c'è aiuto sul bloccato, quest'ultimo tira o penetra a canestro (diag.3);

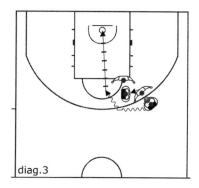

diag.3

- se il difensore del bloccato tenta di passare sul blocco, anticipando il bloccato, quest'ultimo si muove penetrando a canestro sul fondo (diag.4);

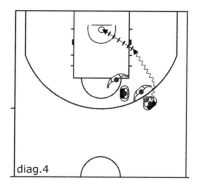

diag.4

- se il difensore del bloccato decide di passare in mezzo o addirittura dietro (in quarta posizione), l'attaccante può scegliere di tirare (consapevolezza della distanza) o di collaborare nuovamente con il bloccante che nel frattempo ha cambiato angolo di blocco (riblocco) (diag.5);

diag.5

- se il difensore del bloccante si stacca in mezzo, per contenere il palleggiatore, questi dovrà attaccare lo spazio che si crea tra i due difensori con un palleggio lungo in avanti per cercare una conclusione da sotto (diag.6);

- se il difensore del bloccante esce a raddoppiare, o comunque allarga di molto il suo raggio di azione, il bloccante può muoversi per creare una linea di passaggio in uno spazio libero sul perimetro (*pick and pop*) mentre il bloccato si allarga in palleggio (*drag it out*) (diag.7), oppure tagliare dentro (*pick and roll*).

diag.6

diag.7

A questo punto è inevitabile che intervengano le collaborazioni con gli altri compagni (le sponde): infatti il palleggiatore, raddoppiato, potrà servire uno dei compagni sul lato debole, che si saranno mossi con l'obiettivo di punire le rotazioni difensive e passare la palla al bloccante (diag.8).
La difesa potrebbe anche scegliere di portare il bloccato sul fondo contro il difensore del bloccante che attende staccato. In questo caso il bloccante

non porta più il blocco ma taglia dentro per avvantaggiarsi del posizionamento del proprio avversario. Contemporaneamente 4 può salire in punta
per fungere da eventuale sponda (diag.9).

Il blocco sulla palla può anche originare da un passaggio consegnato, oggi
identificato con *hand off*: il palleggiatore, dopo aver costretto il difensore
a cambiare posizione con un palleggio in una direzione diversa, passa la
palla al compagno e la va a riprendere con passaggio consegnato (diag.10).
Anche in questo caso la lettura delle reazioni difensive porterà gli attaccanti a scegliere la soluzione più efficace (tiro da fuori o penetrazione di 1,
penetrazione o *roll* dentro di 4).

Oltre che interessare le zone laterali (guardia/ala), questa azione può trovare interessanti sviluppi se effettuata nella parte centrale della metà
campo d'attacco, poiché molteplici possono essere i vantaggi. In particolare, è un tipo di situazione che viene spesso applicata a giochi "rotti", cioè
quando non vi sono stati sbocchi per un'azione preordinata, mancano pochi secondi allo scadere del tempo a disposizione e viene pertanto eseguito in velocità. Inoltre, può esaltare le doti di quegli esterni in grado di
eseguire rapidamente cambi di mano e di velocità, sia in avanzamento che

in arretramento e che siano particolarmente efficaci nel tiro da fuori. Per la difesa questo tipo di blocco rappresenta una difficoltà notevole, poiché gli spazi sono molto dilatati e si presentano non pochi problemi nella organizzazione degli aiuti e delle rotazioni (spesso le difese preferiscono "zonare" dentro l'area). Inoltre, spesso, il difensore del giocatore con la palla in zona centrale è portato a difendere con i piedi paralleli alla linea di metà campo, con l'obiettivo di contenere la penetrazione su entrambi i lati: questo comporta per l'attaccante la possibilità di disorientare la difesa con cambi di mano e di velocità definendo solo all'ultimo momento il lato su cui penetrare.

Ad esempio, nel diagramma 11, il giocatore 5 sale dalla posizione di *post* basso a portare un blocco piatto centrale (*flat*) per il giocatore 1. Le letture delle scelte difensive porteranno gli attaccanti ad adattare i propri movimenti.

diag.11

Nel caso in cui il difensore sul giocatore con palla indirizza su un lato, è evidente che il posizionamento del bloccante sarà perpendicolare alla spalla interna del difensore. In questa situazione è importante che l'attaccante con palla indirizzi inizialmente la sua azione in direzione opposta al blocco (diag.12).

diag.12

Le scelte dell'attacco sono del tutto simili a quelle viste in precedenza chiaramente in uno spazio differente. È pur vero che negli ultimi tempi si è andato sempre più affermando il ruolo preponderante del bloccante, in genere un'ala o *post* alto, che dir si voglia, dotato di buon tiro dal perimetro ma anche di buona velocità nell'eseguire un taglio profondo a canestro.
È infatti frequente vedere, ad esempio, in una situazione come quella già illustrata nel diag.12, che il bloccante, sull'uscita aggressiva del proprio

difensore sul palleggiatore ("*show*"), esegue un "*pick and pop*", andando in allontanamento per un tiro dal perimetro (diag.13); oppure che, anticipando la scelta del proprio difensore pronto ad uscire sul palleggiatore, finga di portare il blocco ed esegue invece un taglio nel cuore dell'area (diag.14).

O ancora, rifacendosi al concetto di "bloccare il bloccante" ("*screen the screener*"), che un altro compagno gli porti un blocco sia prima (diag.15) che dopo (diag.16) l'esecuzione del *pick and roll*, in modo da ritardare il recupero del proprio difensore.

Come illustrato nel diagramma 16, l'utilizzo delle sponde (in questo caso il giocatore 3) rappresenta il valore aggiunto, perché questo tipo di collaborazione risulti efficace, ed è il motivo per cui il palleggiatore deve avere ben sviluppato l'utilizzo corretto del fondamentale del passaggio, nonché l'aspetto cognitivo legato ad una corretta e tempestiva identificazione della situazione.

Il blocco su un giocatore senza palla richiede spazi e tempi operativi molto precisi

Con il blocco per un giocatore senza palla si possono realizzare decine di collaborazioni; ma vedremo che le competenze sia del bloccante che del bloccato sono più complesse, sia in termini di *timing* che di *spacing*; sarà infatti necessaria un'accurata coordinazione tra tutti i comportamenti tenuti dai giocatori in campo e, in particolare, tra quelli che realizzano la collaborazione (bloccante, bloccato e passatore), in modo da sfruttare al meglio le mancanze di adattamento o i ritardi degli avversari.

Rispetto alla linea di fondo campo, i blocchi possono essere portati verticalmente (*blocco verticale*) (diag.1), orizzontalmente (*blocco orizzontale*) (diag.2) o diagonalmente (*blocco diagonale*) (diag.3).

diag.1

diag.2

diag.3

I blocchi verticali/diagonali si definiscono "a scendere" o "a salire" a secondo se il bloccante si avvicina (vedi sopra diag.1 e 3) o si allontana dalla linea di fondo. Un particolare blocco "a salire" è il *blocco cieco*, così definito in quanto portato sulla schiena di un difensore particolarmente aggressivo che non dovrebbe vederne il posizionamento (diag.4 e 5).

diag.4

diag.5

I blocchi possono essere portati sia sul lato forte che sul lato debole. Generalmente, sul lato forte il bloccante ha un riferimento più solido sul punto in cui piazzare il blocco (diag.6), in quanto sia il compagno che il relativo difensore da bloccare sono vicini (presumibilmente il difensore marca d'anticipo).

I blocchi sul lato debole richiedono al bloccante una ricerca più accurata della zona d'incontro con il bloccato; pertanto, il bloccante avrà come riferimento solo il difensore, mentre il bloccato potrà usufruire efficacemente del blocco solo se ridurrà la distanza dal diretto avversario (diag.7): se ciò non accadesse, il suo difensore potrebbe passare facilmente sul blocco mantenendo il controllo sul bloccato.

diag.6

diag.7

Inoltre, in base al numero di bloccanti coinvolti nell'azione, si possono avere *doppi blocchi*, cioè due giocatori affiancati che formano un unico blocco (diag.8), e blocchi *stagger o tandem* (diag.9), ovvero due blocchi eseguiti in successione da due giocatori, a favore di un unico compagno. In realtà, come si vedrà successivamente, il secondo blocco è consequenziale al primo e potrebbe richiedere un angolo e un tempo diverso, poiché portato in conseguenza delle scelte che il difensore del bloccato attua per evitare il primo blocco.

diag.8

diag.9

I blocchi vengono definiti *di contenimento* quando hanno la funzione di mantenere impegnata la difesa sul lato debole, riducendo la disponibilità all'aiuto difensivo, mentre sul lato forte, si sta svolgendo un'azione di gioco in cui è interessato il giocatore con palla (diag.10). Lo stesso principio vale sul lato forte: ad esempio sul passaggio dell'ala al centro, l'ala blocca (o riceve un blocco) per la guardia, giocando *split*; in tal modo si allontanano i difensori degli esterni dal possibile 1 c 1 del centro, creando comunque linee di passaggio; lo stesso gioco può anche avere l'obiettivo di portare un esterno al tiro sul passaggio dal centro (diag.11).

diag.10

diag.11

I blocchi possono essere combinati in vario modo per ottenere continue soluzioni offensive: avremo pertanto situazioni in cui un giocatore blocca in sequenza prima un compagno e subito dopo un altro: nei diagrammi 12 e 13, l'attaccante 4, dopo aver bloccato per il giocatore 3 che si muove dall'angolo, continua per andare a bloccare per 5 che parte dalla posizione di pivot sul lato opposto.

diag.12

diag.13

Oppure, il giocatore 2 (diag.14) che dopo aver bloccato per 5, riceve un blocco da 3, azione questa denominata *screen the screener*. Un'altra situazione è quella che vede un giocatore partire affiancato ad un altro compagno (*stack*) per liberarsi in relazione all'atteggiamento preso dal proprio difensore (diag.15).

diag.14

diag.15

Per insegnare le collaborazioni con blocchi occorre conoscere le strategie didattiche e metodologiche e gli aspetti di variabilità che le caratterizzano
Si ritiene che l'uso dei blocchi, come già sostenuto in altre pubblicazioni (Gebbia 2016), sia da proporre quanto più tardi possibile. La ragione di tale scelta ricade sulla convinzione che l'apprendimento e il miglioramento delle abilità tecniche in età giovanile, si possono ottenere aumentando gradualmente le difficoltà del compito. Nel perseguire taluni obiettivi, come ad esempio liberarsi dell'avversario (smarcarsi), è necessario partire dallo sviluppo di alcune abilità di base prevalenti come, ad esempio, saper cambiare direzione e velocità, saper passare e ricevere la palla con accortezza, tempismo e precisione, saper eseguire rapide partenze in palleggio e cambi di mano, ecc.; perseguire lo stesso obiettivo utilizzando anticipatamente l'uso del blocco, significa saltare tappe di apprendimento e non perseguire obiettivi formativi. Non si ritiene possibile individuare un'età ottimale per iniziare a utilizzare i blocchi, ma si possono stabilire dei prerequisiti tecnici che aiutino a comprendere orientativamente qual è il momento giusto per insegnarli; l'indicatore generale è dato dal grado di apprendimento acquisito, che deve corrispondere, come minimo, alla fase iniziale di maestria; questi possono essere:

- abilità negli smarcamenti e negli adattamenti senza palla;
- abilità nel modulare accelerazioni e decelerazioni;
- abilità nell'uso dei piedi per ruotare, girare, o spostarsi lateralmente con la palla e senza;
- abilità nelle partenze in palleggio da situazioni dinamiche e nelle penetrazioni;
- abilità nella ricezione, arresto e tiro da situazioni dinamiche;
- abilità nel passare la palla a una mano;
- abilità nell'orientarsi tra spazi liberi e spazi occupati.

Si ritiene, inoltre, essere più formativo in fase iniziale, utilizzare i blocchi solo in forma libera, cioè attraverso una decisione tattica in gara e non come gioco preordinato; questo orientamento nasce dall'esigenza di non voler condizionare i giocatori nella ricerca di opportunità offensive. Ad esempio, nei sistemi di gioco in forma libera, può essere data autonomia ai giocatori di portare un blocco per la palla solo dopo aver effettuato un taglio: in tal modo il bloccante ha il tempo di comprendere la condizione complessiva del gioco, rientrare con chiarezza nella prospettiva del compagno con palla e, poiché proviene dall'area, non essere immediatamente visibile dal difensore bloccato.

Il blocco sul giocatore con palla potrebbe rappresentare il primo modo di approcciarsi ai blocchi; il coinvolgimento di due soli giocatori e la possibilità di giocare 1 c 1 in palleggio può essere il naturale passaggio da collaborazioni più semplici a quelle più complesse. L'insegnamento dei blocchi deve prevedere tre condizioni:

- esercitazione con difesa;
- esercitazione con difesa parziale;
- esercitazione senza difesa.

Le esercitazioni con difesa possono avere un duplice scopo: uno sarà quello di dare, in fase di apprendimento, un'idea generale della condizione che si crea utilizzando il blocco; l'altro quello di sviluppare automatismi applicativi in contesto agonistico.

Le esercitazioni con difesa parziale permettono di concentrarsi didatticamente sugli aspetti tecnici. Ad esempio, l'utilizzo del difensore solo sul bloccato permette di focalizzare l'apprendimento solo sull'uscita dal blocco, rimandando ad un momento successivo sia gli aspetti di interferenza del difensore del bloccante, sia le scelte del bloccante dopo il blocco. Didatticamente possono essere utilizzate anche delle sedie al posto del difensore da bloccare, oppure al posto del bloccante (lavori a secco); queste esercitazioni hanno spesso la finalità di migliorare la velocità di esecuzione degli elementi tecnici dell'azione.

Le esercitazioni senza difesa richiedono capacità di riconoscere (immaginare) i posizionamenti e gli adattamenti difensivi. Per tale ragione dovrebbero essere proposte quando i giocatori hanno acquisito una conoscenza sufficiente sulle dinamiche tattiche di questa forma di collaborazione.

I lunghi tempi di apprendimento e le varie esigenze didattiche portano comunque ad alternare frequentemente le diverse tipologie di esercitazione; pertanto, non è possibile definire con assoluta precisione con quale tipo di lavoro sia meglio iniziare l'approccio alla conoscenza dei blocchi.

Un modo per allenare le diverse possibilità di utilizzare i blocchi in base alle scelte difensive è quello della difesa guidata; in questo modo sia il bloccato che il bloccante si abituano a leggere le reazioni difensive e ad applicare congruentemente le risposte. La variabilità dei comportamenti offensivi è anche condizionata dal possibile scambio di ruoli che si ha quando la difesa attua cambi difensivi (*mismatch*); in questo caso occorrerà valutare le condizioni di vantaggio che si possono avere con un piccolo contro un lungo lontano dal canestro o, viceversa, un lungo contro un piccolo vicino al canestro.

Come per le situazioni di blocco per la palla, anche per i blocchi su giocatore senza palla si possono avere tutta una serie di soluzioni tattiche. Si propongono, a titolo esemplificativo, alcune situazioni per comprendere, in linea generale, le variabili tattiche (soluzioni) e le esigenze di spazio e di tempo che condizionano l'azione. Le soluzioni d'attacco e le varie tipologie di blocco (cieco, tandem, vicino o lontano alla palla, ecc.) sono talmente tante e combinabili tra loro da rendere difficile in questa trattazione un esame specifico e dettagliato di tutto il repertorio.

Nel caso di blocco diagonale basso, con palla in punta si possono avere le seguenti opzioni:

-   *il difensore rim*ane *sul blocco:* il bloccato 2 dovrà uscire per effettuare un tiro; il bloccante 5, leggendo il movimento del compagno si proporrà in opposizione, con un giro verso la palla, per offrire una seconda linea di passaggio (diag.1).

diag.1

-   *il difensore dell'attaccante insegue:* se il difensore insegue il bloccato, quest'ultimo effettuerà un movimento a ricciolo (*curl*) sul bloccante per riceve un passaggio in area (diag.2); il bloccato potrà modulare la velocità del ricciolo (rallentare e poi accelerare) in modo da acquisire maggiore vantaggio sul difensore che rincorre dietro la schiena; anche in questa situazione, il movimento del bloccante 5 sarà consequenziale (salto fuori) ad aprire per lasciare spazio e ciò consentirà di punire gli eventuali aiuti dentro l'area (diag.3).

- *il difensore anticipa il movimento dell'attaccante ponendosi sopra il blocco o passando in mezzo:* il bloccato 2, sfruttando un eventuale riblocco (con possibile cambio dell'angolo di blocco) di 5, può uscire in allontanamento in angolo (*fade*) per un tiro (diag.4); in questo movimento il bloccato deve percepire correttamente il momento in cui la difesa si trova nella condizione peggiore per recuperare, cioè quando è in linea con il bloccante, e determinare la corretta direzione in allontanamento. In alternativa, leggendo gli aiuti difensivi, vi può essere un passaggio al bloccante 5 dentro l'area.

- *cambio difensivo:* nel caso in cui i difensori, per situazione tattica o scelta strategica, effettuino un cambio difensivo, gli attaccanti dovranno essere in grado di leggere se il conseguente *mismatch* presenti un vantaggio sul perimetro o in prossimità del canestro per giocare 1 c 1 (diag.5): nel primo caso potrebbe esserci la situazione di un esterno che attacca un lungo cercando di sbilanciarlo e ricercando una soluzione da vicino o un tiro dalla distanza (diag.6); nel secondo caso potrebbe verificarsi la situazione di un lungo marcato da un esterno vicino canestro e quindi l'obiettivo sarà quello di far pervenire la palla all'attaccante in modo diretto (diag.7) o attraverso le sponde.

Nel caso di blocco cieco sul lato debole, si possono avere le seguenti opzioni:

- *il difensore rim*ane *sul blocco*: il sincronismo dei movimenti degli attaccanti fa sì che il difensore del bloccato rimanga sul blocco; in questo caso il giocatore n.3 dopo aver passato la palla ad 1, taglia sotto il blocco e verso l'area per ricevere da 2 (diag.8); il bloccante 5 si propone muovendosi verso la palla con un giro frontale.

- *il difensore del bloccante ostacola il taglio del bloccato:* nel caso in cui il difensore del bloccante effettua ostacolo di corpo (*body check)* sul taglio di 3, il bloccante 5 dovrà essere pronto a proporsi al centro dell'area (diag.9) o verso il canestro (diag.10). L'attaccante 3 potrà muoversi offrendo una seconda linea di passaggio ed avvantaggiarsi di un eventuale cambio difensivo.

diag.8

diag.9

diag.10

Nel caso di blocco orizzontale fra due centri, con palla in ala, le opzioni non si discostano molto da quanto già visto in precedenza. Si evidenzia solo che, nel caso del difensore che rimane sul blocco, i due centri possono efficacemente collaborare fra di loro (gioco alto-basso): infatti, il giocatore 4 sfrutta il blocco per avvantaggiarsi in *post* basso, mentre il bloccante 5, effettuando un giro frontale, sale per essere pronto ad una eventuale ricezione (diag.11); ciò gli potrà consentire di giocare di sponda per il compagno o di trovare lui stesso una soluzione contro un eventuale aiuto difensivo del proprio avversario (diag.12).

diag.11

diag.12

Oggi è anche frequente veder giocare un blocco verticale con il duplice scopo di passare lob per un centro (bloccato) in taglio verso il canestro, o per una ricezione di un'ala alta (bloccante) per attaccare da lontano su un eventuale cambio difensivo (diag.13).

diag.13

I blocchi che coinvolgono più giocatori (*screen the screener, tandem*) sono strutturati in modo tale da avere molteplici soluzioni legate alle caratteristiche dei giocatori coinvolti, privilegiando attaccanti estremamente pericolosi, mettendoli in condizione di netto vantaggio nei confronti del diretto avversario. Visto il numero di giocatori coinvolti le variabili tattiche sono numerose: qui di seguito viene illustrata a titolo esemplificativo una situazione di blocco tandem abbastanza frequente, dove inizialmente i due lunghi (4 e 5) posizionati in lunetta possono bloccare il giocatore 1 con palla (diag.14), per poi portare due blocchi verticali in successione per 2 (diag.15), che cercherà di avvantaggiarsi, in base alle reazioni difensive, per un tiro sul perimetro o per un movimento in allontanamento.

diag.14

diag.15

La proposta di alcuni esercizi può suggerire altre forme di attività funzionali per lo sviluppo delle collaborazioni

L'insegnamento sia delle collaborazioni in forma libera, che in forma preordinata, come quelle con l'uso dei blocchi dovrà prevedere sia attività senza difesa che con la difesa. Chiaramente, gli esercizi con l'inserimento della difesa mirano, in fase iniziale, a far comprendere gli aspetti generali di interferenza con l'avversario e gli approcci tattici di base e, in fase più evoluta, la capacità di condizionare la difesa a proprio vantaggio. Il passaggio a situazioni di gioco di complessità crescente si svilupperà su due direttrici: una, nel caso delle collaborazioni in forma libera, dovrebbe lasciare ai giocatori la possibilità di risolvere le problematiche avendo consapevolezza degli strumenti a propria disposizione; l'altra, nelle collaborazioni in forma preordinata e in quelle con i blocchi, metterà i giocatori di fronte a situazioni che in qualche modo presentano dei confini, poiché saranno delimitati gli spazi di azione e i tempi di esecuzione, pur lasciando sempre una qualche libertà d'azione derivante dalle variabili tattiche.

Le attività senza difesa (a secco) hanno lo scopo di acquisire, inizialmente, comportamenti non condizionati dalla difesa, come ad esempio gli adattamenti relativi a regole di organizzazione e di scelta, o in adattamento ai comportamenti dei compagni, attività che implicano un impegno di attenzione e decisionale costante; in fase più evoluta il lavoro senza difesa sarà utile per automatizzare comportamenti preordinati e definire aspetti tecnici di maggiore rilievo. Di seguito verranno proposte una serie di attività con finalità diverse e la cui collocazione all'interno di un'ipotetica sequenza didattica potrà essere personalizzata in base alle esigenze specifiche della squadra. Il processo formativo, nella sua globalità, richiede tempi molto lunghi ed il rispetto di alcune tappe di apprendimento tecnico basilari per ottenere risultati apprezzabili sul piano applicativo; pertanto i lavori con difesa e senza difesa potranno essere alternati in base alle esigenze di rinforzo o di revisione sia tecnica che tattica; inoltre, le attività con difesa, proposte in fase di apprendimento, hanno lo scopo di chiarire qual è il contesto reale in cui si dovrà applicare una certa tipologia di collaborazione. Per tale ragione si ritiene che non possa essere predefinito didatticamente il modo di procedere nello sviluppo di attività formative che hanno valenza tattica, in quanto le variabili legate al processo insegnamento/apprendimento richiedono spesso revisioni e riproposizioni didattiche che il tecnico sviluppa in base a propri metodi e convinzioni. Nelle collaborazioni in forma libera, le esercitazioni di 2 c 0 sul perimetro saranno orientate ad una corretta spaziatura in funzione di eventuali aiuti, come nei diagrammi sottostanti dove l'esterno 2, sulla penetrazione di 1, può adattarsi andando nell'angolo e quindi alle spalle del proprio avversario (diag.1), o andando incontro alla palla (diag.2), o allontanandosi (diag.3). Chiaramente, queste esercitazioni devono prevedere la capacità del giocatore di immaginare i comportamenti difensivi e quindi una certa esperienza situazionale di gara. L'allenatore potrà dare indicazioni su chi deve concludere e sul tipo di soluzione (tiro da sotto o tiro da fuori).

Può anche, in modo artificioso, far tirare entrambi utilizzando un appoggio con palla, come nella collaborazione fra un giocatore esterno ed uno interno illustrato nel diagramma 4: il giocatore 1 parte in penetrazione centrale e passa a 5 che taglia alle spalle di un ipotetico aiuto e tira; 1 esce in angolo per ricevere dall'appoggio e tira da fuori.

L'esercitazione, così strutturata, stimola l'impegno e la concentrazione di tutti i giocatori.

Le difficoltà potranno essere inserite gradualmente con la presenza di un difensore che inizialmente si atterrà alle indicazioni dell'allenatore. Ad esempio, nel diagramma 5, il giocatore con palla sotto canestro, effettua il passaggio ad uno dei due giocatori posizionati sul perimetro e va a marcarlo per contenerne in modo didattico la penetrazione. L'attaccante si muove solo dopo aver ricevuto la palla, il compagno si adatta per poi ricevere e concludere a canestro.

Successivamente potrà essere proposto un esercizio in parità numerica (2 c 2 metà campo), come illustrato nel diagramma 6, ma con l'attaccante con palla che parte con un vantaggio sulla difesa (difensore di fianco); sull'aiuto portato dall'altro difensore, l'attaccante passerà la palla al compagno che conclude con un taglio e tiro a canestro.

diag.5

diag.6

L'inserimento di ulteriori attaccanti nelle esercitazioni a secco porterà conseguentemente ad un adeguamento nell'utilizzo degli spazi e al riconoscimento del *timing* efficace nell'utilizzo dei movimenti. Nel diagramma 7 (3 c 0 in metà campo), il giocatore che penetra centralmente avrà a disposizione due linee di passaggio: una per l'esterno che si sposta verso l'angolo e una per il centro che taglia sotto canestro.

diag.7

È conseguente che nella fase applicativa, almeno inizialmente, si riprodur-
ranno situazioni facilitate: ne è un esempio il 3 c 3 a metà campo illustrato
nel diagramma 8. L'attaccante con palla penetra avvantaggiandosi dello
sbilanciamento del proprio avversario che tocca la mano dell'appoggio;
sull'aiuto portato dal difensore sotto canestro, l'attaccante dovrà individuare il compagno libero, poiché il terzo difensore ha avuto indicazione di
scegliere in maniera decisa l'attaccante su cui andare a difendere (o in alto,
o in basso). Si sottolinea ancora una volta che l'obiettivo del giocatore con
palla dovrà essere quello di attaccare il canestro e non partire con l'idea di
passare la palla (scarico).

diag.8

Lo stesso concetto è riproposto in un esercizio di 3 c 3 più appoggio in
metà campo illustrato nel diagramma 9: l'attaccante 2, dopo aver passato
la palla all'appoggio, si smarca in ala e riceve il passaggio di ritorno; a questo punto palleggia su un lato inducendo il proprio avversario a toccare il
birillo corrispondente, per poter poi attaccare sul lato opposto e collaborare con i compagni avendo "letto" le scelte difensive (diag.10).

diag.9

diag.10

Per rendere il lavoro più complesso, anche nell'ottica di un utilizzo delle collaborazioni in un contesto di 5 c 5, può risultare formativo lavorare limitando gli spazi. Ad esempio, nel diagramma 11, la collaborazione (2 c 2) deve svilupparsi solo su un quarto di campo, mentre nel diagramma 12 (3 c 3) la linea diagonale che divide in due la metà campo, obbligherà i tre attaccanti a utilizzare passaggi dietro la linea di penetrazione, con rimpiazzi e conclusioni da fuori.

diag.11

diag.12

Gli esercizi che seguono propongono situazioni di gioco preordinate e con blocchi, con l'inserimento o meno della difesa; si ricorda, infatti, che gli esercizi con l'uso dei blocchi possono prevedere, in fase iniziale, una fase di conoscenza della collaborazione in contesto situazionale reale (quindi con difesa) e fasi in cui la difesa può essere utilizzata in parte, sostituita nei lavori a secco da sedie o addirittura eliminata.

Nel diagramma 13, ad esempio, la proposta riguarda un 2 c 0 con due appoggi, entrambi con palla: 1 gioca *pick and roll* centrale con 2 che riceverà la palla nel momento in cui taglia dentro; 2 tira da sotto, mentre 1 riceve un passaggio dall'appoggio sul proprio lato (sponda) per un tiro da fuori.

diag.13

Si potrà anche avere 1 che penetra a canestro e 2 che, dopo il blocco, salta fuori per ricevere da uno dei due appoggi e tirare dal perimetro. Gli appoggi simulano l'azione delle sponde, poiché si ritiene poco realistico proporre esercitazioni di *pick and roll* con soli due attaccanti.

Infatti, la proposta applicativa deve prevedere almeno tre attaccanti e tre difensori. Nel diagramma14, il giocatore 2, dopo aver passato all'appoggio esce in ala, sfruttando il vantaggio derivante dal fatto che il proprio difensore è di spalle, e riceve il passaggio di ritorno. A questo punto il giocatore 3, partendo dall'angolo opposto, sale a portare un blocco, mentre 1 taglia sia per liberare il lato, sia per diventare un punto di appoggio per una eventuale sponda (diag.15). Inizialmente l'allenatore può chiamare la tipologia di difesa da adottare (aggressiva, contenitiva, *show* del difensore del bloccante, raddoppio, cambio), guidando così le scelte dell'attacco, per poi lasciare in seguito libertà di scelta.

diag.14 diag.15

Per quanto riguarda i blocchi lontano dalla palla si possono proporre esercizi in continuità impegnando tre attaccanti: ad esempio, nel diagramma 16 (blocchi verticali), 1, dopo aver passato a 2 (a) blocca per 3 e si sposta sul lato opposto, dove si prepara a sfruttare il blocco di 2 che a sua volta avrà passato la palla a 3 (b); nel diagramma 17 (blocchi ciechi), i ribaltamenti di palla avvengono tramite un appoggio con la sequenza indicata dalle lettere.

diag.16 diag.17

Seguendo la traccia dei lavori già descritti, si potranno avere esercitazioni con progressivo inserimento dei difensori (situazioni di 3 c 1 o 3 c 2), nelle quali saranno comunque limitate le scelte dell'attacco (potranno andare a concludere solo i giocatori marcati individualmente). Potranno essere proposte situazioni applicative di 4 c 4 in metà campo che riproducono situazioni parziali di gioco con combinazioni di tipologie di blocco. Nel diagramma 18, ad esempio, il 4 c 4 prevede inizialmente un *ball screen* tra 1 e 5, poi un blocco cieco di 2 per 4 e infine, come mostrato nel diagramma 19, un blocco di 5 per 2 *(screen the screene*r). Le soluzioni saranno conseguenti le letture che i giocatori faranno sia dei movimenti dei compagni che dei diretti avversari.

diag.18 diag.19

16 - LA COMBINAZIONE DI PIÙ FORME DI COLLABORAZIONE PERMETTE DI ATTACCARE LA DIFESA INDIVIDUALE

Quanto precedentemente esposto, rappresenta la base su cui costruire un attacco alla difesa individuale da identificarsi in un sistema di gioco. Nell'operare dovrebbero avere spazio alcune considerazioni di carattere generale che fanno riferimento alla programmazione del lavoro (annuale, pluriennale, in occasione di particolari eventi), gruppi di riferimento (senior, giovanili), obiettivi (formativi, prestazionali), caratteristiche individuali dei giocatori, "filosofie" dell'allenatore.

E se è vero che si può concordare con l'affermazione che tutti i sistemi di gioco hanno come obiettivo di porre i propri giocatori in condizione di realizzare canestri il più facilmente possibile, è anche vero che nel corso degli anni si è spesso dibattuto sulla opportunità di seguire un proprio stile di gioco conformando le caratteristiche dei propri giocatori al metodo, o viceversa modellare il gioco adattandolo alle abilità dei giocatori a disposizione. Vi sono allenatori passati alla storia per aver utilizzato sempre un unico sistema di gioco: racconta Dean Smith (1983), allenatore per tanti anni all'Università di North Carolina, riferendosi ad Adolph Rupp, allenatore di Kentucky, che *"l'unico grosso ed evidente cambiamento nelle sue squadre fu la scelta di un nuovo modello di divise"*, ma c'è anche chi ritiene, come afferma Gene Victor (1991), che *"esistono forse più giochi d'attacco che non allenatori"*.

I sistemi di gioco hanno rappresentato, e rappresentano ancora oggi, il riferimento per generazioni di tecnici; ne sono un esempio il *Triple-Post Offense* di Tex Winter, il *Princeton Offense* (dal nome dell'Università che lo gioca tutt'oggi) di Pete Carril, *L'attacco con un post alto* di John Wooden alla UCLA, il *Flex Offense* di Gary Williams dell'Università di Maryland. Per non parlare di *Passing Game*, *Motion Offense*, *Spread Offense* (attacco allargato), combinati fra loro, con due guardie, due *post* e così via, di cui si trovano esemplificazioni sui siti internet che hanno sostituito le riviste specializzate di una volta (Giganti del Basket, Clinic, ecc.). A far da riferimento sono stati spesso i College statunitensi dove obiettivo primario è stato rappresentato dalla formazione dei giocatori e dove è ancora oggi ben radicata la continuità di lavoro sia di staff che di giocatori. Oggi creare una continuità nel sistema di gioco nella pallacanestro senior, soprattutto in Europa, e in particolare in Italia, è spesso utopistico. Le richieste in termini di risultato sono sicuramente predominanti rispetto alla formazione dei giocatori, per cui gli allenatori si sono adeguati manifestando una maggiore duttilità.

Pertanto, si evidenzia sempre più la necessità di creare situazioni che privilegino le caratteristiche dei giocatori a disposizione, anche in funzione di *roster* che spesso cambiano radicalmente nel corso della stessa stagione. Ne consegue l'utilizzo di schemi di gioco predefiniti (*pick and roll*, doppia uscita) il cui utilizzo generalizzato favorisce il rapido inserimento dei giocatori. È pur vero che risultati prestigiosi sono stati ottenuti da quegli allenatori (Ettore Messina ne è un esempio) in grado di creare una relazione efficace tra la propria filosofia e le doti eccezionali, sia in termini di creatività che di abilità specifiche, dei giocatori a loro disposizione. Ciò viene posto in maggior risalto lì dove, soprattutto nel basket moderno, si richiede rapidità nell'adattarsi a situazioni che mutano rapidamente sia nel corso della partita che di una stessa azione: è il caso di quelle squadre che, mescolando le caratteristiche della difesa a zona con quelle della difesa individuale, inducono gli allenatori avversari a ricercare attacchi "multipli" in grado di affrontare tali problematiche. Tutto questo ci riconduce all'aspetto formativo per cui, se con i giocatori non si insiste a rimarcare l'elevato valore dei fondamentali offensivi con e senza palla, ben poco potrà ottenere un attacco, pur bello nella forma, ma che inevitabilmente non sarà efficace nella sua esecuzione.

A livello giovanile la scelta di una formazione equilibrata non può e non deve essere orientata verso quelle esigenze tattiche che caratterizzano le leghe maggiori, ma deve tener conto di quanto i giovani hanno bisogno di apprendere, in modo rigoroso, come base tecnica per ambire a livelli più alti; la scelta del sistema di gioco dovrebbe essere, dunque, nelle fasce più piccole e intermedie, esclusivamente indirizzata ad acquisire padronanza nei mezzi tecnici, a ricercare soluzioni tattiche semplici ma efficaci, a crescere in termini di determinazione agonistica, favorendo esperienze multi ruolo ed evitando forme di specializzazione precoci. Nelle fasce dei più grandi (U18), quando si può ipotizzare anche un utilizzo nei *roster* di prima squadra, allora diventa necessario che i giocatori acquisiscano elementi che siano parte integrante di giochi più strutturati. Invece è sempre più frequente vedere squadre giovanili allenarsi e giocare imitando le squadre senior, pur non avendone le peculiarità, con l'unico obiettivo di privilegiare il risultato sportivo: ciò si evidenzia spesso in quelle squadre dove la presenza di un elemento particolarmente dotato viene "sfruttata" (gioco individualista) a scapito del "gioco di squadra", con conseguenze immaginabili nei compagni. Dare a tutti i giocatori in campo l'opportunità di essere pericolosi, renderà il compito della difesa più complicato perché non potrà concentrare le proprie attenzioni solo su uno o due giocatori. Passare, penetrare in palleggio o tirare devono rappresentare il riferimento per tutti i giocatori che entrano in possesso della palla, e che devono avere consapevolezza delle proprie abilità.

Inoltre, più alto sarà il livello di responsabilità individuale, perché tutti si sentiranno coinvolti e protagonisti, e più sarà elevato lo spirito di squadra. E ancora, tutti saranno motivati a muoversi in continuità e non a guardare il punto del campo dove si ritiene sia coinvolto il giocatore/giocatori più abile/i nel concludere a canestro. Ad esempio, spesso accade che i giocatori sul lato debole non prendano iniziativa, non aiutando in tal modo (impegnando i difensori) i propri compagni che stanno sviluppando un'azione sul lato forte. Infatti, avere la capacità di adeguare i propri movimenti a quelli del giocatore in possesso di palla, metterà in condizione l'attaccante di essere pronto a sfruttare gli eventuali adeguamenti difensivi per effettuare tagli, portare blocchi, andare a rimbalzo in attacco, ecc.

Da ciò ne consegue che sarà importante avere una conoscenza approfondita delle caratteristiche dei giocatori, meglio se in modo diretto, piuttosto che attraverso informazioni provenienti da allenatori precedenti o, come sempre più spesso accade oggi, attraverso la visione di filmati che per lo più mostrano clip delle migliori azioni. Sarà utile nella fase iniziale della stagione (precampionato) utilizzare situazioni di gioco libero per avere modo di studiare attentamente le abilità individuali e le capacità di adattamento; in tal senso si potranno proporre alcune regole semplici di organizzazione e di scelta, alle quali si è già fatto cenno precedentemente, che permetteranno di orientarsi nello sviluppo del gioco.

Cercare oggi di suddividere in grandi categorie le tipologie di gioco risulta estremamente difficile: gli allenatori nel corso degli anni, sfruttando le proprie esperienze, hanno di fatto combinato le caratteristiche dei vari sistemi. D'altronde, ad esempio, un gioco d'attacco a termine (quindi con soluzioni predefinite) prevede anch'esso che ci si muova (*motion*) in base alle reazioni della difesa (gioco di letture) e che si utilizzi il passaggio (*passing*) per ribaltare i lati del gioco. Di seguito, pertanto, vengono illustrate in sintesi, quelle che sono le caratteristiche principali di alcuni sistemi, distinguendoli fra loro per l'importanza che di volta in volta assumono al loro interno le regole di scelta e di organizzazione: queste passano dall'essere un punto di riferimento orientativo nei giochi per letture, ad indicazioni più definite nei giochi come il *Passing Game* e la *Motion Offense*, per arrivare ad avere contorni molto definiti nelle opzioni dei giochi a termine.

Il gioco per letture (o gioco libero) richiede capacità di scelta

È un tipo di gioco che partendo da uno schieramento qualunque (solo esterni come in diagramma 1, esterni più interni come nei diagrammi 2 e 3), unisce la capacità di scelte autonome dei giocatori alle esigenze tattiche di movimenti decisi in anticipo; i giocatori dovranno mediare tra le possibili scelte frutto di letture situazionali, e le diverse tipologie di collaborazione preordinate. Se in alcune condizioni il giocatore potrà scegliere un qualunque comportamento che ritiene funzionale alla situazione, in altri frangenti, dovrà scegliere solo tra le opzioni permesse e chiaramente predeterminate.

Viene spesso identificato come *Passing Game (gioco di passaggi)* o *Freelance (gioco libero)*. Esso ha una valenza didattica notevole poiché consente ai giocatori di allenarsi e giocare migliorando sia le abilità tecnico-tattiche che gli aspetti decisionali. Pur riconoscendo il valore del 1 c 1 con palla (uso appropriato del palleggio per attaccare l'avversario e il canestro) non dovrà rappresentare l'unico elemento di riferimento; infatti, con i termini *passing* (passaggio) e *free* (libero) si intende rimarcare l'importanza data al giocatore senza palla che potrà anch'esso utilizzare la stessa libertà concessa al giocatore con palla.

L'allenatore condividerà con i giocatori alcune regole di base, affinché tutti possano ricercare soluzioni efficaci, soprattutto se complessivamente la squadra non presenta vincoli di ruolo (nessuno specialista in assoluto). Questo consente, ad esempio, nel caso di una transizione offensiva, quindi su un contropiede non finalizzato, che non ci sia bisogno di organizzare lo schieramento, ma i giocatori faranno riferimento all'occupazione di uno spazio predeterminato (diag.4).

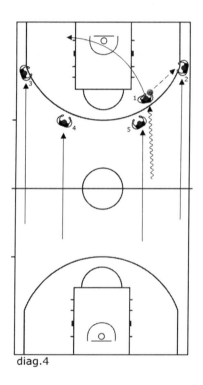

diag.4

Altra regola può essere quella, sempre per una corretta spaziatura, che non si occupino posizioni intermedie, ma che i riferimenti siano la linea dei tre punti (all'esterno), o l'area dei tre secondi (post alto/basso). Nel diagramma 5, la posizione di 3 e di 5 potrebbe, in qualche modo, essere di ostacolo alle iniziative di 4 e di 2, mentre nel diagramma 6 viene illustrato un posizionamento più efficace.

I tagli devono essere fatti in modo deciso: dal lato debole sfruttando eventuali adeguamenti difensivi e utilizzando il corpo per acquisire un vantaggio magari vicino canestro (diag.7); sul lato forte per liberare spazi per la penetrazione di un compagno dal perimetro (diag.8) o per avvantaggiarsi quando la palla è al *post* basso (diag.9), o ancora per non occupare troppo a lungo una stessa posizione.

È importante che vi sia comunque un equilibrio fra gioco esterno e gioco interno: "ogni 2/3 passaggi diventa importante provare a far pervenire la palla ad un giocatore posizionato in *post* alto/basso". Anche l'uso dei blocchi può rientrare in un sistema di regole: ad esempio, ogni volta che c'è un ribaltamento di palla (diag.10), il giocatore che ha passato la palla, in questo caso 2, sfrutta un blocco cieco portatogli da 5; un'altra situazione può nascere dal ribaltamento di palla di 5 (diag.11) che poi va a portare un blocco sul giocatore 1 che ha ricevuto il passaggio.

diag.10 diag.11

In un sistema di gioco che fa riferimento alle letture, diventa prioritario il concetto di "precedenza": ad esempio privilegiare sempre l'1 c 1 del giocatore che ha ricevuto palla; nell'esecuzione di più tagli, sarà colui che è in visione della porzione più ampia di campo (diag.12) che dovrà eventualmente muoversi coordinandosi con il compagno (rallentare il movimento).

diag.12

Indubbiamente dal punto di vista della costruzione di un sistema di gioco per letture, occorrerà avere molta pazienza e dedicare molto lavoro su esercitazioni parziali a 3 e a 4 attaccanti, per migliorare la consapevolezza delle proprie abilità e la conoscenza di quelle dei compagni: pertanto, le proposte dovrebbero essere orientate a sollecitare la disponibilità mentale dei giocatori, al fine di raggiungere un equilibrio nel controllo delle situazioni che di volta in volta si presenteranno.

Esempio di gioco per letture

A quanto già indicato precedentemente possiamo aggiungere alcune indicazioni che possono rappresentare dei riferimenti rispetto ai ruoli occupati dai giocatori in campo.

Per i giocatori esterni con palla:
- *usare* il palleggio per attaccare il canestro
- "muovere" la difesa con almeno tre passaggi (ribaltare il lato della palla);
- sfruttare il *pick and roll* con palleggi in profondità;
- cercare la collaborazione (passaggio) con i *post* (alto/basso);
- ricercare le soluzioni perimetrali (tiro da fuori), a meno di situazione vantaggiose, solo dopo aver ricercato un gioco con l'interno;
- non tenere a lungo la palla se non si intravedono gli elementi per una iniziativa individuale;
- dopo aver passato la palla rispettare eventuali "precedenze" del giocatore con palla;
- tagliare a canestro o in allontanamento;
- rimpiazzare lungo il perimetro negli spazi lasciati liberi dal movimento dei compagni.

Giocatori esterni senza palla:
- rispettare le iniziative del compagno con palla (precedenza), non occupando posizioni che potrebbero essere utilizzate;
- tagliare verso la palla per riceverla;
- impegnare il proprio difensore per evitare azioni di aiuto;
- sfruttare i blocchi dei *post* (alto/basso);

Giocatori interni:
- almeno un giocatore interno deve occupare la posizione di *post* alto;
- ricevuta la palla in *post* alto il giocatore può attaccare il canestro, giocare con un eventuale compagno posizionato in *post* basso e che cerca di prendere spazio all'interno dell'area dei tre secondi;
- ribaltare la palla sull'altro lato per un giocatore perimetrale e scegliere se tagliare a canestro, giocare *pick and roll* con il compagno a cui si è passata la palla, bloccare un esterno lontano dalla palla;
- un eventuale *post* basso deve rimpiazzare il compagno che libera la posizione di *post* alto;
- se il *post* basso riceve palla deve attaccare il canestro o guardare il taglio del *post* alto o di un esterno dal lato debole;

- il *post* basso può anche uscire a portare un blocco sull'esterno entrato in possesso di palla.

In concreto, ad esempio, in seguito ad una transizione offensiva (diag.13), il *playmaker* 1 dopo aver passato la palla a 2 in ala, decide, qualora 2 non prendesse l'iniziativa di attaccare il canestro, di tagliare e andare a posizionarsi in uno dei due angoli; uscendo sul lato della palla può rimpiazzare 2 nel caso questi tagli dopo aver ribaltato la palla sull'altro lato tramite i passaggi di 5 e 3; 4 porta un blocco per il giocatore 2 lontano dalla palla. 1 uscendo nell'altro angolo dovrà adattare il suo posizionamento a quello degli altri compagni: ad esempio, se 5 in *post* alto (diag.14), gioca *pick and roll* con l'esterno 2, e attacca il canestro tagliando in area, 1 può svolgere il ruolo di sponda per servire la palla dentro.

diag.13

diag.14

Se 3 non passa ad 1, può ritornare la palla a 2 (diag.15) che può cercare un gioco interno con 4 in *post* basso; se ciò avviene, 5 va ad occupare la posizione di *post* alto con 3 che taglia forte in area dal lato debole; se invece 4 si allarga (diag.16), 2 cerca di servire 1 che taglia su blocco orizzontale di 5; questi, a sua volta, offre un'alternativa di passaggio.

diag.15

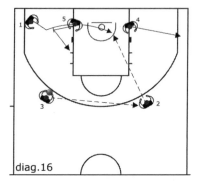

diag.16

Didatticamente si procederà inizialmente ad illustrare il gioco globalmente attraverso il lavoro di 5 c 5, per procedere dopo in modo analitico, ma graduale, nella esemplificazione delle indicazioni/regole. In pratica si tratta di inserire i lavori all'interno del 5 c 5, specificandoli e inizialmente non consentendo se non l'applicazione di una/due regole. Si può limitare o escludere l'uso del palleggio per stimolare il passaggio e il gioco senza palla. Anche l'utilizzo delle soluzioni di tiro può essere indirizzato. In seguito, le regole saranno allenate in situazioni parziali di gioco (2 c 0, 3 c 0), curando in modo particolare l'uso dei fondamentali; andando ad inserire progressivamente la difesa (2 c 2, 3 c 3), l'attenzione sarà focalizzata sugli aspetti decisionali e quindi sul riconoscere (leggere) le situazioni che si andranno a sviluppare. Può anche essere dedicato del tempo a lavori in cui i giocatori giochino in ruoli non abituali (esterni al posto degli interni e viceversa): ciò amplierà il bagaglio tecnico individuale e metterà in condizione tutti di avere la conoscenza completa del gioco. Infine, si tornerà al 5 c 5 come momento di sintesi di quanto svolto.

Il gioco in continuità (o gioco con regole) segue regole specifiche

Motion Offense e *Passing Game* sono alcuni dei giochi i cui movimenti sono dettati prevalentemente dalla scelta della posizione verso cui si è deciso di passare la palla (passaggio in guardia, in ala, in post, ecc): una volta passata la palla il giocatore sa, in modo predeterminato, cosa fare e quali opzioni sono previste. Molti di questi giochi con l'andare del tempo si sono coniugati (uniformati), poiché il movimento di uomini (*motion*) e quello della palla (*passing*) sono abitualmente elementi essenziali del gioco moderno. Un esempio che è stato largamente adottato in passato è il *Flex Offense*, nato da una variazione di un altro attacco lo *Shuffle Offense*, creato negli anni '50 da Coach Bruce Drake nell'Università dell'Oklahoma. Il suo utilizzo, con l'introduzione della regola dei 24", si è notevolmente ridotto in Europa, mentre mantiene una sua validità nella NCAA dove è consentito il possesso di palla per 30". L'esperienza porta anche ad affermare che spesso i giocatori, coinvolti dalla sequenzialità dei movimenti e concentrati sui possibili passaggi, sono portati a trascurare situazioni vantaggiose di 1 c 1 che più volte si presentano.

Il Flex Offense

Il *Flex Offense* trae il suo nome dal fatto che costringe la difesa a contrarsi e quindi ad espandersi. La prima opzione contrae la difesa per coprire un taglio all'interno della difesa, la seconda opzione obbliga a espandersi per coprire un tiro da fuori (Harkins 1983); di seguito vengono esposti i movimenti base.

Partendo da uno schieramento che prevede due guardie, due angoli e un *post* basso sul lato della palla (diag.17), quando 1 effettua un passaggio orizzontale a 2 (guardia-guardia), 3 taglia sul blocco di 5 che a sua volta sfrutterà il blocco verticale di 1 per salire in guardia; 2 può passare la palla a 3 per una soluzione da sotto, o a 5 per un tiro dalla posizione di *post* alto se il suo difensore è in ritardo.

Se 3 non riceve, termina il taglio in *post* basso sul lato della palla (diag.18), 5 sale in guardia sul lato opposto e 1 dopo il blocco si apre in angolo; come si vede il posizionamento è identico a quello iniziale ma ribaltato. A questo punto, su passaggio orizzontale da 2 a 5, si ripropongono gli stessi movimenti con le stesse opportunità: 4 taglia sul blocco di 3, che a sua volta sfrutta il blocco verticale di 2.

diag.17   diag.18

Una variante può essere data dal passaggio guardia-ala: infatti se con palla a 2, 4 sale in ala, può ricevere per cercare un allineamento con 3 posizionato in *post* basso (diag.19); dopo il passaggio, 2 taglia forte a canestro, mentre gli altri esterni si muovono sul perimetro per occupare le posizioni che si sono liberate. Oppure 5 e 2 bloccano per 1 che esce alto per ricevere da 4 (diag.20), per poi posizionarsi e dare eventuale continuità all'attacco (diag.21). Altra possibilità può scaturire dal passaggio in *post* basso (diag.22): ad esempio, con palla a 3, 4 blocca per 1 e poi taglia a canestro.

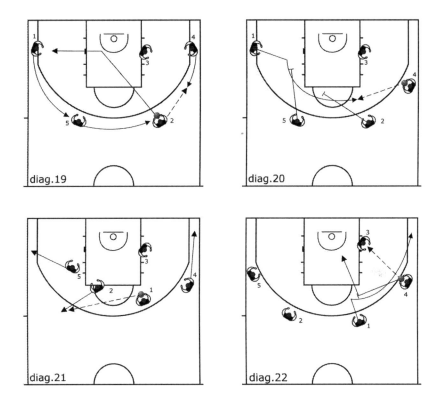

diag.19

diag.20

diag.21

diag.22

La Motion Offense (attacco in movimento)

È un attacco che punta sulla capacità dei giocatori di determinare scelte sula base di movimenti che rispondano a regole concordate. Le sue origini vengono fatte risalire a metà del XX secolo a Coach Hank Iba, due titoli NCAA vinti con Oklahoma State University (1945-1946) e due titoli olimpici con la nazionale USA (1964-1968), ma in tempi più recenti ne sono stati interpreti eccezionali Dean Smith (North Carolina) e Bobby Knight (Indiana University). Come nel caso del *Flex Offense* è un gioco che punta a migliorare le abilità tecniche individuali. Tra i vantaggi riconosciuti vi è quello della suddivisione delle responsabilità fra tutti i giocatori, poiché partecipano utilizzando tutte le posizioni e ricercando sia soluzioni personali dal perimetro o da sotto, o adattamenti in seguito ai movimenti dei compagni; in particolare, allena i giocatori a pensare e ad agire in base ai comportamenti della difesa. Questo rende anche difficile monitorare questo attacco e preparare tutte le eventuali contromisure. È facile individuare i lavori allenanti poiché la scelta delle sequenze didattiche è legata all'insegnamento graduale delle regole, prima in forma esecutiva e poi in contesti applicativi. Le possibili difficoltà nascono dall'avere magari in squadra uno/due giocatori particolarmente abili e quindi portati a ricercare una soluzione rapida, spesso a discapito di un compagno posizionato meglio. Partendo da una disposizione iniziale, i giocatori si muovono avendo come riferimento le regole organizzative e di scelta delineate dall'allenatore. Ad esempio, le regole organizzative indicative dello spazio potrebbero prevedere che vengano occupate precise posizioni perimetrali (fuori dalla linea dei tre punti) e posizioni interne (post alto/basso), come illustrato nel diagramma 23, anche indipendentemente dalla specificità dei ruoli; oppure che si possa partire utilizzando una situazione di doppio *stack* come nel diagramma 24, dove gli spazi sono più ristretti.

diag.23

diag.24

In entrambi i casi potremmo trovarci in presenza di soluzioni rapide: per il primo schieramento, nel diagramma 25 vengono mostrate diverse opzioni di passaggio per 1 che osserva quanto si sviluppa dai blocchi portati da 4 e 5 in favore di 3 e 2; per il secondo caso (diag.26), 1, spostandosi in palleggio in ala, serve 3 che ha sfruttato il blocco di 4 salendo in punta; 3 è in condizione di cercare il passaggio per 2 in uscita a sua volta sul blocco di 5 (diag.27). Vi può essere un buon tiro per 2 o per lo stesso 5 che ruota dentro l'area; 1 ha l'alternativa di passare a 4 vicino canestro per tentare una soluzione in avvicinamento.

diag.25

diag.26

diag.27

Nel momento in cui dallo schieramento iniziale non si perviene a soluzioni immediate, i giocatori entrano in un sistema che fa riferimento a regole preordinate. Un esempio potrebbero essere le indicazioni per i giocatori sul perimetro:

- passare e tagliare: 1 dopo aver passato la palla a 4 in *post* basso taglia a canestro (diag.28);

diag.28

- passare e rimpiazzare occupando uno spazio che si è liberato in seguito ad un movimento di un compagno (diag.29);

- passare e bloccare in allontanamento (diag.30 soluz. a) o giocare per un movimento di *hand off* sul lato della palla (diag.30 soluz. b);

- mantenere una corretta spaziatura (adattamento) per favorire l'azione di un compagno (diag.31);

- ricercare un passaggio ad un giocatore interno (diag.32), dopo aver fatto circolare la palla sul perimetro (2-3 passaggi).

diag.32

Allo stesso modo possono intendersi le regole per i giocatori interni:
- occupare sempre una posizione di *post* tra quelle di *post* alto o basso e, nel caso di presenza di due giocatori interni non sovrapporsi (diag.33);

diag.33

- liberare la posizione per favorire l'azione di un compagno che attacca il canestro (diag.34);

diag.34

- spaziarsi per ricevere anche in funzione di un miglioramento del gioco di passaggi (ribaltamento) (diag.35), per poi andare a bloccare (*pick and roll*) (diag.36).

diag.35

diag.36

- se non si riceve, portare un blocco per un giocatore interno (a) o per un giocatore esterno (b) (diag.37).

diag.37

Queste rappresentano solo alcune esemplificazioni, ma è evidente che ogni allenatore strutturerà il sistema sulla base di considerazioni legate agli obiettivi, facendo riferimento alle caratteristiche del *roster*.

Anche nel caso del *Flex Offense* e del *Motion Offense* valgono le indicazioni didattiche delineate in precedenza, e che orientano i lavori privilegiando le situazioni da scomporre in modo analitico (dal 1 c 1 al 3 c 3 a metà campo), sia sul perimetro che all'interno, per poi inserirle nel contesto globale. È evidente però che in queste tipologie di attacco sono già delineati i ruoli e pertanto non si potrà prescindere da lavori sulla specificità dei movimenti con particolare riferimento ai tiri. Questo porterà l'allenatore a sottolineare costantemente l'importanza del ruolo occupato da ogni giocatore e da quello che ognuno può dare per contribuire al successo della squadra: sia esso un rimbalzo, piuttosto che un blocco o un tiro.

Il gioco per opzioni è predeterminato

È una tipologia di attacco che prevede movimenti preordinati ognuno dei quali presenta un terminale offensivo. Le varie opzioni sono determinate dalle chiamate del *playmaker* o dal movimento di uno dei giocatori. Ne è un esempio l'attacco di seguito illustrato.

Nel diagramma 38, il giocatore 1, *playmaker*, in punta, passa la palla alla guardia 2 che ha cambiato lato sfruttando i blocchi dei centri 4 e 5. Contemporaneamente l'ala 3 cambia lato tagliando sotto canestro.

diag.38

A questo punto 1 taglia sul blocco cieco di 5 (diag.39) e 2 valuta la possibilità di servirlo mentre taglia oppure quando si posiziona spalle a canestro. Il giocatore 1 può anche interrompere il suo taglio per tornare indietro e bloccare cieco per 4 che taglia forte per ricevere da 2 e attaccare il canestro (diag.40). 1 continua il movimento ed esce in punta sfruttando il blocco di 5 per offrire una seconda linea di passaggio a 2.

diag.39

diag.40

Il giocatore 1, ricevuta la palla in punta, gioca *pick and roll* con 5 (diag.41), mentre gli altri si posizionano per ricevere eventuali passaggi (sponde).

diag.41

Una prima opzione è data dal movimento di 5, che dopo aver bloccato per 2, si apre sul lato opposto sfruttando il blocco di 4, per ricevere da 1 (diag.42) e cercare di servire rapidamente 3 in *post* basso (diag.43).

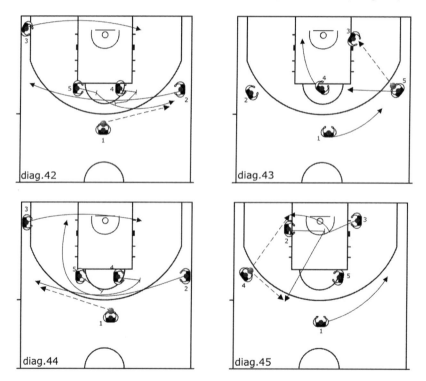

Una seconda opzione è data dal movimento di 4, che dopo aver bloccato per 2, sfrutta a sua volta il blocco di 5 e riceve la palla da 1 (diag.44). A questo punto può passare la palla a 3, che ritorna in *post* basso sfruttando il blocco orizzontale di 2, o allo stesso 2 che sale in punta (diag.45). Il gioco prosegue con il *pick and roll* tra 2 e 5 (diag.46).

diag.46

Una terza opzione è data dalla ricezione immediata di 5 che si apre sul suo lato, mentre 1 dopo il passaggio cambia lato (diag.47); 2 si abbassa in angolo. 5 gioca un *hand off* con 3 (passaggio consegnato), mentre 2, dall'angolo opposto, taglia in *post* basso (diag.48); a questo punto 3 sfrutta il blocco portato da 4, avendo oltre che opportunità per sé, anche la possibilità di far pervenire, direttamente o tramite la sponda di 1, la palla a 5 che taglia in area sfruttando il blocco cieco di 2 (diag.49).

diag.47

diag.48

diag.49

Il gioco a termine sfrutta le caratteristiche individuali

È una tipologia di attacco che ricerca la soluzione sfruttando le caratteristiche di un giocatore o mira a trarre vantaggio da una carenza della squadra avversaria (mancanza di fisicità vicino canestro, esterni non in grado di tenere un 1 c 1 lontano da canestro); ma può anche interpretare un momento tattico della partita, come può essere la giornata particolarmente brillante di un attaccante, oppure un avversario gravato di falli e quindi condizionato nel difendere, o, ancora, nel caso di azioni decisive (ultimo tiro).

I giochi a termine fanno riferimento a situazioni come:

- *pick and roll* e *pick and pop* con soluzioni in avvicinamento e sul perimetro
- centro in posizione di *post* basso
- esterno in posizione di *post* basso
- esterni in uscita dai blocchi per soluzioni perimetrali (tiro) o in penetrazione

Ad esempio, nel diagramma 50, il giocatore 2 sale in guardia sfruttando il blocco di 4 e riceve da 1 che si è spostato in palleggio; contemporaneamente 3 blocca per 5 che sale in lunetta. Adesso 2 e 5 giocano *pick and roll* sfruttando il possibile ritardo dei propri difensori in seguito ai blocchi precedenti (diag.51). Le soluzioni dovranno necessariamente essere conseguenti le scelte difensive.

diag.50

diag.51

Se invece si punta ad avere un vantaggio vicino canestro con un centro, partendo dallo schieramento iniziale illustrato nel diagramma 52, 5 si apre in ala sul suo lato e riceve dal giocatore 1 posizionato in punta; dopo il passaggio 1 si abbassa sfruttando il blocco di 4. I giocatori 2 e 3 si muovono in opposizione: il primo occupa la posizione di *post* basso sul lato di 5, il secondo si apre sul lato opposto. 5 dopo aver passato a 4, sfrutta i due blocchi in successione di 2 (cieco) e di 1 (orizzontale) con l'obiettivo di ricevere vicino canestro da 3 (diag.53). Allo stesso modo, invertendo le posizioni di partenza fra 5 e 2 si può portare quest'ultimo (un esterno) a giocare vicino canestro.

diag.52

diag.53

Nei diagrammi 54, 55 e 56, è illustrato un movimento in favore di un giocatore esterno, in questo caso 3, sia per una soluzione perimetrale che in avvicinamento a canestro. In particolare, lo sviluppo prevede che 1, in punta, passi la palla a 5, posizionato in *post* alto a sx, e tagli a canestro; 4, a sua volta posizionato in *post* alto a dx, blocca basso per 2 che parte in angolo ed esce in guardia per ricevere da 5 (diag.54).

A questo punto 3 può scegliere di tagliare lungo il fondo, sfruttando i blocchi in successione (*stagger*) di 1 e di 4 per ricevere da 2, sia in uscita sul perimetro, che in area in seguito ad un taglio a ricciolo (diag.55). 1 si propone in alternativa uscendo in alto dopo aver sfruttato il blocco di 5.

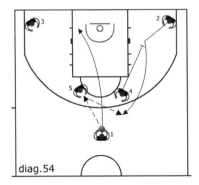

diag.54

diag.55

In alternativa 3 può decidere, leggendo il posizionamento del proprio avversario, di salire alto sfruttando il blocco di 5 per ricevere da 2. 1, in questo caso, correrà sull'altro lato, per uscire sul blocco diagonale di 4 e offrire così un'ulteriore possibilità di passaggio a 2 (diag.56). È evidente che tra le opzioni di 2 sono da considerare tutte quelle legate ai movimenti di blocco e giro sia di 4 che di 5.

diag.56

Anche questa tipologia di attacco si svilupperà dal punto di vista didattico attraverso il passaggio da un approccio globale (5 c 0 metà campo) ad un lavoro analitico (2 c 2, 3 c 3, 4 c 4 metà campo): inizialmente potranno essere utilizzati degli appoggi (anche lo stesso allenatore), una difesa con scelte guidate, limitazioni spaziali e temporali. Per le esigenze sopra illustrate, l'attacco a termine è sicuramente controindicato per una squadra delle prime fasce giovanili, poiché sono richieste caratteristiche che fanno riferimento ad una specificità dei ruoli.

L'organizzazione di alcune rimesse può permettere di acquisire vantaggi immediati

Come certamente è emerso nel corso della trattazione delle collaborazioni, il basket è uno sport dove i dettagli rappresentano spesso l'ago della bilancia di una partita. Da questo punto di vista, alla luce dell'importanza che il tempo riveste nel gioco, le rimesse sono la cartina tornasole di quanto affermato. Oggi vi sono situazioni di gioco nelle quali l'esecuzione precisa del dettaglio può fare la differenza: eseguire efficacemente una rimessa che sia nella propria metà campo difensiva o in quella offensiva, che sia laterale o dal fondo, con pochi secondi da giocare, con riferimento all'azione o addirittura all'intero incontro, un punto sopra o sotto, può significare vincere la partita. Ecco perché, anche le rimesse, necessitano di particolare attenzione e preparazione, perché siano messe in atto tutte le varie opzioni.

Tra i principi generali sicuramente bisognerà considerare gli aspetti legati all'organizzazione della rimessa. Poiché comunque il primo obiettivo è quello di far entrare la palla in campo e non incorrere nella infrazione di 5", è bene che a effettuare la rimessa sia il miglior passatore della squadra, sia in termini di tecnica esecutiva (velocità, precisione, uso delle finte) che di tattica (conoscenza del gioco).

In secondo luogo, l'attenzione va posta su chi deve ricevere il passaggio. Qui necessita distinguere le varie situazioni: se la rimessa è nella metà campo difensiva ed è contro una difesa pressante, l'obiettivo è far pervenire la palla nelle mani del miglior portatore di palla; se la rimessa è nella metà campo offensiva e abbiamo pressione sotto l'aspetto del tempo e del punteggio, la prima opzione è quella che coinvolge il miglior realizzatore; se la squadra avversaria, nel finale di partita, nel tentativo di recuperare il punteggio, cerca di fermare il tempo commettendo falli, la palla dovrà essere rimessa a vantaggio di chi ha percentuali elevate nei tiri liberi; se la squadra avversaria effettua una difesa individuale con cambi sistematici, come spesso accade sulle rimesse dal fondo in zona d'attacco, bisognerà prendere in considerazione che eventuali blocchi siano portati da un piccolo verso un lungo per avvantaggiarsi dei conseguenti *mismatch*. Queste sono solo alcune delle situazioni che ci si trova ad affrontare all'atto di sistematizzare il lavoro tattico sulle rimesse, considerando, comunque, che in queste fasi del gioco ancor più viene messa in risalto la capacità dei giocatori di attuare soluzioni efficaci in tempi e spazi spesso ridottissimi e contro adeguamenti difensivi improvvisi (raddoppi, variazione da difesa individuale a zona e viceversa).

Come per l'attacco alla difesa individuale, anche per le rimesse si hanno numerose soluzioni; pertanto, saranno proposti alcuni esempi di rimessa in zona d'attacco (laterale e dal fondo), lasciando al lettore una traccia per sviluppare soluzioni adeguate alle specifiche esigenze di gioco.

La rimessa può essere strutturata con opzioni diversificate, come illustrato nel diagramma 57: può essere prevista una conclusione rapida come quella conseguente ad un blocco cieco di 5 per 3 (soluz. a, passaggio di 1 a 3); oppure una diversificazione con passaggio di 1 a 5 (soluz. b) e di quest'ultimo a 2, salito in punta dopo aver sfruttato il blocco di 4.

diag.57

Il giocatore 2 con palla potrà scegliere se passare a 3 o a 1, in uscita rispettivamente dai blocchi di 4 o di 5, (diag.58). Entrambi i giocatori potranno cercare una soluzione sul perimetro o servire i bloccanti che proveranno a guadagnare un vantaggio vicino canestro; l'azione può terminare anche con un eventuale *pick and roll* fra chi ha ricevuto il passaggio e il lungo sullo stesso lato (diag.59).

diag.58

diag.59

La rimessa dal fondo di seguito illustrata presenta, anche in questo caso, una soluzione immediata con 3 che sfrutta il blocco di 5 (diag.60), o, in alternativa l'opzione di portare un interno a giocare vicino canestro: infatti 5, dopo aver ricevuto la palla da 2 e aver ribaltato la palla, sfrutta il blocco sempre di 2 per cercare di ricevere in *post* basso sul lato opposto (diag.61).

diag.60

diag.61

diag.62

Allo stesso modo le rimesse laterali in zona d'attacco possono presentare opzioni diversificate, spesso in continuità con i movimenti già utilizzati negli attacchi a metà campo. Ad esempio nella rimessa illustrata di seguito si fa riferimento alla situazione di *screen the screener* (bloccare il bloccante): infatti il giocatore 3 effettua la rimessa per 5 che esce in punta sfruttando il blocco di 1 (diag.62).

1 in seguito si allarga in angolo sullo stesso lato, mentre contemporaneamente il giocatore 4 esce in ala sul lato opposto, sfruttando il blocco di 2 e riceve da 5. A questo punto 3 taglia in area sfruttando il blocco cieco di 2, che a sua volta sfrutta il blocco di 5 per salire in punta (diag.63). Entrambi rappresentano due opportunità di passaggio per il giocatore con palla (4). Il gioco può trovare anche uno sbocco finale nel *pick and roll* tra 2 e 5 (diag.64).

diag.63

diag.64

Anche nell'effettuare una rimessa laterale ci potrebbe essere la necessità di cercare una soluzione immediata. In questo senso è collocata la rimessa illustrata nei diagrammi seguenti. Il giocatore 2, che effettua la rimessa, ha la possibilità di servire 3 che taglia a canestro sul blocco cieco di 5, o, in alternativa, a 1 che esce in angolo sul blocco di 4 (diag.65). L'eventuale continuità con palla a 1 è data dalla possibilità di servire 3, che sfrutta, uscendo in angolo, il blocco di 4, oppure a 2 che gira attorno a 5 per giocare in isolamento sul lato opposto (diag.66). Non sono da trascurare tutte le possibili collaborazioni fra giocatori esterni e giocatori interni.

diag.65

diag.66

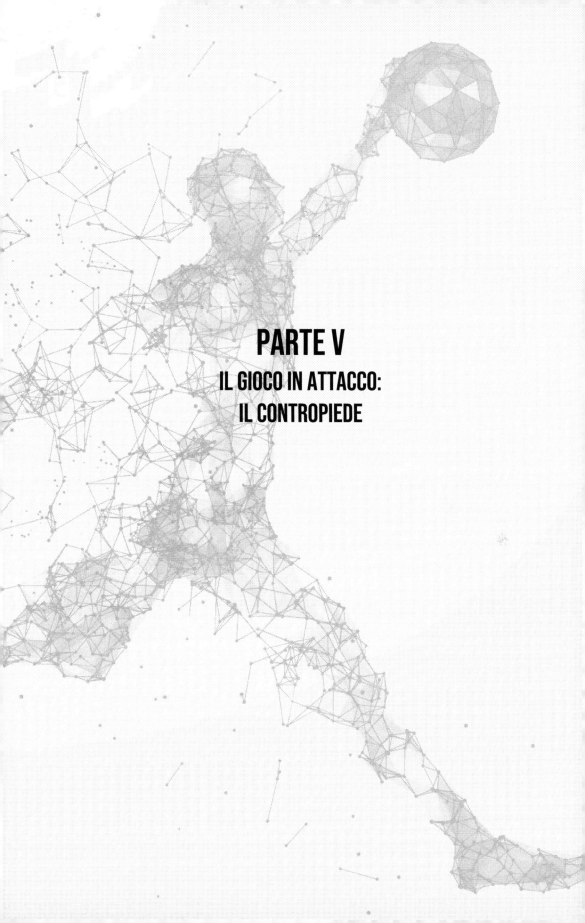

PARTE V
IL GIOCO IN ATTACCO:
IL CONTROPIEDE

Dal momento in cui entra in possesso della palla, una squadra ricerca una rapida modifica del proprio atteggiamento passando da un'azione difensiva ad una offensiva. Negli anni recenti con il termine *"attacco in transizione"* si è spesso identificata quella fase di gioco che è successiva al contropiede primario. In realtà, come ben specificato da E. Messina (1999), *"Con il termine transizione si intende, nel gioco, la fase di passaggio dall'azione di attacco a quella difensiva e viceversa".* Nel caso dell'attacco, pertanto, la transizione offensiva ha fra i suoi obiettivi quello di realizzare un canestro in tempi rapidi, ricercandolo principalmente attraverso quella fase del gioco che risponde al nome di contropiede. La sua attuazione risponde ad esigenze di tipo strategico e tattico: nel primo caso può rivelarsi congruente alle caratteristiche della squadra composta da giocatori rapidi e tecnicamente molto abili; nel secondo permette di creare veloci incrementi di punteggio, consentendo in poco tempo di creare/colmare un divario nel punteggio. Inoltre, non è trascurabile l'aspetto motivazionale che riveste questa fase del gioco: infatti accanto a quei giocatori che entusiasmano il pubblico con iniziative personali e spesso spettacolari, trovano spazio anche coloro i quali sono dotati di meno talento ma che, ad esempio, si esaltano nel lavoro difensivo recuperando palloni (intercetti, rimbalzi) o realizzando tiri cosiddetti "facili".

17 - IL GIOCO IN VELOCITÀ RICHIEDE DECISIONI RAPIDISSIME

Una veloce transizione offensiva nasce principalmente nella propria metà campo e può essere generata da una rimessa dal fondo conseguenza di un canestro subito, da un rimbalzo (da tiro in azione o da tiro libero) o da un intercetto, tutte fasi, queste, che saranno oggetto di approfondita analisi nei capitoli successivi.

Il gioco in velocità richiede un'immediata lettura della situazione in atto, cioè la comprensione del contenuto tattico di posizionamenti e azioni; tale lettura implica innanzitutto la ricerca e il riconoscimento di aspetti della gara che, interpretati in relazione alla propria formazione, determinano i presupposti per la messa in atto di un piano d'azione (Messina P.M. 2006); lettura e presa di decisione sono dunque due processi che nel contesto del gioco in velocità, richiedono una elaborazione rapidissima. Pertanto, i giocatori devono abituarsi a cogliere segnali che indicano l'opportunità di agire in contropiede; di seguito sono elencati alcuni indicatori di previsione:

- osservare un compagno proteso sulla traiettoria di un passaggio (intercetto), o la traiettoria di ricaduta della palla (rimbalzo) in direzione di un compagno;
- osservare le modalità di rientro difensivo in termini di numero e di spazio (disposizione difensiva, modalità di rientro sulle fasce, centralmente, in area, ecc.);
- osservare l'azione di opposizione degli avversari per trovare soluzioni tattiche adeguate.

Tutte queste situazioni richiedono una notevole riduzione del tempo di reazione di scelta, in quanto l'incertezza nel decidere i comportamenti adeguati può allungare i tempi d'azione favorendo il ripristino dell'equilibrio difensivo degli avversari. L'adattamento in tempi rapidi ad una chiara condizione di gioco in velocità richiede necessariamente abilità adeguate e caratterizzate non solo da un ridotto tempo di movimento, ma anche da altri aspetti di variabilità come la forza, l'ampiezza del movimento o il modo in cui gli arti sono combinati.

Ma anche la scelta dei programmi motori è fortemente condizionata sia in fase di sviluppo del contropiede che in fase di conclusione. I comportamenti, richiamati in relazione al numero dei giocatori coinvolti nell'azione in velocità, alla loro disposizione, agli spazi occupati, alle modalità di reazione e di opposizione, saranno tecnicamente funzionali se risolutivi per le diverse condizioni: ad esempio i diversi tipi di palleggio (spinto, alternato, ecc.), o di passaggio (*baseball*, a una mano dal palleggio, ecc.), il tipo di tiro (terzo tempo accelerato/ritardato/*Euro step*, arresto rovescio, ecc.), l'adattamento al gioco senza palla.Per far questo i giocatori dovranno acquisire, attraverso un allenamento situazionale, l'abitudine a riconoscere e ad adattarsi alle variabili che intercorrono nel corso dell'azione in conseguenza dei mutati rapporti fra attaccanti e difensori (vantaggio o svantaggio numerico, pari numero, spazi dilatati o ristretti, direzione degli interventi difensivi).

È indubbio che tutto ciò comporta un lavoro intenso dal punto di vista mentale, poiché è richiesto un notevole impegno a livello di concentrazione e attenzione, per riconoscere le situazioni e decidere efficacemente, laddove spesso subentra anche un carico fisico e emotivo: basti pensare, ad esempio, ad un'azione che parte da un recupero difensivo, conseguente ad anticipi e rotazioni, che va tradotto immediatamente in transizione offensiva. I giocatori dovranno riconoscere rapidamente la situazione che deriva dal recupero, considerando che non sempre il gioco in velocità si sviluppa in una condizione di sovrannumero: infatti, occorre valutare anche come una transizione offensiva, che si sviluppa in parità numerica, possa essere sfruttata tatticamente a proprio vantaggio giocando, appunto, in velocità.

È il caso dei diagrammi 1 e 2 dove, partendo da un recupero difensivo, il giocatore in possesso di palla corre avendo un difensore di fianco; l'avanzamento in palleggio, provoca un aiuto difensivo che consente un passaggio di scarico ad un compagno smarcatosi sul perimetro e che può concludere dalla distanza.

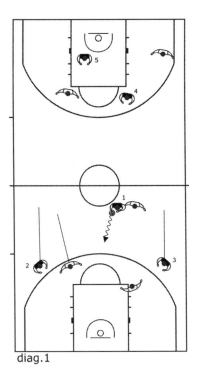
diag.1

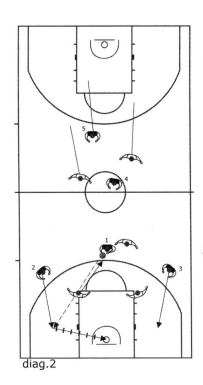
diag.2

Pertanto, le caratteristiche che dovranno possedere i giocatori per risultare efficaci, in linea di massima saranno:

- per gli esterni, la propensione al lavoro difensivo (anticipo, "cacciare la palla"), la velocità di corsa (utilizzo delle fasce per tutti i 28m), la capacità di giocare 1 c 1 ad alta velocità (controllo di palla);
- per le ali alte, il senso della posizione (lotta al rimbalzo), la capacità di condurre il contropiede (proprietà di palleggio, visione del campo),

l'attaccare il canestro (1 c 1 con palla) e il giocare su spazi perimetrali dilatati (tiro da 3 punti);

- per i centri, il senso della posizione (lotta al rimbalzo), la capacità di aprire il contropiede e concluderlo con forti tagli a canestro e di giocare per i compagni (blocchi sulla palla).

18 - IL CONTROPIEDE PRIMARIO SI SVILUPPA MENTRE SI STA PER ENTRARE IN POSSESSO DI PALLA

La fase del gioco in cui una squadra ricerca una soluzione estremamente vantaggiosa nei 4"/6" successivi all'entrata in possesso della palla è indicata con il nome di contropiede primario. In particolare, sono contemplate tutte quelle situazioni in cui lo sviluppo del gioco ricerca conclusioni senza presenza di difensori (1 c 0), facendo rientrare in questo ambito anche il caso, non frequente, in cui il portatore di palla, pur non avendo avversari fra sé e il canestro, preferisce servire un compagno più avanti (2 c 0 o 3 c 0). Molto più spesso la ricerca di un tiro senza ostacolo difensivo nasce dallo sviluppo di una situazione che parte con un vantaggio numerico per l'attacco (2 c 1, 3 c 1, 3 c 2, 4 c 2, 4 c 3). Ma come già sottolineato in precedenza, il gioco moderno, improntato ad una fisicità notevole dei giocatori, porta spesso a recuperi difensivi, e pertanto non è raro trovarsi in situazioni di 2 c 2 e 3 c 3, o addirittura di sotto numero (1 c 2, 2 c 3, ecc.). Il momento della partita e le qualità degli attaccanti potrebbero essere tali da indurre comunque a portare a termine l'azione, prima dell'arrivo degli altri difensori e attaccanti, utilizzando il maggior spazio a disposizione, anche se le conclusioni potrebbero non essere sempre in piena libertà. Il contropiede primario, anche se caratterizzato da un tempo di sviluppo molto breve, necessita di una organizzazione di squadra e di una "visione" e una "mentalità" tattica d'insieme che non è per nulla scontata nei giocatori; l'abitudine a trasferirsi rapidamente da una condizione difensiva a una offensiva viene genericamente veicolata con il passaggio per tre fasi: 1) l'entrata in possesso della palla, 2) l'apertura del contropiede e 3) la conduzione e conclusione dello stesso.

Le fasi di sviluppo del contropiede primario possono variare in base alla situazione di gioco

Lo sviluppo del contropiede primario attraverso le fasi descritte in premessa richiede la capacità di comprendere in anticipo il possibile sviluppo dell'azione rapida e, immediatamente dopo, di individuare gli spazi liberi da occupare attraverso il proprio movimento e quello della palla. I giocatori dovranno essere allenati a cogliere le opportunità per un contropiede, a organizzarsi e correre velocemente, ma anche a riconoscere quando un rallentamento può risultare vantaggioso, come ad esempio quando tale scelta può favorire l'azione di un compagno in uno spazio più ampio. Pertanto, la fase in cui la squadra sta per entrare in possesso della palla è fondamentale. È il momento in cui tutti i giocatori devono percepire l'informazione che ne determina lo sviluppo, in quanto, se da una parte c'è chi prenderà materialmente possesso della palla, dall'altra ci sarà chi inizierà a dare struttura spaziale all'azione; ciò avverrà attraverso movimenti che permettono di facilitare il primo passaggio della palla (apertura) ed altri che si indirizzano verso il canestro avversario, funzionali alla ricezione di ulteriori passaggi e alla realizzazione. Chiaramente in base alla situazione di gioco, queste fasi possono essere diversamente collegate: ad esempio, si può avere una fase di recupero della palla seguita immediatamente da un passaggio lungo (*baseball pass*) per un compagno che va a concludere, bypassando quindi la fase di apertura; oppure, nel caso di un intercetto su passaggio orizzontale (diag.1), lo stesso giocatore che è entrato in possesso di palla può avere come obiettivo quello di andare direttamente a concludere il più rapidamente possibile, senza consentire recuperi difensivi. A tale scopo potrebbe essere importante palleggiare in modo tale da tagliare la strada al difensore non consentendogli il recupero.

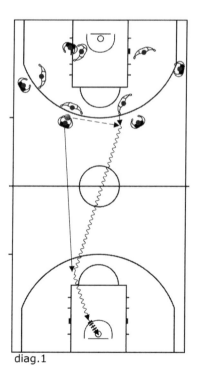

diag.1

La stessa situazione potrebbe presentarsi nel momento in cui il recupero della palla avviene in una zona di campo più arretrata e, in questo caso, lo sviluppo interesserà, in fase iniziale, un maggior numero di giocatori sia compagni che avversari. Chiaramente, il giocatore che dà inizio alla conduzione del contropiede può essere lo stesso che ha intercettato la palla o colui che ha ricevuto il passaggio d'apertura; comunque, il giocatore con palla dovrà essere in grado di leggere e valutare le diverse opportunità: condurre l'azione in palleggio, per ricercare una conclusione da sotto con utilizzo del corpo contro un avversario in recupero (diag.2); oppure, dove ne vedesse la possibilità, passare la palla avanti a un compagno, sia in modo immediato, cioè con un passaggio verticale/diagonale (diag.3a), sia dopo un cambio di mano su una eventuale opposizione di un difensore (diag.3b).

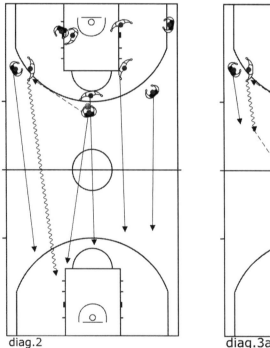
diag.2

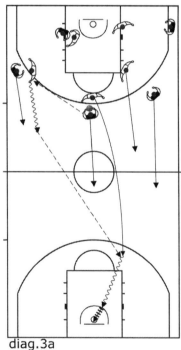
diag.3a

Esaminiamo le azioni che nascono da rimbalzo difensivo e che si sviluppano attraverso il successivo passaggio d'apertura. Il giocatore che entra in possesso della palla, già nel ricadere, dovrà ricercare un posizionamento tale da poter avere la più ampia visione del campo e poter così eventualmente servire con un passaggio lungo (probabilmente *baseball*) un compagno che sprinta a canestro (diag.4); cercherà quindi, già in fase di volo, di ruotare con il busto verso il canestro avversario in modo da avere maggiore possibilità di osservare il campo d'attacco.

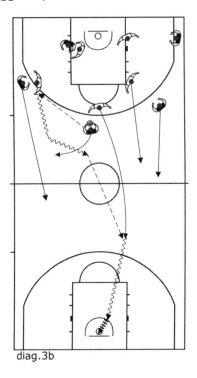 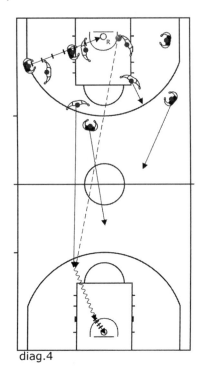

diag.3b diag.4

Allo stesso modo, se questo non fosse possibile, il rimbalzista cercherà di effettuare il passaggio d'apertura ad un compagno pronto a ricevere la palla e in grado poi di avviare l'azione. Tale movimento dovrà tenere conto del fatto che, tra le condizioni che favoriscono il realizzarsi del contropiede, vi è quella di guadagnare rapidamente spazio rispetto agli avversari: pertanto, può essere considerata utile allo scopo quella striscia di campo che va dall'altezza del tiro libero a 1-2 mt. più avanti e che si prolunga fino alle linee laterali (diag.5). Il giocatore che si predispone a ricevere l'apertura dovrà farlo muovendosi in visione del rimbalzista, allargandosi fino a posizionarsi con le spalle rivolte alla linea laterale; ciò gli consentirà, partendo in palleggio, di avere percezione di gran parte del campo ed evitare che un avversario possa intercettare il passaggio o posizionarsi per prendere uno sfondamento. Su un eventuale anticipo la guardia giocherà un *backdoor* e potrà ricevere più avanti (diag.6). Il rimbalzista, letto lo spazio davanti a sé, può anche avviare l'azione in palleggio (diag.7).

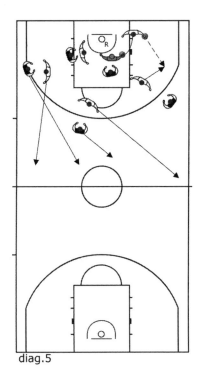

diag.5

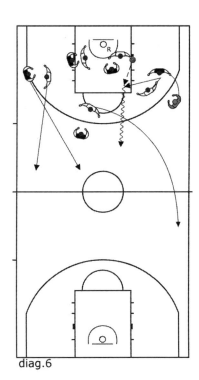

diag.6

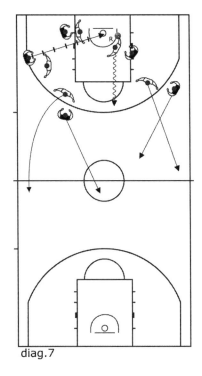

diag.7

Lo sviluppo del gioco in contropiede, dopo l'apertura, prevede una successiva *fase di conduzione* che consente, attraverso l'utilizzo del palleggio o del passaggio, il trasferimento della palla e dei giocatori nella metà campo offensiva. L'attenzione dovrà essere rivolta agli indicatori spaziali (posizionamento di compagni e avversari) per poter utilizzare la fascia centrale del campo o quelle laterali. Chi palleggia lo dovrà fare velocemente e mantenendo una buona visione del campo in prospettiva di possibili passaggi.

I giocatori senza palla dovranno sprintare possibilmente sopravanzando la palla e mantenendosi sufficientemente larghi fra loro; tutti potranno muoversi avendo già delle regole di organizzazione che garantiranno un'azione fluida e veloce. Una squadra con *playmaker* in possesso di grande controllo di palla in situazioni dinamiche potrebbe privilegiare una conduzione in palleggio; dove vi fosse, invece, una presenza di giocatori esterni in grado di correre verticalmente senza palla in modo rapido, si ricercherà probabilmente una conduzione con passaggi; è chiaro comunque che occorrerà bilanciare con grande equilibrio possibili fasi di palleggio con fasi di passaggio considerando che questi ultimi permettono di finalizzare in tempi più brevi. Per quanto concerne lo spazio da occupare inizialmente, la conduzione centrale in palleggio consente, una volta arrivati nella metà campo offensiva, di cercare soluzioni su entrambi i lati, creando così un fronte di attacco più ampio con conseguenti maggiori difficoltà, per i difensori che rientrano, di proteggere il canestro.

La conduzione laterale limita in qualche modo lo spazio di azione dell'attacco che, nel caso volesse cercare di portare la palla sul lato opposto, dovrà utilizzare uno o più passaggi di ribaltamento, facilitando così l'eventuale riposizionamento dei difensori. In ogni caso, qualsiasi situazione di 3 c 1 e 3 c 2 andrà affrontata tatticamente leggendo attentamente la condizione e attuando le scelte opportune: la zona centrale potrebbe essere la più affollata dal rientro difensivo e quindi l'attacco dovrà necessariamente usare le corsie laterali per andare a canestro (diag.8); oppure, in seguito ad adeguamento difensivo, usare il ribaltamento di palla (passaggio) per concludere (diag.9); o ancora, sulla scelta della difesa di contenere i giocatori sull'esterno (attaccanti perimetrali molto pericolosi con tiri dalla distanza), orientarsi verso penetrazioni centrali da concludersi con tiro o passaggio di scarico (diag.10).

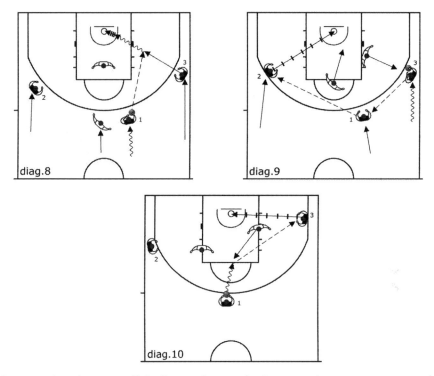

diag.8

diag.9

diag.10

In questi casi, come già indicato, la conclusione va ricercata, con una chiara situazione di sovrannumero, nei primi 4"/6" dell'azione. L'arrivo dei rimorchi, costituito prevalentemente dai giocatori più alti, precedentemente impegnati nel lavoro di rimbalzo e apertura, consente di avere, in una seconda fase, una o più alternative alle soluzioni degli esterni, ma sempre approfittando di una situazione di disequilibrio difensivo e in un arco di tempo che, in media, va dai 6" ai 10". Come già detto, i giocatori possono fare riferimento a regole di organizzazione: un esempio può essere dato dall'azione del primo rimorchio (il 4 del diag.11) che potrebbe, come prima opzione, attaccare l'area sul lato della palla per ricevere e concludere. Nel caso di ricezione in *post* basso (diag.12), oltre che giocare 1 c 1 da spalle a canestro, l'attaccante potrà cercare di servire un compagno che si muoverà utilizzando tagli in area (1) o adeguamenti sul perimetro (2, 3 e 5). Il secondo rimorchio (in questo caso 5), con un passaggio, può essere messo in condizione di attaccare il canestro per una buona soluzione in penetrazione (se in grado) o per giocare per un passaggio di scarico in caso di aiuti difensivi (diag.13). Sarà importante percepire se la situazione presenta un vantaggio numerico o se, nel caso di rientro dei difensori, persiste un vantaggio in termini di spazi o di tipo tattico (cattivo accoppiamento).

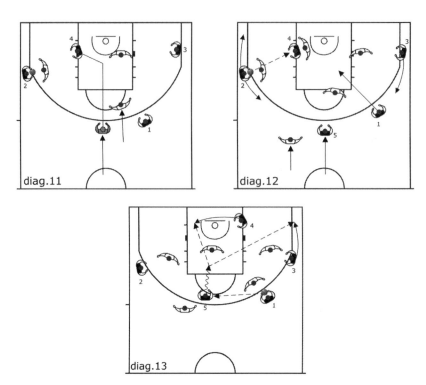

Le caratteristiche dei giocatori saranno necessariamente il riferimento per le soluzioni: quindi un centro (5), particolarmente abile a guadagnare spazio in area, arrivando in attacco, potrebbe giocare un *pick and roll* con la guardia (1) in possesso di palla (diag.14), per poi tagliare in area e ricevere da un compagno (sponda). La presenza di un'ala alta abile sul perimetro (4), potrebbe invece portare l'attacco ad isolarlo immediatamente su un lato, in seguito ad un *pick and pop* con la guardia (1) con la palla (diag.15), ricercando poi le soluzioni più efficaci (1 c 1 in penetrazione, o tiro da fuori).

Ma come già sottolineato in precedenza, le scelte sono estremamente diversificate e legate a numerosi fattori e qui sono stati rappresentati solo alcuni esempi. Preme, però, ancora una volta evidenziare come, anche nel caso del contropiede primario, le fasi di gioco dovranno essere ricondotte all'interno di un sistema che, se da un lato tiene in considerazione le regole di organizzazione e le caratteristiche dei giocatori a disposizione, dall'altra lascia comunque a questi ultimi la scelta finale, considerando che molte decisioni nascono dalla interpretazione delle azioni di gioco.

Per insegnare il contropiede primario occorre conoscere le strategie didattiche e metodologiche e gli aspetti di variabilità che lo caratterizzano
Giocare una rapida transizione offensiva, ovvero il contropiede, è considerato un aspetto estremamente caratterizzante l'atteggiamento di una squadra, perché la sua realizzazione presuppone un lavoro di apprendimento e perfezionamento dei fondamentali individuali d'attacco in contesti dove si deve fare necessariamente riferimento a particolari abilità cognitive e tecnico-tattiche.

In primo luogo l'aspetto mentale: la metodologia dovrà essere rivolta a proposte che sollecitano un rapido passaggio da una situazione difensiva ad una offensiva; e ciò non solo da situazioni codificate, spesso statiche come da tagliafuori difensivo, rimbalzo e apertura, che il più delle volte accade di osservare, ma bisognerebbe allenare a ricercare il contropiede da situazioni imprevedibili e di incertezza sia in termini di tempo che di spazio, e che implichino anche un coinvolgimento in ruoli non sempre definiti. Questo è particolarmente importante per la formazione di un giovane giocatore: tutti devono conoscere lo sviluppo del gioco in velocità, abituandosi a prendere rimbalzi, ad effettuare una rapida rimessa, piuttosto che partire da una palla intercettata, passare rapidamente la palla ad un compagno in posizione avanzata, favorendo così un attacco rapido. La prima conseguenza di tale metodologia è il coinvolgimento e la responsabilizzazione di tutti i giocatori e il miglioramento di quei prerequisiti che consentono poi nelle situazioni di gioco di comprendere in anticipo quanto sta per accadere: ad esempio, dove potrebbe avvenire l'intercetto di un passaggio in seguito ad un raddoppio difensivo, dove potrebbe cadere un rimbalzo in seguito ad un tiro effettuato da un attaccante fuori equilibrio. Pertanto, le proposte dovranno sicuramente avvicinarsi quanto più possibile al contesto *target*, partendo così da situazioni difensive (3c3, 4c4, 5c5, da metà campo, a tre quarti campo, a tutto campo) per trasformarle in situazioni offensive con graduale inserimento dei difensori (3c1, 3c2, 4c2 e così via), per poi proseguire su lavori che implicano gli aspetti tattici anche con lavori senza difesa (3c0, 4c0, 5c0).

In modo particolare, le situazioni di soprannumero dovranno stimolare la ricerca di soluzioni adeguate e incrementare le conoscenze relative ai comportamenti difensivi in sotto numero. Spesso, in fase di apprendimento, i giovani non comprendono quali siano i comportamenti che invitano l'avversario a reagire lasciando in tal modo scoperti altri spazi; sono proprio le condizioni di incertezza difensiva che occorre imparare ad affrontare e a trasformare a proprio vantaggio. Ci si riferisce al puntare verso il canestro quando c'è spazio aperto, o a puntare verso un difensore quando questi tenta di controllare contemporaneamente la palla e un altro avversario. Il passaggio da situazioni più semplici (2 c 1) ad altre più complesse (3 c 2) richiederà sempre maggiore padronanza tecnica per essere in grado di orientare l'attenzione verso altri aspetti. Infatti, di pari passo si dovrà procedere con l'apprendimento e il miglioramento della tecnica esecutiva di quei fondamentali individuali imprescindibili per lo sviluppo del gioco in velocità: il riferimento è ad una corretta posizione di equilibrio difensivo (anticipo, ostacolo di passaggio, tagliafuori), alla corsa veloce con utilizzo di cambi di direzione e velocità, ai passaggi diretti (*baseball*, due mani petto o sopra la testa, ad una mano dal palleggio), a quelli indiretti (due mani battuto, ad una mano battuto dal palleggio...), ai palleggi spinti e alternati, ai tiri in corsa (terzo tempo, secondo tempo, tiro di forza, tiro dal perimetro).

19 - IL CONTROPIEDE SECONDARIO PERMETTE DI CREARE OPPORTUNITÀ OFFENSIVE IN CONTINUITÀ AL CONTROPIEDE PRIMARIO

Quanto visto sopra è direttamente collegato alla fase cosiddetta di *contropiede secondario*: in particolare ci si riferisce al momento in cui, non avendo trovato una rapida soluzione in sovrannumero, l'attacco si muoverà in continuità con quanto sviluppato in precedenza, ricercando sempre tiri ad alta percentuale. In questa fase la difesa potrebbe non essere organizzata e, dunque, continuare a correre potrebbe portare ulteriori vantaggi: ad esempio, distanze non corrette tra i difensori potrebbero essere alla base di una scarsa pressione sulle linee di passaggio, o anche di adeguamenti dilatati sul lato debole con conseguenti ritardi su eventuali aiuti. Essere efficaci con una transizione complessiva (contropiede primario + secondario) oggi è fondamentale alla luce della regola dei 24"; per tale ragione l'azione si sviluppa spesso non con chiamate definite, ma attraverso il riconoscimento di "segnali" che indicano le alternative per il ripristino dell'organizzazione offensiva di squadra. Ciò consente di entrare direttamente nei giochi; ad esempio, il fatto che l'esterno 2 riceva la palla sopra la linea del tiro libero (diag.1), può essere indicativo del fatto che il rientro difensivo abbia coperto l'area: il giocatore 1, dopo il passaggio a 2, potrebbe scegliere di tagliare e andare a occupare l'angolo sul lato della palla.

Questa lettura rappresenta un'indicazione per gli altri giocatori: 4, il primo rimorchio, taglierà sul lato della palla per posizionarsi in *post* basso (diag.2), mentre 5, il secondo rimorchio porterà un blocco sul lato debole per 3 che uscirà in punta e riceverà un passaggio da 2. A questo punto 1 si muoverà lungo la linea di fondo per sfruttare i blocchi in successione (*stagger*) di 4 e 5 e uscire in ala-angolo (diag.3). Ricevuta la palla potrà cercare la conclusione personale o giocare con 5 e 4 che si propongono dopo i blocchi.

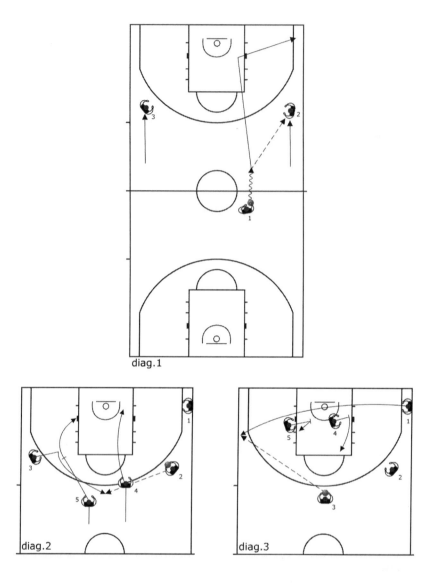

diag.1

diag.2

diag.3

Come si può dedurre, l'azione in continuità occupa uno spazio di tempo che va dai 10" ai 15", con l'idea di un rapido spostamento della palla (uso dei passaggi di ribaltamento), di una adeguata spaziatura e un utilizzo di tagli e blocchi. Fondamentalmente in questa fase si ricerca un tiro dalla distanza senza opposizione, perché è più naturale che un recupero difensivo si concentri fondamentalmente in area e, inoltre, il disequilibrio difensivo può favorire i rimbalzi in attacco. La presenza di un centro con buoni fondamentali spalle a canestro apre comunque la prospettiva di 1 c 1 con vantaggi, specie in presenza di *mismatch*.

Nella maggior parte dei casi la transizione offensiva rappresenta un vero e proprio sistema di gioco che viene costantemente ricercato nel caso di apertura ritardata o da canestro subito. È richiesta, fra l'altro, una buona preparazione fisica orientata al mantenimento di un ritmo alto.

Pertanto, il contropiede secondario diventa un preciso riferimento per i giocatori in attacco che così acquisiscono l'abitudine alle regole e ai comportamenti specifici. In qualche modo la sua attuazione spesso condiziona/limita la ricerca del contropiede primario, poiché è una situazione strutturata che presenta meno possibilità di errore; a tal proposito è evidente che nell'ambito di un settore giovanile giocare in questo modo può rappresentare un freno all'iniziativa e alla creatività.

Il contropiede secondario richiede ai giocatori particolari capacità, ovvero:
a) agli esterni
- attenta gestione del *timing* e delle scelte sia negli spostamenti della palla che dei giocatori;
- tiro dalla lunga distanza che si manifesti con la capacità di ricevere e tirare con immediatezza.
b) agli interni
- capacità di correre velocemente e di controllare il *timing* dell'azione;
- capacità di riconoscere lo sviluppo tattico dell'azione per tagliare/bloccare la palla o lontano dalla stessa;
- prontezza nel tiro da fuori o nei tiri speciali (da spalle a canestro).

L'allenamento di questa fase del gioco richiede tempo per far comprendere e acquisire l'importanza che riveste la disciplina (rispetto delle regole) e il coinvolgimento di tutti, soprattutto dei lunghi (responsabilizzazione), aspetti, questi, riferibili a giocatori che hanno sviluppato un buon bagaglio tecnico-tattico e un'adeguata sicurezza d'azione.

Al termine del contropiede primario, in funzione delle caratteristiche dei giocatori e del posizionamento di attaccanti e difensori, gli sviluppi potranno prevedere opzioni sia per i giocatori esterni che per i giocatori interni. Ad esempio, partendo da una situazione come quella illustrata nel diagramma 4, si potrà ricercare una soluzione in avvicinamento (uso del corpo) per il giocatore 2 che sfrutta il blocco cieco di 4 (diag.5) o per un tiro dal perimetro di 1 che sfrutta i blocchi *stagger* di 4 e 5 (diag.6).

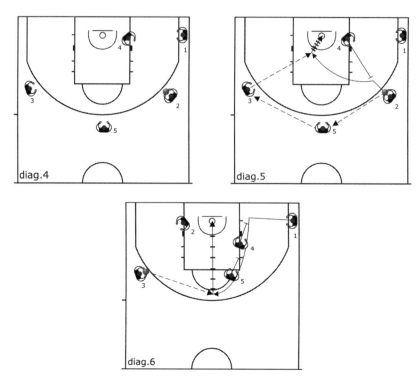

Un cattivo posizionamento difensivo potrebbe indurre a movimenti combinati di taglio e blocchi sul lato debole. Ad esempio, nel diagramma 7, sul passaggio di ribaltamento per 3, 4 taglia in area mentre 2 sfrutta il blocco di 5 per una soluzione sia dentro l'area che fuori sul perimetro. 3 deve valutare quali delle soluzioni presenta più vantaggi. Inizialmente 2 potrebbe non ribaltare la palla tramite 5, ma giocare per 1 che esce in punta sfruttando i blocchi in successione di 4 e di 5 (diag.8). Nel caso sia fortemente anticipato, 3 gioca *backdoor* per ricevere da 1.

A questo punto se 3 non riceve la palla, continua il movimento e si posiziona in *post* basso; 2 sfrutta orizzontalmente il blocco di 5 per ricevere in ala sul lato opposto (diag.9). Il gioco può terminare prevedendo soluzioni sia per giocatori interni che per giocatori esterni: 3 può bloccare orizzontale per 4 e poi sfruttare il blocco verticale di 5 (bloccare il bloccante), mentre 1 dopo aver passato la palla a 2 si sposta in ala dx (diag.10).

diag.9

diag.10

Per insegnare il contropiede secondario occorre conoscere le strategie didattiche e metodologiche e gli aspetti di variabilità che lo caratterizzano

L'insegnamento del contropiede secondario necessita di molto tempo e molta disciplina. Didatticamente l'attenzione viene posta sia sulla fase transitoria, che unisce il contropiede primario a quello secondario, che sulla impostazione della collaborazione vera e propria. Con riferimento alla prima, occorrerà lavorare sulle dinamiche che emergono quando si ha una variazione dei comportamenti motori, come ad esempio, la riduzione di velocità, la variazione delle andature e degli spostamenti, il modo di essere pronti alle azioni successive. Questa fase richiede inoltre una attenzione diffusa, cioè la necessità di far rientrare nel campo visivo il maggior numero di informazioni relative sia alla transizione difensiva che all'immediato riposizionamento o continuità d'azione dei compagni; questa lettura estesa permette di comprendere meglio come organizzare le spaziature, le linee di movimento e i relativi tempi d'azione. Occorrerà pertanto lavorare sulla rapidità del riordino offensivo, attraverso esercitazioni che, simulando rapidi recuperi delle transizioni difensive, abituino a leggere in modo diffuso, a temporeggiare in modo funzionale e ad eliminare incertezze organizzative derivanti da rapidi comportamenti di copertura o pressione difensiva. Con riferimento alla seconda, cioè all'impostazione tattica del secondario, l'attenzione va posta sul *timing* e sulla scelta delle soluzioni. Inizialmente le esercitazioni possono riproporre la collaborazione senza difesa; successivamente si inizieranno a proporre le caratteristiche della transizione evidenziando gli aspetti legati all'adattamento dei giocatori in rapporto al disequilibrio o al possibile sotto numero della difesa, ponendo attenzione alle variazioni di velocità dei lunghi che effettuano un lavoro tecnico e fisico importante. Il lavoro sulle conclusioni è quello tipico dei giochi d'attacco, con un lavoro che può anche richiamare le collaborazioni a due e a tre. Data la complessità del contropiede secondario dal punto di vista mentale, dovuta alla continua riorganizzazione e memorizzazione di comportamenti il più delle volte preordinati, esso non si addice alle squadre giovanili o comunque a squadre che non sono in grado di gestire adeguatamente l'alternanza di velocità e di *timing*; occorre, infatti, molto controllo nel decidere le fasi di transizione e gli adattamenti funzionali.

La proposta di alcuni esercizi può suggerire altre forme di attività funzionali al contropiede

Facendo riferimento a quanto sopra riportato, e in particolare all'allenamento dell'aspetto mentale, le prime proposte sono orientate alla rapida conversione del gioco da difesa ad attacco. Nel diagramma 1, l'attaccante con palla parte dallo spigolo destro alto della lunetta con il difensore posto al suo fianco, mentre altri due attaccanti, con i rispettivi difensori, sono posti in guardia e in ala sul lato opposto (le posizioni di partenza non sono assolutamente vincolanti). Il vantaggio in partenza dovrebbe consentirgli di realizzare un canestro in corsa: a questo punto i difensori, dovranno rapidamente trasformarsi in attaccanti, effettuando una rapida rimessa o un'apertura (in caso di recupero) per correre nell'altra metà campo alla ricerca di una soluzione immediata (diag.2); inizialmente l'attacco sarà avvantaggiato dal ritardo del tiratore precedente che tocca la mano del coach in un angolo.

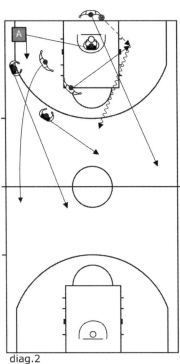

diag.1

diag.2

Nell'ambito della stessa tipologia si può proporre una esercitazione più articolata in cui richiedere una prontezza difensiva maggiore: quattro attaccanti sono sul perimetro (due in guardia e due in ala) e possono solo passarsi la palla (vietati sia il palleggio che i tagli), con i relativi difensori che assumono la posizione in riferimento al movimento della stessa (diag.3). Il coach, al centro dell'area dei 3", "chiama" la palla: i difensori dovranno correre a toccare la palla e recuperare su un attaccante diverso rispetto a quello marcato in precedenza, simulando una rotazione difensiva. Sul passaggio di uscita si gioca senza limitazioni con l'attacco che cercherà una soluzione rapida. Sul recupero della palla (da canestro subito, da rimbalzo o da intercetto) i difensori dovranno rapidamente convertire il gioco nell'altra metà campo cercando inizialmente una soluzione in contropiede primario (diag.4), o comunque cercando di avvantaggiarsi da un disequilibrio di squadra nel rientro dei difensori. Anche questa proposta può inizialmente prevedere un vantaggio nella transizione ritardando il rientro del tiratore o dell'ultimo passatore (toccare le mani dell'allenatore o la linea di fondo).

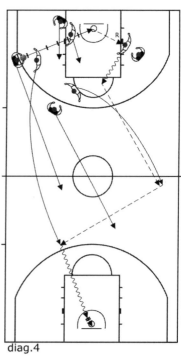

diag.4

diag.3

Altre proposte possono svilupparsi da situazioni artificiose, ma che implicano imprevedibilità nell'assegnazione dei ruoli (chi attacca/difende, chi conduce/conclude l'azione) e ciò chiaramente richiede un ulteriore impegno mentale. Ne è un esempio il 5 c 5 (ma può essere un 2 c 2 o 3 c 3 e così via) con i giocatori delle due squadre posizionati in modo alternato che corrono attorno alla linea del tiro libero (diag.5). Il coach con palla potrà tirare a canestro, piuttosto che farla cadere a terra o passarla a un giocatore: a questo punto la squadra che entra in possesso della palla dovrà effettuare la transizione offensiva ricercando la soluzione più efficace contro il rientro difensivo.

diag.5

Un altro sviluppo è quello susseguente all'intercetto della palla da un anticipo difensivo che può essere allenato con esercitazioni simili a quella illustrata nel diagramma 6: i difensori anticipano gli attaccanti posizionati in guardia in considerazione del fatto che la palla, in mano al coach, è in punta. Il coach, dopo aver passato la palla agli attaccanti e averla ricevuta di ritorno, faciliterà l'intervento della difesa (ad esempio, lascerà cadere la palla verso uno dei difensori). In seguito al recupero i difensori trasformeranno l'azione in contropiede.

diag.6

Contemporaneamente, come sottolineato nelle indicazioni didattiche, sarà opportuno allenare i giocatori sugli aspetti tecnici presenti in questa fase.

Alcune esercitazioni possono facilitare l'apprendimento della fase di rimbalzo e di apertura

Anche per quello che riguarda il rimbalzo e il passaggio d'apertura le proposte potranno diversificarsi variando sia i parametri delle abilità tecniche coinvolte che il contesto sempre più vicino a situazioni di gioco.

Nel diagramma 7, i giocatori sono divisi in due file: una con palla sotto canestro e una sulla linea laterale all'altezza del tiro libero. I giocatori sotto canestro lanciano la palla verso il canestro/tabellone e dopo averla ripresa, avendo cura di atterrare volgendo lo sguardo e i piedi verso il lato di apertura, effettuano il passaggio al compagno posizionato sul perimetro. Questi, parte in palleggio e cambia fila, così come il rimbalzista. Una variante potrà prevedere che il secondo giocatore della fila ostacoli l'apertura e quindi il rimbalzista effettuerà 1-2 palleggi ricercando una linea di passaggio più efficace. L'esercizio può terminare come il precedente a metà campo oppure, come illustrato nel diagramma 8, con un lavoro su tutto il campo orientato alla specificità dei ruoli (*playmaker* che conduce il contropiede e rimorchio che conclude).

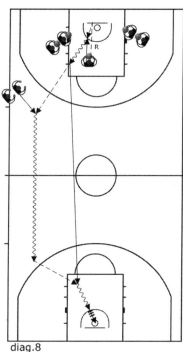

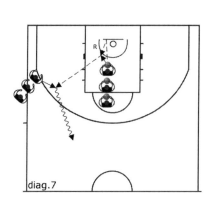

diag.7

diag.8

Lo stesso obiettivo può essere perseguito senza predeterminare chi prende il rimbalzo, o chi conduce, o chi corre sulle fasce, ecc. rendendo così più formativo il lavoro per l'attività giovanile. L'allenatore tira a canestro, mentre due giocatori sono posizionati sulle tacche del tiro libero (diag.9): chi recupera la palla fa l'apertura al compagno e poi si va a concludere con un 2c0 sull'altro canestro.

diag.9

Il lavoro potrà, anche in questo caso, proseguire con la presenza di un difensore sul rimbalzista, per ostacolare l'apertura (diag.10), o sul ricevente per ostacolare il primo passaggio (diag.11). Una terza opzione può essere quella di lasciare al difensore la scelta del giocatore da ostacolare (diag.12). In tutti i casi l'esercizio può proseguire con un 2 c 1 tutto campo con l'utilizzo di un appoggio (l'allenatore), che con le sue scelte determina lo sviluppo del gioco.

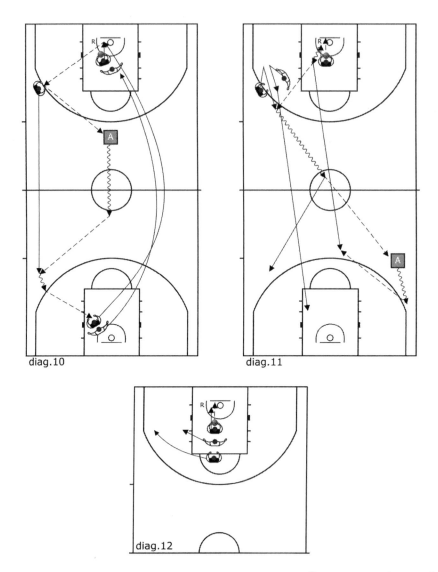

diag.10

diag.11

diag.12

In queste proposte i giocatori potranno ruotare nelle posizioni (consigliabile nelle prime fasce di un settore giovanile), oppure lavorare per specificità di ruoli.

Alcune esercitazioni possono facilitare l'apprendimento della fase di conduzione

Le esercitazioni che seguono riprendono le attività già proposte nel capitolo sui fondamentali d'attacco ma riadattate alle esigenze applicative del contropiede. Ad esempio, nel diagramma 13, è illustrato un lavoro che è funzionale all'esecuzione del palleggio spinto/alternato: tre giocatori (ma il numero può variare) si muovono all'interno dell'area dei tre secondi, due palloni sono collocati a terra sulla linea del tiro libero (ma si può scegliere una posizione diversificata), mentre una terza è in mano all'allenatore. Il giocatore che conquisterà la palla tirata a canestro o lasciata cadere a terra dall'allenatore, partirà immediatamente in palleggio per andare a concludere verso l'altro canestro, cosa che faranno anche gli altri giocatori, ma dopo aver recuperato a loro volta uno degli altri palloni. L'esercizio può essere fatto in forma competitiva assegnando un punteggio in base all'ordine di realizzazione dei canestri.

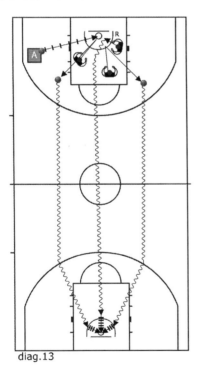

diag.13

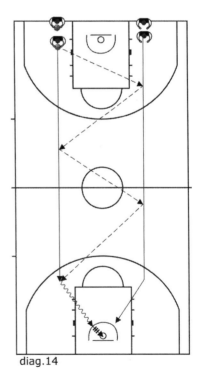

diag.14

Anche per il miglioramento della tecnica esecutiva del passaggio possono essere utilizzati esercizi dove variare il numero dei giocatori coinvolti, la tipologia di passaggio (ad una mano, a due mani, diretto, battuto dal palleggio), gli spazi e le distanze (tre quarti campo, tutto campo con giocatori in linea o sfalsati). Nel diagramma 14, i giocatori a coppie, con una palla, partendo da fondo campo eseguono dei passaggi sino ad arrivare a concludere nel canestro opposto. Sarà importante che i giocatori corrano rapidamente per provare a ricevere avanti al passatore.Le proposte sul gioco in velocità dovranno contenere quanto prima la combinazione fra i fondamentali di palleggio, passaggio, tiro e i movimenti senza palla, impegnando il giocatore a decidere sulle varie possibilità d'azione: muoversi in palleggio o vedere il compagno avanti a cui passare la palla? effettuare il passaggio a una o a due mani? la condizione è favorevole per un tiro in corsa o di potenza? quali gli spazi liberi in cui muoversi?

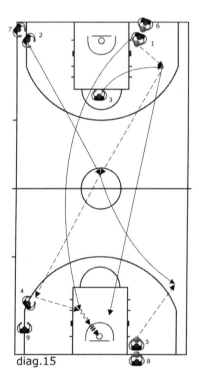

diag.15

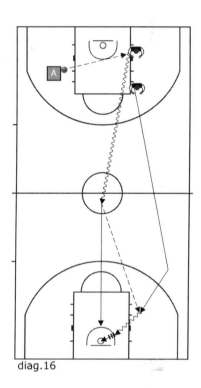

diag.16

Nel diagramma 15, si osservano quattro file (una con palla e una senza in ciascun lato a fondo campo); il primo della fila con palla può posizionarsi sia vicino che dentro l'area dei 3" mentre il primo senza palla in angolo. L'esercizio ha inizio con il giocatore 3 che dalla lunetta si sposta lateralmente per l'apertura, riceve da 1 e passa a 2 che sta correndo verso il centro del campo. 2 passa a sua volta a 4 e si prepara per ricominciare andando in apertura (riceverà da 5), mentre 1 taglia a canestro e riceve da 4 per tirare in corsa; 3 va a rimbalzo.

Nel diagramma 16, un giocatore è posizionato sullo spigolo alto della lunetta, un altro sulle tacche del tiro libero; l'appoggio in possesso di palla, la può passare ad uno dei due e da qui parte il gioco in velocità verso l'altro canestro.

Le posizioni di partenza possono essere variate, come illustrato nei diagrammi 17, 18 e 19, così come l'inversione nel posizionamento dei giocatori; allo stesso modo l'appoggio potrà tirare a canestro o lasciar rotolare la palla a terra.

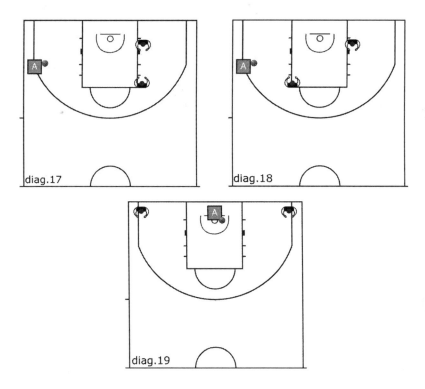

diag.17

diag.18

diag.19

L'inserimento di un difensore aumenterà progressivamente la difficoltà dell'esercizio: sarà suo compito, occupando uno spazio, ostacolare l'avanzamento della palla sia che esso avvenga in palleggio o tramite passaggi. Nel diagramma 20, il giocatore con palla è nell'angolo di metà campo, due giocatori sono posizionati negli angoli di fondo campo, il coach o un appoggio sotto canestro. Il giocatore con palla, arrivato in lunetta in palleggio, passa all'appoggio e dovrà andare ad ostacolare l'attaccante che avrà ricevuto a sua volta la palla dall'appoggio.

L'altro attaccante dovrà correre velocemente verso l'altro canestro per ricevere e andare a concludere. La valutazione del passatore sarà tra passare immediatamente la palla o cercare un miglior angolo superando l'ostacolo difensivo.

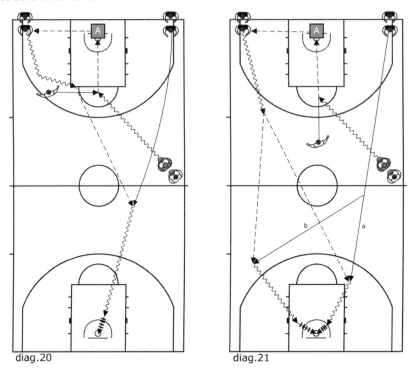

diag.20   diag.21

Nel diagramma 21, il palleggiatore, sulla scelta del difensore che prova a contenere l'attacco arretrando, dovrà valutare quando condurre in palleggio e quando (tempo) e come (tecnica) invece passare al compagno che dovrà mettersi in visione della palla (scelta a o b). Obiettivo comune è una soluzione senza contrasto del difensore. In entrambi i casi i giocatori potranno ruotare nelle file sia in senso orario che antiorario.

Alcune esercitazioni possono facilitare l'apprendimento dell'organizzazione spaziale in fase di conduzione

Le esercitazioni di 3c0 tutto campo sono sicuramente orientate all'obiettivo di correre in avanti alla ricerca di spazi liberi nell'ambito di un contropiede primario e possono essere organizzate con determinazione di ruoli/compiti (rimbalzista, ricevitore dell'apertura, giocatore che conclude) e indicando se la conduzione del contropiede deve avvenire in palleggio o con passaggio.

Nel diagramma 22, il giocatore 3, poco dentro l'area dei 3", lancia la palla sul tabellone e dopo averla recuperata la passa a 1, a sua volta posizionato sul prolungamento della linea del tiro libero; 1 parte in palleggio verso il centro e passa la palla a 2 che corre lunga la fascia opposta per poi, in prossimità dell'area avversaria, tagliare a canestro, ricevere e concludere; 3 corre a rimbalzo. Nel diagramma 23 il giocatore 1, invece di palleggiare, passa la palla a 2 che ha tagliato verso il centro del campo. 2 conduce in palleggio sulla fascia centrale sino all'altezza della linea dei tre punti, dove decide se andare a concludere o servire uno dei due compagni che tagliano a canestro.

La proposta può essere diversificata se non vi è predeterminazione di compiti: nel diagramma 24 i tre attaccanti si muovono all'interno dell'area dei tre secondi e quando l'allenatore rilascia la palla si muovono per recuperarla, o per riceverla e concludere.

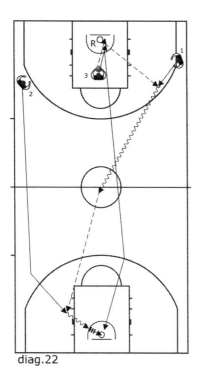

diag.22

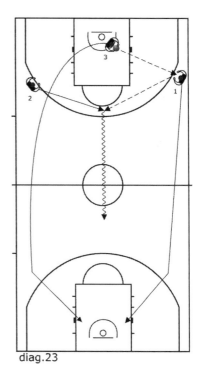

diag.23

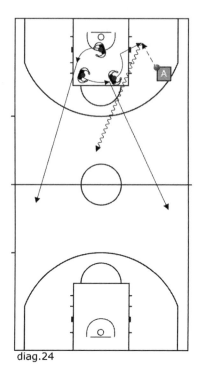

diag.24

Nei successivi diagrammi sono illustrate esercitazioni in cui si ricerca una fase applicativa. Nel diagramma 25, i giocatori suddivisi in terzetti, giocano il contropiede utilizzando le fasce delineate dalla presenza dei coni e cercando principalmente soluzioni in sovrannumero (3 c 1), avvantaggiati dal fatto che due giocatori, 5 e 6, devono correre inizialmente attorno al cono posto nell'altra metà campo e poi recuperare (3 c 1 + 2). Il portatore di palla, in questo caso 1, attaccherà il difensore 4 (può contenere o aggredire) per poi cercare di servire uno dei compagni (2 o 3) che tagliano a canestro.

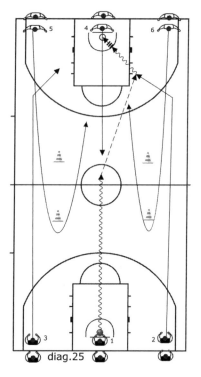

diag.25

L'azione difensiva a sua volta dovrà trovare continuità nella trasformazione in offensiva, allorquando i difensori saranno entrati in possesso di
palla e attaccheranno contro il terzetto presente nell'altra metà campo.

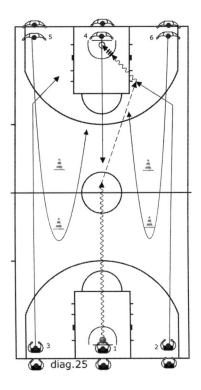

diag.25

La proposta successiva può svilupparsi sia come 3 c 1 + 2 difensori in recupero, che 3 c 2 + 1 difensore in recupero. Si tratta di una esercitazione che
prevede un *handicap* per la difesa: infatti i tre attaccanti sono disposti a
fondo campo, uno sotto canestro e due nei rispettivi angoli, con i difensori
posti di fronte all'altezza della linea del tiro libero (diag.26a). L'allenatore
passerà la palla ad uno dei tre attaccanti dando così avvio al gioco: inizialmente difenderà il giocatore posto di fronte all'attaccante che ha ricevuto
la palla, mentre gli altri difensori dovranno prima toccare la linea di fondo
e poi recuperare. La variante prevede che a toccare la linea di fondo sia
proprio il difensore posto di fronte al ricevente, mentre gli altri due difendono immediatamente (diag.26b). Le soluzioni prospettate sono puramente indicative: gli attaccanti dovranno essere in grado di valutare, meglio anticipare, le scelte difensive e ricercare soluzioni efficaci, non mettendo i difensori in condizione di ostacolare le conclusioni o in qualche
modo ritardarle.

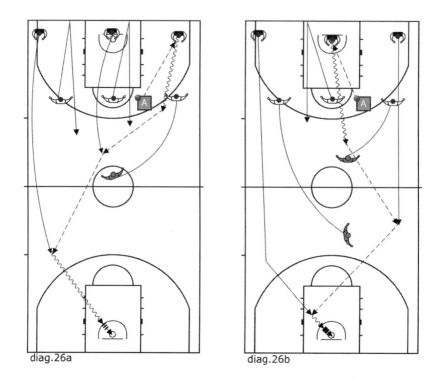

diag.26a   diag.26b

Il numero di giocatori coinvolti può andare dal 2 c 2 al 5 c 5 e inoltre può svilupparsi anche con un ritorno che riparta dalla situazione in atto (rimessa dal fondo in seguito a realizzazione, rimbalzo, recupero difensivo).

Alcune esercitazioni possono facilitare l'apprendimento delle conclusioni a canestro

Per i giocatori esterni saranno curate sia le conclusioni con tiri in corsa (terzo tempo, secondo tempo), sia in conseguenza di arresti (di potenza, con arresti a rovescio), con uso o meno del tabellone, in azioni sviluppate da palleggio aperto (diag.27) o da ricezione con uso di un appoggio (diag.28), anche con arresto e tiro dal perimetro (diag.29).

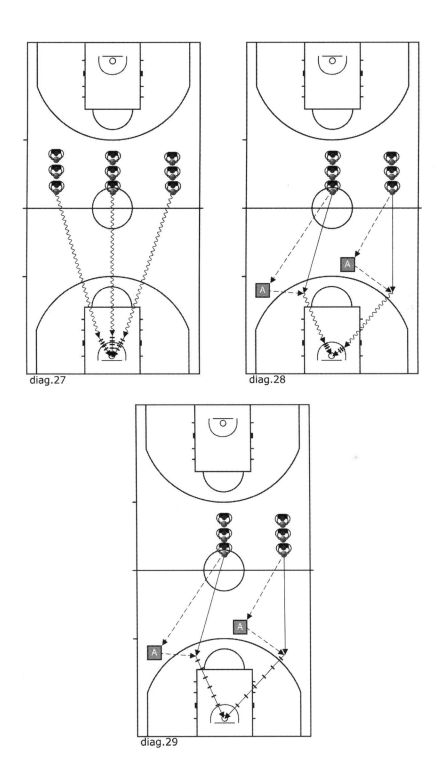

diag.27

diag.28

diag.29

Allo stesso modo si procederà per i giocatori interni con tiri in movimento da taglio in area (diag.30), da ricezione spalle a canestro (diag.31) o dal perimetro (diag.32).

Dovranno essere proposte variazioni degli angoli di penetrazione e delle distanze di tiro: ad esempio gli esterni, curando gli aspetti coordinativi, dovranno essere allenati ad effettuare terzi tempi con passi lunghi, con la ricezione o la raccolta della palla lontano da canestro, o con passi accorciati, nel caso di ultimo palleggio nell'area dei tre secondi.

Per sviluppare questi aspetti di variabilità si potrà agire sull'azione difensiva, predeterminando una scelta o creando una situazione di svantaggio; ne è un esempio l'esercizio di 1 c 1 con palla all'appoggio in posizione centrale (diag.33). Un attaccante è posizionato lateralmente, poco oltre la linea di centro campo con accanto un difensore, ma rivolto verso l'altro canestro. L'attaccante si muoverà con una corsa lenta verso il canestro, il difensore correrà all'indietro e si potrà girare solo quando l'attaccante, nel tentativo di acquisire un vantaggio, accelererà: la ricezione della palla dovrebbe mettere in condizione l'attaccante di giocare un possibile 1 c 0. Questa situazione può essere variata facendo partire il difensore da posizione più avanzata rispetto all'attaccante (diag.34) e facendolo arretrare fino in lunetta, per poi farlo uscire per fermare l'avversario che ha ricevuto la palla dall'appoggio. Il giocatore deve quindi riconoscere l'eventuale disequilibrio del difensore e attaccare il canestro giocando 1 c 1.

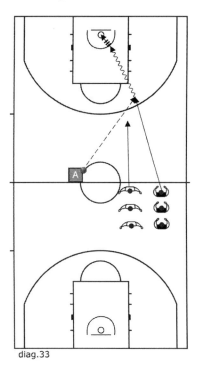

diag.33

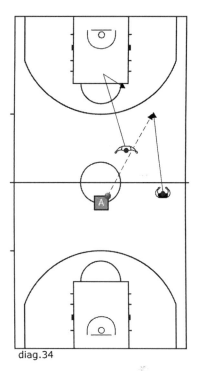

diag.34

Per i giocatori interni, la scelta guidata di un difensore, che presidia l'area sul lato della palla o che viceversa è in recupero sul perimetro, indurrà a soluzioni in allontanamento (diag.35) o in avvicinamento conseguenti ad un taglio (diag.36).

diag.35

diag.36

Le proposte che seguono sono orientate ad allenare il gioco in velocità ricomponendo tutte le fasi viste in precedenza, coinvolgendo sia gli aspetti mentali che gli aspetti tecnico-tattici.

L'esercizio tutto campo di 1 c 0 + 2 difensori in recupero all'andata e 2 c 1 al ritorno, illustrato nel diagramma 37, prevede una prima fase (andata) in cui il giocatore 1 con palla, partendo dalla linea del tiro libero, prova a realizzare il canestro eludendo il recupero dei difensori 2 e 3 che partono dalle tacche dell'area dei tre secondi; nella seconda fase (ritorno), terminata l'azione d'attacco, egli dovrà difendere contro i due giocatori che avranno recuperato la palla e cercheranno di concludere rapidamente nell'altro canestro. Della stessa tipologia è l'esercizio sempre tutto campo di 2 c 1 + 1 in recupero all'andata, con ritorno 2 c 2 come illustrato nei diagrammi 38a e 38b: inizialmente gli attaccanti 1 e 2 giocano contro il difensore 3 che parte a centro campo, mentre l'altro difensore, 4, partendo da sotto canestro, cercherà di recuperare (diag.38a); nella fase di ritorno si giocherà 2 c 2 a ruoli invertiti (diag.38b).

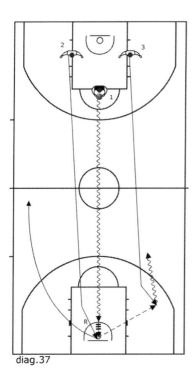

diag.37

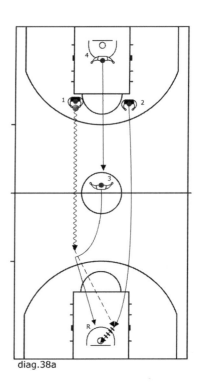

diag.38a

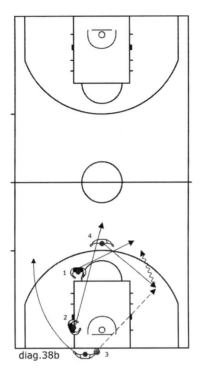

diag.38b

Altre esercitazioni potranno essere sviluppate variando il numero dei giocatori o le posizioni di partenza: nel diagramma 39a, all'andata si sviluppa un 2 c 0 tutto campo con 3 difensori in recupero; al ritorno, come illustrato nel diagramma 39b, l'esercitazione diventa un 3 c 2 tutto campo con inversione di ruoli. Nel diagramma 40, invece viene proposto un 3 c 1 tutto campo con 2 difensori in recupero: in questo caso, diversamente dai precedenti lavori, ad avviare l'esercitazione sarà il passaggio del coach ad uno dei tre attaccanti. Le scelte difensive, in questo caso del difensore che parte a centro campo, indurranno gli attaccanti a scegliere se condurre il contropiede in palleggio (a) o con passaggi (b). Dovranno anche essere tenute in considerazione le caratteristiche degli attaccanti (esterni-interni): nel caso dell'allenamento di un settore giovanile è sempre bene considerare l'aspetto formativo e quindi tutti proveranno a "fare tutto". Al ritorno vi sarà un 3 c 3 tutto campo.

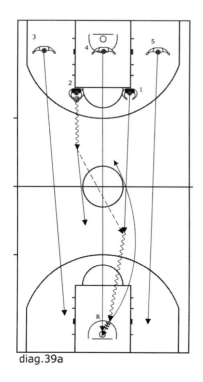

diag.39a

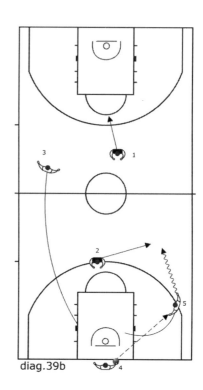

diag.39b

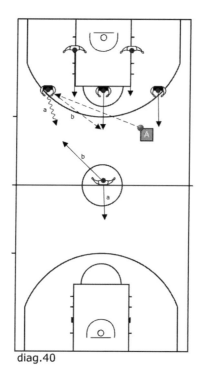

diag.40

Da ricordare come tutte le esercitazioni presentate, in considerazione delle ripetizioni effettuate, possono avere una importante incidenza dal punto di vista fisico. È un aspetto, questo, da curare se la proposta ha una finalità orientata a una fase iniziale di apprendimento (più gruppi o comunque più pause fra una ripetizione e l'altra) o se si vuol dare anche una impronta metabolica a fronte di competenze già apprese (meno gruppi con meno fasi di riposo). Una esercitazione di 3 c 3 in continuità tutto campo, con continua inversione di ruoli tra attaccanti e difensori, sollecita in modo elevato l'aspetto metabolico legato alla resistenza. La squadra è divisa in due gruppi (rossi e blu), a loro volta suddivisi in terzetti: due file sono sulla linea laterale all'altezza del prolungamento della linea di tiro libero e una in un angolo di fondo campo.

L'avvio è con un 3 c 3 in metà campo (diag.41a): i tre difensori recuperata la palla aprono su uno dei compagni posizionati nei cosiddetti serbatoi (file); l'attacco si sviluppa contro coloro i quali hanno appena terminato l'azione offensiva (diag.41b).

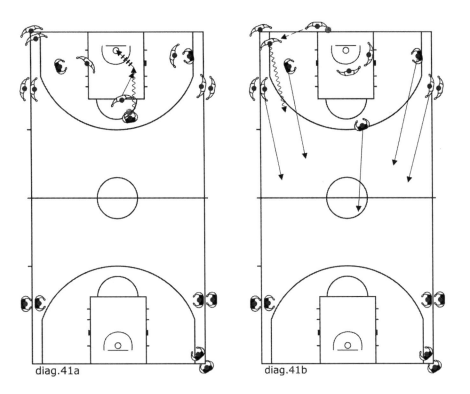

diag.41a   diag.41b

Coerentemente con quanto evidenziato in precedenza, dovranno trovare spazio in allenamento anche quelle situazioni che, pur non presentando un chiaro vantaggio in termini numerici, possono essere affrontate da giocatori in possesso di particolari abilità e qualità fisiche o debbono essere affrontate per necessità legate al momento della partita. Ad esempio nel diagramma 42, il difensore, intercettando il passaggio effettuato dall'appoggio, si lancia verso l'altro canestro cercando di eludere l'intervento del giocatore in recupero che probabilmente gli correrà di fianco. Allo stesso modo l'esercitazione può essere proposta partendo da un 2 c 2 + appoggio (diag.43).

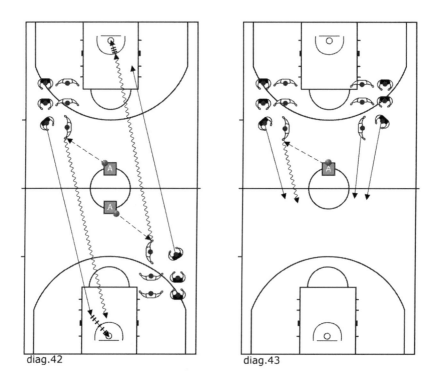

diag.42   diag.43

Si potranno proporre anche situazioni di sottonumero come quella illustrata nel diagramma 44: i giocatori posizionati a fondo campo, uno sotto canestro con palla e due negli angoli, si muovono passandosi la palla (tic-tac). Ad un segnale dell'allenatore (acustico o visivo) il giocatore in possesso di palla attaccherà contro gli altri due.
Variante: successivamente potrà essere inserito un attaccante che partendo da dietro possa rappresentare una alternativa alle soluzioni in attacco (diag.45).

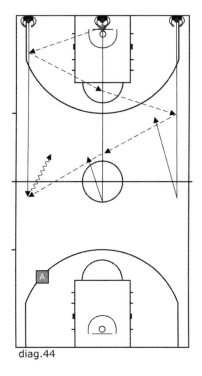

diag.44

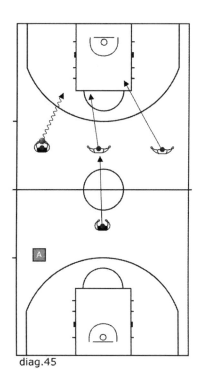

diag.45

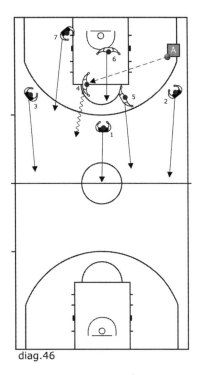

diag.46

Aggiungendo attaccanti e difensori si creeranno situazioni dove riconoscere i vantaggi risulterà più complesso: nel diagramma 46, l'allenatore simulerà un passaggio sbagliato e si darà quindi avvio ad una azione dove la transizione inizialmente preveda due attaccanti (4 e 5) contro tre difensori (1,2 e 3), con la possibilità che possano inserirsi altri giocatori (in questo caso 6, attaccante, e 7 difensore).

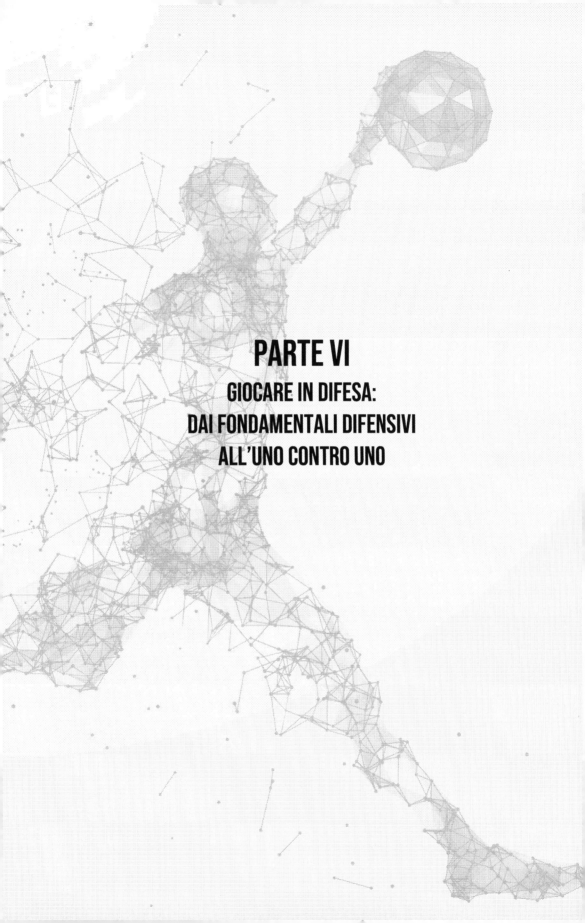

PARTE VI

GIOCARE IN DIFESA:
DAI FONDAMENTALI DIFENSIVI
ALL'UNO CONTRO UNO

Per far fronte alle azioni offensive i difensori utilizzano i *fondamentali individuali di difesa* (FID). Queste abilità tecniche vengono applicate, con la dovuta variabilità dei parametri di movimento o di scelta dei programmi motori, nelle diverse tipologie di difesa che si è scelto di adottare (uomo, zona, ecc.). I FID rappresentano, quindi, la base su cui costruire ogni forma di difesa di squadra. È opinione condivisa che insegnarli e svilupparli in un contesto di difesa individuale (difesa a uomo) rappresenti una valida esperienza per trasferire queste abilità nelle altre tipologie di difesa. In questa VI parte saranno esaminate le problematiche legate all'insegnamento dei FID e alla loro applicazione nei contesti situazionali dell'uno contro uno con e senza palla. In particolare, si evidenzierà come, pur costituendo un obiettivo da perseguire nelle diverse fasi dell'apprendimento con proposte facilitate e talvolta parziali (allenamento a secco), i FID rappresentano i contenuti necessari per raggiungere obiettivi di ordine superiore (utilizzo delle abilità in situazioni diverse di gioco) e necessitano di applicazioni in contesti di gioco reale che mirano a sviluppare comportamenti tattici (come nell'uno contro uno).

20 - I FONDAMENTALI INDIVIDUALI DI DIFESA RAPPRESENTANO I MEZZI TECNICI PER AFFRONTARE LE SITUAZIONI DI GIOCO

Le capacità difensive individuali dipendono fondamentalmente dalla rapidità degli spostamenti e dalle condizioni di equilibrio. L'uomo per sua natura è abituato a spostarsi in avanti; quindi, ogni forma di spostamento laterale o indietro risulta innaturale; per tale ragione è necessario un allenamento costante e mirato sulla tecnica difensiva. È interessante notare che l'azione delle braccia e delle mani segue ritmi indipendenti rispetto a quella dei piedi, ma con stesse finalità. La bravura difensiva non dipende solo dalla velocità di esecuzione dei fondamentali (tempo di movimento), ma anche dalla capacità di reagire tempestivamente agli stimoli offensivi (tempo di reazione). Alle difficoltà coordinative nel combinare spostamenti (scivolamenti, accelerazioni) a interventi difensivi manuali (capacità di combinazione motoria), si aggiungono, come già detto, le esigenze predittive (capacità di anticipazione), cioè la necessità di agire difensivamente un istante prima dell'attaccante.

I fondamentali individuali di difesa devono essere adeguatamente applicate in gara

Il giocatore in difesa deve essere pronto a reagire alle condizioni dettate dall'attacco; tale prontezza deve comprendere anche la capacità di anticipare gli eventi.

La condotta tattica difensiva individuale è continuamente condizionata da elementi di variabilità come la distanza dell'attaccante dal canestro (difesa tutto campo o a metà campo), il posizionamento dell'attaccante (esterno o interno) sia in relazione al canestro che alla palla (lato forte o lato debole), il possesso o meno della palla da parte dell'attaccante o il grado di aggressività difensiva che si vuole esprimere su di esso. Altri fattori di variabilità che incidono sul comportamento difensivo sono il tempo a disposizione, il punteggio, i falli individuali e di squadra, e il grado di prestazione generale degli avversari: ne è un esempio il giocatore che aumenta l'aggressività difensiva quando stanno per scadere i 24" a disposizione dell'attacco o, al contrario, quando si lascia spazio a chi dimostra di non essere pericoloso, o ancora, in presenza di *bonus*, quando si ricorre ad un fallo tattico su un giocatore poco preciso nei tiri liberi. Le situazioni difensive in sotto numero richiedono capacità applicative e tattiche differenti rispetto alla difesa schierata a metà campo, in quanto basate su adattamenti da effettuare in fase di transizione o conseguenti a scelte difensive punite dagli avversari (raddoppi superati, rotazioni sbagliate) e che necessitano di tempi brevissimi; è evidente, inoltre, che difendere in situazioni di 2 c 1, di 3 c 2 o di 4 c 3 implica, nel primo caso, la gestione individuale della condizione di svantaggio, e nei successivi, un continuo monitoraggio della condizione di gioco e una necessaria intesa e collaborazione.

Si vedrà comunque, al di là di ogni premessa, che la proposta di attività svolte didatticamente in sotto numero, sia a tutto campo che a metà campo, sviluppa presupposti attentivi e capacità di adattamento particolarmente funzionali al gioco difensivo.

Per acquisire comportamenti difensivi adeguati è necessario conoscere la tecnica dei diversi fondamentali di base

Di seguito sono riportate le caratteristiche tecniche dei fondamentali difensivi di base. Aspetti tecnici particolari, come la difesa sui blocchi, *body check*, tagliafuori, ecc., saranno trattati nell'ambito applicativo specifico.

I giocatori mantengono una posizione di prontezza difensiva tale da contrastare efficacemente l'avversario

Viene definito *posizione fondamentale* di difesa l'atteggiamento difensivo di base che il giocatore deve tenere in tutte le situazioni difensive, sia statiche che dinamiche, e attraverso il quale, anche a fronte delle diverse variabili tecniche (direzione degli spostamenti, azione delle braccia, difesa su giocatore con o senza palla, vicino o lontano dal canestro), sarà sempre possibile esprimere un elevato livello di efficacia tecnica. La necessità di muoversi velocemente in tutte le direzioni (rapidità) e in funzione dell'attaccante (o della palla) porta inevitabilmente a piegare le gambe in modo funzionale (tra i 120° e 140°), il che comporta, a causa dello spostamento in avanti delle ginocchia, un naturale (fisiologico) e lieve sollevamento dei talloni. Il maggiore piegamento delle gambe nella posizione fondamentale di difesa rispetto alla posizione fondamentale d'attacco è attribuibile alla necessità di esprimere adeguati livelli di forza muscolare negli spostamenti laterali e in arretramento. I piedi sono distanti poco più della larghezza delle spalle e il busto leggermente inclinato in avanti. Quindi, la posizione fondamentale di difesa rappresenta *l'abilità di base* su cui costruire tutti i fondamentali difensivi.

I giocatori si posizionano in difesa in relazione a riferimenti specifici

Per *posizionamento* intendiamo il comportamento statico-dinamico assunto dal giocatore per essere difensivamente pronto, considerando gli aspetti di variabilità già descritti. Il posizionamento corretto pone il giocatore nella condizione di intervenire nei tempi, negli spazi e con modalità motorie efficaci. Il posizionamento tattico si acquisisce sulla base di una serie di riferimenti, ovvero: 1, il punto del campo che permette di controllare l'avversario/i con e senza palla; 2, l'orientamento del corpo rispetto all'avversario, o al canestro o alla palla; 3, la posizione delle braccia rispetto alle possibilità di opposizione/intercettamento della palla; 4, la posizione della testa per il monitoraggio della situazione.

Per contrastare l'azione avversaria i giocatori devono saper gestire gli arti superiori

Nella condotta difensiva le mani hanno lo scopo di ostacolare (pressare) la palla o di intercettarla (anticipare). La tecnica difensiva richiede una serie estesa di movimenti delle braccia e delle mani (flesso-estensioni, prono-supinazioni, azioni di contatto anteriormente e posteriormente al busto, ecc.) che verranno sviluppati e approfonditi nelle varie situazioni difensive (difesa sul giocatore con palla, difesa sui giocatori senza palla).

Per contrastare l'azione avversaria i giocatori si muovono attraverso la corsa e gli scivolamenti difensivi

Gli *scivolamenti difensivi* sono spostamenti che prevedono passi accostati o lievi balzi in varie direzioni (laterale, avanti, indietro) permettendo di mantenere costante e adeguata la posizione del corpo rispetto all'attaccante. La tecnica di scivolamento viene sostituita dalla corsa (accelerazioni o decelerazioni) nel momento in cui non è possibile mantenere correttamente il rapporto attaccante con palla-difensore-canestro o attaccante senza palla-difensore-palla.

La tecnica dello scivolamento varia in funzione di due parametri: la velocità di esecuzione dello scivolamento e l'ampiezza della base d'appoggio.

Consideriamo un giocatore in difesa e in posizione fondamentale mentre difende su un attaccante in possesso di palla (fig.1a). Se lo scivolamento viene eseguito lentamente, il giocatore potrà utilizzare come piede di spinta il piede opposto alla direzione che si intende prendere: ad esempio, per spostarsi lateralmente verso destra, utilizzerà il piede sinistro per spingere (fig.1b). L'altro piede, indicato come piede guida, si orienta verso la direzione intrapresa per effettuare un primo appoggio; il piede di spinta recupera lo spazio per effettuare una eventuale nuova spinta. I piedi si muovono radenti al suolo, si avvicinano ma non si incrociano mai, mentre gli arti inferiori sono piegati ed il busto leggermente inclinato avanti e pronto ad ostacolare l'avversario; è inoltre necessario ripristinare continuamente la condizione di equilibrio (baricentro e base d'appoggio). Se si osserva, in modo rallentato, l'esecuzione dello scivolamento appena descritto, si potrà notare che, nel momento in cui si solleva il piede guida, il giocatore è portato a spostare le spalle in senso inverso rispetto alla direzione che si vuole prendere: ciò nasce dall'esigenza di recuperare l'equilibrio spostando il centro di gravità verso l'appoggio mono-podalico, cioè sul piede di spinta; questo spostamento sarà tanto più breve quanto più basso sarà il tempo di movimento dello scivolamento (all'aumentare cioè della rapidità). È chiaro pertanto che questa tecnica, in realtà, non favorisce la possibilità di miglioramenti elevati del tempo di movimento né delle condizioni di equilibrio. È necessario, infatti, considerare che nel tempo i giocatori si sono evoluti, migliorando sia l'esecuzione delle abilità tecniche che le potenzialità fisiche; il sistema neuromuscolare si è pertanto adattato evidenziando strategie motorie che riducono drasticamente i tempi di movimento.

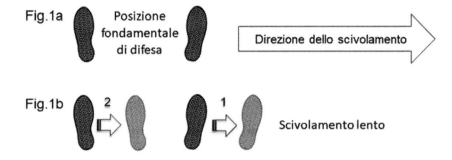

Nel caso di scivolamenti espressi in modo esplosivo, i giocatori evoluti, come già sostenuto da altri autori (Gebbia 2017), mostrano una tecnica ben diversa da quella canonicamente insegnata da sempre: mantenendo la posizione fondamentale, spostano prima il piede più distante e successivamente l'altro piede (fig.1c). Quest'azione avviene con una rapidità e un ritmo tale che spesso entrambi i piedi si staccano dal suolo quasi contemporaneamente, in modo sincronizzato e simile ad un lieve balzo (o proprio un balzo), con fasi di volo radenti e con la possibilità di coprire spazi maggiori. In questo modo il sistema neuromuscolare risolve il problema dello spostamento inverso alla direzione. Infatti, nel momento in cui si solleva il piede opposto alla direzione dello scivolamento (ad esempio si solleva il piede sinistro per andare a destra), il baricentro si sposta sull'altro piede (destro), cioè nella stessa direzione del movimento; la base d'appoggio si riduce fino a quando il piede sollevato (sinistro) non ritocca il terreno per spingere il corpo verso la direzione e nello stesso istante l'altro piede si solleva per riallargare la base d'appoggio.

Come anticipato, oltre alla velocità dello spostamento, a determinare funzionalmente quale modalità di partenza verrà adottata, ovvero quale piede verrà sollevato per primo, sarà la larghezza della base d'appoggio: maggiore è la distanza tra i piedi e più alta sarà la probabilità che il sistema di controllo tenda a spostare il baricentro sul piede corrispondente al lato dello scivolamento, sollevando nel contempo il piede opposto. L'ampiezza della base d'appoggio relativa alla posizione fondamentale di difesa è sufficientemente larga per iniziare, in modo esplosivo, uno scivolamento muovendo per primo il piede opposto alla direzione; in questo caso il piede si avvicinerà all'altro per spingere nella direzione voluta. Se, in condizione statica, i piedi sono molto vicini (quasi a contatto) e il giocatore vuole effettuare uno spostamento molto rapido, il piede opposto alla direzione dello scivolamento si solleverà ma, in questo caso, allontanandosi dall'altro piede, allargando la base d'appoggio e spingendo nella direzione voluta; in pratica il sistema crea il "fuori equilibrio", cioè sposta il baricentro fuori dalla base d'appoggio, attraverso un punto di forza più distante rispetto alla direzione verso cui si intende scivolare (fig.1d).

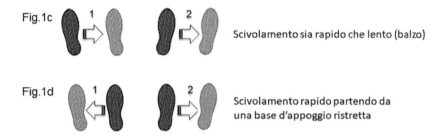

Fig.1c   Scivolamento sia rapido che lento (balzo)

Fig.1d   Scivolamento rapido partendo da una base d'appoggio ristretta

In realtà la differenza tra le diverse modalità tecniche di scivolamento sta nella partenza, cioè quando il giocatore, da una condizione difensiva statica, esegue il primo di una serie rapida di scivolamenti; i successivi vengono espressi con ritmi e modalità tecniche uguali in quanto gli appoggi si susseguono ritmicamente, contribuendo entrambi, seppure in misura diversa, a dare spinta al giocatore che si trova già in fase dinamica. Gli scivolamenti difensivi in avanti e indietro seguono sostanzialmente lo stesso principio di quelli rapidi laterali; il piede più distante alla direzione dello scivolamento si solleva per primo. Quando i giocatori eseguono scivolamenti in avanti successivi ad una corsa, come quando si va in *close out*, ovvero un rapido recupero sul giocatore con palla, avviene che sull'ultimo appoggio della corsa, il piede arretrato avanzerà in modo accostato, cioè senza superare l'appoggio che sta avanti. Quindi il piede arretrato diventa automaticamente il piede che si solleva per primo per poi riappoggiare e dare spinta in avanti (fig.2).

Fig.2

Corsa

1   3   5   7   9

2   4   6   8   Piede di spinta

Scivolamento in avanzamento con passi accostati; il quarto appoggio non supera il terzo

Lo stesso principio vale per gli scivolamenti indietro: se il giocatore si trova con un piede avanti rispetto all'altro, il piede avanti si solleverà per primo per restringere la base d'appoggio e spingere indietro. Se il giocatore si trova con i piedi paralleli, dopo aver cambiato guardia, cioè dopo aver arretrato un piede, utilizzerà il piede avanzato per spostarsi indietro (fig.3).

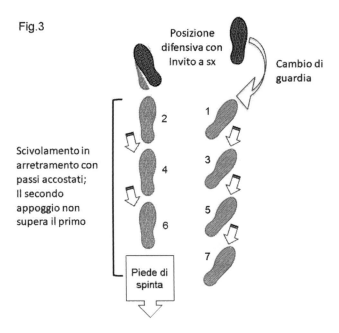

Fig.3

Posizione difensiva con Invito a sx

Cambio di guardia

Scivolamento in arretramento con passi accostati; Il secondo appoggio non supera il primo

Piede di spinta

I difensori contrastano i cambi di direzione attraverso i cambi di guardia
Nella terminologia cestistica, il *cambio di guardia* ha due significati tecnici: uno è riferito alla difesa sul giocatore con palla e l'altro alla difesa sul giocatore senza palla. La prima situazione si verifica quando un attaccante con palla effettua un cambio di direzione (fig.4): il difensore dovrà anch'esso effettuare lo stesso movimento per continuare a scivolare nella nuova direzione e mantenere il giusto rapporto difensivo sull'avversario. Si esegue con un arretramento del piede corrispondente alla nuova direzione, ruotando sull'avampiede opposto (una sorta di giro dorsale) e mantenendo la posizione fondamentale di difesa.

La seconda situazione la ritroviamo nella difesa sui tagli. Quando l'attaccante senza palla taglia a canestro, il difensore, potrà decidere di seguire l'avversario aprendosi alla palla attraverso un giro dorsale e assumendo la posizione definita di *guardia aperta* (fig.5) o, in alternativa, rimanere girato verso il diretto avversario con la posizione definita di *guardia chiusa* (fig.6). In pratica, il difensore, per seguire il taglio, decide, dalla posizione difensiva in cui si trova (anticipo, aiuto), se perdere di vista l'attaccante dandogli la schiena o se mantenersi chiuso, ovvero girato verso l'attaccante, ricercando il contatto visivo con la palla solo con una rapida torsione della testa verso il lato opposto.

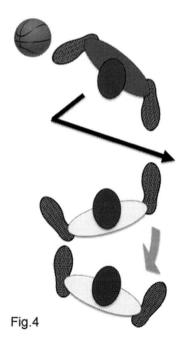

Fig.4

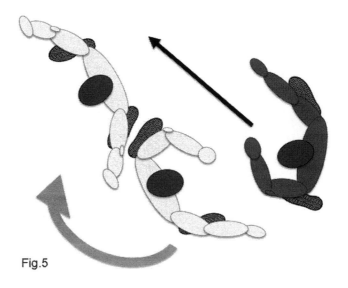

Fig.5

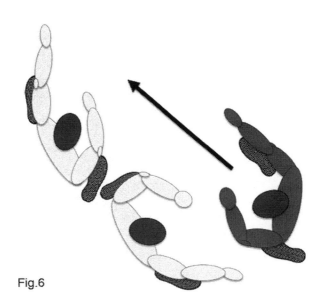

Fig.6

Come si vedrà in seguito, in questa trattazione si preferisce orientare la scelta verso la posizione di *guardia chiusa* ritenendola più efficace in termini di controllo dell'avversario.

Per insegnare i fondamentali difensivi occorre conoscere le strategie didattiche e metodologiche

Tutti i fondamentali difensivi descritti possono essere sviluppati sia a secco che in modo applicato e verranno proposti sia singolarmente che in combinazione; sarà necessario porre particolare attenzione all'orientamento pedagogico utilizzato che, a secondo dei contesti, dovrà alternarsi tra il metodo deduttivo e quello induttivo.

La condizione di prontezza e gli spostamenti difensivi sono fortemente condizionati dalla rapidità dei piedi; sarà pertanto necessario un lavoro specifico a secco attraverso il quale sollecitare il giocatore in termini di reattività, accortezza e risolutezza, con blocchi di lavoro preferibilmente mensili. Sia il lavoro dei piedi che delle mani dovrà essere ricondotto a condizioni applicative che, oltre a stimolare l'esigenza di una condotta tecnica, inducono il giocatore a reperire anticipatamente informazioni che miglioreranno il comportamento predittivo.

Nell'allenamento giovanile, occorrerà pianificare con gradualità la proposta di contenuti tecnici fondamentali iniziando, ad esempio, dalla difesa sulla palla (scivolamenti, uso delle mani e cambio di guardia) ad elementi più complessi, come gli spostamenti difensivi su giocatori senza palla vicini e lontani dalla palla. Per ultimi si potranno affrontare ulteriori aspetti tecnici come gli spostamenti difensivi in aiuto o situazioni di raddoppio o di difesa sui blocchi. È il caso di evidenziare, infine, come gli esercizi proposti per l'attacco possano risultare allenanti per la difesa, lì dove si creino condizioni congruenti.

La proposta di alcuni esercizi può suggerire altre forme di attività funzionali alla difesa

Inizialmente i lavori proposti riguarderanno l'aspetto puramente esecutivo delle tecniche difensive: in particolare dovrà essere curato il corretto posizionamento dei piedi e, soprattutto nei settori giovanili, l'equilibrio complessivo del corpo. È possibile che nelle prime fasce di età ci si trovi di fronte a giocatori con scarso sviluppo dei muscoli delle fasce lombari (CORE) e pertanto non troveranno comoda la posizione fondamentale con il busto eretto e leggermente inclinato in avanti, ma tenderanno ad "ingobbirsi". Ciò naturalmente li porterà a sbilanciarsi e ad essere poco reattivi nell'azione della parte inferiore del corpo. Tali aspetti richiedono che, contemporaneamente, venga portato avanti un lavoro di preparazione fisica che coinvolga le capacità condizionali (forza, rapidità) e quelle coordinative (equilibrio, combinazione motoria). Per tale motivo, gli esercizi esecutivi dovranno essere proposti con richieste limitate (uno o due passi di scivolamento), avendo cura al tempo stesso di sollecitare un'attenzione interiore (sentire la spinta dei piedi, la distribuzione del peso del corpo).

Ad esempio, nel diagramma 1, i giocatori, sparsi per il campo, eseguono passi di scivolamento nelle varie direzioni, seguendo le indicazioni dell'allenatore. Tali indicazioni possono essere fornite verbalmente o dettate dai movimenti, con palla o senza, eseguiti dallo stesso.

diag.1

Nel diagramma 2, il lavoro proposto porta il giocatore ad essere attento a "sentire" i movimenti, cogliendo le sensazioni che gli vengono dall'interno. Il giocatore che deve eseguire gli scivolamenti, in un primo momento, viene leggermente contrastato (presa sui fianchi) da un compagno posto alle sue spalle: vinta questa resistenza esegue due scivolamenti.

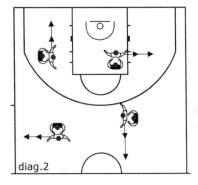

diag.2

Dovrà quindi, ad esempio, concentrare la sua attenzione sulla variazione della distribuzione del peso del suo corpo tra piede di appoggio e piede di spinta. In un secondo momento, il giocatore alle spalle, inizialmente aiuterà il compagno, con una leggera spinta al momento della partenza: a quel punto, l'attenzione dovrà essere rivolta al corretto uso del piede di spinta e al mantenimento di una distanza funzionale nell'appoggio dei due piedi.

Altre esercitazioni saranno orientate allo sviluppo della combinazione motoria, dissociando il lavoro degli arti superiori da quello degli arti inferiori: come già evidenziato nella parte dedicata al *Ball handling*, un contributo importante a tale aspetto può derivare da tutte quelle attività di carattere generale, spesso ludiche, che contribuiscono a una formazione generale del giocatore.

Nel diagramma 3, i giocatori, divisi a coppie, con un pallone, si passano la palla mentre eseguono scivolamenti laterali: le variabili di questa proposta sono numerose e coinvolgono la distanza fra i giocatori (vicini/lontani), la direzione degli scivolamenti (verticale/diagonale/con cambi di guardia), la tipologia dei passaggi (diretti, battuti, dall'alto, laterali, una mano, due mani, liberi), l'uso di un pallone a testa.

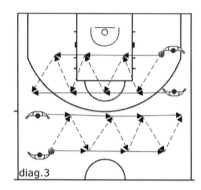

diag.3

Le proposte dovranno anche cominciare a prevedere che gli scivolamenti siano collegati ad altri movimenti. Nel diagramma 4, i giocatori, partendo dall'angolo di fondo campo, eseguono scivolamenti abbinandoli a cambi di guardia (giri dorsali) in prossimità degli spigoli della lunetta.

Nel diagramma 5, i giocatori, partendo da sotto canestro, simulano un'azione difensiva tutto campo su un giocatore in palleggio: pertanto effettuano scivolamenti sino al primo ostacolo (pressione sul palleggiatore), corsa fino al secondo ostacolo (recupero difensivo sul palleggiatore) e così via fino a metà campo.

diag.4

diag.5

A seguire saranno proposti esercizi, fondamentalmente di tipo esecutivo, rivolti ad acquisire la tecnica di difesa sul giocatore che si muove con palla o senza, proponendo lavori che varieranno per la posizione sul campo (a tutto campo, metà campo, a un quarto di campo), per le indicazioni rivolte al difensore con riferimento all'atteggiamento (aggressivo/contenitivo), ma anche per le indicazioni rivolte all'attaccante che nelle prime fasi dovrà svolgere un ruolo allenante. Pertanto, si potranno limitare gli spazi e il numero di palleggi da utilizzare, piuttosto che eseguire dei movimenti preordinati come cambi di direzione e velocità, virate, ecc.

Nel diagramma 6, i giocatori sono divisi in coppie, con l'attaccante che si muove in palleggio, lungo la linea dei tre punti, eseguendo ogni due palleggi un cambio di velocità; il difensore, partendo dalla posizione fondamentale dovrà alternare, in relazione ai movimenti dell'avversario, scivolamenti e sprint, al fine di recuperare la posizione fondamentale difensiva sulla palla.

Nel diagramma 7, i giocatori, suddivisi in terzetti, lavorano all'interno di tre fasce delimitate sul campo. In particolare, l'attaccante si muoverà a zig-zag, mentre il difensore curerà che ad ogni cambio di mano e di direzione dell'avversario corrisponda un suo cambio di guardia. Il lavoro è sviluppato con l'attaccante che si muove con l'obiettivo di far "allenare" il compagno. Arrivati a fondo campo si invertiranno i compiti. In seguito, il lavoro si potrà sviluppare con una prima fase simile a quella vista in precedenza, e una seconda agonistica nella quale il difensore dovrà ostacolare l'attaccante nei suoi tentativi di concludere a canestro.

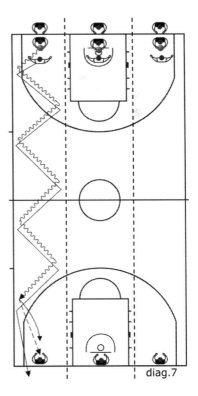

diag.6

diag.7

L'applicazione della tecnica dovrà essere inizialmente graduale e sempre guidata.

Nel diagramma 8, viene proposto un esercizio di 1 c 1 in metà campo con l'obiettivo di difendere sulla partenza. Al difensore in punta, ad esempio, si potrà dare l'indicazione di posizionarsi "a muro" fra l'avversario e il canestro, mentre ai difensori delle ali di posizionarsi con il petto sulla linea della spalla interna dell'avversario.

L'attaccante inizialmente sarà limitato nel numero di palleggi (massimo due). È evidente che le indicazioni sono relative agli obiettivi che ogni allenatore si pone nell'ambito delle scelte difensive.

Nel diagramma 9, il difensore dovrà impedire all'attaccante di utilizzare traiettorie che gli consentano una facile conclusione a canestro e pertanto cercare di portarlo all'esterno degli ostacoli. Anche in questo caso l'attaccante dovrebbe essere, nelle prime fasi, limitato nelle sue scelte (ad es. massimo 4 palleggi), per poi passare a situazioni di gioco libere.

Allo stesso modo si procederà per inserire il lavoro difensivo sul palleggiatore nelle situazioni di *pressing* tutto campo in contesti *target*. Nel diagramma 10, ad esempio, l'attaccante dopo aver concluso a canestro difenderà sul suo avversario che cercherà di ricevere la rimessa dall'appoggio e attaccherà sul canestro opposto.

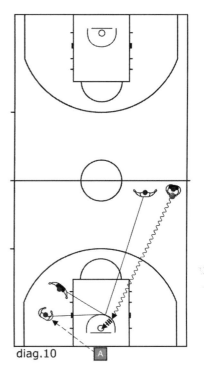

diag.10

Stessa procedura sarà seguita per iniziare a lavorare difensivamente sul giocatore senza palla. In particolare, nel diagramma 11, viene proposto un 1 c 1 in metà campo con due appoggi per le situazioni di scivolamento e anticipo. In una prima fase sarà privilegiata l'esecuzione e quindi il corretto posizionamento del corpo e il tempo del movimento nell'anticipo; l'esercizio potrà poi concludersi in modo agonistico. Nel diagramma 12, l'anticipo è conseguente ad una fase iniziale di corsa, poiché l'attaccante, partendo da sotto canestro, cercherà di ricevere la palla dall'appoggio lungo il perimetro.

diag.11

diag.12

Anche per quanto concerne l'applicazione del posizionamento tattico con il corretto uso del *body check* e dei cambi di guardia, si ricorrerà ad esercizi esecutivi, per poi gradualmente passare a quelli applicativi. Nel diagramma 13, ad esempio, il difensore, posizionato in guardia chiusa sul lato debole, impedirà il taglio dell'ala verso la palla (appoggio), ostacolando il movimento con il proprio corpo (*body check*), per poi continuare a difendere in relazione al movimento dell'avversario. Anche in questo caso l'esercizio può terminare in modo agonistico.

diag.13

La proposta di alcuni esempi di sequenze didattiche può suggerire altre forme ordinate di esercitazione per lo sviluppo dei fondamentali difensivi

Sequenza didattica semplice/orizzontale
Obiettivo della sequenza: apprendere/consolidare una corretta tecnica di scivolamento, abbinandola ad altri contenuti (corsa, recupero, palleggio).

Es.1 - Scivolamenti. Il giocatore dovrà eseguire due o tre passi di scivolamento per raccogliere e ripassare la palla al compagno che l'avrà fatta rotolare alla sua destra o alla sua sinistra (diag.14).

Es. 2 - Scivolamenti. Come l'esercizio precedente, ma una volta restituita la palla e recuperata la posizione iniziale, il giocatore eseguirà alcuni passi di corsa all'indietro, per ritornare in avanti e scivolare nella direzione in cui sarà fatta rotolare la palla (diag.15).

411

Es. 3 - Scivolamenti. Il giocatore effettua due o tre scivolamenti in diagonale e in arretramento, cambia guardia in prossimità del cono ed esegue un breve sprint, per riprendere poi la posizione di scivolamento all'altezza dell'altro cono (situazione di recupero su un palleggiatore che ha superato l'avversario) (diag.16).

diag.16

Es. 4 - Scivolamenti. Il giocatore effettua alcuni scivolamenti in diagonale e in arretramento, simulando un'azione di anticipo su un attaccante sul perimetro; nel momento in cui il coach lancia la palla, la recupera e sprinta verso l'altro canestro per andare a concludere (diag.17).

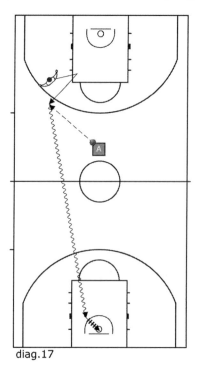

diag.17

Sequenza didattica verticale
Obiettivo della sequenza: difesa sulle partenze in palleggio per mantenere un atteggiamento aggressivo, non concedendo una linea di penetrazione diretta a canestro.

Es.1 - 1 c 1 difesa sul primo passo di partenza. Il giocatore con palla dopo aver fatto rotolare la palla verso il compagno va ad assumere la posizione difensiva su di lui ed effettua uno/due scivolamenti sulla partenza in palleggio (diag.18). L'attaccante parte solo dopo che il difensore ha toccato la palla. Al termine vengono invertite le posizioni.

Es.2 - 1 c 1 in metà campo difesa su attaccante con palla. Il giocatore sotto canestro passa la palla all'attaccante posizionato in punta e va a difendere, ponendosi in posizione a muro (fronte all'avversario) e cercando di ostacolarne l'azione, reagendo soprattutto sul primo passo di partenza (diag.19); dovrà evitare che l'attaccante utilizzi traiettorie troppo dirette verso il canestro. Inizialmente l'azione dell'attaccante potrà essere condizionata limitando l'uso del palleggio (max. 3-4) o il tempo a disposizione per concludere a canestro.

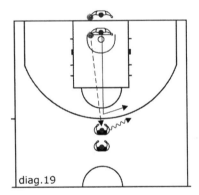

Es.3 - 1 c 1 in metà campo difesa su giocatori con palla. Il giocatore sotto canestro è chiamato a difendere 3 o 4 volte consecutive sugli attaccanti posti sul perimetro che ricevono la palla dal coach posizionato lungo la linea di fondo (diag.20). In questo lavoro sono particolarmente solleci-tati l'aspetto cognitivo, l'attenzione e la concentrazione.

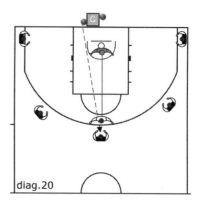

diag.20

Infatti, il difensore, dopo aver toccato la palla, dovrà ostacolare l'azione dell'attaccante assumendo un corretto atteggiamento che tenga conto della posizione dell'avversario. Ad esempio, sugli attaccanti in guardia po-trà "marcare la spalla interna", mentre su quelli in angolo potrà assumere una posizione di "muro".

Es.4 - 1 c 1 + 1 c 1 + 2A in metà campo. Il difensore deve difendere sul giocatore con palla, conseguentemente a due movimenti distinti. Sul primo attaccante, dopo aver cercato un anticipo sulla ricezione del pas-saggio in ala dall'appoggio in punta, deve assumere un corretto posiziona-mento e ostacolare l'eventuale azione successiva (diag.21a). Terminata questa prima fase, dovrà cercare di difendere sul secondo attaccante, spa-ziatosi sul perimetro, che ha ricevuto la palla dall'appoggio sotto canestro (diag.21b). In questo caso il difensore, provenendo da una situazione di recupero, dovrà agire rapidamente sia in termini di attenzione (ricerca dell'avversario) che di tecnica difensiva (passi corti e braccio alto ad osta-colare un eventuale tiro da fuori).

diag.21a

diag.21b

21 - PER AFFRONTARE LE SITUAZIONI DI GIOCO IN DIFESA OCCORRE SAPER COMBINARE I FONDAMENTALI DIFENSIVI

Le competenze in difesa si differenziano in base alla posizione della palla e al tipo di organizzazione tattica che si sceglie di applicare

È evidente che giocare in difesa implica spirito di sacrificio e capacità di resistere alla fatica, ma con un lavoro continuo e adeguatamente pianificato, si possono ottenere ottimi risultati in termini di abitudini e tenacia.

Per utilizzare la tecnica difensiva nelle diverse situazioni di gioco, si parte sempre da un'impostazione generale di difesa individuale (difesa a uomo). Le indicazioni tecniche e tattiche espresse in questa VI parte del testo, relativamente alla difesa sul giocatore con palla e a quella sul giocatore senza palla, sono riferite alla difesa a uomo; ma come già accennato, costituiscono una base di conoscenza e di esperienza fondamentale per ogni altra tipologia di organizzazione difensiva.

Non sono molti gli articoli di ricerca che analizzano gli indicatori di prestazione difensiva, a differenza degli aspetti offensivi. Uno studio di Álvarez et al. (2009) sulle gare dei Giochi Olimpici di Pechino del 2008, ha evidenziato che la difesa a uomo era quella maggiormente utilizzata sia dalle squadre vincenti che da quelle perdenti e che queste ultime, alternando difese diverse provavano a recuperare lo svantaggio. Lo stesso lavoro ha evidenziato che le squadre vincenti consentivano l'uso del passaggio interno molto meno delle squadre perdenti e queste ultime, subendolo, mostravano una riduzione significativa della loro efficacia difensiva; ma chiaramente, il contesto di gioco rappresenta una variabile per la quale le scelte difensive (come per quelle offensive) sono determinate, gara per gara, in modi diversi.

Obiettivo della difesa è quello di limitare l'azione offensiva degli avversari, sulla base di principi consolidati di tattica difensiva. Diventa, pertanto, fondamentale reagire rapidamente alle azioni degli avversari, ma, ancora meglio, provare ad anticipare le scelte degli stessi. In questo caso è necessario saper osservare e riconoscere le intenzioni degli avversari attraverso possibili indicatori di previsione. Costituisce un esempio l'attaccante che chiude il palleggio e che, attraverso il linguaggio non verbale (direzione dello sguardo e posizione del corpo), trasmette l'intenzione di passare la palla ad un compagno; in questo caso il riconoscimento dei segnali premonitori (tra cui, la regola che, se si smette di palleggiare, si dovrà necessariamente passare o tirare) permetterà di individuare cosa, dove e quando accadrà. Attenzione, concentrazione, accortezza, risolutezza, reattività, visione di gioco, disponibilità al contatto fisico, sono tutti prerequisiti per una buona difesa.

Le competenze in difesa vengono distinte in *difesa sul giocatore con palla* e *difesa sul giocatore senza palla*. Per insegnare correttamente sia le posizioni che gli spostamenti difensivi, si ricorre didatticamente ad una serie di riferimenti utili per orientare il giocatore.

Un riferimento difensivo d'uso comune è la distanza che il diretto avversario assume rispetto alla palla. Un attaccante, pertanto, si troverà *a un passaggio dalla palla* se è distante non più di 4 o 5 metri dal compagno con la palla. I giocatori che si trovano a un passaggio dalla palla vengono prevalentemente marcati in modo più aggressivo rispetto a quelli che si trovano *a più passaggi dalla palla*, cioè ad una distanza maggiore. I difensori si orientano anche in funzione del lato in cui si trova la palla; viene pertanto stabilito, in un linguaggio cestistico comune, un *lato forte* che si intende il lato del campo in cui si trova la palla, e un *lato debole* che sarà chiaramente il lato opposto. Ulteriori punti di riferimento sono dati per mezzo di una serie di linee immaginarie, dette appunto *linee della difesa*, che permettono al giocatore di orientarsi al variare della situazione. Pertanto, attraverso il monitoraggio di due variabili costituite dalla palla e dagli avversari, e il continuo riadattamento spaziale rispetto al canestro e alle linee della difesa, è possibile mantenere costantemente una posizione difensiva corretta. Questo aspetto acquisisce ulteriore importanza dagli studi che hanno evidenziato come il rimbalzo difensivo risulta essere un'abilità determinante per il successo di una squadra (García 2013).

Come per l'attacco (v. parte IV, le collaborazioni in forma libera), anche per la difesa, possono essere utilizzate sia *regole di organizzazione* che *regole di scelta*; queste regole sono sempre dettate dall'allenatore. Le *regole di organizzazione* permettono di dare ordine spaziale attraverso un corretto posizionamento, utilizzando riferimenti precisi (linee, spazi, distanze, prospettive): ne è un esempio il saper mantenere la posizione d'anticipo quando si marca un giocatore a un passaggio di distanza, o il saper stare sulla linea di penetrazione e con le spalle al canestro, quando si marca un giocatore con palla. Le *regole di scelta* sono frutto di ciò che l'allenatore reputa essere prioritario a fronte di possibili diverse opzioni difensive; una regola di scelta può essere quella di volere gli aiuti che provengono esclusivamente dal lato debole, oppure di anticipare forte il passaggio orizzontale guardia sinistra-guardia destra ostacolando un facile ribaltamento di lato alla palla, oppure di raddoppiare ogni volta che la palla arriva al *post* basso. Nella pallacanestro sono due i sistemi difensivi più utilizzati: difesa a uomo (individuale) e difesa a zona.

La *difesa a uomo* si caratterizza per la responsabilità che ogni difensore si assume nel marcare un avversario: la posizione assunta sarà relativa alla pericolosità dello stesso, alla distanza dal canestro, al possesso della palla, all'azione degli avversari e dei propri compagni. Può avere caratteristiche di aggressività o di contenimento, può svilupparsi a tutto campo, a tre quarti di campo, a metà campo con meccanismi che saranno di seguito approfonditi.

La *difesa a zona* si caratterizza per la responsabilità che ogni difensore si assume nel presidiare una parte del campo: l'attenzione dovrà essere rivolta all'avversario che agirà in quella parte del campo. Nel gioco moderno questa esemplificazione è riduttiva, poiché le difese a zona presentano giocatori dalla grande mobilità e che spesso si interscambiano le competenze adeguandosi alle situazioni tattiche che si sviluppano. Le difese a zona si identificano rispetto al fronte che si presenta ai giocatori in attacco (prima linea difensiva). Anche le difese a zona possono essere "allungate" su tutto il campo (*Zone press*) oppure trasformarsi in difese individuali dopo i primi movimenti dell'attacco (*Match-up*). In presenza di squadre che concentrano l'attacco su uno o due giocatori forti individualmente si può attuare una *difesa mista* con tre o quattro giocatori schierati a zona, ed uno o due che marcano il/i giocatore/i più pericoloso/i.

Per orientarsi in difesa occorre avere dei punti di riferimento

Come già accennato negli aspetti generali, da un punto di vista didattico si possono utilizzare una serie di linee immaginarie che permettono di posizionarsi, orientarsi, muoversi e collaborare nel modo più corretto e proficuo. Inoltre, i giocatori si orientano in funzione del lato in cui si trova la palla; viene pertanto stabilito, in un linguaggio cestistico comune, un lato forte e un lato debole. Come detto, si definisce *lato forte* il lato in cui si trova la palla; il *lato debole* è, conseguentemente, il lato opposto alla palla. Questa distinzione viene fatta per dare un riferimento generale ai difensori sulla possibilità di collaborazione difensiva; è prevalente, infatti, l'idea che gli aiuti difensivi provengano fondamentalmente dai giocatori posizionati sul lato debole (diag.1).

- *La linea del canestro* rappresenta la linea immaginaria che congiunge la posizione della palla al canestro: è utilizzata dal difensore per posizionarsi correttamente rispetto al diretto avversario ed al canestro (diag.2);

- *La linea di passaggio* è invece la linea immaginaria che congiunge il giocatore in possesso di palla alle mani dell'attaccante senza palla. Tale riferimento rappresenta un supporto per i difensori, in quanto permette loro di acquisire un corretto posizionamento sia rispetto alla palla che al diretto avversario: infatti, in linea di principio, i difensori degli attaccanti vicini alla palla attueranno un'azione di anticipo difensivo, quelli che difendono su attaccanti lontani dalla palla (lato debole o a più passaggi dalla palla) un'azione di adeguamento difensivo (diag.3).

- *La linea mediana* è la linea immaginaria parallela alle linee laterali che divide in due parti uguali l'area dei tre secondi. Viene utilizzata come riferimento dai difensori che marcano sul lato debole, per posizionarsi correttamente rispetto al diretto avversario e alla palla (diag.4);

- *La linea di penetrazione* è la linea che percorre l'attaccante in palleggio quando penetra a canestro. Viene utilizzata come riferimento (anticipandone anche il suo prolungamento), sia dal difensore che marca la palla che da quelli che intervengono in aiuto, per fermare l'azione di penetrazione (diag.5);

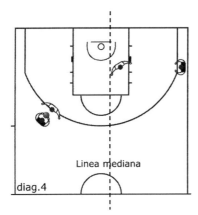

Linea mediana

diag.4

Linea di penetrazione

diag.5

- *La linea della palla* è la linea immaginaria tangente la palla e parallela alla linea di fondo. Viene utilizzata come riferimento da tutti i difensori per posizionarsi correttamente in relazione agli spostamenti della palla (diag.6-7);

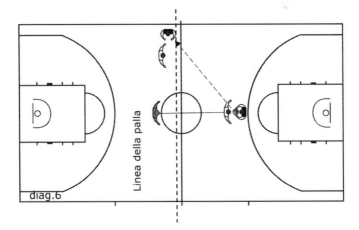

Linea della palla

diag.6

Linea della palla

diag.7

- *Le linee del campo* vengono utilizzate tatticamente dai giocatori in difesa per limitare le azioni offensive. Aiuti, raddoppi, azioni pressanti, ecc. vengono spesso eseguiti in funzione dei vincoli che le linee del campo possono provocare sull'attaccante.

22 - I GIOCATORI DEVONO SVILUPPARE COMPETENZE SPECIFICHE PER DIFENDERE SULL'ATTACCANTE CON PALLA

Il difensore che marca l'attaccante con palla ha l'obiettivo di limitare le iniziative offensive e di realizzazione dell'avversario. Sono obiettivi da perseguire il non far tirare, il non farsi battere, il creare costantemente difficoltà all'attaccante limitandone le scelte di spazio, il ritardare i tempi di esecuzione, l'impedire al giocatore che ha tirato di conquistare un'ulteriore possibilità (tagliafuori).
Ciò avviene, in particolar modo, condizionando l'attaccante attraverso un uso corretto di braccia e gambe, un corretto allineamento del busto e mantenendo un equilibrio dinamico. Anche un corretto utilizzo della comunicazione verbale rappresenta un elemento che può contribuire allo scopo: un linguaggio convenzionale e condiviso trasmette indicazioni funzionali a quanto richiesto nelle collaborazioni difensive.

Per difendere sul giocatore con palla bisogna tenere conto delle variabili tecniche e tattiche
Il difensore sul giocatore con palla si troverà a dover gestire situazioni diverse, in funzione di una serie di indicatori:
- in relazione alla *distanza dal canestro*, la difesa sulla palla potrà svilupparsi su tutto il campo, a metà campo, su un quarto di campo;
- in relazione al *ruolo* dell'attaccante si potrà difendere su un giocatore esterno (sul perimetro dei tre punti), o su un giocatore interno (con caratteristiche che privilegiano il gioco vicino al canestro);
- indipendentemente dal ruolo coperto dall'attaccante, si potrà difendere su attaccanti che occupano *posizioni* diverse (interne ed esterne);
- in relazione alle iniziative offensive, si dovranno gestire tutte le situazioni che vanno dalla ricezione della palla in poi;
- in relazione alle caratteristiche dell'attaccante (se è mancino, se è un tiratore, se predilige giocare in alcune parti del campo, se mostra abitudini tecniche, ecc.) si potrà scegliere di agire con comportamenti che sfruttano i punti deboli dell'avversario;
- in relazione all'orientamento difensivo dettato dall'allenatore, si potranno attuare specifici comportamenti tattici o strategici;
- le scelte difensive possono, inoltre, essere condizionate dalle regole del gioco (5",8",14",24", falli, bonus, ecc.);

Il difensore dovrà, pertanto, monitorare continuamente i comportamenti offensivi preparandosi alle diverse soluzioni possibili e operando delle scelte in tempi brevissimi.

Per difendere sul giocatore che riceve la palla occorre posizionarsi tra l'attaccante e il canestro

Nella difesa a metà campo, il difensore assume la *posizione fondamentale di difesa*, ponendosi a un braccio di distanza dall'attaccante e a cavallo della *linea del canestro* in modo da rappresentare un vero e proprio *muro* difensivo (fig.7). Un'esecuzione della tecnica difensiva corretta consentirà, ad ogni movimento successivo, di occupare costantemente questo spazio fra l'avversario e il canestro con le spalle rivolte a quest'ultimo. In tale contesto il ruolo degli arti risulta assolutamente fondamentale; i piedi dovranno essere posizionati in modo tale da dare l'idea di "contenimento" rispetto a quelli dell'avversario (larghezza maggiore) e da consentire una rapida reazione ai movimenti dello stesso; le mani dovranno con azioni rapide "toccare la palla", in modo da impegnare o infastidire un eventuale tiro o passaggio.

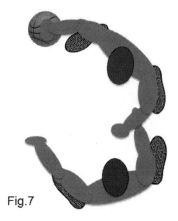

Fig.7

La tecnica difensiva appena descritta, rappresenta l'orientamento di base utile per iniziare a costruire la difesa sul giocatore con palla in qualunque posizione del campo, sia distante che vicino al canestro; è chiaro che, in una fase più evoluta, l'allenatore comincerà a introdurre possibili scelte o variabili difensive: ad esempio con palla in punta si può marcare a "muro", con palla in ala, si può marcare prendendo come riferimento la spalla interna, se l'attaccante è debole nel palleggio di sinistro si cercherà di invitarlo verso quel lato, ecc.

Bisogna, inoltre, considerare che la posizione dalla quale proviene il difensore quando va a marcare l'attaccante con palla deriva da situazioni di gioco diverse, e in particolare:

- *Dalla difesa d'anticipo*, e quindi sarà necessario ripristinare la posizione tra attaccante e canestro, con rapidi scivolamenti o addirittura con la corsa; in taluni casi, in seguito a un eccessivo sbilanciamento nella ricerca di un anticipo esasperato, ci si potrebbe trovare a dover difendere su un attaccante che, sfruttando tale sbilanciamento (presumibilmente con una partenza incrociata sul lato opposto), costringe il difensore ad un forte recupero (pressando sul fianco l'avversario) con richiesta di aiuto dei compagni.
- *Dalla difesa d'aiuto*, nel qual caso bisognerà correre verso l'avversario, viaggiando con la palla per poi decelerare, attraverso piccoli passi accostati, riducendo progressivamente la distanza (iniziale difesa contenitiva), fino a ripristinare la posizione tecnica di difesa sulla palla.

Sia in un caso che nell'altro può essere utile comunicare verbalmente di aver preso posizione gridando: "palla!".

Nella *difesa tutto campo*, prendere posizione su un giocatore con palla lontano dal canestro significa avere un piano tattico ben organizzato per evitare che il grande spazio a disposizione degli attaccanti diventi un'ulteriore arma offensiva. Si è portati, quindi, ad insegnare una difesa più staccata e pronta alle fasi di accelerazione.

La *difesa sul giocatore interno* (centro) che riceve la palla in posizione di *post* basso (altezza delle tacche del tiro libero), con le spalle rivolte a canestro, prevede un rapido recupero della posizione fra la palla e il canestro stesso, in quanto è ipotizzabile che il difensore provenga da una posizione di anticipo laterale o da un movimento (difesa sul taglio, aiuto difensivo). In particolare, il difensore poggerà un avambraccio sulla schiena o sul fianco dell'attaccante, mantenendo un buon equilibrio attraverso un corretto posizionamento dei piedi (larghezza delle spalle) e delle gambe sufficientemente piegate; l'altro braccio ostacolerà un eventuale passaggio o tiro.

Per difendere sul giocatore che si sposta in palleggio è necessario tenere dinamicamente un corretto posizionamento

In caso di partenza in palleggio, il difensore dovrà spostarsi attraverso gli scivolamenti difensivi, curando di mantenere il posizionamento tra palla e canestro; il primo scivolamento (partenza difensiva), se effettuato tempestivamente, potrà limitare efficacemente l'iniziativa offensiva allargando la linea di penetrazione e costringendo l'avversario ad utilizzare traiettorie meno efficaci. È evidente che, ove gli scivolamenti non fossero sufficienti per contenere l'avversario, sarà necessario passare alla corsa; in questo caso è bene osservare che i *cambi di guardia difensivi* conseguenti ai rapidi cambi di direzione dell'attaccante, necessitano, nell'esecuzione dei giri dorsali, di un impegno coordinativo più complesso rispetto a quelli effettuati durante gli scivolamenti. Anche in questa situazione il ruolo delle mani è fondamentale per impegnare l'avversario costringendolo a variare il ritmo e la direzione del palleggio (protezione della palla), mettendo così il difensore nella condizione di poter "rubare" (cacciare) la palla con la mano corrispondente (palleggio verso destra, toccare con la sinistra) o anche di intercettare il passaggio, pur sempre in modo avveduto. Nella difesa tutto campo, sarà necessario aumentare la distanza dall'attaccante, per garantire un possibile recupero a fronte di rapide accelerazioni dello stesso. Chiaramente la difesa tutto campo, specie se aggressiva, comporta sia possibili vantaggi che rischi; se da una parte ha l'obiettivo strategico di alterare il sistema offensivo, di cambiare il ritmo del gioco, di mettere fretta e indurre all'errore (palle perse) (Sampaio et al. 2015), dall'altra, espone la squadra al rischio di subire un canestro per situazioni di sotto numero difensivo.

La difesa sull'*uno contro uno da spalle a canestro (post basso)* è prevalentemente di contatto; per contrastare l'attaccante, che cercherà sempre di "sentire fisicamente" l'avversario nel tentativo di trovare spazi verso il canestro con rapide virate/rullate di schiena e prese di posizione con i piedi, il difensore dovrà essere in grado di togliere al momento giusto questo contatto, eliminando così un prezioso riferimento e mandando fuori-equilibrio l'attaccante. L'azione dovrebbe puntare a portare l'attaccante verso il fondo, limitandone l'azione sia per gli spazi ridotti che per l'intervento di adeguamenti tattici (raddoppi).

Per difendere su un giocatore che ha smesso di palleggiare è necessario ridurre la distanza da esso

Nel momento in cui l'attaccante smette di palleggiare, il difensore, oltre ad ostacolare il recupero della palla, dovrà ridurre drasticamente la distanza, portando entrambe le mani sulla palla e limitando così gli spazi e i tempi di azione dell'avversario, con l'obiettivo di non consentire un tiro o un passaggio facile. In questa fase una accentuata pressione difensiva, realizzata attraverso una chiusura delle linee di passaggio e una collaborazione basata sulla comunicazione verbale ("chiuso"), creerà difficoltà all'attacco nel gestire la palla entro il limite dei cinque secondi consentito dal regolamento o indurrà a commettere altre violazioni (passi).

Quando un giocatore tira occorre tagliarlo fuori per impedire che vada a rimbalzo in attacco

Sull'azione di tiro è bene ostacolare saltando con il braccio più vicino al tiratore in posizione distesa; la scelta di saltare per stoppare è legata sia all'ipotesi che l'attaccante non esegua una finta di tiro, sia al possibile ritardo dovuto ad un recupero difensivo. Il tutto deve prevedere il mantenimento di un equilibrio in volo (per evitare possibili falli) e nella ricaduta, poiché il difensore dovrà in seguito "tagliare fuori" l'avversario. Il *taglia-fuori* è un fondamentale difensivo che, se ben eseguito, nega all'attaccante la possibilità di conquistare il rimbalzo ed avere così un ulteriore possesso di palla. Vengono prese in considerazione due situazioni di taglia-fuori sul tiratore:

- *Tagliafuori vicino al canestro*: nel caso in cui l'attaccante esegua un'azione di tiro ravvicinato (perimetro dell'area dei tre secondi), il difensore, dopo aver ostacolato il tiro, incrocia avanti con la gamba corrispondente (se ha ostacolato con la mano sinistra incrocia la gamba sinistra) e su questa fa perno per avvicinarsi all'avversario con un giro dorsale, utilizzando l'altra gamba, fino a sentirlo dietro la schiena, anche con l'utilizzo delle mani (diag.1a-1b);

- *Tagliafuori lontano dal canestro*: nel caso in cui l'attaccante tiri dalla distanza (ad esempio tre punti), il difensore potrà porsi di taglio, con una mano in direzione dell'avversario e una in direzione del canestro, per controllare palla e uomo e tenerlo lontano dal canestro con un giro dorsale o frontale (diag.2a-2b).

Talvolta il difensore può (tatticamente) attaccare immediatamente il canestro avversario costringendo il tiratore a bilanciare rapidamente in difesa (diag.3).

Per insegnare a difendere sul giocatore con palla occorre conoscere le strategie didattiche e metodologiche

È consigliabile procedere per gradi, iniziando dal posizionamento difensivo e dagli aspetti dinamici proposti in forma facilitata (movimenti lenti, spazi ridotti, attacco didattico, ecc.). Verranno quindi proposti inizialmente elementi di tecnica difensiva di base per poi inserire le variabili tecniche che sono collegate ai diversi indicatori precedentemente descritti. Per fare un esempio, si ritiene elemento tecnico di base la capacità di posizionarsi a cavallo della linea del canestro in posizione fondamentale con spalle rivolte al canestro; la possibilità di aggiungere variabili tecniche (difesa a muro, difesa sulla spalla interna, naso sulla palla, buttafuori, ecc.) è da riferirsi a *step* successivi, in cui l'allievo inizia a mostrare di aver acquisito sufficientemente il concetto di base.

Le attività di allenamento potranno prevedere inizialmente esercizi improntati su un lavoro a secco sui fondamentali difensivi combinati, per poi proporre quelli in situazione (applicazione), in modo da fornire al giocatore esperienze di apprendimento equilibrate, ma che consentano anche una graduale consapevolezza sul corretto uso dei fondamentali. Contemporaneamente si dovrà acquisire l'abitudine a orientarsi e a monitorare gli aspetti salienti per una condotta difensiva corretta. Per questo motivo inizialmente verranno proposte attività facilitate rispetto a quelle prettamente agonistiche, con regole che in qualche modo limitino l'azione dell'attaccante, sia in termini di spazio che di tempo (passare da spazi più piccoli a spazi più ampi, ridurre gradualmente i tempi di movimento dell'abilità, limitare l'uso del palleggio, guidare alle soluzioni, ecc.). Al termine di una sequenza didattica di lavoro, è bene proporre anche situazioni agonistiche in cui vengono richiamati aspetti di contenuto su cui si è lavorato in precedenza.

La proposta di alcuni esercizi può suggerire altre forme di attività funzionali alla difesa sul giocatore con palla

diag.4

Nel diagramma 4, i difensori si posizionano "a muro" sugli attaccanti con palla in posizione centrale, mentre sulle ali il riferimento è la spalla interna dell'avversario. Si gioca 1 c 1 in metà campo con l'attaccante che esegue una partenza e ha a disposizione due palleggi oppure 4"- 5". In seguito, l'esercizio può assumere connotazioni più vicine al contesto *target*, limitando magari la fascia di campo a disposizione dell'attacco, e terminando con recupero/rimbalzo difensivo o canestro dell'attacco.

Nel diagramma 5, si sviluppa un 1 c 1 in metà campo con un difensore che non deve concedere all'attaccante in palleggio una linea diretta verso il canestro (utilizzo dei coni), ma deve cercare di far allargare la traiettoria. Lo stesso esercizio può svilupparsi sulle fasce laterali, partendo da metà campo, da tre quarti di campo o a tutto campo. Anche in questo caso possiamo inserire regole per l'attacco che ne limitino l'azione (numero di palleggi o tempo di durata dell'azione). In queste proposte, soprattutto, lì dove si lavora su spazi più ampi, si sollecita la tecnica di passare dallo scivolamento alla corsa (se battuti) e ad un recupero della posizione d'equilibrio. Nella forma agonistica l'esercizio termina con recupero/rimbalzo difensivo o canestro dell'attacco.

diag.5

diag.6

Nel diagramma 6, viene proposto un esercizio di 1 c 1 in metà campo dove viene allenata la tecnica difensiva in seguito ad un recupero: l'appoggio in punta fa rotolare la palla verso uno dei due giocatori posizionati sulle tacche dell'area (a); il giocatore, dopo aver recuperato la palla, la ripasserà (b) all'appoggio e correrà a difendere sull'altro giocatore che nel frattempo si sarà spaziato sul perimetro per ricevere a sua volta la palla (c). Il difensore dovrà provare, una volta avvicinatosi all'avversario (accorciare i passi), a chiudere la linea di penetrazione. L'esercizio termina con recupero/rimbalzo difensivo o canestro dell'attacco.

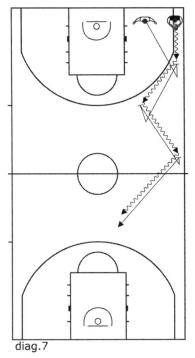

diag.7

Anche nell'impostare il lavoro di 1 c 1 difensivo su tutto il campo, si procederà in modo graduale. Le proposte saranno strutturate inizialmente in modo da consentire al difensore di unire scivolamenti e corsa, cercando il contatto di fianco, per poi cercare di recuperare sulla traiettoria dell'attaccante, fra lo stesso e il canestro. Si passerà pertanto ad un lavoro che si sviluppa su una fascia del campo e che prevede, sulla prima metà campo, una esercitazione didattica (facilitata), mentre sulla seconda, una più agonistica (diag.7).

Una parte importante delle proposte deve coinvolgere anche l'aspetto cognitivo legato al riconoscimento rapido del passaggio da una situazione offensiva ad una difensiva. Nel diagramma 8, il giocatore con palla parte dall'angolo della metà campo e, sfruttando il vantaggio sul difensore che gli parte a fianco, va a concludere. Terminata l'azione d'attacco, corre a difendere sul primo giocatore della fila nell'angolo a fondo campo, che riceverà l'apertura dal giocatore che ha difeso in precedenza e attaccherà fino a metà campo. Le varianti sono date dalle posizioni di partenza (dalla linea dei 3 punti, dalla lunetta, da metà campo in posizione laterale o centrale) e dalla posizione del difensore (in linea, di spalla, che corre incontro).

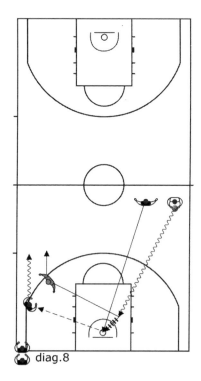

diag.8

Nella stessa tipologia rientrano le esercitazioni che utilizzano un appoggio per effettuare il passaggio d'apertura. Partendo dalla linea dei tre punti l'attaccante passa all'allenatore, simulando una situazione di tiro o di palla persa (diag.9a). Il difensore dopo aver ostacolato il passaggio diventa immediatamente attaccante, uscendo su uno dei due lati per ricevere la palla dall'allenatore. L'azione si sviluppa fino a metà campo (diag.9b), e in seguito può terminare con un lavoro tutto campo.

diag.9a

diag.9b

Nelle esercitazioni con appoggio possiamo inserire tutte quelle proposte che prevedono lavori di 1 c 1 con palla da recupero difensivo. Ad esempio, nel diagramma 10, il difensore, dopo aver toccato le mani dell'appoggio, corre verso l'attaccante che è andato in palleggio fino a metà campo, avendo come priorità lo sviluppo di una difesa inizialmente contenitiva, per poi assumere un atteggiamento più aggressivo. Variante: se l'appoggio chiama la palla, l'attaccante gliela passa e si crea, per il difensore, una situazione di aiuto e recupero sul passaggio di ritorno. Il difensore dovrà, attraverso le finte, prendere iniziative, per costringere l'attaccante a ritardare le scelte (diag.11).

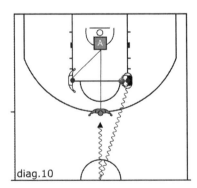

diag.10

diag.11

Vista l'importanza che occupano nella difesa i processi cognitivi nel riconoscere le situazioni ed agire sia in termini di anticipazione che di reazione, è bene inserire proposte che incidano in termini di stress, cioè esercizi in cui il difensore sia sollecitato anche con lavori di sovraccarico mentale oltre che fisico. Ad esempio, si fanno eseguire al giocatore, posizionato all'altezza dello *smile*, più azioni difensive su attaccanti posizionati nella metà campo e che ricevono la palla di volta in volta dal coach posto lungo la linea di fondo (diag.12a-b). L'azione inizia nel momento in cui il difensore tocca la palla giunta nelle mani dell'attaccante. Si può dare una direttiva unica (aggressività sempre, portare sul fondo), oppure lasciare al difensore la libertà di gestire le situazioni in relazione alle caratteristiche dei giocatori che affronterà volta per volta.

diag.12a   diag.12b

Anche l'esercizio proposto di seguito è in linea con quanto sopra indicato: in particolare, inizialmente il giocatore difenderà sulla palla provenendo da un'azione di anticipo (diag.13a), mentre successivamente difenderà sul secondo attaccante che avrà ricevuto la palla dall'appoggio sotto canestro, provenendo da una azione di recupero difensivo (diag.13b). Ruolo importante è dato dagli appoggi che dovranno curare il tempo del passaggio agli attaccanti per far sì che si riproducano le situazioni richieste.

diag.13a   diag.13b

La proposta di alcuni esempi di sequenze didattiche può suggerire altre forme ordinate di esercitazione per lo sviluppo delle competenze difensive dell'uno contro uno con palla

Sequenza didattica verticale
Obiettivo della sequenza: 1 c 1 *in metà campo,* difendere sulle partenze in palleggio, limitando la pericolosità dell'attaccante, occupando le linee di penetrazione e obbligandolo a ricercare soluzioni più complesse.

Es.1 - 1 c 1: difesa sul primo passo di partenza. Il giocatore con palla dopo aver fatto rotolare la palla verso il compagno va ad assumere la posizione difensiva su di lui ed effettua uno/due scivolamenti sulla partenza in palleggio (diag.14). L'attaccante parte solo dopo che il difensore ha toccato la palla. Al termine vengono invertite le posizioni.

Es.2 - 1 c 1 in metà campo: difesa su attaccante con palla. Il giocatore sotto canestro passa la palla all'attaccante posizionato in punta e va a difendere, assumendo la posizione a "muro" (fronte all'avversario) e cercando di ostacolarne l'azione (diag.15): in particolare si richiede di reagire al primo passo di partenza, non concedendo l'utilizzo di traiettorie troppo dirette verso il canestro. Inizialmente l'azione dell'attaccante potrà essere condizionata limitando l'uso del palleggio (3-4 palleggi) o il tempo a disposizione per concludere a canestro. Lo stesso esercizio può essere proposto in posizioni diverse.

Es.3 - 1 c 1 in metà campo + A: *difesa su attaccante con palla*. I giocatori sono posizionati sulle tacche del tiro libero, l'appoggio con palla in punta sulla linea dei 3 punti (diag.16). L'appoggio lascia cadere la palla su uno dei due lati: il giocatore su quel lato dovrà andare a strappare la palla, mentre l'altro giocatore dovrà correre e assumere la corretta posizione difensiva, cercando di ostacolare l'azione dell'avversario. Anche in questo caso si può condizionare inizialmente l'attacco limitandone gli spazi e i tempi d'azione. L'imprevedibilità dell'esercizio (chi sarà l'attaccante/il difensore) allena i giocatori a reagire rapidamente e ad assumere il ruolo corretto.

diag.16

Es.4 - 1 c 1 in metà campo + A: *difesa su attaccante con palla*. In questo esercizio il difensore, dopo aver recuperato la palla e averla restituita all'appoggio (diag.17), dovrà andare a difendere sull'attaccante che, dopo essersi spaziato sul perimetro, riceverà la palla dall'appoggio. Il difensore dovrà essere rapido a recuperare la corretta posizione difensiva poiché proviene da una fase di corsa.

diag.17

23 - I GIOCATORI DEVONO SVILUPPARE COMPETENZE SPECIFICHE PER DIFENDERE SULL'ATTACCANTE SENZA PALLA

Obiettivo della difesa su attaccanti non in possesso di palla è di limitarne le iniziative; in particolare i difensori dovranno cercare di negare quegli "spazi utili" che l'attaccante tenta di conquistare per ricevere e tirare con facilità. Al di là della capacità di reagire tempestivamente alle iniziative offensive dell'attaccante, il difensore dovrà sviluppare una capacità di anticipazione (o capacità predittiva) necessaria per togliere all'avversario spazi e tempi d'azione.

In concreto il difensore cercherà di ostacolare la ricezione della palla, se non addirittura impedirla, occupando in anticipo le linee di riferimento e obbligando l'attaccante a variare i ritmi (*timing*) e gli spazi (*spacing*) previsti da un eventuale schema di gioco o dagli atteggiamenti dei singoli. Si costringerà così l'avversario ad una ricezione fuori equilibrio, condizionandolo nell'utilizzo delle abilità tecniche. Le iniziative più utili a disposizione del difensore sono le finte d'aiuto, l'aiuto, le rotazioni, i cambi e i raddoppi.

Per difendere sul giocatore senza palla bisogna tenere conto delle variabili tecniche e tattiche

Rispetto alle situazioni difensive sulla palla, quelle sui giocatori senza palla necessitano di maggiore controllo e concentrazione, per via del maggior numero di informazioni da gestire (posizionamento rispetto all'avversario, alla palla e al canestro). Gli indicatori che possono far variare le scelte tecniche e tattiche sono uguali a quelle della difesa sulla palla. Chiaramente il lavoro di difesa sui giocatori senza palla può essere arricchito da scelte tattiche anche elaborate e che possono differenziarsi per una maggiore o minore aggressività (raddoppi di marcatura, cambi rotazioni, ecc.), sia tutto campo, che a metà campo.

Gli attaccanti esterni, posizionati vicino alla palla, vengono marcati preva-
lentemente d'anticipo

Gli attaccanti che si trovano sul lato forte, o comunque a un passaggio dalla palla, vengono prevalentemente marcati *d'anticipo* (diag.1). La difesa d'anticipo viene assunta dal giocatore avendo come riferimento la posizione fondamentale, spostato di un passo verso la palla e di taglio rispetto all'avversario; il braccio e la mano corrispondente al lato della palla sono protesi sulla linea di passaggio con il palmo della mano ruotato verso l'esterno; l'altro braccio, flesso al gomito, tende a controllare l'avversario ("sente l'avversario"). La testa è orientata in modo da avere costantemente una visione periferica per il controllo del diretto avversario e della palla. La difesa appena descritta rappresenta la tecnica di base da cui iniziare.

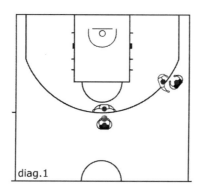

diag.1

La difesa appena descritta rappresenta la tecnica di base da cui iniziare. Chiaramente la difesa d'anticipo può variare in base alla distanza che si assume rispetto al diretto avversario: ad esempio un'indicazione di riferimento potrebbe essere la scelta di accentuare o viceversa diminuire la pressione sulla traiettoria di un eventuale passaggio (spalla o gomito sulla linea di passaggio, mano dietro la linea di passaggio, ecc.). Ne rappresenta un'esemplificazione *l'anticipo staccato*, cioè una difesa con postura simile all'anticipo (quindi di taglio) ma staccata di qualche passo dall'avversario e con la mano dietro la linea di passaggio (diag.2): con palla ad una guardia, la difesa sull'altra guardia sul lato opposto (lato debole) potrà essere più contenitiva, cioè di anticipo staccato, considerando che in talune situazioni (penetrazioni sul centro) possa essere efficace l'utilizzo delle finte di aiuto; ma potrà essere anche molto aggressiva considerato che l'attaccante è ad un passaggio dalla palla. La difesa di anticipo staccato si può ritrovare sul lato forte, anche su distanze più ampie: ad esempio, con la palla alla guardia, si avrà un anticipo staccato sull'angolo dello stesso lato (diag.3); in questo caso il difensore, posto sempre di taglio, si stacca dal diretto avversario controllando uomo e palla ben al di sotto della linea di passaggio, ma sempre in atteggiamento di controllo (prontezza) che gli consentirà di agire in modo efficace (finte d'aiuto, recupero della posizione di anticipo).

diag.2

diag.3

È necessario evidenziare come sia importante acquisire tecnicamente la posizione d'anticipo, in particolare nel passaggio *dalla posizione di difesa sulla palla a quella d'anticipo*. Al momento del passaggio della palla, il difensore dovrà, con grande tempismo (mentre la palla viaggia), effettuare un rapido scivolamento verso la palla, seguito da un giro dorsale per acquisire la posizione di taglio, in modo da occupare uno spazio e togliere tempo all'avversario che potrebbe muoversi cercando un taglio avanti (diag.4); il lato in cui viene tenuta o palleggiata la palla funge da indicatore per poter eventualmente enfatizzare o allentare l'anticipo, distinguendo un anticipo forte e uno staccato (diag.5).

diag.4

anticipo staccato

anticipo forte

diag.5

Gli attaccanti che tagliano dal lato forte del campo vengono marcati pre-valentemente a guardia chiusa

Su un attaccante marcato d'anticipo chiuso, che effettua un taglio a cane-stro (diag.6), il difensore deve cambiare immediatamente la mano d'anti-cipo girando contemporaneamente la testa sul lato opposto e seguire il taglio con rapidi scivolamenti difensivi, mantenendo la posizione fonda-mentale di difesa e la *guardia chiusa* (petto rivolto verso l'avversario); que-sto movimento di cambio di guardia (cioè di cambio della mano che anti-cipa), se eseguito tempestivamente, permette di coprire il ritardo del tempo di reazione durante il quale l'attaccante si è già spostato seppur di poco; è chiaro che una buona pressione sulla palla limiterà ancora di più l'azione offensiva. Più il movimento di taglio si avvicina al canestro e più dovrà ridursi la distanza tra difensore e attaccante sino al "contatto le-gale". È chiaro che se l'attaccante taglierà molto velocemente sarà neces-sario spostarsi con rapidi passi alternati.

diag.6

La difesa sul taglio può comunque essere eseguita anche a *guardia aperta*: dalla difesa d'anticipo chiuso, il difensore, con un giro dorsale, si apre verso la palla seguendo l'avversario con la schiena e controllandolo, even-tualmente, con la mano.

I giocatori marcati d'anticipo devono essere tagliati fuori adeguatamente a fronte di un tiro

Si possono avere due situazioni diverse:

- Nel *tagliafuori vicino al canestro* il difensore ha già un braccio che "controlla" l'avversario, pertanto, da questa posizione, effettuerà (mantenendo il controllo) un giro indietro se l'avversario si avvicina a canestro o un giro avanti se tenta di occupare il centro dell'area (diag.7).

- Nel *tagliafuori lontano dal canestro* il difensore dovrà posizionarsi di taglio allontanandosi leggermente, mettendo una mano in direzione dell'avversario e una in direzione del canestro per controllare palla e uomo (diag.8), "leggendo" la traiettoria che eventualmente intende prendere l'avversario; conseguentemente, effettuerà un giro frontale (verso il fondo) o un giro dorsale (verso il centro). In ogni caso, eseguito il tagliafuori, il difensore cercherà sempre di sentire con le mani dietro la schiena gli spostamenti dell'avversario.

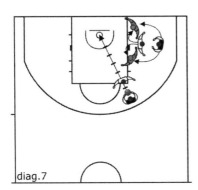

diag.7

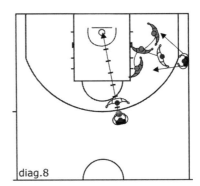

diag.8

*Gli attaccanti interni, posizionati vicino alla palla, vengono marcati preva-
lentemente d'anticipo*

Spesso l'obiettivo dell'attacco è quello di far pervenire la palla vicino al
canestro ad un giocatore in grado di essere pericoloso sia in termini di conclusioni (tiri speciali), sia perché in possesso di buona visione di gioco e di
tecnica di passaggio tali da leggere le situazioni create dai compagni. Pertanto, risulta determinante la difesa sul giocatore posizionato in *post*
basso per impedire la ricezione della palla o far sì che la stessa avvenga in
una posizione tale da limitare la pericolosità offensiva.

In particolare, il difensore, con palla in ala, si posizionerà in quello che
viene definito *anticipo di tre quarti*: si metterà sopra l'attaccante con arto
superiore ed inferiore esterni che occuperanno lo spazio sulla linea del
passatore e proverà con piccoli aggiustamenti del corpo a spingerlo verso
la linea di fondo (fig.8).

Fig.8

Se l'attaccante mantiene una posizione
mediana e la palla perviene ad un eventuale giocatore in angolo, il difensore ri-
schia di essere tagliato fuori: deve quindi,
muovendosi con la palla, passare davanti
all'attaccante con un mezzo giro frontale
e con un successivo mezzo giro dorsale
assumere la stessa posizione di anticipo
sull'altro lato (diag.9).

diag.9

Le regole difensive vengono dettate anche dalle caratteristiche sia dei propri giocatori che degli avversari. Se, ad esempio, un giocatore preposto alla marcatura del lungo avversario, è alto e lento sarà più utile se posizionato alle spalle dell'attaccante con un atteggiamento contenitivo (diag.10 lato a); la particolare pericolosità dell'attaccante potrebbe indurre a scelte strategiche più aggressive come quella di una marcatura completamente avanti (diag.10 lato b). Queste scelte, che oggi probabilmente risultano in qualche modo difficili da attuare, in quanto il gioco risulta estremamente fisico e rapido, ci danno la misura di come la difesa sul giocatore interno non può prescindere da una collaborazione, sia con il difensore che marca l'attaccante con palla (grande pressione), sia con gli altri difensori (raddoppi, rotazioni).

diag.10

I giocatori posizionati lontano dalla palla vengono marcati prevalente-mente d'aiuto

I difensori che sono posizionati su attaccanti che si trovano sul lato debole si definiscono in *posizione d'aiuto*. Questo termine sta ad indicare un particolare atteggiamento difensivo (adeguamento) che permette di intervenire, oltre che sul proprio attaccante, anche sul giocatore con palla che penetra a canestro avendo superato il diretto avversario (v. *collaborazioni in difesa*). Il difensore sul lato debole, in marcatura su un giocatore "esterno" (cioè fuori dalla linea dei 3 punti), è posizionato *di taglio* cioè con i piedi orientati verso il lato debole, al di sotto della linea di passaggio; ciò gli consentirà di avere una *visione periferica* in modo da avere palla e avversario all'interno dl un cono visivo, vicino alla linea mediana, curando di mantenere le caratteristiche di base della posizione fondamentale di difesa (diag.11). I giocatori *interni* (posizionati cioè sul perimetro dell'area) che si trovano sul lato debole vengono invece marcati più stretti (anticipo), in quanto vicini al canestro e pertanto potenziali ricevitori (diag.12).

diag.11

diag.12

I giocatori che tagliano dal lato debole vengono bloccati per poi essere marcati d'anticipo

La difesa sul taglio consta di due fasi distinte:

- Quando l'attaccante taglia verso la palla, il difensore dovrà spostarsi in direzione della linea di corsa in modo da negare, prima dell'ingresso in area, sia la linea di passaggio che la continuità della corsa; pertanto il difensore dovrà contrastare il taglio passando dalla posizione di aiuto alla posizione di forte anticipo, fermando legalmente l'avversario con l'avambraccio chiuso al petto (all'interno del cilindro) in modo da "spezzare" il taglio con un movimento denominato *body check* [2] (diag.13).

- Nella seconda fase, il difensore dovrà assumere la posizione più efficace in base alle scelte dell'attaccante e in particolare: d'anticipo forte sul taglio verso canestro (pericolosità massima), e da anticipo ad anticipo staccato, mano a mano che si allontana ed esce dalla linea dei 3 punti (diag.14).

diag.13   diag.14

---

[2] Il regolamento tecnico (FIBA 4 Luglio 2017, art. 33.5), relativamente al "Marcamento di un giocatore che non ha il controllo della palla" cita testualmente: "...quando si marca un giocatore che non ha il controllo della palla, devono essere rispettati gli elementi di tempo e di distanza. Un difensore non può prendere posizione così vicino e/o così velocemente sulla direzione di spostamento di un avversario, a meno che questi non abbia tempo o distanza sufficiente per fermarsi o per cambiare direzione. La distanza è direttamente proporzionale alla velocità dell'avversario, mai inferiore ad 1 normale passo".

I giocatori marcati d'aiuto devono essere tagliati fuori adeguatamente a fronte di un tiro

Quando parte il tiro, il difensore dovrà avvicinarsi rapidamente all'avversario per tentare di eseguire il tagliafuori possibilmente fuori dall'area. È possibile che l'avversario non si avvicini per andare a rimbalzo, in questo caso il difensore, dopo aver osservato il comportamento avversario, si ferma al limite dell'area girandosi rapidamente per intercettare la palla.

diag.15

Nel caso che l'avversario vada a rimbalzo, il difensore ne osserva la direzione di corsa e lo "ferma" prendendo contatto in conseguenza di un giro frontale/dorsale per conquistare un eventuale rimbalzo nella sua zona di competenza (diag.15).

Per insegnare a difendere sul giocatore senza palla occorre conoscere le strategie didattiche e metodologiche

Come per la difesa sulla palla, anche in questo caso è consigliabile procedere per gradi, iniziando dal posizionamento difensivo e dagli aspetti dinamici eseguiti in forma facilitata. Verranno quindi proposti inizialmente elementi di tecnica difensiva di base per poi inserire le variabili tecniche che sono collegate ai diversi indicatori di lettura. Anche per la difesa sul giocatore senza palla, ci si potrà attenere ad una iniziale tecnica di base, che per la difesa d'anticipo sarà quella del mantenimento della posizione fondamentale con la mano sulla linea di passaggio, mentre per la difesa d'aiuto sarà la posizione di taglio un passo sotto la linea di passaggio e con i piedi dentro l'area dei tre secondi.

La difesa sui giocatori senza palla è cognitivamente più complessa; l'esigenza di monitoraggio di più indicatori contemporaneamente crea difficoltà di concentrazione e, ovviamente, di riconoscimento e organizzazione repentina delle diverse competenze da esprimere al variare della situazione offensiva. La parte didatticamente più complessa è il passaggio da situazioni in cui è richiesto soltanto il posizionamento difensivo, che varia al variare della posizione della palla, al mantenimento dinamico delle posizioni man mano che si spostano anche gli attaccanti. Didatticamente si potrà procedere lavorando soltanto su un quarto di campo per poi passare a metà campo, o con un lavoro di passaggio da anticipo ad anticipo, o da aiuto ad aiuto, per poi combinare i due aspetti e aggiungere la difesa sulla palla.

La proposta di alcuni esercizi può suggerire altre forme di attività funzionali alla difesa sul giocatore senza palla

Inizialmente le proposte saranno rivolte all'acquisizione di un corretto posizionamento e quindi gli esercizi avranno una componente prevalentemente didattica: il giocatore avrà cura di modificare il suo atteggiamento in relazione agli spostamenti della palla. Nel diagramma 16, infatti, il difensore, in seguito ai passaggi tra i due appoggi, passerà da una posizione di adeguamento ad una di anticipo. Per tenere alta l'attenzione, dopo 2 o 3 esecuzioni, l'attaccante può ricevere e giocare 1 c 1 agonistico in metà campo. Tra le variabili bisognerà tenere conto della collocazione della situazione nelle varie zone del campo.

Sempre con esecuzioni inizialmente didattiche e successivamente con una intensità crescente, si potranno cominciare ad inserire proposte in cui le situazioni di 1 c 1 in metà campo siano riconducibili all'acquisizione di elementi come le finte d'aiuto su attaccanti che effettuano una partenza. Nel diagramma 17, l'attaccante in guardia sinistra effettua un palleggio in penetrazione: il difensore sul lato opposto dovrà effettuare un passo verso la linea di penetrazione e poi recuperare sul proprio attaccante. La continuità dell'esercizio è data dal passaggio all'appoggio. Come già suggerito precedentemente, dopo 2 o 3 esecuzioni potrà essere data indicazione di giocare un 2 c 2 agonistico nella metà campo.

diag.16 diag.17

In fase di verifica possono essere utilizzati esercizi aumentando il numero sia degli attaccanti che dei difensori, pur se inizialmente l'attacco potrà essere limitato sia nei movimenti (no tagli) che nelle scelte tecniche (massimo un palleggio, no tiri da fuori area, ecc.). Nel diagramma 18, è proposto un 4 c 4 con appoggio in metà campo, dove si solleciterà anche la comunicazione verbale ("palla", "chiuso", "aiuto").

Ad un segnale dell'allenatore si potrà giocare in modo agonistico ricercando una conclusione a canestro.

diag.18

Anche la posizione di anticipo attraverso il recupero dell'equilibrio da una fase di movimento (corsa-scivolamento), deve essere appresa ed esercitata. Nel diagramma 19, l'attaccante posto sotto canestro, dopo aver passato la palla all'appoggio, cercherà di ricevere il passaggio di ritorno sul perimetro (fuori dalla linea dei 3 punti). Il difensore, che partirà fronte all'attaccante, dovrà adeguare la sua azione a quella dell'avversario e quindi correre e scivolare quando è più opportuno, con l'obiettivo di recuperare/mantenere quanto prima la posizione d'anticipo (equilibrio). Allo stesso tempo sarà importante che il difensore sia sempre in visione della palla e, nel caso di *backdoor*, che giri subito la testa cambiando guardia difensiva. Se l'attaccante riceve, attacca (limite di tempo e di palleggi).

Allo stesso modo si potranno proporre gli esercizi che allenano la difesa sui tagli, somministrandoli anche in maniera combinata. Ad esempio, l'attaccante con palla parte in punta e può passare ad uno dei due appoggi posti in ala (diag.20). Il difensore dovrà saltare verso la palla impedendo inizialmente il taglio davanti e, sul successivo movimento (taglio verso canestro), ruotare rapidamente la testa per mantenere la visione della palla ed adeguarsi. In questo caso l'attaccante esce in angolo sul lato della palla e pertanto il difensore dovrà rapidamente recuperare la posizione d'anticipo.

Le situazioni sopra descritte dovranno trovare applicazione anche nei lavori che coinvolgono la difesa sull'uomo senza palla a tutto campo.

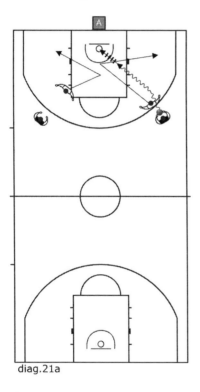

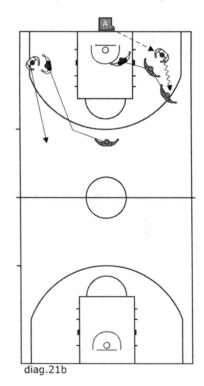

Nei diagrammi 21a e 21b, da una situazione di 2 c 1 + 1 in recupero, si passa, con una rapida trasformazione, a un 2 c 2 tutto campo con appoggio in rimessa: i difensori, pertanto, dovranno passare rapidamente da un anticipo difensivo ad un adeguamento e così via. Nel diagramma 21b, inizialmente, gli attaccanti e i difensori, per rendere l'idea del cambio attacco-difesa, sono stati indicati con le stesse modalità del diagramma 21a.

La proposta di alcuni esempi di sequenze didattiche può suggerire altre forme ordinate di esercitazione per lo sviluppo delle competenze difensive dell'uno contro uno senza palla

Sequenza didattica verticale/diagonale
Obiettivo della sequenza: acquisire rapidamente le posizioni difensive di anticipo e di adeguamento in contesti *target* via via progressivi.

Es.1 - 2 c 1 + 2A in metà campo. Il difensore deve cercare di impedire, anticipando, la ricezione al primo attaccante che parte da sotto canestro, anche cercando di deviare il passaggio. Se riesce, dovrà poi correre a difendere sul secondo attaccante, che si sarà spostato sul lato debole, avendo cura di assumere una corretta posizione difensiva (diag.22a); nel caso in cui il primo attaccante riceva il passaggio, il difensore dovrà ostacolarne la conclusione e dovrà poi recuperare sul secondo attaccante, considerando sempre la posizione della palla nelle mani dell'appoggio (diag.22b).

diag.22a   diag.22b

Es.2 - 2 c 2 in metà campo + A. L'appoggio parte in lunetta mentre i due attaccanti sono rispettivamente in punta con palla e sotto canestro. I difensori sono di fronte ai propri avversari (diag.23). L'appoggio esce su un lato ricevendo il passaggio iniziale. L'attaccante sotto canestro esce sul lato opposto. Il 2 c 2 si sviluppa con la possibilità, per l'attacco, di utilizzare l'appoggio. Anche in questo caso è richiesta ai difensori una continuità difensiva che si deve manifestare attraverso una presenza costante fatta di anticipi, adeguamenti, finte di aiuto oltre che di contenuti legati alla difesa sulla palla (pressione, ostacolo di passaggio/tiro, tagliafuori).

Es.3 - 3 c 3 in metà campo. Questo esercizio può rappresentare un riepilogo del lavoro svolto in precedenza (diag.24). Inoltre, sia nel caso di recupero che nel caso di canestro subito, l'esercizio può trovare continuità in un lavoro tutto campo in cui gli attaccanti, passano rapidamente ad attuare una difesa *pressing*.

diag.23   diag.24

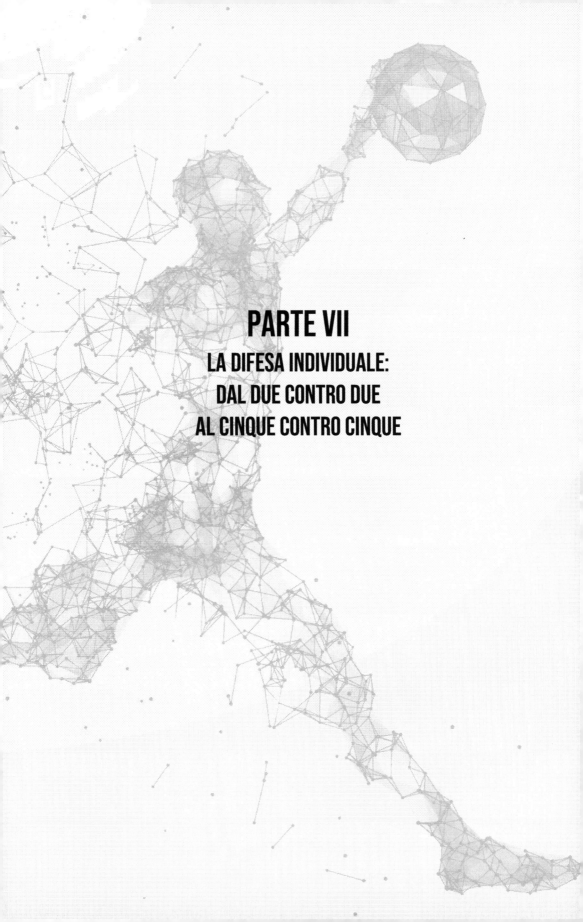

PARTE VII
LA DIFESA INDIVIDUALE:
DAL DUE CONTRO DUE
AL CINQUE CONTRO CINQUE

24 - I GIOCATORI DEVONO SAPER COLLABORARE IN DIFESA

Giocare in difesa significa, il più delle volte, trovare un compromesso per affrontare i vincoli creati dall'attacco; ciò significa scegliere tra quello che si vuole negare e quello che si vuole concedere all'avversario. Una efficace collaborazione difensiva necessita, diversamente dall'attacco, anche di una buona comunicazione verbale. I vincoli derivanti da una limitata possibilità di monitoraggio complessivo delle azioni offensive, devono essere compensati con una grande accortezza e risolutezza, ma anche con una tempestiva comunicazione verbale: gridare "chiuso" per avvertire i compagni che un giocatore ha fermato il palleggio, o gridare "aiuto" quando si è battuti in situazione di 1c1, o "blocco" quando si ha la percezione che un avversario sta per eseguire tale movimento, significa far scattare un'organizzazione difensiva in grado di limitare e controbattere le azioni avversarie. Quindi, il giocatore in difesa dovrà, per quanto possibile:

- *conoscere in anticipo* quanto sta per accadere attraverso lo studio delle abitudini degli attaccanti o il riconoscimento degli indicatori di previsione;
- *reagire* tempestivamente alle iniziative offensive;
- *adattarsi* tatticamente agli interventi dei compagni per recuperare un equilibrio funzionale; quest'ultima capacità necessita di un elevato grado di lettura e di comprensione del gioco senza la quale non sarà possibile effettuare scelte corrette.

Le prime forme di collaborazione sono le finte di aiuto e gli aiuti veri e propri; altre forme di collaborazione vengono espresse in difesa sui blocchi. Gli aiuti possono essere portati sia dal lato forte che dal lato debole, sia sul giocatore in palleggio che su quello che taglia. Chiaramente, le collaborazioni difensive possono essere svariate e ogni allenatore può apportare delle varianti sia sull'impostazione tecnica di base e sul posizionamento dei giocatori, che sul modo di collaborare, con concetti e comportamenti spesso molto diversi; pertanto, verranno esaminate solo alcune tra le più comuni forme di collaborazione, tenendo conto che quanto non contemplato nel presente testo è da attribuirsi alla scelta degli autori di esporre, secondo il loro personale giudizio, solo aspetti salienti dell'argomento.

Con il passare del tempo, l'organizzazione difensiva è migliorata notevolmente sia dal punto di vista tecnico-tattico che fisico; tra l'altro, da un recente riesame della letteratura internazionale (Courel-Ibáñez et al. 2017) è emerso che le squadre professionistiche hanno diminuito la loro efficacia offensiva a causa di un aumento della pressione difensiva.

Le collaborazioni in difesa hanno l'obiettivo di chiudere gli spazi verso il canestro

L'organizzazione difensiva può raggiungere livelli di complessità e di efficacia elevati e la conoscenza delle abitudini offensive può aiutare a pianificare collaborazioni adeguate. Un primo tassello per costruire queste collaborazioni è relativo al posizionamento. L'obiettivo è di togliere all'attaccante con palla una visione aperta dello spazio verso il canestro (Messina E. 2016); ciò è possibile se si evita di stare esattamente in linea dietro al compagno che marca la palla (linea a del diag.1); infatti, un leggero spostamento del difensore sul lato debole permette di entrare nello spazio d'azione dell'uomo con palla (cono compreso tra le due linee a e b del diag.1).

diag.1

I giocatori che difendono vicino alla palla possono, in alcune occasioni, eseguire delle finte di aiuto per cercare di scoraggiare un tentativo di penetrazione. In particolare, quando la palla si trova in posizione sia esterna che interna, i difensori sul lato forte, o a un passaggio dalla palla, possono fintare di portare un aiuto o anche solo infastidire l'attaccante con palla, attraverso piccoli e rapidi spostamenti (scivolamenti) in avvicinamento alla palla, per poi tornare a marcare il proprio avversario. Il movimento ha la finalità di restringere lo spazio offensivo creando, con il braccio e la gamba più vicini alla palla, un potenziale pericolo sulla linea di penetrazione o comunque nell'atto di attaccare il canestro. Le finte di aiuto sugli esterni si eseguono rimanendo staccati e più o meno aperti rispetto a questi ultimi (diag.2); quelle sui centri prevedono un posizionamento aperto che, talvolta, può esporre ad adattamenti offensivi del giocatore senza palla, in quanto questi può giocare alle spalle del difensore che aiuta (diag.3).

La finta di aiuto non deve compromettere la marcatura sul diretto avversario: pertanto è necessario, durante l'azione, monitorarne gli eventuali movimenti attraverso la visione periferica, in modo da poter poi riposizionarsi in modo funzionale.

Un difensore può aiutare un compagno battuto da una penetrazione a canestro

Si collabora con un compagno battuto in palleggio attraverso un'azione denominata "aiuto difensivo", che viene eseguita chiudendo la linea di penetrazione dell'attaccante. Nel caso in cui l'azione offensiva si sviluppi sul perimetro, l'aiuto può provenire da un difensore posizionato sia sul lato forte che sul lato debole, impegnato nella marcatura sia di un giocatore esterno che interno.

Tecnicamente si esegue con movimenti di corsa e scivolamento in direzione del palleggiatore con un'azione combinata delle gambe, piegate e con appoggio dei piedi leggermente più larghi delle spalle, e delle braccia, a ridurre la visione e le linee di passaggio; l'obiettivo è quello di fermarne/contenerne l'azione ponendosi con il corpo sulla linea di penetrazione, per consentire il recupero del compagno. Questi, pur battuto, dovrà impegnarsi nel rincorrere l'avversario pressandolo di lato, condizionandone comunque l'azione, ed essere pronto ad interpretare, con i compagni, le forme diverse di collaborazioni da attuare per riprendere il controllo difensivo: potrebbe semplicemente ripristinarsi la situazione precedente, se il palleggiatore, fermata la penetrazione, mantiene il controllo della palla (recupero sui propri avversari), o potrebbe essere necessario andare a difendere su un altro attaccante in caso di passaggio di scarico, effettuando un cambio o una rotazione. In questa situazione le capacità cognitive di concentrazione e attenzione sono sostenute da una buona comunicazione verbale: "aiuto" (difensore battuto), "ci sono" (difensore che aiuta), sono elementi che, se espressi nei tempi e modi giusti, possono dare maggiore enfasi ed efficacia all'azione difensiva. Spesso invece, soprattutto in contesti giovanili, si è portati ad assumere atteggiamenti conservativi dettati dalla pigrizia, quando invece le collaborazioni difensive necessitano di grande coinvolgimento: in questo caso sarà bene, da parte del tecnico, intervenire gratificando quei giocatori che si distinguono in questa fase del gioco.

L'aiuto proveniente dal lato forte deve prevedere il recupero sul perimetro
Gli aiuti provenienti dal lato forte si possono avere sia su azioni di penetrazione centrale che dal fondo; ad esempio, il difensore della guardia sul lato forte può aiutare sulla penetrazione centrale dell'ala (diag.4), così come il difensore dell'ala sul lato forte può aiutare sulla penetrazione della guardia; ugualmente, quando l'ala penetra dal fondo il difensore del *post* basso sul lato forte può venire in aiuto (diag.5).

diag.4 diag.5

Gli aiuti degli esterni possono prevedere anche piccoli adattamenti di altri giocatori: ad esempio sulla penetrazione dell'ala e aiuto della guardia, l'eventuale guardia opposta (sul lato debole), oltre ad adattarsi, si sposta in avvicinamento alla palla per coprire difensivamente entrambi gli attaccanti sul perimetro, specie se intraprendono azioni di taglio (diag.6); in tutti questi casi, quando la palla viene scaricata, il giocatore in aiuto recupera quasi sempre sul diretto avversario.

diag.6

Occorre notare che in una organizzazione difensiva spesso non sono previsti gli aiuti provenienti dal lato forte: infatti possono esporre la difesa a facili tiri dal perimetro, proprio perché non è facile compensare il possibile tardivo posizionamento sul diretto avversario con adattamenti o rotazioni difensive. Ma è pur vero che talvolta il difensore prende tale iniziativa in modo autonomo con risultati apprezzabili, poiché spesso il palleggiatore in velocità commette fallo di sfondamento o, non coordinandosi con il compagno, effettua un passaggio sbagliato. Nella maggior parte di questi casi quando la palla viene scaricata su un attaccante che non sia quello marcato dal difensore in aiuto, quest'ultimo potrà recuperare sempre sul diretto avversario ripristinando l'equilibrio difensivo; questo tipo di collaborazione viene definito *aiuto e recupero*.

Se l'azione di aiuto è accennata o se la distanza tra palla e avversario non è eccessiva, il recupero potrà avvenire con facilità e senza grandi rischi (diag.7). È possibile però che, se la palla dovesse essere scaricata sull'attaccante marcato dal difensore in aiuto, non ci sia il tempo di recuperare; in questi casi il giocatore battuto dovrà cambiare marcatura correndo a difendere sulla palla, attivando una collaborazione definita di *aiuto e cambio* (diag.8). Questo tipo di collaborazione può essere efficace anche nel gioco a tutto campo: tipica è la difesa *run and jump*, che si basa sostanzialmente sull'iniziativa di un difensore di interrompere la corsa di un attaccante in palleggio cambiando la marcatura.

diag.7

diag.8

Gli aiuti sul lato forte possono essere portati anche sui centri. Ad esempio, quando il *post* basso apre il palleggio, il difensore della guardia sullo stesso lato (X1) può decidere di andare a chiudere l'entrata dal centro (diag.9); a questo aiuto corrisponde un contemporaneo adattamento del difensore dell'altra guardia (X2) che si pone in mezzo alle due guardie. Se la palla dovesse essere passata alla guardia sul lato forte (diag.10), il recupero dell'equilibrio difensivo richiederà un cambio delle marcature; pertanto, X2 andrà sulla palla, X3 andrà sull'altra guardia e X1 ruoterà sul lato debole.

diag.9

diag.10

Se la palla dovesse essere passata a 1, che si è allargato in ala, X1 potrà recuperare su di lui in quanto in linea e in visione diretta con la palla (diag.11).

diag.11

L'aiuto proveniente dal lato debole richiede spesso un meccanismo di rotazione difensiva

diag.12

Sia le penetrazioni dal centro che quelle dal fondo richiedono interventi di aiuto difensivo provenienti dal lato debole. Il giocatore che chiude la penetrazione è, di regola, quello posizionato più vicino alla linea di penetrazione (diag.12). Anche se il giocatore battuto chiede tempestivamente aiuto, l'informazione può pervenire in ritardo; pertanto, i giocatori sul lato debole devono essere in grado di monitorare la palla e riconoscere, in particolare, quando si verifica un anticipo fallito; in tal modo si potrà guadagnare qualche frazione di secondo in più per fermare in tempo la penetrazione.

In generale, si hanno due linee difensive d'aiuto: la prima più alta e la seconda più bassa. In molte situazioni di penetrazione centrale occorre valutare a quale distanza dal canestro si vuole fermare la penetrazione, se mantenere l'anticipo vicino alla palla e quali sono le distanze che vengono coperte dai giocatori quando aiutano e quando recuperano. Nel diagramma 13, si può osservare che, sulla penetrazione di 1, il difensore X2 dell'ala sceglie di difendere aperto per portare un aiuto e chiudere la linea di penetrazione per poi recuperare sul passaggio di scarico. La situazione di penetrazione centrale, nella quale il lato forte e debole non sono evidenti, può essere risolta in modi diversi in base anche al livello di esperienza dei giocatori; quella descritta nel diagramma 14, in cui il difensore X2 rimane in anticipo e l'aiuto proviene dalla seconda linea difensiva con X3 che avanza chiudendo il canestro per poi recuperare sul passaggio di scarico, può andare bene per livelli in cui l'abilità nel tiro da tre punti è bassa. Sulla stessa penetrazione si potrebbero avere aiuti provenienti dal lato opposto (cioè dal lato destro) oppure, sempre un aiuto di X3, ma con X2 che scala (si abbassa) per recuperare sui passaggi di scarico a 2 o a 3.

Le collaborazioni che coinvolgono più di due giocatori necessitano di una grande capacità di *timing* collettivo, in quanto le azioni sono rapide e simultanee. La penetrazione dal fondo fa scattare un meccanismo di rotazione: quando il difensore posizionato basso va in aiuto, quello più alto si abbassa (ruota) contemporaneamente per coprire i due attaccanti sul lato debole.

Questo spostamento dovrà essere effettuato con rapidi passi accostati in arretramento, o girandosi verso il lato debole e correndo verso la posizione; al termine della rotazione il difensore dovrà mantenere una posizione di taglio, cioè con il petto orientato verso il lato debole (diag.15); chiaramente sul modo di girarsi e spostarsi e sul posizionamento finale, si possono avere scelte diverse.

Se, al termine della penetrazione, la palla viene scaricata sul lato debole, sarà necessario ripristinare rapidamente il recupero del rapporto difensivo di 1 a 1; ciò può essere effettuato con scelte diverse: ne vengono prospettate due, entrambe con la regola comune che il giocatore in rotazione sul lato debole andrà a marcare chi riceve il passaggio di scarico. La prima prevede che il giocatore battuto, X1, recuperi sull'attaccante rimasto libero (diag.16 e 17).

diag.16   diag.17

La seconda scelta prevede invece che sia il difensore X3 in aiuto a recuperare sull'attaccante rimasto libero (diag.18 e 19).

diag.18   diag.19

In entrambi i casi in cui la palla viene scaricata ad un attaccante in posizione alta (in questo caso 2), il difensore X2 in rotazione può tentare di marcare l'uomo cercando anche di ostacolare il passaggio in angolo in modo da rallentare il tentativo dell'attacco di battere le rotazioni.

La difesa sui tagli può prevedere anche un'organizzazione per l'aiuto e il recupero difensivo

Gli aiuti difensivi possono essere portati anche in favore di un compagno battuto da un taglio. La difesa su un taglio dal lato forte, come ad esempio nelle situazioni di *dai e vai*, prevede, come già visto nella parte VI, un rapido salto verso la palla in modo da mantenere l'anticipo ed evitare che l'attaccante tagli davanti (diag.20). Più l'attaccante si avvicina al canestro e maggiore sarà la pressione sul taglio (riduzione della distanza). Se la difesa si sbilancia notevolmente in anticipo occorrerà tamponare con un aiuto la probabile ricezione di un passaggio.

diag.20

In generale la competenza spetta al giocatore che è posizionato vicino alla traiettoria di taglio; nel diagramma 21, si può osservare come il difensore X3 si avvicina all'attaccante che taglia per scoraggiare un passaggio.

diag.21

Movimenti di taglio verso il canestro si possono avere anche dopo che un giocatore ha piazzato il blocco; queste situazioni particolari saranno trattate più avanti, nel contesto delle collaborazioni di squadra sul *pick and roll*.

25 - LA DIFESA SULLE COLLABORAZIONI CON BLOCCHI RICHIEDE UN'ACCURATA ORGANIZZAZIONE DI SQUADRA

La difesa sui blocchi rappresenta la situazione più complessa che i giocatori devono affrontare; la difficoltà è sia di carattere tecnico (cioè esecutivo) che tattico, in quanto è necessaria una attenta lettura delle dinamiche offensive, un elevato grado di comunicazione con processi decisionali rapidissimi, collaborazione e affiatamento di squadra. Nelle situazioni che andremo ad illustrare saranno proposte alcune delle tante combinazioni difensive per collaborare efficacemente. I difensori direttamente coinvolti nel blocco utilizzeranno tecniche diverse per superarle: in particolare il difensore bloccato cercherà di superare il blocco passando da spazi diversi in base alle diverse condizioni e scelte tattiche; gli spazi sono essenzialmente tre ed il passaggio per superare il blocco viene definito nel seguente modo: sopra o in seconda posizione, sotto o in terza posizione e dietro o in quarta posizione (figura 1).

In generale, in tutte le situazioni di blocco in favore di un giocatore senza palla, proprio per le difficoltà prima evidenziate, occorre esercitare una forte pressione difensiva sulla palla in modo da sporcare l'eventuale passaggio.

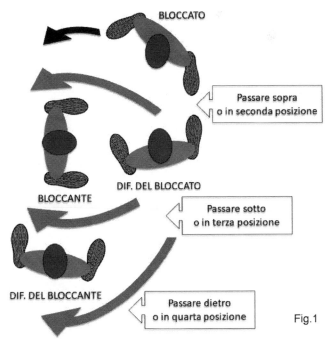

BLOCCATO

Passare sopra
o in seconda posizione

DIF. DEL BLOCCATO

BLOCCANTE

Passare sotto
o in terza posizione

DIF. DEL BLOCCANTE

Passare dietro
o in quarta posizione

Fig.1

Il blocco sulla palla (ball screen) prevede diverse soluzioni difensive

Esistono molti modi di difendere sul *ball screen*, perché diverse sono sia le variabili che intervengono in questo tipo di collaborazione, che le filosofie proposte dagli allenatori. In linea generale, in relazione alle caratteristiche di ruolo del bloccante, il blocco sulla palla potrà essere seguito da un taglio a canestro (*pick and roll*) o da un allargamento sul perimetro (*pick and pop*). Si cercherà di illustrare quali fattori possono determinare scelte diverse fornendo una visione generale delle esigenze di collaborazione difensiva ed evidenziando gli aspetti legati alla lettura, alla comunicazione e alla flessibilità/adattabilità dei comportamenti.

L'organizzazione difensiva su questo gioco è condizionata sia dalla zona del campo in cui si sviluppa la collaborazione, sia dai ruoli e dal grado di pericolosità ed esperienza espressa dai due attori del gioco (bloccante e bloccato); la differenza di ruolo e il grado di pericolosità nel tiro di entrambi può innescare meccanismi di maggiore o minore pressione sull'uscita dal blocco e di organizzazione generale. Questa difesa può essere divisa in tre fasce di competenza:

- Competenze del difensore sul bloccante
- Competenze del difensore sul bloccato
- Competenze degli aiuti difensivi di squadra

Il difensore del bloccante deve chiamare con grande anticipo il blocco

Il difensore del bloccante copre un ruolo fondamentale nella difesa sui blocchi. In particolare, deve essere in grado di comprendere immediatamente se, per ragioni di organizzazione tattica, il diretto avversario ha l'intento (per schema, per chiamata, o per proposta spontanea) di portare un blocco; pertanto, ha la responsabilità di chiamare con grande anticipo il blocco, allertando il compagno in difesa sulla palla e permettendogli di adeguare, eventualmente e preventivamente, la posizione difensiva. Nelle situazioni di *ball screen* centrale, con il bloccante che arriva dal canestro, non è facile avvertire il compagno se il blocco sarà piazzato a destra o a sinistra; il bloccante, infatti corre spesso in linea retta verso la palla e solo all'ultimo momento piazza il blocco. Inoltre, occorre ricordare che i blocchi piazzati di piatto (*flat*) sono più difficili da superare e pertanto occorre anticipare tecnicamente il modo per superarli. Altra competenza di questo difensore sarà quella di individuare e posizionarsi sul lato di uscita del bloccato in modo da essere pronto ad aiutare.

Sull'uscita del palleggiatore dal blocco, il difensore del bloccante può agire in modi diversi; ciascuna delle scelte che seguono sarà chiaramente il risultato di un lavoro preordinatamente concordato con la squadra:

- Uscire perpendicolarmente (o in diagonale) alla traiettoria di palleggio; questa azione prende il nome di *show* (diag.1). Con questa scelta si mette un'immediata pressione sul palleggiatore con l'obiettivo di rallentarlo, allargarlo sull'esterno e far recuperare il difensore bloccato; dopo il passo in uscita, il difensore recupera immediatamente sul bloccante che nel frattempo avrà rollato.

diag.1

- Nella figura 2, si osserva come il difensore del bloccante fa *show* ponendosi sulla traiettoria di corsa del palleggiatore in modo da fermarlo quando si trova in linea con il bloccante, togliendo, in tal modo, lo spazio d'entrata a canestro.

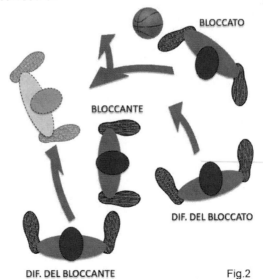

BLOCCATO

BLOCCANTE

DIF. DEL BLOCCATO

DIF. DEL BLOCCANTE

Fig.2

- In modo simile alla situazione precedente, si esegue un'azione di raddoppio. Il difensore del bloccante inizialmente si pone sulla linea del palleggiatore (bloccato) per poi raddoppiare con il compagno. Il raddoppio deve essere pressante sia durante la fase di palleggio (il palleggiatore, probabilmente, si allargherà e arretrerà per uscire dalla trappola) che sulla sua chiusura (diag.2).

diag.2

- Fermarsi con le spalle a canestro e ad angolo retto rispetto al bloccante, controllandolo con una mano (diag.3). In questo caso occorrerà tenere in considerazione l'eventualità che il palleggiatore, presumibilmente, si allargherà sul perimetro aumentando lo spazio compreso tra sé e il compagno che, dopo il blocco, potrebbe allargarsi verso l'esterno. Il difensore deve, pertanto, cercare di rimanere in linea con il bloccante contenendo nel frattempo il palleggiatore.

diag.3

- Fermarsi con le spalle a canestro e ad angolo retto rispetto al bloccante ma staccato da lui, cioè più arretrato (diagramma 4); in questo modo si invita il palleggiatore ad avvicinarsi o lo si sfida per un
tiro dalla distanza.

diag.4

- Effettuare un cambio difensivo. Questa scelta può essere attuata
sia tra giocatori esterni che tra esterni ed interni ma con caratteristiche peculiari simili. Si possono avere due situazioni: la prima è
relativa al caso in cui, il difensore del palleggiatore cade sul blocco
e chiama il "cambio" al compagno, il quale reagirà saltando sulla
linea del canestro e presserà la palla; la seconda prevede il cambio
sistematico, cioè la regola che prestabilisce che su quei blocchi si
farà sempre cambio. In quest'ultimo caso l'azione preordinata permette al difensore del palleggiatore di anticipare il blocco passando dietro (diag.5).

diag.5

Il difensore bloccato può superare in diversi modi il blocco

Il difensore sul bloccato ha la responsabilità di mantenere la pressione sulla palla. Ciò può essere fatto assumendo la posizione a muro, oppure indirizzando il palleggiatore sul lato opposto al posizionamento del blocco. Comunque, in entrambi i casi il difensore, quando viene avvertito del blocco, dovrà aumentare l'aggressività sulla palla; questa pressione dovrà essere mantenuta anche nel caso in cui la scelta preveda un cambio di marcatura, pressando e poi allentando nel momento di passare sotto. Le diverse soluzioni per superare il blocco vengono quasi sempre decise in anticipo in modo da avere un'organizzazione di squadra che riconosca la maggiore aggressività difensiva sulla palla e si adatti efficacemente al movimento degli attaccanti (*roll* o *pop* del bloccante). Infatti, anche se il difensore del bloccante ha una prospettiva maggiore della situazione complessiva del gioco a due in atto (posizionamento, angolo di blocco, aiuti, ecc.), può accadere che sia il difensore del bloccato a chiamare "al momento" il tipo di adattamento (scelta) sul blocco; ciò implica una rapida organizzazione difensiva di squadra.

Tecnicamente è possibile superare il blocco in modi diversi: scivolando sul blocco, inseguendo il bloccato, raddoppiando con il compagno, passando dietro con uno scivolamento/balzo (difesa a muro), passando dietro con giro avanti (difesa che spinge su un lato), facendo cambio difensivo; ciascuna di queste modalità sarà brevemente descritta di seguito.

- Il primo caso è quello che, genericamente, permette di garantire un equilibrio difensivo solido, senza dover ricorrere ad aiuti da parte di altri compagni. Il difensore, infatti posizionato "a muro", cerca di passare davanti al blocco scivolando assieme al palleggiatore. Tecnicamente deve cercare sempre di ridurre la distanza dall'avversario, avvicinandosi con il piede esterno e scivolando davanti al blocco con l'altro piede (figura 3); inoltre, dovrà alzare il baricentro in modo da "assottigliarsi" per passare con il bloccato.

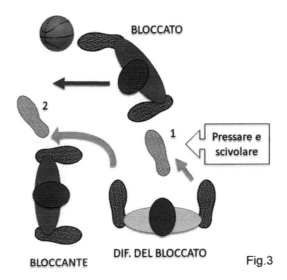

Fig.3

- Nel secondo caso, passare sul blocco inseguendo, è necessario stare sulla scia del palleggiatore mantenendo una forte pressione; il palleggiatore deve percepire di essere tallonato; l'obiettivo è quello di mettergli fretta spingendolo in quella direzione. Il difensore, rimanendo a pressare dietro la spalla interna del palleggiatore, si avvicina con il piede corrispondente al blocco e sul secondo appoggio (nella figura il piede destro), effettua un forte cambio di direzione accompagnato ad una torsione del busto in direzione dell'attaccante; il difensore del bloccante, in questo caso assume una posizione contenitiva (fig.4).

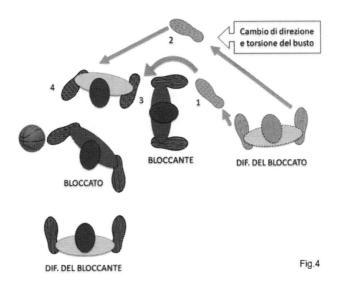

Fig.4

- Se il difensore del bloccante esce perpendicolarmente o diagonalmente al palleggiatore facendo show, il passaggio sopra dovrà prevedere non più un cambio di direzione verso l'interno, bensì uno scivolamento laterale, in quanto il palleggiatore tenderà a fermarsi o ad allargarsi. Questa azione può anche trasformarsi in raddoppio; infatti, se il compagno sul bloccante esce forte per fermare la palla rimanendo a pressare, il difensore che passa sopra continuerà a marcare la palla raddoppiando (figura 5).

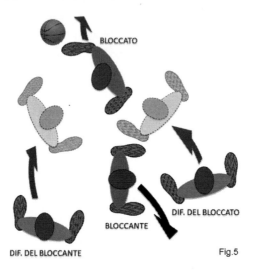

Fig.5

- Il difensore potrà scegliere di passare sotto al blocco. In tal caso dovrà allentare la pressione sulla palla e con un rapido balzo arretrare e scivolare sotto al blocco. Il compagno dovrà chiaramente lasciare spazio per consentire l'azione (figura 6).

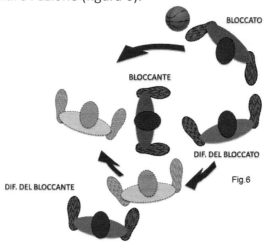

Fig.6

- Il difensore che pressa (spinge) il palleggiatore su un lato e riceve il blocco sulla schiena può superarlo con un giro avanti passando sotto, cioè dietro al bloccante. La stessa soluzione si attua nel caso in cui il bloccante piazza un nuovo blocco (diag.6).

diag.6

- Nella figura 7, è descritto questo movimento di passaggio sotto: il difensore passa dietro al blocco, contemporaneamente all'attaccante (che potrebbe effettuare una virata come in figura), ruotando a "cerniera" e aiutandosi con il braccio per rimanere a contatto con il bloccante. Questo giro rapido di circa 180°, permette di essere immediatamente sulla linea del canestro, pronti per fronteggiare la palla.

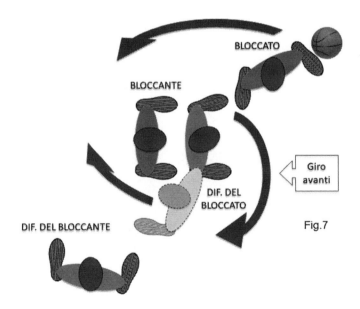

Fig.7

- Nella situazione di cambio difensivo, il difensore del bloccato passa rapidamente, con un balzo indietro, dalla pressione sulla palla al posizionamento in linea con il bloccante (figura 8).

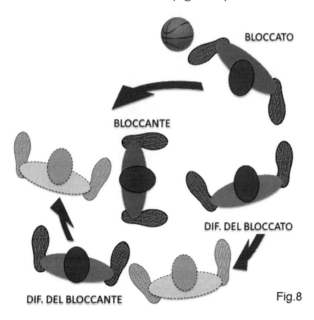

Fig.8

I principi tecnici e tattici esposti per il blocco sulla palla, possono essere applicati in altre forme di collaborazione come il *dai e segui* o, più in generale, l'*hand off*: con questo termine si descrive un'azione combinata fra due giocatori in cui quello con palla effettua, in spazi ristretti, un passaggio rapido quasi consegnato. Nel diagramma 7, è descritta una tipica situazione di *dai e segui*: il giocatore 1, dopo aver passato la palla a 2 corre a riceverla di ritorno. X1 lo segue e passa sotto il blocco; ciò è possibile se X2 ha lasciato lo spazio sufficiente.

diag.7

Situazioni simili si hanno quando sia il palleggiatore che il potenziale ricevitore si avvicinano rapidamente: anche in questa situazione la scelta più semplice è quella di passare sotto il blocco (diagramma 8). Se l'*hand off* avviene tra giocatori esterni, si potrà anche scegliere di fare cambio difensivo: il tal caso il difensore del bloccante (X1), che legge la condizione favorevole, chiamerà il cambio posizionandosi in tempo sulla linea di penetrazione (diag.9).

diag.8

diag.9

La difesa sul ball screen richiede spesso una collaborazione di squadra

L'intervento dei difensori che non sono direttamente coinvolti nel gioco a due, è principalmente mirato a ripristinare il disequilibrio difensivo creato dai ritardi sulla palla e dal movimento del bloccante. Infatti, per pochi istanti, si assiste ad un soprannumero difensivo sulla palla e, contemporaneamente, una condizione di sottonumero sul resto degli attaccanti. Essendo molteplici le situazioni di collaborazione, si è scelto di proporre solo alcuni esempi di blocco con aiuti e adattamenti difensivi che possono rendere l'idea delle dinamiche di squadra. Nel diagramma 10, è descritta una situazione di *pick and roll* in cui il difensore bloccato insegue e il difensore del bloccante fronteggia il palleggiatore. Sul taglio del bloccante interviene X2 che scoraggia il passaggio, obbligando il palleggiatore a passare in ala o in angolo. In questo caso sul passaggio, sia a 2 che a 4, saranno i diretti avversari a recuperare. Nelle situazioni di raddoppio, sul *roll* centrale di 5, dopo il blocco, potrà intervenire X4, mentre X2 si adatta arretrando. Anche in questa situazione sul passaggio in ala o in angolo, i difensori potranno recuperare ognuno sul diretto avversario (diag.11).

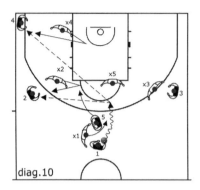

diag.10

diag.11

Nelle situazioni di *ball screen* laterale può accadere che il contributo di X5 (difensore del bloccante) non sia sufficiente a tamponare la penetrazione; in questo caso si avrà sempre un aiuto dal lato debole con X4 che chiude il fondo e i compagni sul lato debole che ruotano (diag.12).

diag.12

Nel diagramma 13, il difensore X1 si sposta in anticipo sul lato per evitare il blocco e forza il palleggiatore sul lato, con X5 in posizione di aiuto; questa opzione è denominata "fondo". Sull'eventuale *pick and pop* di 5 che si allarga sul centro, sarà X2 ad uscire sulla palla con adattamento di X3; X5 è posizionato sulla traiettoria di 1 in chiara posizione contenitiva.

diag.13

Per difendere sui blocchi senza palla occorre concordare le competenze tra i difensori coinvolti

Parlare di difesa sui blocchi senza palla significa aprirsi ad un confronto ampio sulle varie soluzioni e sulla loro efficacia; questo perché sono numerose le variabili che incidono sulle scelte tecniche, così come sulle soluzioni tattiche. Gli allenatori possono indicare regole di carattere generale nell'impostare una difesa di squadra, ma è indubbio che di volta in volta tali indicazioni potranno subire modifiche in seguito a scelte strategiche, o potranno essere gli stessi difensori, in autonomia, a prendere iniziative di ordine tattico. Questo perché diversi sono i fattori da considerare, tra cui: il ruolo del giocatore che blocca, quello di chi sfrutta il blocco (lungo, piccolo), le loro caratteristiche tecniche (tiratore, non tiratore, rapidità), la finalità principale del blocco (per tirare, per liberarsi, per favorire la circolazione di palla, per contenere), caratteristiche tecniche difensive dei giocatori. Saranno proposti pochi esempi su tipologie diverse di blocco, in modo da dare al lettore un'idea di come difensivamente si possono affrontare queste organizzazioni d'attacco.

Nelle situazioni di blocco diagonale basso sul lato forte, come quello descritto nel diagramma 14, X2, mentre chiama il blocco al compagno X3, si stacca; X3 potrà a questo punto optare per passare sopra mantenendo così un atteggiamento aggressivo sull'attaccante o, utilizzando lo spazio creato, passare in mezzo tra il compagno e il bloccante. Contro un attaccante particolarmente veloce si ritiene questa seconda opzione più funzionale, contando anche sul fatto che venga attuata una pressione sul passatore e quindi negata la possibilità di passaggio su movimento *fade* (cioè in allontanamento) del bloccato.

diag.14

Una soluzione difensiva per contenere un tiratore in uscita da un blocco in *post basso* (blocco di 5 per 2 nel diag.15), è quella di tenere la guardia chiusa, inseguire il bloccato, mantenendo così una forte pressione e, se possibile, anticiparlo.

diag.15

In relazione ai blocchi orizzontali bassi, vengono proposte due situazioni in cui il blocco viene portato, in un caso, da un piccolo per un lungo e nell'altro, da un lungo per un piccolo. Nel diagramma 16 si osserva un blocco di 2 per 5; X2 chiama il blocco e X5 si apre alla palla fino ad avere la schiena rivolta a 5, costringendo quest'ultimo ad allargare la traiettoria di corsa e in modo da passare con lui senza aiuto di X2.

Nel diagramma 17 è invece 5 che blocca per 2: in questo caso X2 fa l'esatto contrario, cioè marca faccia a faccia 2 e cerca di passare sul blocco assieme, mentre X5 marca aperto sulla schiena di 5.

diag.16

diag.17

Nei blocchi tra centri, cioè tra 4 e 5, si possono avere altre situazioni e altre scelte. Nel diagramma 18 si può vedere che X4 ferma il taglio con un *body check* in modo da non farsi tagliare davanti; a questo punto si possono avere due opzioni: se 4 sale fuori dai tre punti sarà X4 stesso a seguirlo; se invece 4 taglia basso, X4 e X5 faranno cambio difensivo (diag.19).

diag.18

diag.19

Nei blocchi in uscita sul lato debole, specie se a favore di un tiratore, una frequente soluzione è il passaggio in mezzo tra il bloccante e il suo difensore. Nel diagramma 20, sul blocco verticale di 4 per 3, X4, in anticipo chiuso, lascia lo spazio per favorire il movimento di X3.

diag.20

Nel caso di blocchi ciechi, poiché non sono direttamente visibili dal difensore bloccato, occorre una immediata comunicazione verbale e una prontezza di risposta nell'adeguamento difensivo tra i due giocatori coinvolti. Nel diagramma 21, si osserva un blocco di 4 per 2. X4 ha chiaramente la visione completa della situazione e chiama il blocco mantenendo una posizione di anticipo staccato. In questa situazione può essere una buona scelta il cambio difensivo soprattutto dove le caratteristiche dei giocatori fossero simili. Pertanto, X2 si staccherà da 2, scegliendo di rimanere in "guardia chiusa" oppure passando da "guardia chiusa" a "guardia aperta" per poi rigirarsi verso il bloccante ripristinando la posizione d'anticipo.

Ma sul blocco cieco vi possono essere scelte diverse: ad esempio, se 2 sfrutta il blocco davanti, il difensore del bloccante opererà un *body check* per ritardarne l'azione e favorire il recupero del compagno; se invece taglia sotto, il difensore del bloccante dovrà fare un passo indietro per ostacolare temporaneamente la visuale al passatore, mentre X2 passerà in mezzo e recupererà.

diag.21

Per le situazioni di *screen the screener*, cioè quando chi porta un blocco si prepara a riceverne un altro, si propongono due soluzioni. Nella prima, descritta nel diagramma 22, sul blocco di 2 per 5, X5 spingerà verso l'alto il bloccato per costringerlo a passare sopra mentre X2 si affaccia (*bump*) per spezzare il movimento e, contemporaneamente X5 riprende la marcatura passando da sotto. Sul movimento di 2 che sfrutta il blocco di 4, X2 mantiene l'anticipo e segue passando sopra o, comunque, inseguendo; se X4 si accorge che il compagno è in ritardo, può chiamare cambio con X2 (scelta frequente su pari ruolo).

Nella seconda soluzione (diag.23), X5, in posizione chiusa, spinge 5 per farlo passare sotto il blocco; X2 fa *bump* sul fondo allargando la corsa di 5 e permettendo al compagno di recuperare inseguendo. Sul blocco di 4 per 2, X3 sale a marcare 2 e X2 lo rimpiazza per marcare 3. X4 resta staccato monitorando 4.

diag.22

diag.23

La difesa sui blocchi *stagger* può prevedere soluzioni diverse; nel diagramma 24 è descritta una sequenza di blocchi verticali di 4 e 5 per 3. X3 insegue con molta pressione e, sul secondo blocco, X5 fa un rapido *show* per dare il tempo a X3 di recuperare. Una seconda soluzione prevede che X3, dopo aver inseguito l'avversario sul primo blocco, sul secondo passi in mezzo, cioè tra 5 e X5 (diag.25); chiaramente se 3 legge correttamente la scelta difensiva probabilmente si allargherà in ala (*fade*) per ricevere. Questa soluzione d'attacco dovrà essere affrontata con una forte pressione sulla palla e una buona capacità di reazione e di riposizionamento di X3.

diag.24　　　　　diag.25

26 - I RADDOPPI DI MARCATURA CREANO PRESSIONE SUL GIOCATORE CON PALLA

L'uso dei raddoppi di marcatura può portare grandi vantaggi per la difesa specie se si riesce a sorprendere il palleggiatore. Colui che raddoppia, infatti, deve cercare di intervenire in modo rapido e disatteso dal giocatore con palla, in modo da creare difficoltà nel gestire il posizionamento e non dargli il tempo di comprendere con chiarezza quali sono le migliori linee di passaggio; inoltre, se ha già aperto il palleggio, può creare difficoltà nel controllo della palla; quest'azione avviene con grande determinazione, utilizzando le braccia per chiudere le probabili linee d'uscita della palla. Il momento per raddoppiare ha chiaramente una valenza tattica importante e può scattare in relazione a criteri di collaborazione difensiva ben strutturata e alla comparsa di specifici indicatori: si potrà infatti raddoppiare mentre un giocatore è in palleggio, quando supera la metà campo o si avvicina alle linee perimetrali del campo, in quanto queste limitano lo spazio di manovra del palleggiatore, all'apertura del palleggio, oppure quando la palla arriva in determinate posizioni (ad esempio in *post basso*, in angolo, ecc.).

Il raddoppio deve generalmente creare un ostacolo con le gambe, il busto e le braccia, formando una "trappola" ad angolo retto e tenendo ben chiuso lo spazio compreso tra i due difensori.

Nella difesa a uomo, i raddoppi possono essere impiegati in vario modo e ciò dipende dalla finalità tattica che si vuole perseguire. Le situazioni di seguito descritte analizzano il raddoppio sul *post* basso, sul giocatore in angolo e su quello che ha superato la metà campo.

Nel diagramma 1 si può osservare come sul passaggio dell'ala al *post* basso, scatta un raddoppio di X4. In questo caso X5 si sposta per chiudere l'entrata sul centro lasciando spazio a X4 che chiude la linea del canestro; contemporaneamente X3 scala sul lato debole mentre X1 si abbassa tenendo 1 in visione periferica e X2 resta in anticipo su 2. Sul passaggio, d'uscita sia per 1 che per 3, i difensori tornano a marcare i rispettivi avversari (diag.2).

diag.1

diag.2

Con quattro esterni e un centro, lo stesso tipo di raddoppio può essere effettuato dal giocatore X3 che proviene dal lato debole. In questo caso X5 resta a chiudere la linea del canestro, mentre X3 chiude l'entrata sul centro; contemporaneamente X4 e X1 restano in visione periferica (diag.3). Sul passaggio d'uscita per 1, X1 e X3 ritornano sui rispettivi avversari d'origine. Se invece la palla viene passata a 3 sul lato debole, il recupero avviene con X4 che esce sulla palla, X3 che corre in angolo su 4, mentre X1, X2, e X5 si adattano (diag.4).

diag.3

diag.4

Il raddoppio sul *post* basso può essere portato anche da X1 che, come nel caso precedente, chiude l'entrata dal centro, mentre X5 chiude la linea del canestro e X2 rimane in anticipo su 2 (diag.5); X3 e X4 sono posizionati in aiuto; sul passaggio d'uscita per 1 si ha una inversione di marcatura tra X3 che esce sulla palla e X1 che corre su 3; in caso di passaggio a 3, X1 va su 3 e X3 va su 1. Se la palla va a 4, X4 esce sulla palla mentre gli altri corrono e si adattano sui rispettivi avversari d'origine (diag.6).

diag.5

diag.6

Nel caso di raddoppio della palla in angolo, come illustrato nel diagramma 7, si può osservare che sul passaggio di 1 a 3, X1 va a raddoppiare, mentre X3 si pone sulla linea del canestro; contemporaneamente X2 anticipa su 1, X5 si sposta marcando 5 davanti e X4 si piazza in area. Questo raddoppio sfrutta l'angolo del campo per creare limiti d'azione sull'attaccante.

diag.7

Sul passaggio d'uscita per 4 sul lato debole, sarà X4 a marcare la palla, mentre gli altri difensori riprendono la marcatura originaria (diag.8). Si ha un recupero diverso del posizionamento se la palla va alla guardia 2 (diag.9); infatti X4 uscirà sempre sulla palla cercando di ostacolare il passaggio perimetrale per 4, mentre X2 correrà a marcare 4 e X1 recupererà su 1; X5 cercherà di riposizionarsi su 5 passando preferibilmente da sopra, mantenendo così l'anticipo ed evitando di farsi tagliare fuori.

diag.8

diag.9

Se si decide di tenere X2 a coprire maggiormente l'area, il riposizionamento sul passaggio da 3 a 1 vedrà l'uscita di X2 su 1 e X1 che recupererà
su 2; gli altri difensori riprendono le marcature d'origine; in particolare X4,
in posizione di contenimento, è pronto ad uscire su 2 in attesa del recupero di X1 (diag.10). Sul passaggio d'uscita a 2 potranno essere ripristinate
le marcature d'origine (diag.11).

I raddoppi di marcatura che scattano al superamento della metà campo,
possono essere organizzati in vario modo. Nel diagramma 12 si osserva
che X1 spinge verso un lato il palleggiatore creando le condizioni, una volta
superata la metà campo, per un raddoppio con X3; nel contempo si ha una
rotazione di X2 che si abbassa in area e X4 che si sposta sul lato forte,
mentre X5 rimane in difesa su 5. Sull'eventuale passaggio d'uscita per 3, i
giocatori ruotano in senso orario: pertanto, X4 esce sulla palla, mentre X2
e X3 si adeguano avendo la responsabilità di coprire sui movimenti di 2 e
4 (diag.13). Sul passaggio a 2, si tornerà alle marcature iniziali.
Nella stessa situazione, il raddoppio può arrivare dal lato debole; nel diagramma 14 X2 raddoppia sul lato interno del campo con X1, mentre X4
sale in anticipo su 2 e X3 e X5 rimangono sui rispettivi avversari (diag.14).
Questa scelta lascia un passaggio d'uscita per 4 che si trova però sull'angolo opposto e, vista la distanza, la difesa avrà il tempo di riadattarsi.

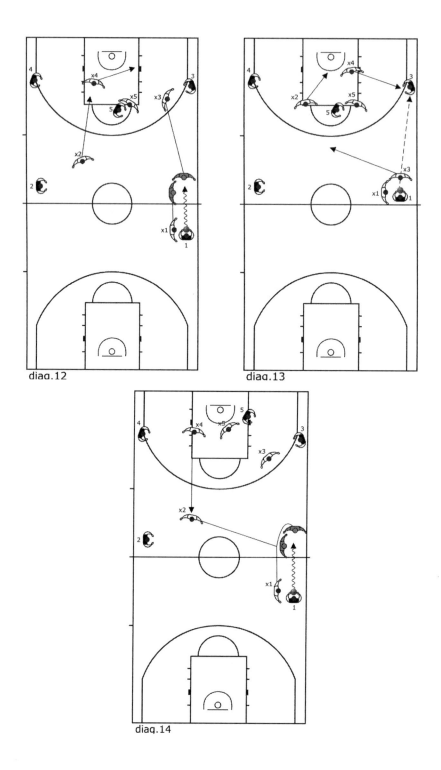

diag.12

diag.13

diag.14

27 - LA DIFESA INDIVIDUALE DI SQUADRA È FONDATA SUI PRINCIPI DELLE DIVERSE FORME DI COLLABORAZIONE

Il lavoro di costruzione del cinque contro cinque varia in funzione del livello dei giocatori

Sposando l'idea che la difesa è l'essenza del gioco di squadra (Messina E.1996), assume valore la tesi che per giocare 5 c 5 occorre grande organizzazione, affiatamento, e voglia di lottare. La difesa di squadra è il risultato di un lavoro che parte dal 1 c 1, che si sviluppa attraverso le collaborazioni e che si consolida nel 5 c 5. È ovvio, quindi, che il lavoro che si effettua alla base deve essere funzionale all'idea di difesa di squadra che si vuole ottenere. Pertanto, in base al livello dei giocatori, la difesa va strutturata gradualmente, selezionando gli aspetti di contenuto adeguati e richiamando costantemente il lavoro frazionato (esercizi applicativi e situazionali) alla prestazione di gara.

L'allenatore dovrà essere in grado di coniugare le sue idee (filosofia difensiva) con l'organico che si ritrova e quindi con ciò che realmente potrà realizzare. La costruzione della difesa di squadra pone perciò dei vincoli che derivano dall'esperienza, dal supporto fisico, dall'abilità tecnica e dalla disponibilità al sacrificio. Ma il lavoro più complesso è quello dell'unione di squadra, alla cui base c'è una grande comunicazione; 1 c 1 in difesa in un contesto di 5 c 5 significa ricevere e comprendere informazioni, in modo tale di fornire, a propria volta, indicazioni utili ai compagni. Questo processo collaborativo diventa sempre più esigente man mano che si inseriscono aspetti tattici più complessi.

Proprio per quanto sopra affermato, in letteratura si hanno molteplici riscontri di difese individuali, ognuna legata in qualche modo ad un allenatore o ad una squadra: la difesa *pressing* di Bobby Knight a Indiana University, piuttosto che quella di Roland Massimino all'Università Villanova, la *"run and jump"* di Dean Smith a North Carolina o quelle che hanno caratterizzato le squadre italiane allenate da Giancarlo Primo, Alessandro Gamba o Ettore Messina, quali esempi di eccellenza.

Spesso, in modo superficiale, si tende a parlare di buona o cattiva difesa leggendo il numero di punti subiti da una squadra; questo non è un dato sempre attendibile: se la squadra avversaria gioca un attacco con ritmo molto controllato è evidente che il punteggio potrebbe essere basso, ma ciò non è indice di efficienza difensiva. L'analisi di altri fattori è in grado di offrire una lettura più approfondita: ad esempio, il numero di palloni giocati dalla squadra avversaria, la percentuale di realizzazione della stessa, le tipologie di conclusioni concesse (tiri dal perimetro, da sotto, in contropiede, contrastati o liberi), le palle recuperate o i rimbalzi. Ognuno di questi aspetti può rappresentare un obiettivo della difesa, in considerazione del fatto che il loro controllo si traduce in un'opportunità in più da trasmettere nella fase offensiva. Di seguito viene riportato un esempio di organizzazione difensiva in un contesto formativo come può essere quello di un settore giovanile: in particolare, si fa riferimento a formazioni U16-U18, e a gruppi che presentano per lo più caratteristiche di omogeneità in termini di statura (media) e capacità fisiche (rapidità e esplosività). Il sistema è strutturato con regole e principi che trovano la loro applicazione sia che la difesa si sviluppi nella metà campo offensiva (*pressing* tutto campo e tre quarti campo), che in quella difensiva.

Occorre innanzitutto sviluppare una mentalità: l'idea che deve guidare i giocatori è quella di presentarsi sempre attivi (proponendosi, attaccando, prendendo iniziativa), mettendo intensità in tutte le zone del campo e non solo quando si difende tutto campo; ciò presuppone anche la capacità di distinguere la necessità/opportunità di essere aggressivi o contenitivi sia sull'attaccante con palla che su quello senza. Ne consegue che la squadra avversaria dovrà variare la sua strategia di gioco abituale e sarà costretta a soluzioni più difficili.

La condizione di prontezza deve essere tale da contrastare l'avversario su ogni giocata: nel recuperare una palla vagante, nel tuffarsi per contendere una palla, nel prendere sfondamento, nel non temere i contatti sui blocchi.

La capacità di comunicare rappresenta spesso quel qualcosa in più che rende efficace un'azione difensiva: l'uso di termini come "palla, chiuso, aiuto, blocco, tiro" deve essere continuo e condiviso.

Per dare una idea indicativa su come si potrebbe pianificare il lavoro difensivo, vengono elencati una serie di obbiettivi e finalità che caratterizzano il gruppo considerato e che sono frutto di scelte, orientamenti ed esperienze personali:

-   *Pressare la rimessa da fondo campo impedendo i passaggi al centro:* nel caso di rimesse da fondo in seguito a canestro realizzato in azione o da tiro libero, o comunque da palla morta (falli, violazioni), obiettivo del difensore che marca il giocatore che effettua la rimessa è quello di ostacolare le linee di passaggio, ma in particolar modo negare la parte centrale del campo (diag.1). La stessa idea può trovare applicazione su una rimessa a tre quarti di campo.

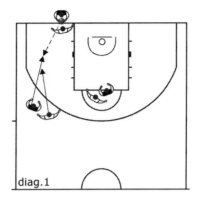

diag.1

- *Pressare il palleggiatore:* il difensore dovrà indurre l'attaccante ad aprire il palleggio per poi indirizzarlo lungo le linee laterali; ciò è fondamentale sia perché determina il lato forte e quello debole, con conseguente posizionamento dei difensori, sia perché per gli stessi è più facile seguire gli spostamenti della palla e del proprio uomo (diag.2), rispetto ad un attacco che sposta rapidamente la palla con passaggi (diag.3).

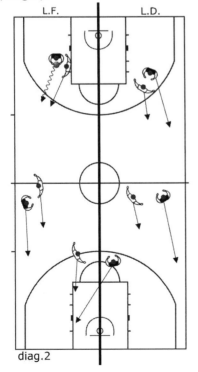

diag.2

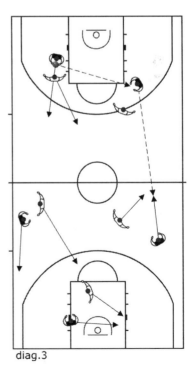

diag.3

- *Prendere iniziativa:* il difensore, chiudendo le possibili traiettorie, costringe il palleggiatore a cambiare mano (uso della mano debole, virata con conseguente perdita di visione di gioco, ecc.); in tal modo *il playmaker* avversario viene indotto a cambiare continuamente direzione. Inizialmente l'azione può essere contenitiva e non è necessario tentare di rubare la palla, correndo il rischio di farsi battere centralmente. In ogni caso se si è battuti, bisogna continuare a correre provando a "cacciare" la palla da dietro.

- *Alterare i piani di gioco:* se il *playmaker* avversario è particolarmente capace, si cerca di escluderlo dal gioco, marcandolo in forte anticipo o, nel caso abbia ricevuto la palla, lo si induce a passarla, per esempio raddoppiandolo (diag.4); ciò porterà la squadra avversaria ad avviare il gioco nella metà campo offensiva in un modo diverso, creando comunque un disturbo e portando via tempo all'azione d'attacco.

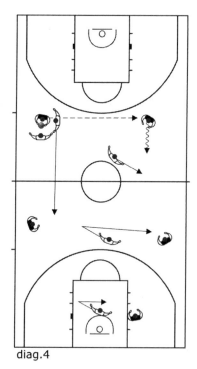

diag.4

- *Negare una facile circolazione della palla:* i difensori vicino alla palla dovranno anticipare forte coprendo la linea di passaggio (diag.5); quelli lontani si adatteranno alle iniziative del palleggiatore, pronti ad aiutare in caso di penetrazione.

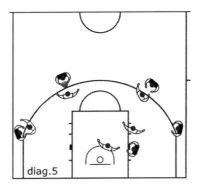

diag.5

- *Attaccare lo spazio:* il difensore è responsabile della zona in cui si trova; i difensori dovranno prendere l'attaccante più vicino, chiudere sulle penetrazioni, anticipando il movimento dell'attaccante, per poi recuperare (diag.6) e raddoppiare dove se ne ravvisa la possibilità.

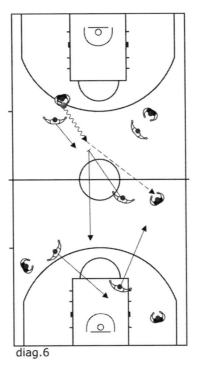

diag.6

- *Alzare la difesa e negare l'avvicinamento della palla al proprio canestro:* i difensori battuti dovranno correre e fermare la palla fuori dalla linea dei 3 punti, spingendola su un lato per consentire il riposizionamento; inoltre avranno il compito di negare le penetrazioni ed essere pronti a cambiare e ruotare. Particolare importanza riveste l'azione di ostacolo dei passaggi indirizzati verso il *post* avversario: la difesa su questo giocatore deve iniziare anticipatamente assumendo un corretto posizionamento (basso sulle gambe e braccia attive), e non quando la palla è già allineata; ciò consentirà di portare l'attaccante fuori dalla linea di passaggio, in virtù anche della pressione attuata sul palleggiatore (diag.7).

- *Giocare con sovrannumero difensivo sul lato della palla:* i difensori dovranno negare i passaggi *skip*, in quanto implicano spostamenti ampi, con il rischio concreto di trovarsi in disequilibrio e impreparati su situazioni di tiro da fuori o penetrazioni (diag.8).

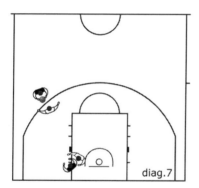 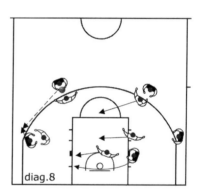

diag.7   diag.8

- *Avere intraprendenza tattica:* sul *ball screen*, il palleggiatore va aggredito (*show*/raddoppi) e su tutti gli altri blocchi l'indicazione sarà di passare insieme, forzando sulle traiettorie del bloccato senza timore del contatto fisico.
- *Ostacolare tutti i tiri e andare a rimbalzo:* sul perimetro i tiri vanno ostacolati cercando di non far alzare la palla; l'uso attivo delle braccia, "tracciando" con le mani la palla, ostacolerà la visuale dell'attaccante.

La difesa dal contropiede richiede capacità reattiva e di anticipazione

Generalmente un'azione di contropiede si subisce quando si commettono gravi errori e non si è sufficientemente pronti e/o reattivi nella transizione difensiva, cioè in quella fase in cui, avendo perso il possesso di palla, ci si organizza per rientrare in difesa. Le situazioni di sotto numero nascono prevalentemente da problemi legati a un carente bilanciamento offensivo, da un ritardo dell'informazione sull'attacco, da una lentezza oggettiva della squadra oppure da uno scarso allenamento della transizione stessa. A parte le situazioni di 1 c 0 con palla rubata al giocatore in punta, sulle quali è molto difficile recuperare, tutte le altre possono in qualche modo essere evitate o contenute, con l'obiettivo di rallentare l'avvicinamento della palla al canestro. Indipendentemente dalla velocità con cui una squadra si trasferisce, la transizione difensiva diventa efficace se ben anticipata e organizzata, capacità, queste, che si acquisiscono con l'allenamento.

Alcune regole generali permettono di essere sempre pronti ad affrontare il gioco in velocità evitando in tal modo di non subire canestri facili o incorrere in falli; queste possono essere:

- *Mantenere un corretto bilanciamento offensivo.* Il corretto bilanciamento in attacco permette di avere sempre una copertura difensiva;
- *Correre subito verso il centro dell'area per poi aprirsi ricercando l'accoppiamento.* Durante la transizione difensiva i giocatori devono rapidamente leggere la situazione cercando l'uomo, anche cambiando la marcatura;
- *Fermare l'uomo con palla non oltre la metà campo.* Per rallentare il contropiede occorre fermare subito l'uomo con palla con una difesa molto aggressiva.

A prescindere da queste regole, l'organizzazione difensiva può essere più specifica per affrontare quelle squadre che giocano frequentemente e molto bene in contropiede; in genere queste difese mirano a:

- ostacolare il passaggio d'apertura nelle situazioni di rimbalzo;
- *anticipare il passaggio d'apertura;*
- *pressare il palleggiatore mandandolo sulle corsie laterali;*
- *raddoppiare il palleggiatore;*
- *organizzare adeguate rotazioni difensive.*

Evidentemente il lavoro fisico in difesa è particolarmente intenso e necessita di molto allenamento ma anche di una mentalità che si sviluppa con la costanza delle proposte di transizione.

Per insegnare le collaborazioni all'interno di un sistema difensivo occorre conoscere le strategie didattiche e metodologiche

Per costruire una difesa individuale occorre innanzitutto considerare il livello dei giocatori su cui si dovrà lavorare. Per le primissime categorie giovanili, o comunque in quella fase in cui si forniscono i primi concetti di difesa di squadra, sono utili tutti quegli esercizi che danno una immagine complessiva e d'insieme dei posizionamenti.

Nel diagramma 1 si osserva un lavoro di 5 c 5 con l'attacco statico; a ogni fischio dell'allenatore viene effettuato un passaggio perimetrale a cui dovrà corrispondere un adeguamento dei giocatori in difesa.

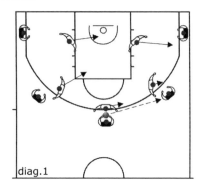

diag.1

Sempre in una fase istruente, da una condizione di 5 c 5, si potrà allenare l'adeguamento rispetto ad una situazione in cui la palla giunge in area e il successivo recupero: il giocatore con palla, ad un segnale convenuto, passerà la palla all'allenatore e contemporaneamente tutti i giocatori in difesa dovranno lasciare il proprio avversario per avvicinarsi alla palla (diag.2);

diag.2

l'allenatore passerà subito ad un altro giocatore in attacco costringendo in tal modo i giocatori a stabilire il nuovo posizionamento difensivo. Lo stesso esercizio può essere reso più complesso se, conseguentemente al passaggio della palla in area, corrisponderà anche uno spostamento dei giocatori in attacco (diag.3).

diag.3

Questo modo di procedere, che può avere moltissime varianti, viene eseguito parallelamente ai lavori di 1 c 1 in difesa, sia con palla che senza (lato forte, lato debole), in modo da lavorare sulle competenze difensive specifiche. Man mano che gli allievi acquisiscono la tecnica e i concetti di base del gioco, si potranno inserire le collaborazioni in forma semplice, per poi passare, negli anni, a quelle più complesse, come le situazioni di raddoppio o la difesa dai blocchi.

Quando l'obiettivo è quello di sviluppare competenze che riguardano la difesa vicino alla palla come, ad esempio, l'anticipo e la difesa sui tagli in allontanamento dalla palla, sugli aiuti dal lato forte, sulla difesa sul centro, ecc., il lavoro potrà essere proposto su un quarto di campo; gli esercizi a metà campo, invece, sviluppano competenze sia sul lato forte che sul lato debole, specialmente sulle azioni in cui i giocatori si spostano da un quarto all'altro del campo. Quelli svolti a tutto campo interessano, in particolare, le difese pressanti. Spesso vengono utilizzati gli appoggi e lo stesso allenatore potrà svolgere questa funzione per controllare sia i ritmi di lavoro che gli spostamenti difensivi, e per verificare l'efficacia delle azioni e dei posizionamenti. Le esercitazioni a cui si fa riferimento sono state ampiamente illustrate nella parte VI (Giocare in difesa: dai fondamentali difensivi all'uno contro uno). Occorre precisare che alcuni esercizi di 2 c 2 o 3 c 3, possono avere una valenza soltanto didattica, in quanto mirano ad enfatizzare o esasperare una particolare collaborazione difensiva (ad esempio l'aiuto su una penetrazione), anche se, nel contesto di un 5 c 5, quella stessa azione di collaborazione è difficilmente realizzabile. Queste metodologie di lavoro, che hanno lo scopo di spingere oltre il limite funzionale le azioni di gioco, rinforzano ulteriormente quelle esercitazioni parziali (2 c 2, 3 c 3) che sono invece estrapolate da un contesto di 5 c 5.

Risultano molto efficaci le esercitazioni in sotto numero in forma didattica (2 c 1, 3 c 2, 4 c 3, 5 c 4); sono organizzate limitando l'attività degli attaccanti alla sola circolazione della palla (inizialmente regolata dell'allenatore) per controllare e gestire adeguatamente gli spostamenti difensivi. Questi lavori richiedono grande attenzione e migliorano la capacità di monitorare e leggere in modo ampio le azioni offensive (passaggi); in particolare abituano a orientarsi e a intervenire autonomamente sull'attaccante. Sono attività che hanno come regola primaria quella di chiudere (marcare) sempre l'uomo con palla; abituano a muoversi e a posizionarsi, a prescindere dalle linee di riferimento (della palla, mediana, di passaggio, ecc.), che vengono utilizzate per orientarsi in difesa. Migliorano la capacità di decidere velocemente su quelle situazioni di incertezza in cui è necessario valutare, con precisione, la distanza dall'avversario per comprendere a chi compete la marcatura sull'uomo con palla. I diagrammi 4 e 5 descrivono un esercizio didattico di 4 c 3 in cui i giocatori devono muoversi per marcare il giocatore con palla in relazione alla distanza; affinché l'esercizio sia pienamente funzionale, una regola prevede che il difensore che marca sull'uomo con palla non può andare a marcare sull'attaccante che riceve il passaggio successivo, anche se vicino.

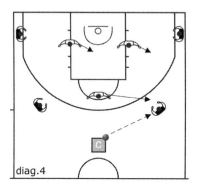 

diag.4 diag.5

Gradualmente potranno anche svilupparsi aspetti che caratterizzano il tipo di formazione richiesta dall'allenatore; ad esempio, molti allenatori di settore giovanile orientano i propri allievi a difendere tutto campo per formare un carattere tenace e aggressivo, oppure una difesa a metà campo poco flottata per responsabilizzare maggiormente la difesa sulla palla. In una fase più evoluta il lavoro di costruzione della difesa terrà conto delle caratteristiche sia dei propri giocatori (mentalità, versatilità, intraprendenza, aggressività, forza tecnica, ecc.) che degli avversari (giocatore più pericoloso, tiratori, gioco in velocità, uso dei blocchi, ecc.).

La proposta di alcuni esercizi può suggerire altre forme di attività funzionali per lo sviluppo della difesa

Di seguito vengono proposti esercizi per la costruzione della difesa a
uomo, che richiamano le competenze già sviluppate negli esercizi di 1 c 1
e 2 c 2, e che sono combinate in vario modo per creare abitudini situazionali fino al 5 c 5. Di seguito si propongono gli esercizi di 3 c 3 che possono
essere organizzati o a metà campo o su un quarto di campo. Nel diagramma 6 si gioca un 3 c 3 con due appoggi in angolo; l'obiettivo della
difesa è di tenere l'anticipo sui tagli stringendo la marcatura in area. Nel
diagramma 7, in reazione all'anticipo di X1, l'ala taglia *backdoor* e riceve
su passaggio dell'allenatore in appoggio; i difensori ruotano per coprire il
taglio cercando di contrastare il tiro e recuperare il rimbalzo. Lo stesso lavoro di rotazione può essere proposto con il passaggio fuori dai 3 punti a
1 che poi penetra dal fondo.

diag.6

diag.7

Nel diagramma 8 si gioca un 3 c 3 su un quarto di campo con un appoggio
sul lato debole: l'attacco ha la regola di muoversi solo su un quarto di
campo in modo da creare, quando la palla è in appoggio, condizioni difensive di adattamento sul lato debole.

diag.8

Una successiva sequenza di attività particolarmente consolidata è il 4 c 4 *shell*. Questi esercizi racchiudono tutti gli aspetti difensivi su cui si è lavorato nelle situazioni di 2 c 2; hanno una forte valenza didattica e il ritmo di lavoro può essere modulato dall'allenatore che deciderà, quando passare la palla o se giocare in forma agonistica. Gli *shell drills* si possono proporre focalizzando volta per volta alcuni aspetti tecnici difensivi dando delle regole all'attacco; inoltre, in questa fase, si lavora molto sulla lettura dei comportamenti offensivi (lettura della gestione della palla in fase statica, dello sguardo dell'attaccante, della mano debole, ecc.). Occorre anche enfatizzare la necessaria comunicazione tra i giocatori che devono informare sull'azione che svolgono ("palla!", "taglio!", "anticipo!", "aiuto!", "chiuso!", ecc.).

Il lavoro va organizzato a quartetti cercando di distribuire i giocatori per ruolo o per altezza. L'attività va svolta con la regola di rotazione, ad esempio, che la squadra in difesa rimane a difendere finché l'attacco non segna. La pressione difensiva può essere aumentata con una gara a punti: ad esempio, oltre ai canestri segnati, chi prende rimbalzo in attacco ha un punto, chi resta in difesa perde un punto, chi intercetta un passaggio ha due punti. Il gioco può avere inizio con l'allenatore che effettua il primo passaggio. Nel diagramma 9 gli attaccanti, su iniziale indicazione dell'allenatore, utilizzeranno solo penetrazioni dal centro e dal fondo, allenando così la difesa, se battuta, ad aiutare e ruotare sul passaggio d'uscita (diag.10). Tra le indicazioni da fornire vi potrebbe essere quella di difendere sulla palla indirizzandola sempre su un lato, ad esempio sul fondo.

diag.9

diag.10

Allo stesso modo si può dare continuità al lavoro inserendo le collaborazioni difensive sui tagli sia in conseguenza di un passaggio guardia-ala (diag.11), sia su un passaggio guardia-guardia (diag.12): in ogni caso la difesa dovrà mettere pressione sulla palla, anticipare e seguire i tagli e posizionarsi correttamente in relazione agli adattamenti offensivi (uscite sempre sul lato debole e rimpiazzi).

 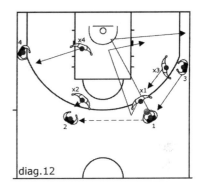

Un ulteriore *step* può prevedere la difesa sulle collaborazioni con il *post* (diag.13); sul passaggio da 3 a 4, X3 deve tenersi tra uomo e palla per negare il dai e vai, mentre X1 si adegua verso la palla per poi aprirsi in visione periferica.

Anche le situazioni in cui l'attacco usa i blocchi possono essere allenate con questa tipologia di esercitazioni: ad esempio la difesa su un blocco verticale sul lato debole in conseguenza di un passaggio guardia-guardia (diag.14); oppure, sull'uscita di un esterno dai blocchi di giocatori interni posizionati sulle tacche (diag.15). Considerando sempre prioritaria, in entrambi i casi, l'idea di mantenere una forte pressione sul giocatore in possesso di palla, si potranno attuare scelte diverse sul bloccato: nel primo caso, ad esempio, il difensore passa in mezzo e cerca di mantenere l'anti-cipo, nel secondo caso il difensore passa forte sul blocco assieme all'attac-cante.

diag.14

diag.15

Tutti questi esercizi si concretizzano, solitamente, con la gara 5 c 5 tutto campo in forma agonistica, richiamando nel gioco gli aspetti difensivi su cui si è lavorato.

PARTE VIII
LA DIFESA A ZONA E ALTRE FORME DI
ORGANIZZAZIONI DIFENSIVE DI SQUADRA

28 - LA DIFESA A ZONA PUÒ ESSERE INTERPRETATA IN MODI DIVERSI

Il primo allenatore ad utilizzare la difesa a zona fu Frank Lindley, coach alla Newton High School (Kansas) tra il 1914 e il 1945. In passato rappresentava la difesa per squadre pigre. Oggi si utilizza sia a livello giovanile che nelle squadre *senior* e, se pur spesso con obiettivi simili, viene espressa in modi diversi; infatti, indipendentemente dal tipo di schieramento adottato, esistono molti modi di interpretare questa difesa. Se da una parte c'è chi vuole creare pressione sull'attacco, attraverso un lavoro complesso e faticoso, in cui i giocatori si spostano da una parte all'altra del campo con un notevole dispendio di energie, dall'altra c'è chi si schiera a zona per "chiudersi", lasciando maggiore libertà "esterna" all'attacco e con una intensità difensiva bassa. Sono filosofie diverse che mirano ad ottenere lo stesso obiettivo: limitare l'attacco creando difficoltà, sorpresa, confusione, impegno mentale.

Se per le categorie *senior*, la zona rappresenta un'arma tattica ben studiata e creata in base alle caratteristiche fisiche e alla duttilità dei giocatori a disposizione, a livello giovanile occorre invece riflettere bene su quali sono gli obiettivi immediati e a lungo termine, cioè cosa si vuole che un giovane sia in grado di fare oggi e nel momento in cui avrà la possibilità di giocare a livelli più alti. La difesa a zona non è sicuramente da demonizzare o da non considerare "formativa", anzi potrebbe creare potenzialità tecniche e tattiche ulteriori; il rischio purtroppo sta nel voler cedere al raggiungimento di un obiettivo che probabilmente non dà prospettive formative: "facciamo zona per vincere la partita di oggi, del tuo futuro si vedrà domani!" Troppe volte si vedono, infatti, squadre giovanili che approcciano difese a zona mostrando carenze di fondamentali, quelle abilità che solo la difesa individuale permette può acquisire in quanto pregna di contenuti che esaltano le capacità motorie; non è un caso che fino alla categoria Under 13, vi è l'obbligo, da disposizioni tecniche federali, di fare difesa a uomo. Un'attenta riflessione porta anche a considerare il tempo medio di allenamento a disposizione delle squadre giovanili, tempo che spesso non è sufficiente per insegnare neppure le abilità di base; occorre dunque valutare attentamente qualità e volume delle scelte tecnico-tattiche (non solo difensive ovviamente) e i risultati di apprendimento che si potranno ottenere.

La difesa a zona è caratterizzata da abilità e abitudini tecniche specifiche

Le abilità tecniche acquisite per la difesa individuale sono spesso utilizzabili per altre organizzazioni difensive e, per certi aspetti, risultano anche indispensabili. Nonostante ciò, i giocatori devono acquisire ulteriori abilità e abitudini tecniche necessarie per esprimere comportamenti tatticamente funzionali agli obiettivi della difesa a zona. In relazione alle abilità, è possibile definire alcune modalità tecniche ricorrenti nelle più comuni difese a zona: una di queste è la posizione fondamentale o di prontezza difensiva che i giocatori devono assumere nelle situazioni in cui non marcano la palla. Questa posizione è caratterizzata da gambe leggermente piegate, con i piedi distanti poco più larghi delle spalle, e da braccia costantemente aperte, con l'obiettivo di "murare" lo spazio ai lati del corpo e sopra il capo. Anche gli spostamenti sono caratterizzati prevalentemente da piccoli e rapidi scivolamenti laterali in posizione aperta e sguardo in visione periferica. In relazione alle abitudini tecniche occorre sottolineare il passaggio ricorrente dalla posizione di difesa aperta, descritta prima, a quella di difesa sulla palla. Di norma, e con le dovute eccezioni, in mancanza di una difesa d'anticipo chiuso sui giocatori perimetrali, il giocatore si trova a doversi muovere frequentemente da una posizione d'aiuto, staccata e aperta a una posizione di difesa aggressiva sulla palla: questo movimento è spesso caratterizzato da una fase di rapida corsa seguita da piccoli passi accostati verso l'uomo (continui *close out*), simili a quelli attuati nella difesa individuale quando occorre difendere sull'attaccante che ha ricevuto palla sul lato debole.

Altra abitudine tipica della difesa a zona è l'atteggiamento di aiuto difensivo proveniente anche dal lato forte. I giocatori vicino alla palla dovranno, generalmente, abituarsi a non marcare d'anticipo chiuso, ma ad assumere la posizione d'aiuto aperta verso la palla. Pertanto, i giocatori, che nella difesa a uomo, sono abituati a passare dalla difesa sulla palla alla difesa d'anticipo, nella zona dovranno invece abituarsi a passare, prevalentemente, ad un posizionamento d'aiuto. Un'altra abitudine da acquisire è quella di saper comunicare e adattarsi tecnicamente nelle situazioni in cui l'attaccante passa da una zona di competenza ad un'altra. Il diverso modo di seguire un taglio e di affidarlo ad un compagno per poi rientrare nella propria zona di competenza, richiede non solo specifiche abilità tecniche ma anche una prospettiva difensiva e un modo di reperire informazioni pertinenti certamente diversi. Un'ulteriore abitudine tecnica è quella del tagliafuori; il fatto di ritrovarsi in situazioni e posizioni differenti all'interno della propria zona di competenza, implica non solo un diverso modo di monitorare l'attacco, ma anche di orientarsi su chi effettuare il tagliafuori e come eseguirlo.

Nella difesa a zona i giocatori agiscono in specifiche aree di competenza

La difesa a zona richiede una impostazione tattica ben diversa rispetto alla difesa individuale, anche se, come già accennato, alcune abilità tecniche sono uguali o simili alla difesa a uomo. La differenza di impostazione si evince essenzialmente quando la palla è in movimento: tutti i giocatori si muovono in modo coordinato per fare in modo che l'area del canestro sia sempre protetta, esercitando minore pressione sul movimento dei giocatori senza palla; lo spostamento dei giocatori è dunque prevalentemente condizionato dal movimento della palla.

La difesa a zona è caratterizzata dal fatto che ciascun giocatore è responsabile di un'area di competenza predefinita e che varia allo spostarsi della palla. Quindi ciascun difensore dovrà conoscere tutte le zone di propria competenza e anche quelle dei compagni. In ciascuna "area" il giocatore presente dovrà saper gestire le difficoltà che nascono nelle zone di confine dove potrebbero sovrapporsi più responsabilità. È proprio questo uno degli aspetti che rende difficile la lettura delle varie situazioni che si possono presentare. Pertanto, è una difesa in cui ci si aiuta molto, poiché necessita una grande collaborazione e spirito di squadra. È anche vero che da quando è stato introdotto il tiro da 3 punti (risalente al 1985), abilità ormai in possesso di molti giocatori, l'uso di questo tipo di difesa è diventato più legato ad aspetti strettamente tattici e psicologici, mirando più a condizionare i ritmi di gioco dell'avversario o sorprendere/confondere chi potrebbe non essere preparato ad affrontare questa situazione.

Indipendentemente dal tipo di zona, è possibile evidenziare alcuni principi che caratterizzano questa difesa:

- I difensori sono responsabili degli avversari che operano nella propria zona di competenza; un attaccante che si sposta da una zona ad un'altra deve essere seguito e "passato" (dato in consegna) al compagno di quella zona, per poi riposizionarsi nella propria zona adattandosi ad una eventuale nuova situazione.
- È importante evitare che due difensori marchino contemporaneamente un avversario, a meno che non siano previsti dal piano strategico difensivo raddoppi di marcatura.

- I difensori devono sempre sapere dove si trova la palla, perché la sua posizione è un riferimento per sapere come si sta modificando la propria zona di competenza.
- Ciascun difensore deve essere consapevole del fatto che esistono situazioni in cui dovrà badare contemporaneamente a più attaccanti, come ed esempio quando si difende sul lato debole.
- Il giocatore con la palla deve sempre essere marcato aggressivamente in modo da impedirgli facili passaggi; il passaggio, infatti, è un'arma micidiale contro le difese a zona perché costringe i giocatori a spostarsi su spazi ampi in tempi troppo brevi; ciò non consente di poter ripristinare efficacemente i posizionamenti nelle zone di competenza di ciascun difensore.

In genere, le difese a zona vengono distinte in base al numero di giocatori schierati nella prima linea difensiva; in tal modo si intuisce chiaramente quali zone del fronte d'attacco sono maggiormente protette e quali meno. Pertanto, si potranno avere:

- *Zone a fronte pari*, che presentano un numero di giocatori pari nella prima linea difensiva come la zona 2-3 e la 2-1-2;
- *Zone a fronte dispari*, che presentano un numero di giocatori dispari nella prima linea difensiva come la zona 1-3-1, la 3-2 e la 1-2-2;

La difesa a zona può anche essere combinata o mista con la difesa a uomo; si avranno quindi:

- *Difese combinate*, in cui in determinate condizioni di gioco, uno o più giocatori possono trovarsi nella situazione di dover difendere a uomo; tipica è la *Match-up*;
- *Difese miste*, nelle quali, mentre un certo numero di giocatori difendono a zona, altri marcano a uomo con uno o due giocatori; ne sono un esempio la "Quadrato e 1" (*Box and one*), la "Rombo e 1" (*Diamond and one*) e la "Triangolo e 2" (*Triangle and two*).

Le motivazioni che spingono una squadra a utilizzare queste difese possono essere sia di tipo strategico che tattico. Nel primo caso esse sono utilizzate come scelta predeterminata, ad esempio, in conseguenza delle caratteristiche dei giocatori a disposizione, o nell'organizzazione del piano partita per controllare e condizionare i ritmi del gioco mettendo pressione sulla squadra avversaria o per togliere punti di riferimento importanti come potrebbe essere un centro particolarmente pericoloso in area.

Le difese miste, ad esempio, vengono utilizzate per limitare alcune individualità attraverso la marcatura a uomo; ovviamente i giocatori posizionati
a zona dovranno conoscere gli adattamenti corretti quando il giocatore
marcato a uomo si trova nella propria area di competenza. Nel secondo
caso, invece, l'utilizzo della difesa a zona è necessario per proteggere alcuni giocatori gravati di falli, o per concentrare le proprie attenzioni su avversari che stanno mostrando particolare pericolosità.

Anche la conoscenza di alcune difficoltà dal punto di vista organizzativo
del gioco avversario, potrebbe indurre l'allenatore a servirsi di questa
scelta difensiva. Tatticamente l'uso della zona potrebbe essere dettato dal
volere modificare o adeguare il ritmo del gioco a proprio vantaggio.

Ma allo stesso modo bisogna anche essere pronti a modificare la scelta
difensiva (cambiare il tipo di difesa a zona, o tornare alla difesa individuale), lì dove ci si dovesse rendere conto che la squadra avversaria reagi-
sce con efficacia.

Un attacco che realizza una buona circolazione di palla e propone soluzioni
equilibrate fra quelle sul perimetro e quelle interne inevitabilmente costringerà l'allenatore a rivedere l'assetto difensivo della propria squadra.

Ciò deriva anche dalla consapevolezza che comunque tutte le tipologie di
zona presentano punti di forza e punti di debolezza; ad esempio:

- la zona 2-3 (diag.1) ha tra i suoi vantaggi quello di coprire molto l'area
  e prevedere un buon posizionamento a rimbalzo, ma allo stesso tempo
  presenta lo svantaggio di lasciare spazi di azione ad un *post* alto che
  operi all'altezza del tiro libero e a tiratori dalle posizioni frontali e
  dall'ala sui ribaltamenti di palla;

diag.1

- la zona 1-3-1 (diag.2) è aggressiva sul perimetro dove vuole avvantaggiarsi dalle difficoltà degli avversari di passarsi la palla, e soprattutto
  vuole impedire le penetrazioni; mentre viceversa diventa dispendiosa

contro squadre che hanno una buona circolazione di palla e tiratori pericolosi dagli angoli, senza trascurare le difficoltà nel controllo dei rimbalzi;

- la zona 3-2 (diag.3) ha il vantaggio di mettere una forte pressione sui giocatori posizionati sul perimetro alto (*play*, ala) e di mantenere vicino canestro i lunghi, mentre concede di più a giocatori negli angoli e in *post* alto.

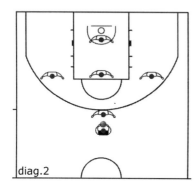 

diag.2   diag.3

È evidente che l'utilizzo dell'una o dell'altra è anche conseguenza dello studio dei punti di forza e di debolezza dell'attacco avversario.

Nei paragrafi che seguono saranno descritte sia la difesa a zona 2-1-2 che la difesa 1-3-1. Occorre ribadire che i concetti e le soluzioni tecniche e tattiche che verranno esposte, sono frutto di un orientamento degli autori e, pertanto, non rappresentano l'unico modo di attuare queste difese; i comportamenti dei giocatori nelle varie situazioni possono variare non solo in base all'organico a disposizione e alle esigenze di gara, ma anche in base alla formazione e alla filosofia di gioco che il *coach* vuole esprimere.

29 - LA DIFESA A ZONA 2-3 È TRA LE PIÙ UTILIZZATE

Ogni giocatore ha un'area di competenza e relative responsabilità

Se si considera la grande evoluzione tecnica individuale e dei sistemi d'attacco, l'approccio difensivo per aree di competenza può non risultare esaustivo, vista la grande flessibilità e adattabilità che viene richiesta ai giocatori. Attraverso un allenamento situazionale, costruito sulle esigenze delle singole gare, si potranno sviluppare ulteriori e specifiche abilità che permettano adeguamenti e contromisure per limitare squadre particolarmente organizzate o con individualità di rilievo.

La prima linea difensiva è composta dalle guardie (X1, X2) che dovranno muoversi in uno spazio che va dalla linea dei tre punti alla linea del tiro libero e dal suo prolungamento sino alla linea laterale (diag.1).

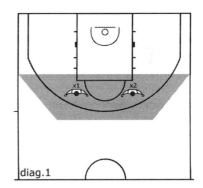

diag.1

Fra i loro compiti (responsabilità) vi è quello di marcare la palla in punta, anticipare il *post* alto con palla in posizione di ala (diag.2), ostacolare i passaggi di ribaltamento, seguire i tagli che partono dalla propria a zona e consegnarli ai compagni che ne diventano responsabili (diag.3), impegnarsi nel recuperare gli eventuali rimbalzi lunghi. Giocatori, quelli della prima linea difensiva, che dovranno essere rapidi nei movimenti, in particolare operando sulle linee di passaggio e limitando fortemente gli spazi di penetrazione degli esterni avversari.

diag.2

diag.3

Tra i giocatori di seconda linea le responsabilità vengono suddivise fra quelli esterni e il giocatore interno. Nel caso dei primi (X3, X4), l'area di competenza ha come riferimenti laterali la linea mediana del campo e la linea laterale, in basso la linea di fondo, in alto una linea poco al di sotto del tiro libero (diag.4). Le indicazioni iniziali, con palla centrale, prevedono che i giocatori si posizionino sulle linee laterali dell'area dei tre secondi in posizione mediana, avendo il compito di difendere davanti agli eventuali attaccanti in *post* basso. La massima responsabilità individuale è rappresentata dalla pressione sul giocatore con palla sul proprio angolo di competenza, mentre la massima responsabilità di squadra, vera e propria regia di squadra, è con la palla nell'angolo opposto (diag.5). In questo caso l'impegno dell'esterno è quello di comunicare e accompagnare gli eventuali tagli provenienti dal lato debole ed operare un efficace tagliafuori difensivo.

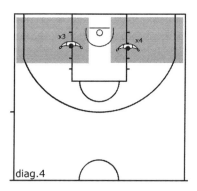

diag.4

diag.5

Il giocatore esterno dietro è anche impegnato a collaborare, con un movimento di aiuto e ritorno, con la guardia di prima linea quando la palla arriva in ala (diag.6).

diag.6

Il giocatore centrale della seconda linea difensiva (X5) ha come riferimento l'area dei tre secondi (diag.7) e i suoi movimenti saranno fondamentalmente legati alla posizione che la palla occupa rispetto al canestro. Stando su questa linea (palla-canestro) sarà impegnato *in primis* a fermare le penetrazioni e, con palla in ala o angolo, dovrà difendere sui giocatori che occupano la posizione di *post* medio/basso (diag.8). A lui spetta anche il compito (responsabilità) di presidiare l'area al fine di catturare i rimbalzi difensivi.

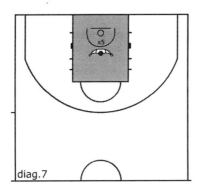

I giocatori dovranno sapersi muovere e adeguare a ogni nuova condizione offensiva

La prima linea difensiva, nella fase iniziale dell'azione, ha il compito fondamentale di indirizzare l'attacco e condizionarlo a proprio vantaggio: occorre cioè prendere iniziativa e attaccare l'uomo con palla. Ad esempio, bisognerà dare indicazione di quale fra i due difensori si occuperà del *play* avversario nel caso attacchi in palleggio, in considerazione del fatto che la stessa prima linea difensiva possa essere impegnata dalla presenza di un attaccante in lunetta (post alto).

Nel diagramma 9 viene ipotizzata una situazione in cui la prima linea si trova in una chiara situazione di sotto numero.

Nei diagrammi 10 e 11 sono illustrati gli spostamenti della prima linea difensiva in presenza o meno di un giocatore in lunetta.

 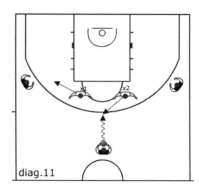

Tali indicazioni dovranno coinvolgere anche gli adeguamenti della seconda linea difensiva, in particolar modo gli esterni. Se consideriamo la scelta vista precedentemente nel diagramma 11, con il difensore X2 che va a condizionare il palleggiatore, sarà compito di X4, alzatosi già inizialmente, di andare a coprire sull'attaccante in ala nel caso in cui riceva la palla e tenerlo sin quando la posizione non venga recuperata da X2 (diag.12). In questa situazione è da considerare anche la posizione di X3, ultimo difensore sul lato debole: come per la difesa individuale, avrà la responsabilità di presidiare l'area e coprire, oltre che comunicare, i tagli che provengono da quel lato; dovrà, inoltre, tagliar fuori dall'eventuale rimbalzo gli attaccanti presenti in quella zona.

Come già evidenziato precedentemente, ad ogni spostamento della palla effettuato dagli attaccanti, con l'utilizzo di passaggi o in palleggio, deve corrispondere lo spostamento dei difensori: nel diagramma 13, X1 accompagna il palleggiatore sino a quando non entra nell'area di competenza di X3.

La difesa sui tagli richiede un continuo monitoraggio sia della palla che dell'uomo

Per contenere i tagli è opportuno, innanzitutto, fare pressione sulla palla e spostarsi collettivamente verso di essa. Nulla toglie che scelte di tipo strategico possano indurre un allenatore a preferire un atteggiamento più contenitivo contro squadre non particolarmente pericolose sul perimetro, o attuare situazioni diversificate e dettate dalle caratteristiche individuali degli avversari (marcatura più aggressiva su un tiratore, contenitiva su un altro).

È indubbio che l'atteggiamento di muoversi verso la palla, se effettuato con adeguati sincronismi, può mettere in difficoltà un attacco che cerca rapidi ribaltamenti di lato per creare una situazione di sovrannumero nelle cosiddette zone di confine.

Nel diagramma 14 si nota come l'attacco, con tagli dietro l'ultima linea difensiva e nel centro dell'area, cerchi di creare situazioni di sovrannumero sul lato destro mettendo in crisi il difensore esterno in quel punto. I difensori X3, X5, X4 dovranno essere pronti a passare da una situazione di ostacolo sulla linea di passaggio ad una di copertura dei tagli e riposizionamento, e da una posizione di adeguamento ad una aggressiva sulla palla. L'obiettivo è quello di ritardare la circolazione perimetrale della palla (X2), ed essere particolarmente aggressivi per impedire tiri non ostacolati sui successivi passaggi (X4) con rapidi riposizionamenti (diag.15).

diag.14   diag.15

Ruolo fondamentale in queste situazioni è svolto dalla collaborazione verbale, perché spesso i tagli avvengono alle spalle del difensore; è bene inoltre che si allenino i difensori, pur concentrati sui movimenti della palla, ad effettuare rapidi movimenti con il capo per mantenere un sufficiente controllo dell'area di competenza alle proprie spalle.

La complessità aumenta come nel caso in cui le due situazioni viste in precedenza si combinano: dover pressare il giocatore che si sposta in palleggio e coprire un giocatore che taglia. Ciò sicuramente mette in difficoltà i difensori poiché vengono attaccati proprio sulle linee di confine. In questo caso la collaborazione dovrà coinvolgere tutti i difensori chiamati a ostacolare tutte le linee di passaggio e allungare/ostacolare le traiettorie di percorrenza di colui che taglia, ritardandone i movimenti (diag.16).

Molto simile è la situazione che coinvolge la difesa nel caso in cui è il giocatore in possesso di palla, che dopo averla passata, taglia per creare sovrannumero sul lato opposto (diag.17). La difesa è chiamata anche in questo caso ad una collaborazione che coinvolge tutta la squadra nello svolgere i compiti prima delineati (pressione, accompagnamento, ostacolo, pressione).

diag.16

diag.17

Prendiamo adesso in esame i *tagli del post*. In genere, questi tagli devono essere seguiti con attenzione in quanto, provenendo spesso dal lato debole, attaccano il centro dell'area, per poi terminare in basso o in alto, formando un triangolo offensivo che mette in crisi la difesa (diag.18). Infatti una facile ricezione in queste posizioni condiziona gli adeguamenti difensivi, costringendo i difensori esterni, che seguono i tagli, ad aumentare le distanze dai giocatori sul perimetro e correre il rischio di non potere ostacolare un tiro conseguente ad un passaggio di scarico.

Pertanto, anche in questo caso la difesa applicherà i concetti visti nella difesa sui tagli degli esterni: il difensore X3 accompagna il taglio del *post* basso sino a centro area dove viene preso in consegna da X5 (diag.19).

diag.18

diag.19

Questi ne mantiene la responsabilità, a meno che non vi siano attaccanti in posizione di *post* basso o di angolo sul lato forte: in questo caso la responsabilità di coprire il taglio del *post* ricade sulla prima linea difensiva (diag.20). Stesso comportamento è richiesto ai difensorii se il taglio si sviluppa dalla posizione di *post* alto verso la posizione di *post* basso (diag.21).

diag.20

diag.21

La difesa sul post richiede grande collaborazione di squadra

La difesa sui giocatori che occupano la posizione di *post* alto/basso è considerata fondamentale poiché il rispetto delle indicazioni generali, muoversi verso la palla, potrebbe indurre i difensori a collassare verso tali posizioni lasciando scoperte le aree perimetrali correndo il rischio di tiri dalla distanza.

Quindi, ad esempio, con palla in *post* basso, i difensori si adegueranno nel momento in cui l'attaccante inizia a palleggiare, questo per scoraggiare l'ulteriore avvicinamento al canestro. Fermato il palleggio dell'attaccante, i difensori dovranno rapidamente recuperare una posizione di controllo dei giocatori perimetrali (diag.22).

diag.22

La difesa sull'attaccante che occupa la posizione di *post* alto dovrebbe, in linea di massima, coinvolgere i giocatori della prima linea difensiva con il compito primario di scoraggiare la ricezione della palla, soprattutto quando questa può avvenire fra le linee. Nel caso in cui la palla comunque pervenga all'attaccante, si dovrebbe evitare un coinvolgimento in prima persona del difensore centrale di seconda linea, perché, in caso di rapidi ribaltamenti di palla, si renderebbe troppo vulnerabile l'area sotto canestro (diag.23), ma occorre limitarne l'azione con la collaborazione difensiva del difensore di prima linea con l'esterno dietro pronto ad intervenire su un passaggio in ala (diag.24).

diag.23

diag.24

La difesa sui blocchi è tatticamente variabile

Sono molteplici le situazioni in cui si utilizzano i blocchi per attaccare la zona; di seguito esamineremo due diverse tipologie di blocco.

Il primo tipo è il *blocco di contenimento*. In genere è una condizione che la squadra in attacco utilizza per sfruttare un rapido ribaltamento di palla e avvantaggiare un giocatore che taglia.

Ad esempio, nel diagramma 25, l'attaccante 2, in angolo a sx, taglia alle spalle della seconda linea difensiva: il compagno 5, in posizione di *post* basso, prepara un blocco di contenimento, per favorirne un tiro dall'angolo dx. Il difensore esterno X4 della zona, dovrà sentire il blocco e "scivolare" sopra in modo da poter uscire e ritardare la ricezione e ostacolare l'eventuale tiro.

diag.25

L'altro caso che si esamina è quello di *blocco sul giocatore con palla*; le scelte saranno riferite sia all'impronta che si vuole dare alla propria difesa (contenitiva/aggressiva), sia alle caratteristiche degli attaccanti coinvolti.

Se il giocatore 1 con palla non è pericoloso dal perimetro, la scelta del difensore X1, impegnato in quella area di competenza, sulla salita di 5 che porta un blocco per 1, potrà essere quella di passare in "terza posizione" (dietro il blocco). Contemporaneamente il giocatore centrale (X5) sale per poter comunque ostacolare una eventuale penetrazione di 1; X2 esegue un movimento di finta di aiuto e recupero sempre per condizionare il giocatore con palla (diag.26).

diag.26

Viceversa nel caso di una difesa aggressiva, il giocatore che marca la palla, X1, passerà sopra il blocco di 5, con gli altri difensori decisamente più vicini all'azione (diag.27). In pratica ci si ritrova ad applicare gli stessi principi enunciati per la difesa individuale. Una pressione ancora più marcata può cercare di indurre l'attaccante verso il fondo e a non sfruttare il blocco, trovandosi in uno spazio presidiato da più difensori (diag.28).

diag.27   diag.28

30 - LA DIFESA A ZONA 1-3-1 È PARTICOLARMENTE AGGRESSIVA

È un tipo di difesa molto impegnativa e talvolta difficile da realizzare, poiché viene attuata spesso per cambiare ritmo alla partita (creare/recuperare un divario di punti) e si gioca in spazi molto dilatati. Ciò comporta un atteggiamento mentale votato alla collaborazione e all'aggressività, nonché qualità atletiche come reattività e resistenza, poiché è una difesa estremamente dispendiosa dal punto di vista fisico. Sicuramente può essere vantaggiosa se proposta contro una squadra che evidenzia limiti nella tecnica di passaggio, con conseguente rallentamento della circolazione di palla; inoltre può essere utilizzata per limitare un giocatore forte nel ruolo di centro. In ogni caso, per i motivi già prima indicati, non può essere usata a lungo, e soprattutto richiede grande affiatamento, poiché anche il minimo errore diventa difficile da recuperare: infatti, tra gli svantaggi evidenti vi è quello di non avere un'adeguata copertura a rimbalzo, conseguenza proprio della dilatazione degli spazi in cui operano i difensori. Pertanto bisognerà lavorare in allenamento affinchè i giocatori acquisiscano certezze e abbiano fiducia e capacità di reagire, anche quando magari la squadra avversaria realizza canestri immediati o facili.

Ogni giocatore in base alla propria area di competenza dovrà sapersi spostare e adeguare a ogni nuova condizione offensiva
Come già evidenziato per la zona 2-3, indicare le aree di competenza e le responsabilità può sembrare limitativo, poiché ai giocatori è richiesta grande duttilità, capacità di adattamento e capacità di prendere iniziative autonome all'interno delle regole di organizzazione.
Il giocatore in punta, X1, rappresenta la prima linea difensiva: si caratterizza per la rapidità negli spostamenti, per un uso delle finte (andare/tornare), per la capacità di ostacolare i passaggi e di difendere sulle penetrazione; il suo posizionamento iniziale è davanti alla linea dei 3 punti (diag.1) e i suoi movimenti sono conseguenza delle regole prestabilite. Quindi può giocare sulla linea di passaggio fra le guardie (diag.2), facendo uso di finte di corpo, oppure aggredire il portatore di palla fin dalla linea di metà campo per indurlo a palleggiare verso il

giocatore esterno della seconda linea difensiva (X2) che a quel punto salirà per raddoppiare (diag.3).

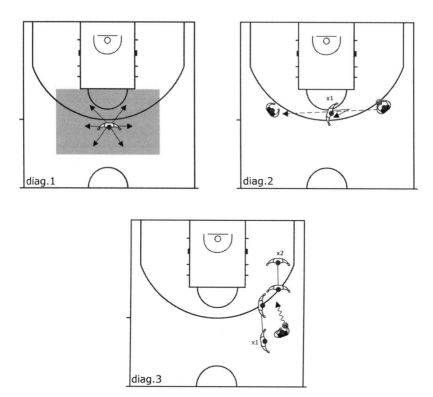

diag.1

diag.2

diag.3

Con la palla in angolo si posizionerà a protezione della lunetta (eventuale *post* alto), pronto a recuperare sui passaggi di ribaltamento in guardia (diag.4), oppure nel caso di raddoppio sempre in angolo, dovrà essere pronto ad intercettare il passaggio di uscita (diag.5).

diag.4

diag.5

Il giocatore centrale della seconda linea difensiva X5 è il centro della squadra e ha il compito di presidiare l'area (diag.6), fermando le eventuali penetrazioni in collaborazione con gli esterni (diag.7).

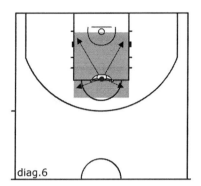

diag.6

diag.7

Con palla in guardia, X5 anticipa il giocatore che eventualmente occupa la posizione di *post* alto, pronto a scivolare sull'altro lato in caso di ribaltamento di palla (diag.8); con palla passata in angolo, andrà ad occupare la posizione di *post* basso in anticipo su un eventuale attaccante (diag.9). Tutto ciò richiede sincronismo nei movimenti: in questo caso sarà fondamentale la collaborazione con il giocatore in punta che dovrà a sua volta scivolare davanti al *post* alto.

diag.8

diag.9

Nel caso in cui l'avversario riceva la palla, X5 dovrà fronteggiarlo per ostacolarne il tiro (diag.10) o, se previsto dal piano partita, raddoppiarlo in modo estremamente aggressivo per ostacolare l'uscita della palla sul perimetro (diag.11).

I giocatori laterali della seconda linea, X2 e X3, devono avere le stesse caratteristiche del giocatore in punta: rapidità, sapere usare le finte di corpo, capacità di leggere gli indicatori che consentono di anticipare le scelte degli avversari e in più, quando giocano sul lato debole, una visione di assieme in quanto su di loro ricade la massima responsabilità difensiva di squadra. Inoltre dovranno avere una grande predisposizione alla lotta a rimbalzo, poiché spesso, potrebbero trovarsi in inferiorità numerica in caso di conclusioni errate. I principali movimenti che li coinvolgono si effettuano sulla fascia laterale tra gli angoli di metà campo e fondo campo (diag.12).

Con palla su un lato, il giocatore esterno di competenza, in questo caso X2, in atteggiamento contenitivo, lavora con finte sulla linea di passaggio guardia-angolo in modo da ritardare la circolazione di palla; l'esterno sul lato debole si abbassa sotto la linea della palla per avere una visione più ampia e poter coprire e comunicare i tagli in area o lungo la linea di fondo, pronto però a risalire sul ribaltamento di palla (diag.13).

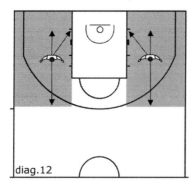

Se invece la difesa è aggressiva, gli esterni, collaborando con il difensore in punta, dovranno scegliere il momento più opportuno per raddoppiare sul lato forte (X2) e scalare sul lato debole (X3), con un atteggiamento di prontezza ancora più accentuato vista la dilatazione ulteriore degli spazi (diag.14). Una difesa contenitiva impegnerà, con palla in angolo, il difensore esterno sul lato forte (X3) a muoversi sulla linea di passaggio angolo-guardia e a proteggere eventuali passaggi al *post* alto; contemporaneamente sul lato debole X2 dovrà abbassarsi sulla linea della palla e comunicare ai compagni gli eventuali tagli, preparandosi ad effettuare il tagliafuori su un eventuale tiro (diag.15). Viceversa un atteggiamento aggressivo porta il difensore X3 a raddoppiare in angolo insieme al difensore dell'ultima linea (X4), mentre X2 sul lato debole dovrà probabilmente scegliere di alzarsi leggermente per coprire eventuali passaggi dentro l'area (diag.16).

diag.14

diag.15

diag.16

L'ultimo difensore, X4 (diag.17), deve essere particolarmente resistente, poiché deve coprire la distanza che va da angolo ad angolo (volare con la palla) ed essere in grado anche di lavorare fisicamente contro eventuali giocatori in *post* basso, quando ad esempio la palla è in guardia-ala, pronto ad uscire sull'uomo in angolo in caso di ricezione (diag.18). Nel caso in cui è presente un *post* medio, X4 si posizionerà alle sue spalle e ciò gli consentirà di evitare di subire un blocco di contenimento a vantaggio di un attaccante che taglia lungo la linea di fondo. In questo caso è fondamentale la collaborazione del difensore centrale di seconda linea X5 (diag.19) nel coprire le linee di passaggio.

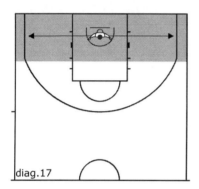

diag.17

diag.18

diag.19

Nel caso di una difesa aggressiva, X4 raddoppia negli angoli in collaborazione con i giocatori esterni X2 e X3, con l'obiettivo di non subire penetrazioni sul fondo, e ostacolare tutti i passaggi per favorire così un eventuale intercetto (vedi diag.20).

diag.20

Vengono di seguito illustrate alcune situazioni che vedono coinvolti tutti i difensori e che fanno riferimento ad alcune regole stabilite dall'allenatore.

Ad esempio una forte pressione può indurre il portatore di palla a prendere velocità con il rischio di perdere il controllo dell'azione; ciò potrebbe favorire un raddoppio di X1 e X2 non appena l'attaccante supera la linea di centro campo. In questo caso i difensori X4 e X5 sul lato forte aumenteranno l'aggressività, spostandosi avanti e lavorando sotto il raddoppio, mentre X3 sul lato debole coprirà l'area (diag.21). In particolare X1 e X2 nel portare il raddoppio dovranno essere bassi sulle gambe e attivi con le braccia, cercando di scoraggiare passaggi diretti.

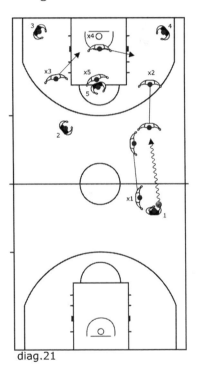

diag.21

La posizione in linea delle guardie avversarie, potrebbe indurre X1 a non effettuare il raddoppio alto, ma a fintare la sua esecuzione rimanendo in mezzo a rallentare la circolazione di palla e a tenerla su un lato (diag.22). Allo stesso modo X2 e X3 daranno anche loro l'impressione di andare a raddoppiare, ma in realtà rimarranno sulla linea di passaggio guardia-angolo; il difensore centrale (X5) manterrà una posizione di anticipo sull'eventuale avversario posizionato in lunetta; l'ultimo difensore X4 è sul lato della palla.

diag.22

Con la palla in angolo scatta il raddoppio di X3 e di X4 come già descritto precedentemente nel diagramma 20. Insieme dovranno cercare di fare in modo che la palla non esca centralmente, possibilmente sporcando il passaggio e facendo in modo che possa essere intercettata da X1. Altra situazione da considerare è quella conseguente alla palla che perviene al centro in posizione di *post* basso. La scelta può essere orientata ad una responsabilità individuale, per cui X5, dopo essere scivolato dietro 5, che ha ricevuto la palla, lo fronteggia con i compagni pronti ad aiutare (diag.23); oppure, in modo decisamente aggressivo, X5 raddoppia con X4 (soprattutto se non vi sono attaccanti in angolo sul lato forte) per condizionare fortemente la circolazione di palla (diag.24), con X1 e X2 impegnati ad anticipare rispettivamente 2 e 4, e X3 adeguato e pronto ad intercettare il passaggio di uscita.

diag.23

diag.24

Nel caso in cui l'attacco utilizzi il *pick and roll*, si richiama quanto già detto per la difesa 2-1-2: gli adeguamenti saranno dettati dalle caratteristiche degli avversari. Ad esempio, contro un giocatore forte in penetrazione, si sceglierà una difesa contenitiva, con X1 che passa in terza e X5 a proteggere l'area (diag.25); X3 sarà pronto a salire sull'eventuale *pick and pop* di 5 se questo è un giocatore dotato di tiro perimetrale. Nel caso invece, si voglia adottare un atteggiamento più aggressivo, X5 uscirà forte sul palleggiatore (movimento *show*), con la possibilità di raddoppiare con X1 (diag.26); in questo caso X2, sul lato forte, dovrà anticipare sull'eventuale sponda (2), mentre X4 dovrà occupare l'area per giocare contro il *roll* di 5 susseguente al blocco. X3 dovrà giocare in diagonale sotto il raddoppio a copertura del lato debole, pronto a intervenire sui ribaltamenti di palla.

Per insegnare a difendere a zona occorre conoscere le strategie didattiche e metodologiche

Qualsiasi idea su come costruire una difesa a zona, non può non richiamare dal punto di vista dei contenuti e con la dovuta variabilità, quanto già i giocatori hanno acquisito nella costruzione della difesa individuale: costante pressione sulla palla (posizione fra palla e canestro); reattività sulle penetrazioni e sulle linee di passaggio (uso dissociato degli arti); copertura dei tagli e utilizzo della comunicazione verbale nelle linee di confine delle zone di competenza; adeguamento rapido agli spostamenti della palla sul lato debole per assumere una corretta posizione di aiuto e tagliafuori. Pertanto, partendo da una presentazione complessiva e globale delle posizioni e dei movimenti tipici della zona che si intende costruire, il lavoro di frazionamento potrà essere diviso per linee difensive e sul quarto di campo; ciò consentirà l'acquisizione delle responsabilità nelle specifiche aree di competenza. Inoltre, si potrà aumentare il numero degli attaccanti rispetto ai difensori (esercizi in sotto numero); in questa fase la facilitazione è data dal condizionare le possibilità dell'attacco (limitare tagli, penetrazioni e palleggi). Infine, si procederà al collegamento fra le linee, stimolando gli aspetti comunicativi e l'applicazione dei movimenti nelle situazioni più ricorrenti. Ciò farà sì che i giocatori acquisiscano anche quell'adattabilità che sarà d'aiuto ove gli schieramenti offensivi presentino diversificazioni. Inoltre, sarà utile che le proposte non vengano limitate alla sola fase difensiva ma che si colleghino alla trasformazione dell'azione in fase offensiva (contropiede). Parallelamente potranno essere proposti lavori specifici miranti al miglioramento dei fondamentali individuali.

La proposta di alcuni esercizi può suggerire altre forme di attività funzionali per lo sviluppo della difesa a zona

Come per l'attacco, anche per la difesa esistono molti modi di procedere nella "costruzione" di un sistema di collaborazione. Vengono proposte pertanto una serie di attività (Bifulco 2012) che, partendo da esercitazioni propedeutiche, sviluppano man mano le conoscenze e le abilità necessarie per acquisire i posizionamenti e gli spostamenti della difesa a zona 2-3.

Si inizia, dunque, con il proporre esercitazioni i cui obiettivi sono trasversali, poiché possono trovare applicazione in vari aspetti del gioco. Il ruolo che rivestono sia sotto l'aspetto tecnico che quello cognitivo è importante ai fini dell'acquisizione di prerequisiti da utilizzare nella costruzione di una difesa a zona di qualsiasi tipo.

Ad esempio, con l'obiettivo di lavorare sulla reattività sulle linee di passaggio, un difensore cercherà di intercettare i passaggi indirizzati agli attaccanti posti in lunetta da un compagno posizionato centralmente fuori la linea dei 3 punti, per poi, nel caso di recupero, andare in contropiede (diag.1). Il passatore in questo caso andrà a difendere, altrimenti rimpiazzerà il *post* che, ricevuta la palla, concluderà a canestro.

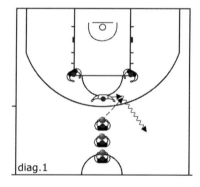

diag.1

Anche la capacità di comunicare verbalmente e quella di adattarsi al mutare delle situazioni, può essere oggetto di esercitazioni che trovano collocazione nell'allenamento della difesa a zona, così come peraltro visto nella difesa individuale.

Un esercizio di 4 c 4 più appoggio ne rappresenta una esemplificazione: i quattro attaccanti, posizionati sul perimetro lungo la linea dei tre punti (due in guardia e due in ala), con l'allenatore in appoggio al centro dell'area (diag.2), si limitano a passarsi la palla senza potersi spostare. I quattro difensori hanno l'indicazione di marcarli, nelle rispettive aree di competenza, adeguandosi rispetto agli spostamenti della palla.

diag.2

Ad un segnale convenuto, la palla viene passata all'allenatore, con i difensori che dovranno correre a toccare la palla e tornare a difendere su un avversario diverso rispetto a quello iniziale. Dal momento in cui l'appoggio ripassa la palla non ci sono limitazioni e si gioca per andare a canestro; i difensori non devono consentire penetrazioni e devono ostacolare tutti i tiri.

Anche un esercizio di 3 c 2 in continuità tutto campo, può risultare utile se vengono date indicazioni che fanno riferimento ai concetti difensivi che si vogliono realizzare. Ad esempio, il difensore X1 deve attaccare la palla e indirizzarla su un lato (diag.3); sul passaggio in ala, X2 deve uscire e posizionarsi a muro sulla palla; X1, a questo punto, si abbassa sulla linea della palla pronto ad uscire sul ribaltamento. Inizialmente si possono porre limitazioni all'attacco sia in termini tecnici (limitare il numero di palleggi/passaggi, consentire solo soluzioni dal perimetro), che di tempo (soluzioni entro 8"), per poi progressivamente eliminarle.

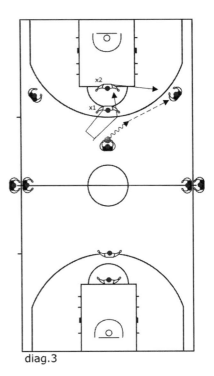

diag.3

La continuità è data dalla trasformazione dei difensori in attaccanti con inserimento di un terzo giocatore che parte dal serbatoio laterale.

Il lavoro per la costruzione delle linee difensive sarà inizialmente estrema-mente didattico, con la verifica costante del corretto posizionamento e del rispetto delle regole. Per la prima linea difensiva la proposta prevede che i due difensori si muovano contro tre attaccanti posizionati sul perimetro (uno in punta e due in ala), che non possono né palleggiare né tirare; l'ap-poggio avvia l'esercizio (diag.4). Il lavoro è finalizzato ad acquisire l'idea di fare muro sulla palla e lavorare per ritardare i passaggi. I giocatori si alter-nano dopo quattro passaggi. In seguito, inserite le conclusioni dal perime-tro, si lavorerà con l'obiettivo di ostacolare i tiri.

diag.4

Per la seconda linea difensiva inizialmente si lavorerà contro una circola-zione di palla effettuata da cinque giocatori esterni (uno in punta, due in ala e due in angolo). I difensori esterni, sul passaggio in ala, simuleranno il movimento di aiuto e ritorno sul lato forte e di adeguamento sul lato de-bole (diag.5).

diag.5

Con palla in angolo, l'esterno sul lato forte si posizionerà a muro, mentre quello sul lato debole sarà con entrambi i piedi in area, in visione periferica con la possibilità di fornire continue informazioni ai compagni; il difensore centrale è sempre tra la palla e il canestro (diag.6). Anche in questo caso l'attacco ha una funzione allenante: è necessario, quindi, inizialmente controllare il ritmo dei passaggi, in modo da favorire il posizionamento e le azioni difensive, per poi via via aumentare l'intensità. Sempre per la seconda linea difensiva, in seguito si inseriranno due giocatori in *post* basso: il difensore centrale, con palla in angolo, lotterà per acquisire una posizione tale da ostacolare la ricezione del *post* (diag.7).

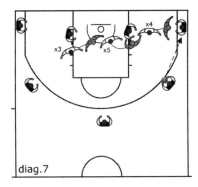

diag.6   diag.7

Anche in questa tipologia di proposte, che tende a sviluppare la collaborazione tra le linee difensive, il lavoro sarà inizialmente guidato (riduzione dell'interferenza difensiva), avendo come obiettivo l'acquisizione di comportamenti corretti in termini di posizione e di tempo.

Ne è un esempio l'esercizio di 4 c 4 illustrato nel diagramma 8: gli attaccanti sono disposti sul perimetro e si limitano a passarsi la palla; i quattro difensori (è escluso quello centrale della seconda linea) si spostano senza però poter intercettare la palla.

diag.8

In seguito, progressivamente, all'attacco sarà consentito di effettuare tagli (diag.9), di palleggiare (diag.10), di penetrare (diag.11). I difensori dovranno di volta in volta mettere in atto le regole difensive idonee a contrastare tali iniziative.

diag.9

diag.10

diag.11

Il lavoro dovrà avere i seguenti obiettivi tecnico-tattici: mantenere pressione sul giocatore con palla, assumere un corretto posizionamento sulle linee di passaggio (baricentro basso e braccia attive), essere rapidi nell'azione di accompagnamento dei tagli e nel recupero della posizione, avere una buona comunicazione verbale, utilizzare finte di aiuto e recupero, effettuare tagliafuori e andare a rimbalzo. È importante che quando l'esercitazione assume una connotazione competitiva (cosiddetta agonistica), si completi con la conversione su tutto il campo.

Altro esempio è un esercizio di 4 c 3 di collaborazione fra prima linea e difensore centrale della seconda linea: ai tre attaccanti posizionati in punta e in ala si aggiunge un *post* alto; sul passaggio in ala, il difensore centrale collabora con i giocatori in prima linea per ostacolare l'azione del *post* (diag.12-13).

Situazione da allenare, ricercando la collaborazione fra le linee, è sicuramente quella di difesa su eventuali blocchi sulla palla. Una proposta è rappresentata da un esercizio di 4 c 4 (diag.14) dove sono coinvolti i due giocatori di prima linea, il giocatore centrale e l'esterno sul lato forte della seconda linea. Ruolo determinante è quello del difensore centrale che chiama il taglio del *post* basso e avvisa del blocco. Le scelte difensive sono sempre dettate dalle caratteristiche degli avversari: sull'azione in palleggio di 1, il difensore X1 passa in mezzo, X2 lavora con finte di aiuto e recupero pronto ad andare su 3 se questi riceve il passaggio da 1. Il difensore X5 presidia l'area per occupare uno spazio che potrebbe essere utilizzato da 4 che dopo il blocco taglia in area (diag.15). Se 4 riceve la palla su un movimento di *pick and pop*, sarà X3 a lavorare in aiuto e recupero sino all'arrivo di X1 o, su ritardo di quest'ultimo ostacolerà una eventuale tiro da fuori (diag.16).

diag.14

diag.15

diag.16

Anche proporre fasi di gioco con sei attaccanti contro cinque difensori può essere stimolante per la difesa, pur se inizialmente agevolata dalla limitazione del numero di palleggi/passaggi e dalla durata dell'azione. La conversione da difesa ad attacco (5 c 5) può essere favorita fermando il tiratore o l'ultimo passatore (diag.17).

diag.17

Le fasi di 5 c 5 in metà campo saranno orientate ad analizzare situazioni ricorrenti come quelle già viste nel contesto globale, o per vedere particolari problematiche legate agli avversari che di volta in volta si affrontano: ad esempio blocchi di contenimento sul lato debole, giocatori particolarmente pericolosi ed eventualmente da raddoppiare. In ogni caso sarà bene, come già sottolineato in altri capitoli, che venga lasciato spazio, anche in difesa, all'iniziativa dei giocatori purchè all'interno del sistema condiviso dalla squadra.

31- LE DIFESE COMBINATE CONIUGANO PRINCIPI DI DIFESA A UOMO E DI DIFESA A ZONA

Con il passare degli anni l'evoluzione del gioco e la presenza di squadre con giocatori difficili da contenere con le difese tradizionali, individuale e a zona, ha fatto sì che gli allenatori sviluppassero speciali accorgimenti in grado di limitare, in qualche modo, le evidenti differenze sia tecniche che fisiche della propria squadra: ciò avviene prevalentemente contro avversari in grado di determinare da soli il risultato di un incontro, in virtù di qualità soprattutto realizzative. In particolare, modo in questo capitolo si intendono delineare i principi generali che sottendono all'utilizzo delle difese a zona *Match-up* e miste.

La difesa a zona Match-up può richiedere adattamenti di marcatura a uomo

È una difesa a zona nella quale, in determinate condizioni di gioco e in base a specifiche regole e principi, alcuni movimenti/azioni potranno essere seguiti con una difesa individuale, modificando e riadattando, di conseguenza, l'organizzazione difensiva delle diverse aree di competenza. È, pertanto, un tipo di difesa che cerca di coniugare al meglio le componenti tecniche e tattiche sia della difesa individuale che di quella a zona, con l'obiettivo di creare confusione nella fase di organizzazione dell'attacco; in tal modo si tenta di alterare i ritmi offensivi e, al contempo, di mascherare punti deboli di tipo strutturale (altezza, velocità) o derivanti dallo sviluppo della partita (giocatori carichi di falli, svantaggio nel punteggio, necessità di limitare l'attacco avversario). In tempi recenti, lo sviluppo della tecnologia e in particolare il sempre più frequente uso della *Match analysis*, ha messo in condizione gli allenatori di preparare la gara dopo aver analizzato, in tutti i particolari, le caratteristiche della squadra avversaria. Per questo motivo la difesa a zona *Match-up*, partendo da uno schieramento iniziale a metà campo, che può essere 2-1-2, 1-2-2 o 1-3-1, può modificarsi attraverso adattamenti che seguono regole ben precise; si parla, dunque, di un sistema difensivo particolarmente sofisticato, che necessita di allenamenti specifici e di giocatori (perspicaci, duttili, mentalmente rapidi) in grado di comunicare e intendersi verbalmente e visivamente, nonché di reggere la complessità sia tecnica che tattica. Inoltre, proprio perché è un tipo di difesa che nasce su misura per opporsi alle peculiarità di una squadra pericolosa, deve essere in grado di evolversi e adattarsi alle caratteristiche legate al singolo evento, con l'obiettivo di creare negli avversari incertezze, confusione, e scelte incongruenti e intempestive. Vediamo adesso quali possono essere i principi di base che regolano questa difesa. Partendo ad esempio da un posizionamento iniziale che richiama una difesa a zona 1-2-2 (diag.1), vengono definiti alcuni principi che possono comunque rappresentare indicazioni utili per qualsiasi disposizione: la prima linea presenta un difensore centrale e più avanzato rispetto alla seconda composta da due difensori esterni; la terza linea è composta da due difensori a protezione dell'area.

diag.1

I cinque difensori dovranno muoversi in modo sincronizzato avendo come riferimento la palla e la copertura di zone ben definite. Nel rientro difensivo i giocatori non si preoccuperanno di accoppiarsi con un avversario, ma dovranno presidiare la zona assegnatagli.

È caratteristica di questo tipo di difesa l'adattabilità alla posizione degli attaccanti: essa infatti, con piccoli aggiustamenti, può facilmente assumere la forma di una 3-2, o di una 1-3-1. La tecnica difensiva richiesta richiama i fondamentali individuali e quindi, ad esempio, nel marcare il giocatore che palleggia bisognerà stare bassi sulle gambe e scivolare, mantenendo un corretto equilibrio e non consentendo penetrazioni verso il canestro; i passaggi che mettono in condizione l'attacco di avvicinarsi a canestro dovranno essere anticipati e tutti i difensori dovranno eseguire tagliafuori nel momento in cui parte un tiro.

Ogni allenatore, alla propria difesa, darà delle regole piuttosto flessibili, poiché dovranno prevedere un adattamento alle caratteristiche dell'attacco. Ad esempio, l'azione combinata di un attaccante che taglia lungo la linea di fondo e di un palleggiatore che si sposta verso l'angolo che si è liberato, potrebbe creare una situazione di incertezza (diag.2): in questo caso i difensori responsabili di quelle zone sono chiamati a seguire individualmente gli attaccanti; viceversa se il movimento del palleggiatore va verso uno spazio dove non sono presenti altri attaccanti, può essere affidato al compagno (cambio difensivo) che è presente in quella zona (diag.3).

Queste esemplificazioni evidenziano l'importanza della comunicazione verbale ("ci sono", "cambio", "seguo") in modo da non creare equivoci e incertezze nei compagni; ma una regola specifica potrebbe anche stabilire che se il palleggiatore è pericoloso, non si fa cambio e pertanto il difensore sul lato si dovrà adattare posizionandosi in punta.

diag.2

"cambio"

diag.3

Allo stesso modo le regole di organizzazione sono fondamentali sui movimenti di taglio: ad esempio, se un attaccante si muove per andare in avvicinamento alla palla, deve essere seguito dal suo marcatore (diag.4); se invece si allontana bisogna seguirlo sino a quando non entra nella zona di competenza di un compagno e "consegnarlo" (diag.5).

diag.4

diag.5

Anche nelle situazioni di blocco le indicazioni rappresentano la base su cui si devono muovere i giocatori, considerando quanto preparato nel piano partita. Nel diagramma 6, nel caso di blocco del giocatore in angolo da parte dell'ala, i difensori, nel rispetto delle aree di competenza, si scambiano gli avversari. Ci si potrebbe trovare anche nella situazione in cui la pericolosità dell'avversario che sfrutta il blocco sia tale da richiedere un'aggressività maggiore: pertanto il difensore lo segue scambiandosi l'area di competenza (diag.7).

diag.6

diag.7

diag.8

Anche i rapidi cambiamenti di fronte della palla, come nel caso dei passaggi *skip*, rappresentano un momento in cui necessita avere delle regole come riferimento. Nel diagramma 8, ad esempio, sul giocatore che riceve il passaggio di ribaltamento andrà a chiudere il difensore dell'ultima linea difensiva posizionato su quel lato.

Per insegnare la difesa a zona Match-up occorre conoscere le strategie didattiche e metodologiche

La continua variabilità dei comportamenti difensivi richiede grande precisione nella collaborazione di squadra; pertanto, la difesa sarà funzionale quando i giocatori si muoveranno senza remore e con totale fiducia nei compagni (Pancotto 2011). Poiché la *Match-up* combina la difesa a zona con la uomo, sarà necessario lavorare su un *range* di abilità molto ampio e diversificato: la combinazione di queste difese amplia quindi le possibilità applicative della tecnica riducendo i limiti creati da alcune abitudini difensive. È inoltre evidente che la *Match-up* si potrà proporre quando i giocatori avranno già acquisito una certa conoscenza e abilità tattica sia della difesa a uomo che di quella a zona. Questa difesa è costruita chiaramente sulla base di accorgimenti strategici pianificati e fa leva sulla capacità in campo dei difensori di comprendere con rapidità la situazione offensiva e applicare le regole stabilite, considerando le variabili che di volta in volta possono presentarsi. Necessita pertanto che tali situazioni vengano riproposte in allenamento in modo costante per acquisire quegli automatismi che possano rendere la sua applicazione efficace: quindi, le proposte didattiche comprenderanno gli esercizi di fondamentali difensivi individuali e la riproduzione sistematica, sia parziale (3 c 3, 4 c 4) che totale (5 c 5), degli adattamenti richiesti dai giochi e dalle caratteristiche individuali della squadra avversaria.

Nella difesa mista i giocatori che dovranno marcare a zona e a uomo sono stabiliti a priori
All'interno della propria organizzazione difensiva potrebbe essere necessario avere una opzione che in qualche modo consenta di neutralizzare/limitare uno o più giocatori avversari.
In particolare si fa riferimento a:

- una difesa mista con quattro giocatori a zona e uno in marcatura individuale, che in base allo schieramento iniziale può essere chiamata "Rombo e uno" (Diamond and one, diag.9), o "Quadrato e uno" (*Box and one*, diag.10);

diag.9   diag.10

- una difesa mista con tre giocatori a zona e due in marcatura a uomo, con schieramento iniziale "Triangolo e due" (*Triangle and two*, diag.11);

diag.11

La descrizione di questo aspetto del gioco, così come delineata sopra, introduce contestualmente alla problematiche legate all'applicazione di questa tipologia di difesa; in sostanza l'efficacia sarà il frutto delle sinergie tra i giocatori chiamati a difendere a zona e quelli invece impegnati nella marcatura individuale.

Lo *scouting* degli avversari aiuta ad individuare, in fase di preparazione alla partita, quelli che rappresentano i giocatori di riferimento non solo per quanto concerne la capacità realizzativa, ma anche per quello che possono rappresentare in termini di organizzazione e lettura del gioco, come può essere il *playmaker*. L'attuazione della difesa mista, in questo caso, può essere una scelta strategica; ma può anche essere una scelta tattica derivante da una situazione creatasi nel corso dell'incontro (giocatore particolarmente ispirato e che non si riesce a limitare, situazione di falli penalizzante, necessità di dover cambiare ritmo alla partita). Ciò potrebbe costituire, per una squadra avversaria non preparata, elemento di confusione e di incertezza, talvolta determinante ai fini dell'esito di una partita. E se è pur vero che nel basket attuale a livello *senior*, ma anche tra le migliori squadre dei settori giovanili, i *roster* presentano giocatori sempre più preparati ad affrontare situazioni complesse, le difese miste, attuate in alcune fasi particolari della partita (dopo un time-out, intervallo fra i tempi) o su una rimessa a pochi secondi dal termine di un'azione, possono conseguire gli effetti desiderati (tiro affrettato, passaggi sbagliati, vari tipi di infrazione). D'altro canto nella squadra avversaria, conscia delle strategie eventuali da affrontare, potrebbe insorgere ansia e preoccupazione, con il risultato di modificare l'atteggiamento generale nell'affrontare la partita (vedi preparazione della stessa). È anche un tipo di difesa che può essere attuata quando emergono difficoltà nel confronto fisico: contrastare giocatori di stazza superiore può portare i difensori a disperdere molte energie e a commettere numerosi falli, condizionando così la prestazione nel suo complesso.

Ma anche le difese miste presentano punti di debolezza: attuarle, ad esempio, per lunghi periodi, potrebbe comunque portare gli avversari ad adottare accorgimenti efficaci; in base alle tipologie, ad esempio, potranno essere concessi spazi interni all'area o viceversa sul perimetro; inoltre, con molta probabilità, chi è impegnato nella marcatura individuale non potrà dare il suo apporto in caso di aiuti e rotazioni difensive, così come sul lato debole risulta complesso eseguire il tagliafuori difensivo nel caso di situazioni di sottonumero. Anche nel caso delle difese miste si potranno delineare alcune regole di base a cui tutti i giocatori dovranno fare riferimento, soprattutto in considerazione delle caratteristiche degli avversari e del piano partita. Ad esempio, nei diagrammi seguenti, si può notare come nella disposizione iniziale della difesa *"Box and one"* (quadrato ed uno), il comportamento del difensore di prima linea sarà aggressivo nel caso di un giocatore efficace nel tiro da fuori (diag.12a), e sarà più contenitivo lì dove si valuta una minore pericolosità (diag.12b).

diag.12a

diag.12b

I tagli dovranno essere accompagnati fino al limite delle zone di competenza e "consegnati", così come già visto nella difesa a zona. Sui ribaltamenti di palla (diag.13) le uscite dovranno ridurre al minimo il rischio di penetrazioni centrali (volare con la palla e utilizzare un efficace *close out*), poiché, nelle eventuali rotazioni, la difesa inevitabilmente risente del minor numero di giocatori impegnati. Al tempo stesso altri eventuali tiratori andranno controllati.

diag.13

I difensori a zona oltre che limitare/fermare le penetrazioni, dovranno anche anticipare i passaggi all'interno della zona. Quando la palla perviene in *post* basso, come visualizzato nel diagramma 14 (difesa triangolo e due), o in *post* alto, come nel diagramma 15 (difesa quadrato e uno), essi si dovranno adeguare fortemente sul giocatore in possesso di palla, poiché questi, oltre che occupare posizioni da cui può ricercare soluzioni personali, sarà anche in grado di avvantaggiare i compagni. Da quanto affermato si evince come questo tipo di difesa, forse più delle altre, necessita che i difensori comunichino verbalmente fra di loro.

diag.14

diag.15

Ma le regole devono essere anche rivolte ai giocatori impegnati nella marcatura individuale: ad esempio, le caratteristiche dei diretti avversari potrebbero richiedere una marcatura faccia a faccia, come già evidenziato nei diversi grafici, per impedire la ricezione della palla o consentirla in spazi che ne riducano la pericolosità; tale scelta esclude ancora maggiormente il difensore da qualsiasi situazione di aiuto. La difesa dovrà essere in grado di fronteggiare organizzazioni offensive che utilizzino i blocchi. Ad esempio, contro la difesa quadrato e uno, spesso l'attaccante marcato individualmente sfrutta un blocco orizzontale lungo la linea di fondo: il difensore dovrà inseguire (diag.16a) per mantenere una forte pressione sull'attaccante, oppure se passa sopra (diag.16b), dovrà ricevere l'eventuale aiuto, in caso di penetrazione sul fondo, della seconda linea difensiva.

diag.16a

diag.16b

Anche nel caso di blocchi verticali, come nel diagramma 17 (difesa triangolo e due), il difensore dovrà passare insieme all'attaccante sopra il blocco, per evitare che il vantaggio acquisito metta l'attaccante in condizione di concludere con un tiro dalla distanza. In altre situazioni di blocco potrebbe anche essere opportuno effettuare un cambio, come nel caso del diagramma 18 (difesa quadrato e uno), dove il giocatore della prima linea e il difensore impegnato nella marcatura individuale si scambiano i compiti.

diag.17

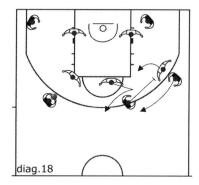

diag.18

Contro una difesa quadrato e uno, in caso di *ball screen* a favore del giocatore con palla marcato individualmente, sarà opportuno, per evitare penetrazioni centrali, che il suo difensore lo spinga verso il fondo (diag.19), dove sono organizzati adattamenti funzionali.

diag.19

Per insegnare la difesa mista occorre conoscere le strategie didattiche e metodologiche

Le attività per allenare le difese miste dovranno fare riferimento agli esercizi propedeutici che sono stati proposti sia nell'allenamento della difesa individuale che in quella a zona. Si potrà procedere con l'impostazione delle aree di competenza della difesa a zona (a tre o a quattro giocatori), lavorando sulle linee difensive e sul quarto di campo. Poi si potrà passare al lavoro di adattamento relativo agli spazi già occupati dalle marcature a uomo: questa fase è abbastanza complessa, in quanto i giocatori impegnati nella zona dovranno abituarsi ad alternare rapidamente comportamenti che non sono sempre gli stessi. La scelta della/e marcatura/e a uomo è determinante per rendere efficace questa difesa, pertanto sarà necessario creare condizioni di allenamento in cui il giocatore isolato dovrà essere non solo marcato aggressivamente, ma anche orientato verso zone in cui si hanno maggiori aiuti e coperture. Occorrerà prevedere anche esercizi situazionali, in cui i difensori dovranno gestire collaborazioni complesse realizzate dai giocatori marcati a zona con il giocatore marcato a uomo, come nel caso dei blocchi, sia sulla palla che senza. Si sottolinea anche l'importanza di quegli esercizi con attacco in sottonumero volti ad allenare le chiusure sulle penetrazioni delle varie linee della difesa (1 c 2, 3 c 4 in metà campo) come nei diagrammi 20 e 21; l'importanza di tale situazione è già stata sottolineata, poiché impedire che l'area venga attaccata rappresenta un obiettivo fondamentale per l'efficacia di questa strategia di gioco.

diag.20

diag.21

Come per la difesa *Match-up*, la preparazione della difesa mista, in vista della competizione, non potrà prescindere dallo studio dalle caratteristiche dei giocatori avversari, in modo da prospettare un quadro d'insieme su quelle situazioni che potrebbero essere affrontate in partita.

32 - LE DIFESE A ZONA PRESSING RICHIEDONO GRANDE SINCRONISMO DI SQUADRA

La difesa *Zone press* è un'organizzazione difensiva di squadra che ha l'obiettivo di creare pressione a tutto campo. Sono diverse le motivazioni che spingono gli allenatori ad avere nelle proprie scelte difensive una o più forme di *Zone press*. Innanzitutto, un *roster* composto da giocatori che nel difendere hanno entusiasmo e spirito di sacrificio oltre che capacità di applicare, in modo rigoroso, le regole di organizzazione. L'essere pronti mentalmente permetterà di riconoscere quelle situazioni nelle quali non sarà possibile mantenere il piano previsto: un attacco che con uno/due passaggi salta la prima linea difensiva, probabilmente costringerà i difensori a modificare in modo drastico il proprio comportamento in quello che potrebbe essere definito piano B; in particolare potrebbe essere richiesto di rientrare presidiando la propria area dei tre secondi, piuttosto che cercare di marcare individualmente l'avversario più vicino. Sono anche richieste doti fisiche non indifferenti, soprattutto quando questa difesa viene effettuata nei finali di partita, o nel caso in cui rappresenti una scelta strategica e quindi utilizzata per lunghi tratti dell'incontro: i giocatori dovranno pertanto essere rapidi nell'eseguire le azioni e, in particolare, avere doti di forza esplosiva nelle gambe, caratteristiche, queste, tipiche delle squadre con una statura complessivamente media.

Questa considerazione introduce agli aspetti strategici dell'utilizzo di questo tipo di difesa: essa, infatti, consente di ridurre il *gap* contro squadre fisicamente più prestanti e che attraverso il controllo del gioco ricercano situazioni favorevoli di 1 c 1. La *Zone press* ha tra i suoi obiettivi il modificare il ritmo abituale degli avversari, spingendo ad accelerare/rallentare il gioco cambiando la "traccia" seguita abitualmente. Non è tra i suoi scopi principali rubare la palla ai giocatori che ne sono in possesso, ma ricerca maggiormente l'intercetto sui passaggi, il recupero del possesso di palla in conseguenza di infrazioni (passi, 8", di campo) e, infine, può creare grosse difficoltà nell'attacco su metà campo. Infatti, la variazione del ritmo di gioco porta gli avversari, superata la prima barriera difensiva, a dover realizzare un'azione in un tempo ristretto e contro una difesa che può mutare la propria disposizione (rientro con difesa individuale o a zona con fronte pari o dispari, o *Match-up*).

Tatticamente la *Zone press* può creare divario nel punteggio sia dove ne- cessita un recupero, sia dove si cerca di acquisire un vantaggio; può rap- presentare un elemento di sorpresa se attuato nelle fasi iniziali di un tempo di gioco o in seguito ad un *time out*, o in conseguenza dell'uscita dal campo di giocatori di riferimento della squadra avversaria (ad esempio il *playmaker* titolare).

La Zone press 2-2-1 condiziona l'azione dei palleggiatori

La *Zone press* 2-2-1, inizialmente, può prevedere una fase contenitiva che permetta la rimessa e non esegua raddoppi immediati, se non in casi par- ticolari. Necessita di una prima linea molto forte fisicamente, in grado di condizionare i palleggiatori verso le linee laterali, dove dovrebbero scat- tare le "trappole" (i raddoppi).

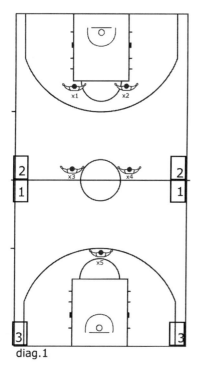

diag.1

Nel diagramma 1 sono appunto eviden- ziati, in progressivo ordine numerico, i punti del campo dove raddoppiare il giocatore in possesso di palla: le zone a cavallo della linea di metà campo rap- presentano le prime opzioni e in parti- colare quelle contrassegnate con il nu- mero 1, poiché limitano fortemente il raggio di azione dell'attacco che non può più utilizzare la propria metà campo difensiva. Le zone contrasse- gnate con il numero 2 diventano effi- caci contro un attacco che ha tardato ad avanzare con la palla e per tentare di indurla all'infrazione di 8"; gli spazi contrassegnati dal numero 3 sono i ri- ferimenti nel caso la difesa intenda mantenere un atteggiamento aggres- sivo una volta completato il rientro di- fensivo.

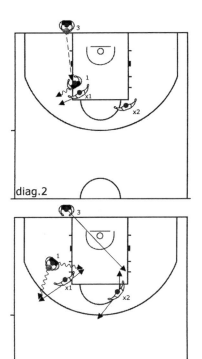

diag.2

diag.3

Visto il posizionamento iniziale e la specificità dei ruoli, può essere "chiamata" con più efficacia in seguito a situazioni di gioco fermo: al rientro in campo per una rimessa dopo *time out*, oppure da situazione di tiro libero, o in seguito ad un fallo o una infrazione. La prima linea (X1 e X2), come detto in precedenza, è composta dalle guardie, giocatori rapidi e reattivi, che non devono anticipare la rimessa della palla in campo, ma condizionarla verso un lato (diag.2), inducendo il giocatore che ne ha il possesso a palleggiare e non a passare a giocatori posti nella fascia centrale; la guardia sull'altro lato può scalare sul centro o anticipare un eventuale passaggio di ritorno all'attaccante che ha effettuato la rimessa ed è entrato in campo (diag.3).

Anche i rapidi cambiamenti di fronte della palla, come nel caso dei passaggi *skip*, rappresentano un momento in cui necessita avere delle regole come riferimento. Nel diagramma 8, ad esempio, sul giocatore che riceve il passaggio di ribaltamento andrà a chiudere il difensore dell'ultima linea difensiva posizionato su quel lato.

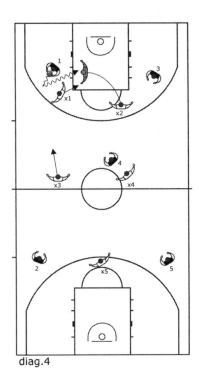

diag.4

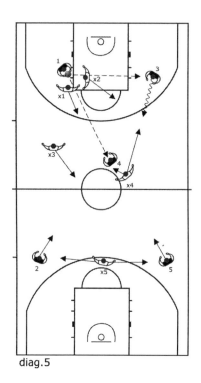

diag.5

Le guardie della prima linea possono anche prendere l'iniziativa di raddoppiare immediatamente (diag.4) qualora vedessero il palleggiatore in difficoltà (virata con perdita di visione del gioco, controllo difettoso della palla, scadenza del limite degli 8"). In questo caso, su un eventuale passaggio di ribaltamento orizzontale o sul centro (diag.5), sarà compito dei giocatori di seconda linea (X3 e X4) contenere l'avanzamento della palla, per consentire il recupero dei compagni impegnati nel raddoppio e, se necessita, ruotare nelle posizioni.

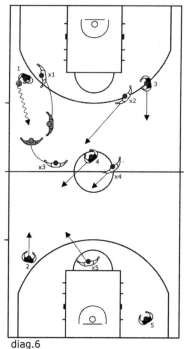

diag.6

X5 dovrà assumere un atteggiamento contenitivo, poiché un eccessivo sbilanciamento potrebbe dare la possibilità all'attacco, con un passaggio lungo, di cercare una facile conclusione; deve coprire l'area, adeguando la sua posizione in base al movimento della palla. I difensori di seconda linea hanno il compito, inizialmente, di evitare che la palla pervenga agli attaccanti nella fascia centrale, di raddoppiare il palleggiatore lungo la fascia laterale (X3) con il corrispondente difensore di prima linea (diag.6) e di ruotare dal lato debole (X4) verso il lato forte. Il difensore più arretrato (X5) deve essere pronto, leggendo gli indicatori, ad intervenire su eventuali passaggi che escono dai raddoppi.

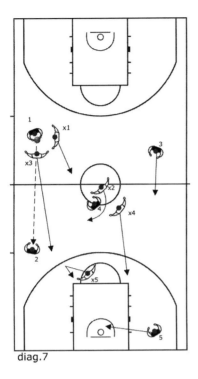

diag.7

Se il raddoppio viene battuto con un passaggio da 1 a 2, X5 non deve aggredire la palla ma, muovendosi in mezzo crea incertezza nell'attaccante con palla, consentendo il recupero ai compagni e coprendo contemporaneamente gli eventuali tagli dietro (diag.7). L'azione di rientro avrà come riferimento iniziale la lunetta del tiro libero e la linea dei 3 punti; poi i giocatori dovranno posizionarsi secondo il sistema difensivo previsto: ad esempio a zona 2-3 nel diagramma 8, o individuale nel diagramma 9.

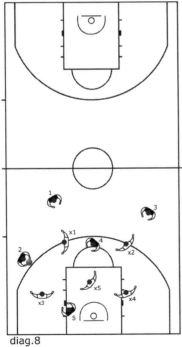

diag.8

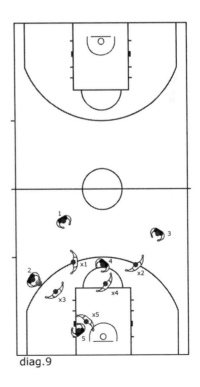

diag.9

diag.10

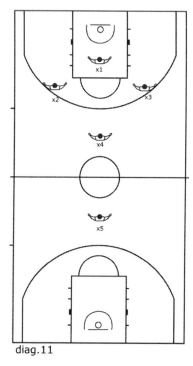

diag.11

Ma è anche possibile, lì dove si presenti la possibilità, raddoppiare negli angoli di fondo campo (diag.10), nel caso che la prima fase non sia stata efficace e si voglia mantenere un atteggiamento aggressivo. In questo caso sarà impegnato X4 (difensore di seconda linea) con X5 (ultimo difensore), mentre X3 (difensore sul lato debole) si porterà sotto canestro allineandosi con la palla; X1 e X2 ruoteranno verso l'area in direzione della palla.

Allenare in modo variabile i nostri giocatori consentirà di apportare, all'interno di un sistema di difese pressanti, modifiche anche sostanziali, ma utilizzando quanto già fatto in precedenza: ciò consentirà di avere un approccio molto più versatile. Ad esempio, passare nel corso di una stagione o di una partita da una *Zone press* 2-2-1 ad una 1-2-1-1 più aggressiva (diag.11), può non essere particolarmente difficile: si tratterà di variare pochi parametri collegati più che altro agli spazi, mentre i compiti sono sostanzialmente simili e si è già mentalmente allenati nell'impostazione.

diag.12

diag.13

Anche in questo caso, il giocatore in punta tenta di indirizzare il passaggio di ingresso sul lato, ostacolando i passaggi centrali (diag.12). Può essere efficace assegnare questo ruolo ad un giocatore alto e rapido nei recuperi, capace di occupare molto spazio. Il raddoppio può avvenire sin dalla rimessa (diag.13), con movimenti di adeguamento e rotazione dei difensori molto simili a quelli visti per la *Zone press* 2-2-1.

Nella preparazione della *Zone press* torneranno utili le esercitazioni di 1 c 1 e 2 c 2 tutto campo previste per la difesa individuale, che, partendo dalla linea di fondo, avranno l'obiettivo di condizionare l'azione in palleggio negando l'utilizzo della fascia centrale, e quando possibile, costringere l'attaccante a passare. Molto più specifiche saranno le proposte rivolte ai ruoli: quelle di seguito illustrate rappresentano solo alcuni esempi.

Per i giocatori di prima e seconda linea (X1 e X3) la proposta dei diagrammi 14 e 15 è finalizzata a portare l'attaccante 1 con palla lungo la linea laterale, dove poi raddoppiare. 2, ricevuta la palla, avanzerà a sua volta in palleggio e si riproporrà la situazione di raddoppio, sino ad arrivare a fondo campo.

diag.14

diag.15

diag.16

Come già evidenziato in precedenza, queste difese speciali hanno bisogno di grandi automatismi per far sì che i giocatori si muovano in sintonia. Pertanto, un ruolo fondamentale rivestono le esercitazioni che riproducono le situazioni di gioco sia con un sovrannumero di difensori che in pari numero: nel diagramma 16, l'attaccante 2, dopo aver effettuato la rimessa, riceve il passaggio di ribaltamento e attacca in palleggio; X2 e X3 dovranno rapidamente adeguarsi per eventualmente raddoppiare sul proprio lato, mentre X1 ruota verso la palla. Nel diagramma 17 l'esercitazione è rivolta al lavoro di X3 e X4 (seconda linea difensiva) e X5 (ultimo difensore) che dovranno sincronizzare i loro movimenti in base agli spostamenti della palla, in accordo con le regole organizzative e di scelta che la difesa prevede: fermare la palla, scalare sul giocatore centrale, muoversi sulle linee di passaggio, recuperare.

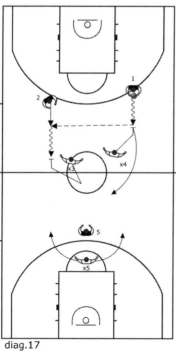

diag.17

Occorre sottolineare l'importanza del ruolo rivestito dal difensore dell'ultima linea (non necessariamente il centro) che, avendo una visione completa del campo, può svolgere la funzione di regista. Inoltre, spesso, potrà trovarsi in situazioni di grande difficoltà, poiché potrebbe dover affrontare avversari che hanno superato le prime linee e si presentano in superiorità numerica. Pertanto, sarà opportuno allenarlo sollecitandolo dal punto di vista mentale e esaltandone il ruolo. Nei diagrammi seguenti sono proposte alcune esercitazioni specifiche: nella prima (diag.18), il difensore deve cercare di intercettare i passaggi lunghi effettuati verso gli attaccanti posizionati nella metà campo offensiva; nella seconda (diag.19) dovrà contenere e proteggere l'area dai giocatori che ricevono la palla e attaccano il canestro. Per far ciò sarà necessario usare movimenti rapidi di braccia e gambe.

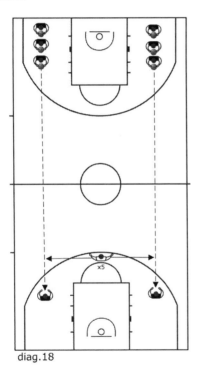

diag.18

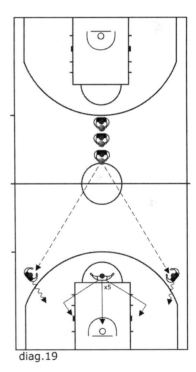

diag.19

PARTE IX
IL GIOCO IN ATTACCO
CONTRO LA DIFESA A ZONA

33 - PER ATTACCARE LA DIFESA A ZONA OCCORRE SVILUPPARE UNA PROSPETTIVA TATTICA DEGLI ADATTAMENTI DIFENSIVI

A qualunque livello, incluso quello giovanile, ci si può trovare a dover attaccare la difesa a zona. In generale ci si trova a dover mutare le abitudini offensive, ovvero si tratta di trovare soluzioni tatticamente diverse rispetto a quanto si fa contro la difesa individuale; attaccare la zona, dunque, non è solo una questione di saper tirare da distanze maggiori a fronte di zone ben chiuse in area, o di saper penetrare in determinati spazi o direzioni, bensì un processo mentale che necessita di allenamento e di forme di applicazione diverse degli stessi fondamentali in uso per l'attacco alla uomo.

Ad un livello più evoluto, la differenza che si presenta nell'attaccare una difesa individuale piuttosto che una difesa a zona emerge dal coinvolgimento dei giocatori che nel primo caso è spesso parziale, nel secondo è totale; oggi nell'attaccare la difesa a uomo è sempre più prevalente l'uso di giochi a due e a tre; per attaccare la difesa a zona, caratterizzata da un'organizzazione che prevede un contemporaneo e coordinato coinvolgimento di tutti i difensori, è altrettanto necessaria l'azione combinata e adattata dell'intero collettivo, altrimenti si corre il rischio di giocare in situazioni di sotto numero.

Pertanto, insegnare ad attaccare la difesa a zona rientra tra gli obiettivi che un allenatore deve perseguire, perché ciò fa parte di un programma di formazione individuale e collettivo. La conoscenza degli obiettivi fondamentali, che orientano alla scelta sia tattica che strategica di difendere a zona, guida, di contro, ad attaccare la stessa in modo adeguato.

Alcuni principi possono orientare ad attaccare efficacemente la difesa a zona

La zona può essere attaccata in modi diversi. Le sue caratteristiche dinamiche, che spesso si paragonano a quelle della "coperta corta", per via della sua scarsa possibilità di mantenere contemporaneamente una pressione difensiva su tutti i fronti, fanno sì che si possano focalizzare i punti di debolezza per pianificare azioni adeguate; in linea generale un efficace attacco alla zona può essere fondato su alcuni principi basilari:

- *giocare in velocità (contropiede)*: l'eventuale scelta di difendere a zona degli avversari non deve essere vissuto con timore, ma affrontato con determinazione, avendo come obiettivo primario quello di non dare tempo alla difesa di posizionarsi per coglierla disorganizzata (fuori equilibrio); ciò può essere conseguenza della capacità, a propria volta, di recuperare palloni con intercetti e rimbalzi, dando origine ad azioni che consentano conclusioni rapide in avvicinamento e spesso con vantaggio numerico.

- *i giocatori devono sempre muoversi*: piccoli adattamenti (attaccare gli spazi) effettuati dagli attaccanti, e non solo tagli più ampi, generano nella difesa difficoltà nell'adeguarsi, soprattutto lì dove tali azioni portano conflittualità nelle aree di competenza; il tagliare, il rimpiazzare complicano gli adattamenti dei difensori, creando spesso sovrannumero per l'attacco.

- *muovere la palla*: curare il *"timing"* delle azioni dei giocatori che attraverso il palleggio e il passaggio devono mantenere un equilibrio nello schieramento dell'attacco ("legati da un filo invisibile"); una corretta distanza fra giocatori esterni e giocatori interni consente più di una opportunità di passaggio, favorendo una buona circolazione della palla e costringendo la difesa a "correre".

- *attaccare il canestro dando profondità ai movimenti*: i giocatori devono essere in grado di verticalizzare sia le penetrazioni in palleggio che i passaggi, evitando movimenti della palla troppo perimetrali.

- *avere pazienza una volta che la difesa si è organizzata:* bisogna mostrarsi pronti nel controllare l'attacco e a tal proposito può essere funzionale, soprattutto a livello giovanile, avere una tipologia di gioco che possa essere utilizzata contro tutti i tipi di difesa e che abbia tra le sue caratteristiche comuni il movimento di uomini e palla.

- *equilibrio fra gioco interno ed esterno*: ricercare conclusioni frutto del lavoro di squadra e non forzate, poiché un tiro effettuato in una situazione favorevole (tiro da sotto o dal perimetro senza ostacolo o comunque con difesa distante) non crea disequilibrio nell'attacco e non lo costringe poi a recuperi forzati

- *usare i blocchi*: l'uso dei blocchi crea spazi sia per il tiratore esterno che per il bloccante; ciò risulta efficace se entrambi i giocatori sono pronti a ricevere e sono rapidi nell'esecuzione dei tiri.

- *andare a rimbalzo*: le opportunità di secondi tiri rappresentano un momento psicologicamente devastante per la difesa che, pur avendo costretto ad un errore al tiro la squadra avversaria, non ha acquisito il controllo di palla.

Per attaccare la difesa a zona in forma libera occorre un corretto posizionamento dei giocatori e un'adeguata applicazione dei fondamentali

Il posizionamento e il gioco senza palla rappresentano elementi importanti che da soli possono determinare l'efficacia di un attacco a qualsiasi tipo di zona. Ad esempio, la difesa si avvantaggia dalla possibilità che attaccanti troppo ravvicinati consentano ad un difensore di controllarli. Nei diagrammi 1 e 2, l'allineamento degli attaccanti 1 e 5 facilita il lavoro di X1 che difende su entrambi, consentendo ai compagni di poter creare sovrannumero sul lato dove è presente la palla.

diag.1

diag.2

Invece, il non allineamento degli attaccanti 1 e 5, come nei diagrammi 3 e 4, costringe i difensori a coprire distanze maggiori per poter ostacolare l'azione offensiva. Inoltre, il posizionamento di uno o due giocatori alle spalle dell'ultima linea difensiva (è il caso di 4 nel diag.3), rappresenta un buon presupposto per un eventuale rimbalzo offensivo.

diag.3

diag.4

Lo stesso obiettivo si raggiunge attraverso il movimento degli attaccanti: ciò fa sì che le distanze si dilatino; nel diagramma 5, i movimenti di 5, che salta fuori la linea dei 3 punti, e di 1 che si allontana, mettono in difficoltà il difensore X1 e conseguentemente gli altri difensori sul lato debole che dovranno adeguarsi. Inoltre, il movimento dietro l'ultima linea difensiva, come l'uscita nella posizione cosiddetta di mezzo angolo di 5, abbassa l'ultima linea difensiva e apre spazi per i tagli *flash* in area dal lato debole (diag.6).

Ettore Messina (2010) indica nel palleggio un aspetto fondamentale di un attacco alla zona; in particolare in fase iniziale, e quindi con difesa posizionata, il palleggiatore deve attaccare la spalla esterna di uno dei due difensori di prima linea (diag.7) per poter avere libera la linea di passaggio sul perimetro e mettere immediatamente il ricevente in condizione di essere pericoloso. Con difesa in movimento, invece, diventa importante palleggiare in mezzo ai difensori per spezzare la linea difensiva (diag.8).

Unire il movimento dei giocatori senza palla (adattamento) a quello dell'attaccante che palleggia, può creare problemi non indifferenti ad una difesa a zona che talvolta prova a mischiare le carte adattandosi in *Match-up*. Ad esempio, contro una difesa 1-3-1 (diag.9), sul palleggio di 1 e il movimento verso l'angolo di 3, la scelta della difesa potrebbe essere di accoppiarsi con X1 che segue il palleggiatore e X2 che segue il taglio di 3: in questo caso si libera la traiettoria di passaggio di 1 a 2 con uno spazio importante per attaccare il canestro (penetrazione o tiro dal perimetro), creando in questo modo problemi alla seconda linea difensiva (X3-X5).

diag.9

Se la scelta della difesa invece è quella di non seguire (diag.10), la palla può essere passata in angolo a 3 che, sull'uscita di X4, cercherà a sua volta un passaggio ad un giocatore interno (4 o 5) che si muovono in taglio, con 2 che sul lato debole impegna l'ultimo difensore X3.

diag.10

Anche un efficace uso del passaggio è fondamentale nell'attaccare una zona, al di là di qualsiasi sistema di gioco utilizzato; di particolare rilevanza è il fatto che contro le zone possono essere utilizzati tutti i tipi di passaggio ad eccezione di quello *baseball*. Ciò che può risultare estremamente utile è il far precedere i passaggi sempre da una finta e, lì dove il giocatore è particolarmente abile, eseguirli orientando lo sguardo da tutt'altra parte, ingannando così quei difensori che tentano di acquisire indicatori di previsione. Ad esempio, una esecuzione rapida di un passaggio *skip* (da un lato all'altro del campo), effettuato due mani sopra la testa, può mettere in condizione un giocatore di effettuare un buon tiro dal perimetro, anche da 3 punti. È importante che questi passaggi di ribaltamento non siano orizzontali, perché più facili da intercettare, e quindi bisogna privilegiare traiettorie diagonali dall'alto verso il basso nel caso di collaborazione fra giocatori esterni (diag.11), o dal basso verso l'alto nel caso di collaborazioni fra giocatore interno e esterno (diag.12); in entrambi i casi si cerca di acquisire un vantaggio in più sfruttando sia il posizionamento difensivo che, per esigenze di prontezza tattica, è prevalentemente orientato al passatore, sia la distanza che i difensori devono coprire per difendere sul ricevitore.

diag.11

diag.12

In relazione a quanto già detto, risulta evidente che i giocatori dovranno sfruttare al massimo le loro capacità tecniche attraverso piani d'azione mirati; inoltre, semplici regole di organizzazione e di scelta, come già visto nell'attacco alla difesa individuale, possono fornire indicazioni utili agli attaccanti.

diag.13

Ad esempio, un posizionamento iniziale 1-2-2 degli attaccanti, nei "buchi" della difesa, può rappresentare una problematica importante per una zona a fronte pari come la 2-1-2 (diag.13). In particolare, 2 e 3, posizionati sul perimetro lateralmente, dovranno essere sotto la prima linea difensiva, dilatando così le distanze e creando conflittualità di competenze; a loro volta 4 e 5, giocatori interni, dovranno partire dietro la seconda linea difensiva, ponendosi fuori dal controllo visivo ed essere in condizione di avvantaggiarsene con movimenti rapidi.

Lo spazio della lunetta che si libera in seguito ad un adeguamento della prima linea difensiva (si abbassa per ridurre le distanze dagli attaccanti perimetrali), può essere occupato da un giocatore interno (5) che, ricevendo la palla in lunetta dal *play*, può rendersi pericoloso con una conclusione a canestro (diag.14).

Con palla in lunetta gli attaccanti devono muoversi in sinergia: gli esterni 2 e 3 possono abbassarsi negli angoli e 4, giocatore interno, può tagliare in area, mentre 1 può cambiare lato (diag.15).

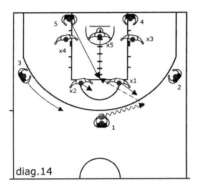

diag.14
diag.15

Ogni qual volta la palla perviene ad un giocatore in ala, il giocatore interno su quel lato può allargarsi in posizione di mezzo angolo e ricevere, come mostrato nel diagramma 16, dove 2 passa a 4; a questo punto 2 può giocare dai e vai tagliando sul lato opposto (diag.17) contemporaneamente al movimento in area dell'altro interno (5); i giocatori sul perimetro si muovono a rimpiazzare.

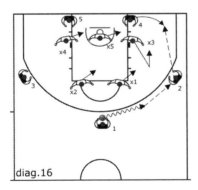

diag.16
diag.17

Con palla al giocatore 2, potrebbe essere l'esterno 3, in opposizione, a tagliare verso l'angolo del lato della palla per creare un sovrannumero con gli interni (diag.18). Su ribaltamento di palla possono essere i due interni a muoversi con tagli orizzontali (diag.19) o a incrocio (diag.20).

diag.18

diag.19

diag.20

L'uso dei blocchi può creare ulteriori opportunità per attaccare la difesa a zona

Un attacco che utilizza in combinazione tagli e blocchi crea alla difesa a zona problemi legati sia alle distanze che i difensori devono coprire, sia alle zone di responsabilità degli stessi. Di seguito viene illustrato un movimento che partendo da un posizionamento 1-4 (diag.1), può essere utilizzato contro difese a zona a fronte pari (2-1-2 o 2-3).

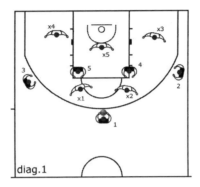

diag.1

Dalla lettura delle scelte difensive possono svilupparsi diverse opzioni; ad esempio, con difensore di prima linea alto che aggredisce e condiziona 1, il giocatore con palla, 5 può ricevere sullo spigolo alto della lunetta; 1 sfrutta in allontanamento il blocco di 4, mentre 2 si abbassa in angolo e 3 può rimpiazzare in punta. 1 riceve (diag.3) e ha già la possibilità di un buon tiro da 3 punti; in alternativa, sull'uscita di X3 può passare la palla in angolo a 2, anche lui ben posizionato per un tiro dal perimetro; da non trascurare l'opportunità per entrambi di giocare la palla per 4 che dopo il blocco ruota in area.

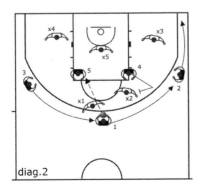

diag.2

diag.3

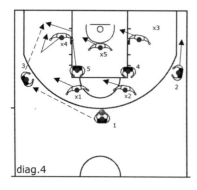

diag.4

Nel caso in cui 1 passi la palla a 3 in ala, il gioco può prevedere che il giocatore 5, in lunetta sul lato della palla, si abbassi e poi esca in angolo per ricevere la palla (diag.4). A questo punto 3 taglia in area ed esce sul lato debole sfruttando il blocco dell'altro esterno 2 per ricevere la palla da 4, mentre 1 rimpiazza in ala a sx (diag.5); 3 in alternativa può anche tagliare e tornare sul blocco di 5 e ricevere da 1 (diag.6).

diag.5

diag.6

diag.7

Allo stesso modo, cioè con combinazione di tagli e blocchi, si possono attaccare le zone a fronte dispari. Di seguito, in modo sintetico, sono illustrate alcune situazioni riconducibili ad un movimento contro una difesa zona 3-2 o 1-2-2. Inizialmente 3, un giocatore esterno che potrebbe avere caratteristiche di realizzatore dagli angoli, partendo dalla lunetta, può tagliare in area e uscire negli angoli sui blocchi di contenimento di 4 e 5, a loro volta posizionati in *post* basso (diag.7).

diag.8

Opzioni simili possono essere conseguenti da una partenza diversa (diag.8). È il caso di 5 che si può aprire in angolo con 3 che taglia lungo il fondo ed esce sul lato debole sul blocco di 4.

Il *pick and roll* contro le difese a zona, le cui soluzioni sono riconducibili a quelle già affrontate contro la difesa individuale, ha l'obiettivo di diversificare l'attacco per comprimere o dividere la difesa.

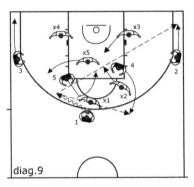

diag.9

Nel diagramma 9, il *pick and roll* tra 1 e 5 costringe la difesa a collassare verso la palla aprendo così la possibilità a diverse soluzioni: esse potranno essere interne all'area, per 5 che rolla dentro, o esterne, per 2 e 4 che si muovono sul perimetro in seguito alle scelte difensive.

diag.10

Nel diagramma 10 l'obiettivo del *pick and roll* è quello di dividere le linee difensive, dilatando così le distanze e creando le condizioni per una efficace circolazione della palla e un tiro ad alta percentuale.

L'uso dei blocchi può risultare particolarmente efficace per attaccare le difese miste

Occorre ricordare che gli obiettivi della difesa mista trattata nel relativo capitolo, sono principalmente due: 1) limitare fortemente il terminale offensivo più pericoloso degli avversari mettendolo in condizione di effettuare cattive scelte in fase conclusiva; 2) rendere difficoltosa la manovra di una squadra che non ha una buona lettura delle situazioni e mostra carenze nel muovere la palla (cattivo utilizzo dei fondamentali di palleggio/passaggio). In particolare, qui di seguito vengono brevemente illustrati alcuni movimenti utilizzati per attaccare una difesa *box and one* (quadrato e uno).

diag.11

I giocatori che attaccano il quadrato (quattro difensori posizionati a zona), non dovranno far altro che utilizzare gli stessi principi visti precedentemente, ovvero: efficace posizionamento tra le linee difensive, uso del palleggio per penetrare e indurre incertezza su chi deve intervenire fra i difensori (diag.11), costringere la difesa a correre con passaggi interni ed esterni (uso delle finte), non affrettare conclusioni, ma ricercare tiri ad alta percentuale in modo da mantenere un equilibrio funzionale al rientro difensivo, avere una organizzazione di rimbalzo offensivo.

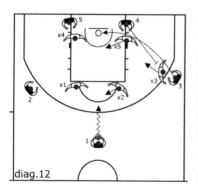

diag.12

A tutto ciò va aggiunta una cura particolare nell'utilizzo di blocchi sia in funzione del bloccato (il giocatore marcato individualmente) che del bloccante. Ad esempio nel diagramma 12, il giocatore 3, marcato individualmente, sfrutta un blocco cieco di 4 e poi taglia verso il lato opposto per sfruttare un blocco di contenimento di 5 (diag.13). Diverse

diag.13

possono essere le soluzioni: un tiro dal perimetro di 4, che potrebbe avere spazio in conseguenza degli aiuti della seconda linea difensiva sul ritardo di X3 sul blocco cieco; un tiro di 3 dal perimetro sull'uscita dal blocco di 5 o conclusione di quest'ultimo sul giro frontale dentro; un tiro di 3 dall'interno dell'area (ricciolo) o conclusione da fuori di 5 che si apre con giro dorsale (diag.14).

diag.14

diag.15

Il giocatore marcato individualmente può anche partire in posizione centrale, sulla linea del tiro libero, ed uscire sui blocchi dei due giocatori posizionati in *post* basso (diag.15), costringendo praticamente la difesa a giocare uomo contro uomo e rendendo così più complesse le collaborazioni difensive.

Anche l'attacco alla Zone press si basa su un'adeguata applicazione dei fondamentali individuali

Le *Zone press* hanno l'obiettivo tattico di sorprendere e confondere l'avversario e far commettere errori; l'intento è dunque quello di condizionare fortemente l'avanzamento della palla, obbligando la squadra avversaria a una lettura su diversi piani (*Zone press* pari/dispari, raddoppi dove/quando, rientro nella metà campo mantenendo una difesa a zona o mutandola in individuale); ne consegue che l'attacco, rallentando il ritmo dell'azione con l'intento di conservare il possesso di palla, è spesso costretto a forzare le conclusioni avendo utilizzato gran parte dei 24" a disposizione.

La conoscenza delle caratteristiche della difesa che si affronta porta a prevenire gli accorgimenti difensivi e a non incorrere in quegli errori (passaggi intercettati, violazioni di campo, passi) che sono spesso il motivo dell'utilizzo di questa difesa.

Peraltro, c'è da dire che la sua attuazione necessita di un corretto posizionamento difensivo iniziale e pertanto sono individuabili i momenti della partita in cui può essere utilizzata: dopo tiri liberi, su rimesse dal fondo o laterali conseguenti a falli o violazioni, dopo un *time out* e comunque in situazioni che consentono una efficace organizzazione; ciò al contempo però dovrebbe agevolare anche l'organizzazione della rimessa da parte dell'attacco.

Di seguito vengono comunque esposti in modo molto sintetico alcuni principi che potrebbero trovare applicazione nell'attaccare questo tipo di difesa e che in molti casi richiamano quanto già utilizzato nell'attacco contro le zone in metà campo:

- muoversi negli spazi fra le linee, possibilmente creando triangoli;
- utilizzare passaggi verticali o diagonali corti, e solo in caso di vantaggio evidente, utilizzare passaggi lunghi;
- ricevere la palla avendo visione del campo per non cadere nelle trappole (angoli del campo);
- usare il palleggio per attaccare in profondità soprattutto i difensori alti;
- evitare che i propri giocatori lunghi giochino nelle fasce centrali, dove invece occorrono giocatori in grado di palleggiare, per creare sovrannumeri.

Nel diagramma 1, contro una *Zone press* 1-2-2, l'esterno 3, con caratteristiche di buon passatore e in possesso anche di buon palleggio, dopo aver effettuato la rimessa, entra in campo e si posiziona in modo da rappresentare, in caso di raddoppio su 4, una buona opzione di passaggio. 1 si spazia pronto per ricevere il passaggio di ribaltamento o rimpiazzare 3 in caso di taglio al centro della difesa. 2 e 5 tagliano il campo in senso verticale impegnando i difensori dietro.

Il giocatore 3 può usare il palleggio per impegnare la difesa e poi passare a 1 (diag.2). A questo punto potrebbe essersi creato un corridoio da utilizzare avanzando in palleggio e ricercando un buon angolo di passaggio a 2 o a 5, in condizione di attaccare in sovrannumero. Ruolo importante è ricoperto dal giocatore 3 che rimanendo sempre leggermente indietro rappresenta un punto di riferimento importante (alcuni allenatori lo denominano "àncora").

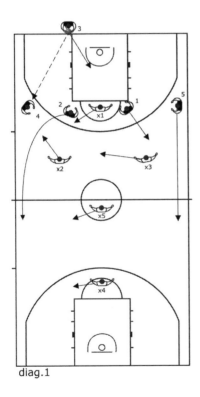

diag.1

diag.2

Nel diagramma 3 viene esemplificata una rimessa contro una difesa *Zone press* pari 2-2-1. Come si potrà notare anche in questo caso si fa riferimento ad un posizionamento e a movimenti negli spazi della difesa. 2 taglia forte verso la palla partendo alle spalle della difesa e, se non riceve, blocca per 1 e poi si allarga. I movimenti di 3, 4 e 5 devono rispondere ai criteri già esposti.

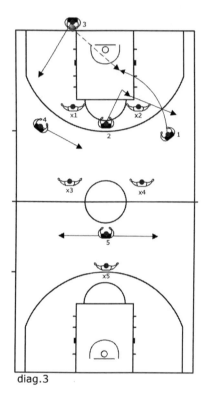

diag.3

Per insegnare l'attacco alla difesa a zona occorre conoscere le strategie didattiche e metodologiche e gli aspetti di variabilità che le caratterizzano
Da quanto esposto finora, appare evidente che l'uso applicato dei fondamentali rappresenta il primo aspetto di contenuto su cui lavorare per costruire un attacco efficace. Sono utili, pertanto, esercizi "in situazione" che richiamano le tipologie di palleggio (in penetrazione, per allinearsi, nello sfruttare un blocco, ecc.), di passaggio (di scarico, *skip*, di circolazione, ecc.) o di tiro: fondamentali che caratterizzano le azioni di attacco alla zona.

Il passo successivo vede lo sviluppo dell'1 c 1. Il lavoro di 1 c 1 con palla per attaccare l'uomo o gli spazi è sempre accompagnato a quello di adattamento dei giocatori senza palla; questo tipo di esercitazioni può essere sviluppato sia in contesti lontani dallo schieramento difensivo a zona, sia in contesti in cui si propongono aspetti parziali della difesa a zona: ad esempio attaccando solo la prima linea difensiva, attaccando solo su un quarto di campo, o attaccando tutta la zona e variando le regole d'attacco (solo palleggio, solo passaggio, uso del centro, ecc.). Anche le esercitazioni in sottonumero (3 c 4, 3 c 5, 4 c 5) sono utili per sviluppare movimenti e collaborazioni rapide e sotto pressione.

Il lavoro senza difesa va organizzato per automatizzare adattamenti funzionali alle spaziature, allineamenti e riposizionamenti, rimpiazzi e ribaltamenti, ecc.; queste attività richiedono comunque la capacità di immaginare gli spostamenti difensivi.

Gli esercizi per lo sviluppo dell'attacco alla *Zone press* devono essere proposti alzando il livello di aggressività difensiva per ridurre i tempi di decisione dell'attacco; in tal modo si sollecita sia la velocità nel reperire informazioni (anticipando le letture) sia la velocità di esecuzione dei fondamentali.

Sia per l'attacco alla zona che per l'attacco alla *Zone press*, occorre lavorare sulla rapidità organizzativa; questi meccanismi collaborativi basati sulla sincronizzazione e l'adattamento dei giocatori (linee di passaggio, triangolazioni, ecc.) richiedono grande impegno mentale e un'elevata abilità: la capacità di reperire informazioni pertinenti in tempi brevi è infatti condizionata dal grado di automatismo tecnico acquisito.

La proposta di alcuni esercizi può suggerire altre forme di attività funzionali per lo sviluppo dell'attacco alla difesa a zona

Di seguito saranno illustrate alcune proposte che hanno come oggetto l'acquisizione e l'automatismo di alcuni corsi d'azione che inizialmente possono essere sviluppati senza difesa.

Ad esempio, nei diagrammi 1a e 1b, tre esterni posizionati nelle posizioni in punta e in ala, utilizzano il palleggio e il passaggio per muoversi, sia internamente che esternamente, mantenendo una spaziatura tale da non correre il rischio di sovrapporsi: 1 si sposta in palleggio, mentre 2 rimpiazza in punta 1 e 3 taglia in lunetta (diag.1a); sul passaggio da 1 a 2, 3 può uscire sul lato opposto (diag.1b). La variante può essere data da 3, che saltato fuori in punta, riceve la palla da 1 e la ribalta per 2 che si è abbassato sul suo lato (diag.2); 1 può tagliare in lunetta.

diag.1a

diag.1b

diag.2

Allo stesso modo può allenarsi la ricerca di una corretta spaziatura quando la palla perviene al giocatore in lunetta come mostrato nel diagramma 3. Tutti questi esercizi possono prevedere, ad esempio, una conclusione a canestro dopo un numero prefissato di passaggi e, per coinvolgere tutti i giocatori, anche la presenza di appoggi con palla per consentire il tiro a tutti (diag.4). È importante che in tutte queste proposte i giocatori provino le varie posizioni.

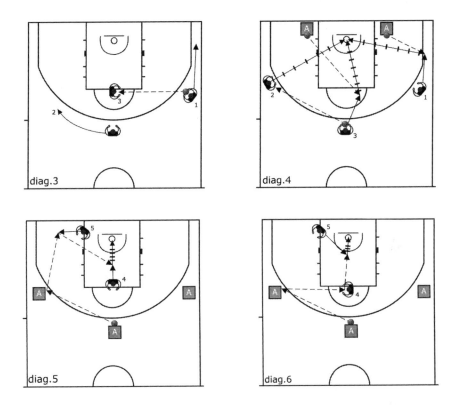

Sempre con lavori inizialmente senza difesa e con l'utilizzo di appoggi, può essere allenato il movimento dei giocatori interni così come illustrato nei diagrammi 5 e 6: 4 e 5 in relazione al movimento della palla occupano le posizioni di *post* alto, *post* basso e mezzo angolo, con relativi tagli a canestro.

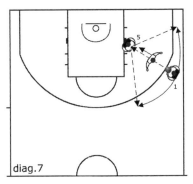

Nel diagramma 7, la proposta prevede un riposizionamento sul perimetro di 1, in seguito al passaggio a 5 e relativo adeguamento del difensore esterno, con l'obiettivo di ricevere un passaggio di ritorno (muoversi dopo aver passato).

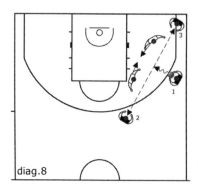

Nel diagramma 8, gli attaccanti 1, 2 e 3, usando il palleggio, penetrano negli spazi, costringendo i due difensori a chiudere e creando così la possibilità di un passaggio di scarico per un tiro dal perimetro. L'esercizio può essere proposto nelle varie posizioni e ruotando i giocatori.

Gli esercizi di tiro dovranno essere caratterizzati da una specificità: dovranno combinare, automatizzandoli, i movimenti degli uomini (tagli e adattamenti) con quelli della palla (passaggi a giocatori interni, passaggi di ribaltamento). Nella proposta illustrata nel diagramma 9, l'uso di più palloni e degli appoggi coinvolge tutti i giocatori, in partenza divisi in tre file, tutti con palla: le file composte dai giocatori 2 e 5 passano la palla agli appoggi alla propria sinistra, prima di iniziare il movimento; 1 passa la palla a 5 in *post* basso; questi la ribalta per 2 che riceve e tira dal perimetro; 5 taglia al centro dell'area per ricevere dall'appoggio in angolo e tirare, mentre 1, a sua volta, taglia in punta per ricevere dall'altro appoggio e tirare da 3. Ognuno segue il proprio tiro per recuperare la palla e, mentre 5 va in coda alla propria fila, gli esterni si invertono.

Progressivamente con esercizi di 3 c 0 e 4 c 0 dovranno essere ricercate le combinazioni di movimenti (collaborazioni sia preordinate che libere) tra giocatori interni ed esterni. Nel diagramma 10, tre giocatori esterni (1 in punta e 2 e 3 in ala) collaborano con 5 che parte in *post* basso. 1 passa a 3 che a sua volta passa a 5. Sul passaggio di ribaltamento per 2, 5 sale in lunetta (diag.11) e riceve, fronteggiando il canestro, per poi cercare il passaggio per gli esterni che si sono mossi sul perimetro.

A questo punto l'introduzione progressiva dei difensori renderà il lavoro più complesso, dovendo gli attaccanti cominciare a valutare le scelte difensive, anche se inizialmente possono essere variati il numero dei difensori e limitate le scelte dell'attacco. Nel diagramma 12 (3 c 2), i tre esterni si allenano ad attaccare la prima linea difensiva (no palleggio, no tagli, solo tiri da fuori), mentre nel diagramma 13 (3 c 4) giocano contro la combinazione dei difensori esterni di prima e seconda linea, non avendo limitazione nell'uso dei movimenti.

Come è facile intuire, le proposte dovranno puntare ad affrontare tutti i particolari in modo analitico, per poi adattarli a situazioni via via più complesse. Nei diagrammi 14 e 15, le proposte (3 c 2 e 3 c 3) sono strutturate con gli esterni che devono usare il palleggio e i passaggi per dilatare gli spazi, e mettere così un compagno in condizioni di effettuare un tiro dal perimetro.

Il contesto *target* che più si avvicina alle situazioni di gara, in funzione di un attacco alla zona, è il 4 c 4 in metà campo. Di seguito nei diagrammi 16, 17, 18 e 19 sono graficamente raffigurate alcune esemplificazioni.

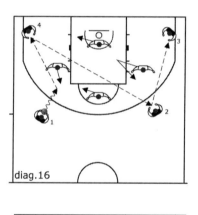

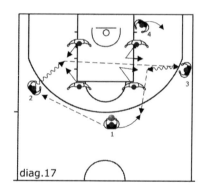

GLOSSARIO DEI TERMINI IN INGLESE

- **Affordance**. Modo per definire la qualità fisica di un oggetto che suggerisce a un essere umano le azioni appropriate per manipolarlo.
- **Assist**. Passaggio smarcante che permette la realizzazione di un canestro.
- **Backdoor cut**. Movimento offensivo che consiste nel tagliare rapidamente a canestro, passando dietro al difensore, quando questi marca d'anticipo.
- **Background**. Esperienza personale, preparazione tecnica o culturale e quanto altro concorre alla formazione di una persona.
- **Backspin**. Rotazione all'indietro della palla.
- **Ball screen**. Azione offensiva in cui un attaccante porta un blocco sul difensore che difende sull'attaccante con palla.
- **Ball handling**. Attività che hanno l'obiettivo di migliorare il controllo della palla e, più in generale, gli aspetti coordinativi.
- **Baseball pass**. Passaggio molto lungo effettuato a una mano, che prende il nome dalla disciplina dalla quale ha origine e adattato al basket.
- **Body check**. Azione che esegue un difensore per fermare un taglio.
- **Box and one**. Tipo di difesa mista in cui quattro giocatori marcano a zona e uno a uomo.
- **Bump**. Azione che esegue il difensore del bloccante per spezzare o allargare il movimento d'uscita dal blocco di un attaccante senza palla.
- **Centre**. Ruolo di Centro che nella grafica cestistica viene indicato con il numero 5.
- **Close out**. Rapido posizionamento difensivo su un attaccante con palla.
- **Closed skill**. Azione motoria o tecnica sportiva (abilità chiusa) dove l'esecuzione del movimento non viene influenzata da modificazioni dell'ambiente esterno.
- **Coach**. Allenatore.
- **Curl**. Movimento a ricciolo effettuato da un attaccante senza palla in uscita dal blocco.
- **Drag it out**. Azione di *ball screen* nella quale il palleggiatore intenzionalmente si allarga sul perimetro per attirarsi i due difensori e liberare il bloccante che si allarga sul perimetro per un tiro da fuori.
- **Dream team**. Mitica squadra statunitense che nel 1992 partecipò ai Giochi Olimpici di Barcellona con i giocatori professionisti della NBA.

- **Drills**. Esercizi.
- **Euro step**. Tiro in corsa in cui il giocatore effettua I due appoggi finali in due direzioni diverse, al fine di superare l'avversario e tirare.
- **Fade**. Movimento d'attacco in allontanamento dalla palla.
- **Feedback**. informazione di ritorno effettuato da un individuo.
- **Flash cut**. Movimento di taglio verso, spesso effettuato dal lato debole, per eludere la difesa.
- **Flat**. Riferito ai blocchi, indica il posizionamento del bloccante sulla schiena (di piatto) del difensore da bloccare.
- **Flex Offense**. Sistema di gioco d'attacco che costringe la difesa a contrarsi e quindi ad espandersi.
- **Floater**. Tipo di tiro caratterizzato da una parabola molto alta, viene eseguito prevalentemente dalle guardie per evitare la stoppata di giocatori particolarmente alti.
- **Freelance**. Organizzazione d'attacco che lascia molta libertà di scelta ai giocatori.
- **Free throw shot**. Tiro libero.
- **Goal setting**. Definizione degli obiettivi.
- **Hand off**. Passaggio consegnato.
- **Handicap**. Modo per definire una condizione di svantaggio di un giocatore.
- **Interval training**. Metodo di allenamento della resistenza specifica basato sull'alternanza di fasi di lavoro intense e altre meno intense.
- **Jump shot**. Tiro in sospensione.
- **Mapping**. Associazione tra stimolo e risposta.
- **Match analysis**. Processo di rilevazione di dati utilizzati per oggettivare le azioni messe in atto in occasione della gara e che riguardano la propria squadra, quella avversaria o il singolo giocatore.
- **Match-up**. Tipo di difesa combinata che alterna, in vario modo durante l'azione, marcature a uomo e marcature a zona.
- **Mismatch**. Situazione di uno contro uno in cui un attaccante deve fronteggiare un avversario più alto e viceversa.
- **Motion**. Movimento.
- **Motion Offense**. Gioco d'attacco che punta sulla capacità dei giocatori di determinare scelte sulla base di movimenti che rispondano a regole concordate; allena quindi i giocatori a pensare e ad agire in base ai comportamenti della difesa.

- **Motor imagery**. Processo mediante il quale un individuo prova a simulare mentalmente una determinata azione.
- **Open skill**. Azione motoria (abilità aperta) strettamente dipendente dai cambiamenti che si verificano nel contesto, è tipica degli sport di situazione.
- **Passing**. Passaggio.
- **Performance**. Prestazione.
- **Performance indicators**. Processo di registrazione, trattamento e diagnostica degli eventi che si svolgono durante la gara.
- **Pick and pop**. Azione di *ball screen* in cui il bloccante, dopo il blocco, si allarga sul perimetro per ricevere e, possibilmente, tirare.
- **Pick and roll**. Gioco d'attacco in cui un lungo porta un blocca per un esterno con palla per poi tagliare in area.
- **Playmaker (o anche Play)**. Ruolo coperto da un giocatore normalmente con il miglior trattamento di palla e con responsabilità di organizzare il gioco.
- **Point Guard**. Ruolo di regista (*Playmaker*) che nella grafica cestistica viene indicato con il numero 1.
- **Power Forward**. Ruolo di Ala grande che nella grafica cestistica viene indicato con il numero 4.
- **Pressing**. Organizzazione difensiva particolarmente aggressiva.
- **Quiet eye**. Periodo di tempo che va dalla fissazione sul *target* (bersaglio) al primo movimento osservabile delle mani nell'azione di tiro.
- **Random**. Casuale.
- **Range**. Intervallo di valori, margini.
- **Recreation worker**. Operatore delle attività ricreative e del tempo libero.
- **Reverse**. Tipo di partenza in palleggio e in arretramento.
- **Roster**. Organico dei giocatori a disposizione.
- **Scouting**. Raccolta di dati utili per la determinazione della prestazione.
- **Screen**. Blocco.
- **Screener**. Bloccante.
- **Self talk**. Dialogo interno che effettua il giocatore al fine di concentrarsi.
- **Self efficacy**. Auto-efficacia: è la convinzione di un individuo nella sua innata capacità di raggiungere gli obiettivi. Giudizio personale su quanto sia possibile eseguire le azioni necessarie per affrontare situazioni prospettiche.

- **Set shot**. Tiro piazzato, effettuato senza saltare.
- **Shell drills**. Serie di esercizi situazionali con una efficace valenza didattica.
- **Shooting Guard**. Ruolo di Guardia che nella grafica cestistica viene indicato con il numero 2.
- **Show**. Azione che esegue il difensore del bloccante uscendo perpendicolare o in diagonale sul palleggiatore che esce dal blocco (*ball screen*, *pick and roll*).
- **Shuffle Offense**. Gioco d'attacco creato negli anni '50 da Coach Bruce Drake nell'Università dell'Oklahoma. Il movimento base consiste in un taglio dell'ala sul blocco del post.
- **Skill**. Abilità.
- **Skip**. Tipo di andatura a ginocchia alte.
- **Skip pass**. Passaggio di ribaltamento da un quarto all'altro del campo.
- **Small Forward**. Ruolo di Ala che nella grafica cestistica viene indicato con il numero 3.
- **Smile**. Modo per intendere il semicerchio (no sfondamento) segnato all'interno dell'area dei tre secondi sotto il canestro.
- **Space Creation Dynamics**. Classi di modelli tattici d'attacco che consentono di riassumere le possibili dinamiche offensive messe in atto per contrastare il sistema difensivo dell'avversario durante le gare.
- **Spacing**. Termine con cui si indica lo spazio ottimale per agire.
- **Spin**. Movimento di rotazione che effettua la palla quando si tira.
- **Split cut**. Azione d'attacco in cui un giocatore esterno (ala), dopo aver passato la palla al post, taglia in area oppure blocca per un compagno esterno in modo creare linee di passaggio e, contemporaneamente, far giocare il *post* in 1 c 1 con meno aiuti dal lato forte.
- **Stack**. Allineamento di due o più giocatori in attacco al fine di agevolare la ricezione della palla.
- **Stagger (o Tandem)**. Due blocchi consecutivi portati per un compagno di squadra lontano dalla palla e piazzati nella stessa direzione.
- **Standard**. Modello, tipo.
- **Step**. Passo, fase, livello.
- **Step back o Kiki move**. Movimento tecnico del giocatore con palla per acquisire un vantaggio sull'avversario; dopo aver iniziato un'azione in avanzamento, prosegue con un rapido arretramento per arrestarsi e tirare.

- **Stiffness**. La capacità reattiva elastica che un muscolo è in grado di produrre per eseguire contrazioni pliometriche subito dopo il prestiramento impartito alla fascia.
- **Tap-in**. Azione di tiro che consiste nel prendere la palla da un rimbalzo di un tiro sbagliato e, in attitudine di volo, appoggiarla nel canestro.
- **Target**. Contesto nel quale il giocatore agisce (gara).
- **Time out**. Minuto di sospensione che può essere richiesto da una squadra durante la gara.
- **Timing**. Termine con cui si indica generalmente il tempo e il ritmo ottimale di una azione.
- **Transfer**. Trasferimento.
- **Triangle and two**. Tipo di difesa mista in cui tre giocatori marcano a zona e due a uomo.
- **Ttriple-Post Offense**. Gioco d'attacco, ideato da Tex Winter, la cui caratteristica principale è il triangolo formato dal centro in posizione di *post* basso, dall'ala posizionata sul prolungamento del tiro libero e dalla guardia posizionata nell'angolo.
- **Zone press**. Tipo di difesa a zona aggressiva e prevalentemente a tutto campo.

BIBLIOGRAFIA

- AA.VV. (1984); *Conoscere il basket*, Rizzoli, vol.1.
- Aglioti S.M., Facchini S. (2002); *Il cervello motorio*, in: Spinelli D. (a cura di); *Psicologia dello sport e del movimento umano*, Zanichelli, Bologna.
- Aglioti S.M., Cesari P., Romani M., Urgesi C. (2008); *Action anticipation and motor resonance in elite basketball players*, Nature Neuroscience 16, 1109-1116.
- Allard F., Graham S., Paarsalu M.E. (1980); *Perception in sport: Basketball*, Journal of Sport Psychology, Vol. 2, 14-21.
- Álvarez A., Ortega E., Gómez M.A., Salado J. (2009); *Study of the defensive performance indicators in peak performance basketball*, Revista de Psicología del Deporte, Vol. 18, suppl., 379-384.
- Araújo D. (2016); *Comprendere l'azione tecnico-tattica nelle discipline sportive aperte (open skill)*, in: SdS Scuola dello Sport Coni, Calzetti-Mariucci Editore, 111, 53-60.
- Araújo D., Davids K., Chow J.Y., Passos P. (2009); *The Development of Decision Making Skill in Sport: An Ecological Dynamics Perspective*, in: Araújo D. Ripoll H. Raab M. (2009); *Perspectives on Cognition and Action in Sport*, Nona Science Publishers, Inc. New York.
- Arceri M. (1989); *Basket azzurro '89*, Workshop s.r.l.
- Arceri M. (1997); *Il grande basket storie e personaggi*, Workshop s.r.l.
- Ames C. (1992); *Achievement goals, motivational climate and motivational processes*, in: Roberts G.C., *Motivation in sport and exercise*, Champaign. IL. Human Kinetics Publishers, 161-176.
- Bandura A. (2000); *Autoefficacia: teorie e applicazioni*, Edizioni Centro Studi Erickson S.p.A.
- Bernstein N.A. (1989); *Fisiologia del movimento*, Società Stampa Sportiva, Roma.
- Biddle S.J.H. (2001); *Enhancing motivation in physical education*, in: Roberts G.C., *Advances in Motivation in sport and exercise*, Champaign. IL. Human Kinetics Publishers, 101-127.
- Bifulco V. (2012); *Proposta di lavoro per la difesa a zona*, in: Quaderno Tecnico Corso Allenatori II anno, Arcidosso, FIP-CNA.
- Bifulco V. (2013); *La strutturazione delle esercitazioni nel settore giovanile*, Clinic FIP-CNA, S. Arcangelo di Romagna (RI), 05.01.2013
- Bifulco V., Messina P.M. (2015); *Allenamento per blocchi e random*, in: SdS Scuola dello Sport Coni, Calzetti-Mariucci Editore, 106, 61-71.

- Bloom B.S. (1985); *Developing talent in young people*, New York: Ballantyne.
- Bloom G.A., Schinke R.J., Salmela J.H. (1997); *Sviluppo delle capacità di comunicazione in allenatori di basket di alto livello*, Coaching and Sport Science Journal, 2, 4, 21-28
- Booher D.A. (1990); *Elementary free throw shooting: a systematic teaching approach*, Journal of Physical Education, Recreation and Dance, (September), 14-16.
- Bortoli L., Bertollo M., Robazza C. (2005); *Sostenere la motivazione nello sport giovanile: il modello TARGET*, Giornale Italiano di Psicologia dello Sport, II Serie, Vol. III, 3, 69-72.
- Bortoli L., Robazza C. (2016): *La didattica: l'insegnamento delle tecniche*, in: *Insegnare per allenare - Metodologia dell'insegnamento*, a cura di Claudio Mantovani, Edizioni SDS.
- Bortoli L., Robazza C. (2016): *L'apprendimento delle abilità motorie*, in: *Insegnare per allenare - Metodologia dell'insegnamento*, a cura di Claudio Mantovani, Edizioni SDS.
- Bourbousson J., Sève C., McGarry T. (2010a); *Space-time coordination dynamics in basketball*, part 1. *Intra-and inter-couplings among player dyads*, Journal of Sports Sciences, 28(3), 339-347.
- Bourbousson J., Sève C., McGarry T. (2010b); *Space–time coordination dynamics in basketball*, part 2. *The interaction between the two teams*, Journal of Sports Sciences, 28(3), 349-358.
- Cambone P. (1992); *La classificazione dei giochi sportivi di squadra*, Didattica del movimento, 80, 13-20.
- Carbonaro C. (2001); *Il talento sportivo: come e quando*, in: *Guida tecnica generale dei centri di avviamento allo sport*, Società Stampa Sportiva.
- Carroll W.R., Bandura A. (1985); *Role of timing of visual monitoring and motor rehearsal in observational learning of action petterns*, Journal of Motor Behavior, 17, 269-281.
- Carroll W.R., Bandura A. (1987); *Translating cognition into action: the role of visual guidance in observational learning*, Journal of Motor Behavior, 19, 385-398.
- Cazzetta A. (2009); *Allenamento sportivo, traumi e recupero funzionale – sapersi muovere per mantenere e recuperare la migliore condizione*, Calzetti Mariucci Editori.

- Ceciliani A. (2004); *Elementi di didattica dei giochi sportivi: l'allievo e lo spazio-tempo*, in: SdS Scuola dello Sport Coni, XXIII n.60-61, 61-68.
- Ceciliani A. (2006); *Elementi di didattica dei giochi sportivi: lo sviluppo degli aspetti cognitivi nella tattica*. Scuola dello Sport CONI, Calzetti-Mariucci Editore, 68, 29-39.
- Colella D., Morano M., Sannicardo I., Rosa A.R. (2006); *Sviluppo motorio e autostima nei giovani*, Scuola dello Sport CONI, Calzetti-Mariucci Editore, 69, 59-69.
- Courel-Ibáñez J., McRobert A.P., Toro E.O., Vélez D.C. (2016); *Inside pass predicts ball possession effectiveness in NBA basketball*, International Journal of Performance Analysis in Sport, 16, 711-725.
- Courel-Ibáñez J., McRobert A.P., Toro E.O., Vélez D.C. (2017); *Collective behaviour in basketball: a systematic review*; International Journal of Performance Analysis in Sport, 17 (1-2), 44-64.
- Cratty B.J. (1985); *Espressioni fisiche dell'intelligenza*, Società Stampa Sportiva Roma.
- D'Ottavio S. (2011); *L'apprendimento della tecnica calcistica – Istruzioni per l'uso: come rendere funzionale l'insegnamento*. In: SdS Scuola dello Sport CONI, Calzetti-Mariucci Editore, 91, 49-57.
- Drust, B. (2010); *Performance analysis research: Meeting the challenge*, Journal of Sports Sciences, 28(9), 921-922.
- Edwards W.H. (2011); *Motor learning and control: From theory to practice*, Belmont, CA, Wadsworth, Cengage Learning.
- Elliott, B. (1992); *A kinematic comparison of the male and female two-point and three-point jump shots in basketball*, The Australian Journal of Science and Medicine in Sport, 24,111–118.
- Ericsson K.A., Krampe R.Th., Tesch-Romer C. (1993); *The Role of Deliberate Practice in the Acquisition of Expert Performance*, Psychlogical Review, Vol. 100. No. 3, 363-406.
- Ernst K. (1998); *Fisica dello sport*, Gnocchi Editore – Casa Editrice Idelson, 143-144.
- Farfel V. S. (1988); *Il controllo dei movimenti sportivi*, Società Stampa Sportiva Roma.
- Ferrero F., Sabelli Fioretti G. (1964); *Pallacanestro*, Sperling & Kupfer, Milano.
- Federazione Italiana Pallacanestro (2017); *Regolamento Tecnico Ufficiale della Pallacanestro* - Traduzione conforme al Regolamento Ufficiale FIBA, Mies, Svizzera, 4 Luglio 2017.

- Furley P., Memmert D. (2007); *I Spy With My Little Eye! Breadth of Attention, Inattentional Blindness, and Tactical Decision Making in Team Sports*, Journal of Sport & Exercise Psicology, 29, 365-381.
- Furley P., Memmert D. (2009); *L'allenamento dell'attenzione nei giochi sportivi*, in: SdS Scuola dello Sport, Calzetti Mariucci, 82, 51-56.
- García J., Ibáñez S.J., De Santos R.M., Leite N. (2013); *Identifying Basketball Performance Indicators in Regular Season and Playoff Games*, Journal of Human Kinetics, Section III – Sports Training, Vol. 36, 163-170.
- Garganta J. (2009); *Trends of tactical performance analysis in team sports: bridging the gap between research, training and competition*, Revista Portuguesa de Ciencias do Desporto, 9(1), 81-89.
- Gebbia G. (2005); *Il miglioramento individuale del giocatore*, Clinic FIP-CNA, Catania 24.10.2005.
- Gebbia G. (2006); *Metodologia dell'insegnamento nel settore giovanile*, Clinic CNA-FIP, Ragusa 27.12.2006.
- Gebbia G. (2010); *La gestione del talento e dell'atleta di alto livello*, in: *Insegnare lo sport - Manuale di metodologia dell'insegnamento sportivo*, a cura di Beccarini C., Mantovani C., Edizioni SDS, Coni Servizi s.p.a - Scuol dello Sport, Roma.
- Gebbia G., Messina P.M. (2012); *La sequenza didattica - Criteri e problematiche legate alle progressioni di lavoro per lo sviluppo della tecnica e della tattica individuale*, in: SdS Scuola dello Sport Coni, Calzetti-Mariucci Editore, 95, 53-58.
- Gebbia G. (2016); *Blocchi si blocchi no a gogò*, Basketnet.it, 08.08.2016.
- Gebbia G. (2017); *Fondamentali individuali di difesa*, Clinic FIP-CNA Catania 10.07.2017
- Gebbia G. (2007); *Collaborazioni offensive*, in: AA. VV; *Diventare Coach*, a cura di Ettore Messina, Edizioni Sipintegrazioni.
- Gibson J.J. (1979); *The Ecological Approach to Visual Perception*, Hilsdale – London, Erlbaum; traduzione italiana a cura di Vincenzo Santarcangelo, *L'approccio ecologico alla percezione visiva*, Mimesis Edizioni, 2004.
- Giordani A. (1976); *Il libro del basket*, Arnoldo Mondadori Editore.
- Goodrich's G. (1976); *Winning basketball*, Contemporary Books, Inc. Chicago.
- Goulet C., Bard C., Fleury M. (1989); *Expertise differences in preparing to return a tennis serve: A visual information processing approach*,

Journal of Sport and Exercise Psychology, 11, 382-398.

- Gréhaigne J.F., Godbuout P. (2013); *Collective variables for analysing performance in team sports*, In: T. McGarry, P. O'Donoghue & J. Sampaio (Eds.), *Routledge Handbook of Sports Performance Analysis*, London, UK: Routledge, pp. 101-114.

- Gréhaigne J.F., Wallian N., Godbout P. (2005); *Tactical-decision learning model and students' practices*, Physical Education and Sport Pedagogy, 10(3), 255-269.

- Haase H., Hänsel F. (1996); *Aspetti psicologici dell'allenamento della tecnica*, in: SdS Scuola dello   Sport CONI, 36, 70-77.

- Harkins H.L. (1983); *The Flex-Continuity Basketball Offense*; Parker Publishing Company, INC. West Nyack, N.Y.

- Haskell D.M. (1985); *When shooting free throws, a player's body and mind must work as one if the shot is to be successful*, Athletic Journal, 66(1), 30-31, 54.

- Hay, J.G. (1993); *The biomechanics of sports techniques* (4thed.), Englewood Cliffs, N J: Prentice-Hall.

- Hopla D. (2017); *Il tiro nel basket*, Calzetti Mariucci Editori.

- Hotz A. (1996); *L'allenamento qualitativo dei movimenti*, Società Stampa Sportiva Roma.

- Hotz A. (1997); *Correggere solo lo stretto indispensabile, variare quanto più possibile,* in: SdS Scuola dello Sport CONI, 38, 26-35.

- Hudson J. L. (1982); *A biomechanical analysis by skill level of free throw shooting in basketball,* Paper presented at the International Symposium of Biomechanics in Sports, Del Mar, CA.

- Hudson J.L. (1985); *Shooting techniques for small players*, Athletic Journal, 11, 22-24.

- Hughes M., Franks I.M. (2008); *Essentials of Performance Analysis*, London: E. & F.N. Spon.

- Iacoboni M., Molnar-Szakacs I., Gallese V., et al. (2005); *Grasping the intentions of others withone's own mirror neuron system*, PLoS Biol 3:e79, in: Mandolesi L. (2012); *Neuroscienze dell'attività motoria*, Springer-Verlag Milano.

- Jacobs D. M., Michaels C. F. (2002); *On the Apparent Paradox of Learning and Realism*, Ecological Psychology, *14* (3), 127–139.

- Jeannerod M. (2001); *Neural Simulation of Action: A Unifying Mechanism for Motor Cognition*, NeuroImage 14, 103–109.

- Jeannerod M. (1995); *Mental imagery in the motor context*, Neuropsychologia, Vol.33, 1, 1419-1432.
- Kasof J. (1997); *Creativity and breath of attention*, Creativity Research Journal, 10, 303-315.
- Kirby R., Roberts J.A. (1985); *Introductory biomechanics*. Ithaca, NY: Movement Publications, 342.
- Knapp B. (1977); *Skill in sport: the attainment of proficiency*, Routledge.
- Knudson D. (1993); *Biomechanics of the basketball jump shot-six key teaching points*, Journal of Physical Education, Recreation and Dance, 64, 67-73.
- Konzag I. (1991); *La formazione tecnico-tattica nei giochi sportivi*, SdS Scuola dello Sport CONI, Supplemento 22, 27-34.
- La Torre A., Dotti A. (2006); *Allenamento della tecnica e atleti di alto livello*, in SdS, Rivista di Cultura Sportiva, Calzetti Mariucci, 71, 43-46.
- Lamas L., De Rose Junior D., Santana F., Rostaiser E., Negretti L., Ugrinowitsch C. (2010); *Space creation dynamics in basketball offence: validation and evaluation of elite teams*, International Journal of Performance Analysis in Sport, 11, 71-84.
- Landauer T.K., Bjork R.A. (1978); *Optimum rehearsal patterns and name learning*, in: Gruenberg, M.M., Morris, P.E., Sykes, R.N.; *Practical aspects of memory*, London Accademic Press, 625-632.
- Lapresa D., Alsasua R., Arana J., Anguera M. T., Garzón, B. (2014); *Observational analysis of the construction of offensive sequences that end in a shot in youth basketball*, Revista de Psicologia del Deporte, 23(2), 365-376.
- Le Boulch J. (1975); *Verso una scienza del movimento umano – introduzione alla psicocinetica*, Armando Editore.
- Lee T.D., Magill R.A. (1985); *Can forgetting facilitate skill acquisition?* in: Goodman, D. Wilberg, R.B. & Franks, I.M. (Eds); *Differing prospectives in motor learning, memory and control*, Amsterdam, North Holland.
- Mager R. F. (1975); *Gli obiettivi didattici*, EIT Educazione Nuova.
- Magill R. A. (2001); *Motor learning: concepts and applications* (6th ed.), McGrau-Hill, Dubuque, IA.
- Madella A. (1988); *La metodologia della ricerca scientifica*, in: Carbonaro G., Madella A., Manno F., Merni F., Mussino A.; *La valutazione nello sport dei giovani*, Società Stampa Sportiva, Roma.

- Madella A. (1996); *La valutazione della tecnica*, in: SdS Scuola dello Sport Coni. 35, 19-26
- Malone L. A., Gervais P. L., Steadward R. D. (2002); *Shooting mechanics related to player classification on free throw success in wheelchair basketball*, Journal of Rehabilitation Research and Development, 39, 701–709.
- Mandolesi L. (2012); *Neuroscienze dell'attività motoria*, Springer-Verlag Milano.
- Mandolesi L., Passafiume D. (2004); *Psicologia e psicobiologia dell'apprendimento*, Springer-Verlag, Milano.
- Manno R. (1979); *I fondamenti dell'allenamento sportivo*, Bologna, Zanichelli.
- Mantovani C. (2016); *Le competenze didattiche del tecnico sportivo*, in: *Insegnare per Allenare* (a cura di Mantovani, C.) Edizioni SdS, Roma.
- Marcello F., Masia P. (2001); *La multilateralità*, in: *Guida tecnica generale dei centri di avviamento allo sport*, Società Stampa Sportiva, Roma.
- Martens R. (1990); *Successful Coaching*, Human Kinetics, Champaign, IL.
- Martin D., Carl K., Lehnertz K. (1997); *Manuale di teoria dell'allenamento*, Società Stampa Sportiva, Roma.
- McCallum J. (2013); *Dream Team*, Sperling & Kupfer.
- McMorris T. (2004); *Acquisition and performance of sports skills*, Hoboken, NJ, Wiley Wiley & Sons.
- Meinel K. (1977); *Bewegungslehre*, Volk und Wissen, Berlin; Trad. it.: Meinel K., Schnabel G.; *Teoria del movimento*, Società Stampa Sportiva, Roma 1984.
- Messina E. (1996); *Il Basket*, Sperlling & Kupfer Editori.
- Messina E. (1999); *Basket*, Zanichelli.
- Messina E. (2004); *Collaborazioni offensive*, FIP-CNA, Roma 2004.
- Messina E. (2010); *Attacco alla zona*, Estratto dell'intervento al Sardinia Basketball Coaches Clinic 2010, Giganti del basket, n.10, ottobre 2010, 12-16.
- Messina P.M. (2004); *L'insegnamento della pallacanestro - problematiche didattiche e metodologiche*, Edizioni Greco.
- Messina P.M. (2010); *La formazione nella pallacanestro giovanile – il passaggio: un'abilità estremamente aperta*, in: SdS Scuola dello Sport CONI, Calzetti-Mariucci Editore, 86, 31.

- Messina P.M., Bozzaro P. (2005); *Attenzione ed errore nella pallacanestro* (parte prima), in: SdS Scuola dello Sport CONI, Calzetti Mariucci, 64, 37-42.
- Messina P.M., Bozzaro P. (2005); *Attenzione ed errore nella pallacanestro* (parte seconda),   Scuola dello Sport Roma, 65, 33-37.
- Messina P.M., Bocchino A. (2011); *Agire in autonomia*, in: SdS Scuola dello Sport Coni, Calzetti-Mariucci Editore, 89, 41-46.
- Messina P.M., Bifulco V. (2018); *Collaborare in forma libera,* in: SdS Scuola dello Sport CONI, Calzetti-Mariucci Editore,   117, 49-58.
- Miall R.C. (2003); *Connecting mirror neurons and forward models*, Neuroreport, 14, 2135-2137.
- Miller S. A., Bartlett R. M. (1993); *The effects of increased shooting distance in thebasketball jump shot*, Journal of Sports Sciences, 11, 285-293.
- Mitchell S.A., Oslin J.L., Griffin L.L. (2013); *Teaching sport concepts and skills: A tactical games approach for ages 7 to 18*, Champaign, US: Human Kinetics.
- Moreno J.H. (1985); *I fattori che determinano la struttura funzionale degli sport di squadra*, in: *L'insegnamento dei giochi sportivi – dall'avviamento all'alta prestazione*, Congresso Internazionale Teaching Team Sport, 8-11 Dicembre 1983 Roma, Scuola dello Sport Coni.
- Moser T. (1991), *Senza feedback non c'è apprendimento*, in: SdS Scuola dello Sport CONI, 22, Suppl., 61-65.
- Mosston M. (1981); *Teaching phisical education*, Columbus: C.E. Merrill. in: Piéron M. (1989); *Metodologia dell'insegnamento dell'educazione fisica e dell'attività sportiva*, Società Stampa Sportiva Roma.
- Most S.B., Scholl B.J., Clifford E.R., Simons D.J. (2005); *What You See Is What You Set: Sustained Inattentional Blindness and the Capture of awareness*, Psychological Review 112(1), 217-242.
- Novak J.D., Gowin D.B. (1989), *Imparando a imparare*, SEI Torino.
- O'Donoghue P. (2009); *Research methods for sports performance analysis*, London: Routledge.
- Okazaki V.H.A., Rodacki A.L.F., Dezan V.H., Sarraf T.A. (2006); *Coordenação do arremesso de jump nobasquetebol de crianças e adultos*, Revista Brasileira de Biomecânica, 7, 15-22.
- Okazaki V.H.A., Rodacki A.L.F., Okazaki F.H.A. (2007); *Biomecânica do arremesso de jump no basquetebol*, Lecturas: Educaciòn Fisica y Deportes, 11(105), 1-13.

- Okazaki V.H.A., Rodacki A.L.F., Satern M.N. (2015); *A review on the basketball jump shot*, Sports Biomechanics, Vol. 14 No. 2, 190-205.
- Oudejans R.R.D., van de Langenberg R.W., Hutter R.I. (2002); *Aiming at a far targetunder different viewing conditions: Visual control in basketball jump shooting*, Human Movement Science, 21, 457-480.
- Oudejans R.R.D., Karamat R.S., Stolk M.H. (2012; *Effects of Actions Preceding the Jump Shot on Gaze Behavior and Shooting Performance in Elite Female Basketball Players*, International Journal of Sports Science & Coaching, Vol. 7, No. 2, 255-267.
- Pancotto C. (2011); *Difesa Match-Up Zona*, U.S.A.P.
- Penrose T., Blanksby, B. (1976); *Two methods of basketball jump shooting techniques by two groups of different ability*, Australian Journal of Health, Physical Education and Recreation, 71, 14–23.
- Pesce C. (1998); *Metodi d'indagine delle capacità ed abilità cognitive nello sport*, in: SdS Scuola dello Sport Coni, 41-42, 65-70.
- Pesce C. (1998); *Metodi d'indagine delle capacità ed abilità cognitive nello sport*, in: SdS Scuola dello Sport Coni, 43, 52-62.
- Pesce C. (2002); *Insegnamento prescrittivo o apprendimento euristico?* in: SdS Scuola dello Sport Coni, 55, 10-18.
- Peterson D. (1993); *Basket illustrato* - I manuali di Dan Peterson, Conti Editore.
- Platonov V.N. (2004); *Fondamenti dell'allenamento e dell'attività di gara*, Calzetti Mariucci Editori.
- Pohl A., Böker M., Hennig L., Heinen T. (2017); *The importance of directly derived information in the basketball jump shot. A comparison of changed visual conditions from different shooting spots*, Central European Journal of Sport Sciences and Medicine, Vol. 18, No. 2, 5-12.
- Ripoll H. (2008); *Informazione e azione*, in: SdS Scuola dello Sport, Calzetti Mariucci, 78,
- Ripoll H. (2008); *Le mental des champions*, Éditions Payot & Rivages, Paris.
- Ripoll H., Bard C., Paillard J. (1986). *Stabilization of head and eyes on target as a factor in successful basketball shooting*, Human Movement Science, 5, 47-58.
- Rizzolatti G., Sinigaglia C. (2006); *So quell che fai - Il cervello che agisce e i neuroni specchio*, Raffaello Cortina Editore.
- Rossi B., Nougier V. (1996); *Processi mentali, tattica e comportamenti di finta*, in SdS Scuola dello Sport, 35, 2-8.

- Sachanidi M., Apostolidis N., Chatzicharistos D., Bolatoglou T. (2013); *Passing efficacy of young basketball players: test or observation?* International Journal of Performance Analysis in Sport, 13. 403-412.
- Salmela J.H. (1995); *Cosa apprendiamo dall'evoluzione di allenatori esperti*, Coaching and Sport Science Journal, 2, 2, 43-53.
- Sampaio J., Leser R., Baca A. Calleja-Gonzalez J., Coutinho D., Gonçalves B., Leite N. (2016); *Defensive pressure affects basketball technical actions but not the time-motion variables*, Journal of Sport and Health Science, 5, 375-380.
- Satern M. N. (1988); *Basketball: Shooting the jump shot. Strategies*, A Journal for Physical and Sport Educators, 1, 9-11.
- Schacter D. L., Wagner A. D. (2015); *Apprendimento e memoria*, in: Kandel ER, Schwartz JH, Jessel TM, Siegelbaum SA, Hudspeth AJ; *Principi di neuroscienze*, quarta edizione italiana, Società Editrice Ambrosiana.
- Schmidt R. A., Lee T.D. (1988); *Motor control and learning*, Champaign. IL. Human Kinetics Publishers.
- Schmidt R. A., Lee T.D. (2014); *Motor learning and performance: From principles to application* (5th ed.), Champaign. IL. Human Kinetics Publishers.
- Schmidt R. A., Wrisberg C.A. (2000); *Apprendimento motorio e prestazione*, Società Stampa Sportiva, Roma.
- Schmidt R.A., Zelaznik H., Hawkins B., Frank J.S., Quinn J.T. (1979); *Motor-output variability: a theory for the accuracy of rapid motor acts*, Psychological Review 86(5), 415-451.
- Serrien D.A., Ivry R.B., Swinnen S.P. (2006); *Dynamics of interhemispheric specialization and integration in the context of motor control*, Nature Review Neuroscience, 7, 160–167.
- Shea J.B., Zimny S.T. (1983); *Context effects in memory and learning movement informaion*, in: Magill, R.A.; *Memory and control of action*, Amsterdam, North Holland.
- Singer R. N. (1984); *L'apprendimento delle capacità motorie*, Società Stampa Sportiva, Roma.
- Smith D. (1983); *Il basket di Dean Smith*, Zanichelli.
- Starkes G., L. Allard F., Lindley S., O'Reilly K. (1994); *Abilities and Skill in Basketball*, in: International Journal of Sport Psychology, 25, 249-265.
- Starosta W., Hirtz P. (1990); *Periodi sensibili e sviluppo della coordinazione motoria*, in: SdS Scuola dello Sport CONI, 18, 55-61.

- Stöckel T., Weigelt M., Krug J. (2011); *Acquisition of a Complex Basket-ball-Dribbling Task in School Children as a Function of Bilateral Practice Order*, Research Quarterly for Exercise and Sport, by the American Alliance for Health, Physical Education, Recreation and Dance Vol. 82, No. 2, 188-197.
- Swinnen S., Schmidt R.A., Nocholson D.E., Shapiro D.C. (1990); *Information feedback for skill acquisition: instantaneous knowledge of results degrades learning*, Journal of Experimental Psychology, Memory and Cognition, 16, 706-717.
- Taurisano A. (1967); *Pallacanestro*, Zibetti.
- Teoderescu L. (1985); *Contributi al concetto di gioco sportivo di squadra*, in: *L'insegnamento dei giochi sportivi – dall'avviamento all'alta prestazione*, Congresso Internazionale Teaching Team Sport, 8-11 Dicembre 1983 Roma, Scuola dello Sport Coni.
- Tharp R. G., Gallimore R. (1976); *What a coach can teach a teacher*, Psychology Today, 9, 74-78.
- Tran C. M., Silverberg L. M. (2008); *Optimal release conditions for the free throw in men's basketball*, Journal of Sport Sciences, 26(11), 1147-1155.
- Vickers J.N. (2007); *Perception, cognition and decision training: The quiet eye in action*, Champaign IL. Human Kinetics Publishers.
- Victor G. (1991); *Il Passing-game - continuità*, in: Clinic, Rivista tecnica di pallacanestro, EDB S.r.l, 60, 13-15.
- Weinberg R., Butt G. (2014); *Goal-setting and sport performance: research findings and pratical applications*, in: Papaioannau A.G., Hackford D. (a cura di), *Routledge companion to sport and exercise psychology: Global perspectives and fundamental concepts*, New York, NY, Routledge, 343-355.
- Weineck J. (2001); *L'allenamento ottimale*, Calzetti Mariucci Editore, 481.
- Wissel H. (2011); *Basketball Steps To Success*, Third Edition, Human Kinetics Publishers.
- Wooden J.R. (1981); *Il basket di J.R. Wooden*, Zanichelli.

SITOGRAFIA

La lavagna di Flavio Tranquillo: Steph Curry, spacing & timing, Youtube, pubblicato il 17 novembre 2013, https://www.youtube.com/watch?v=glFrGm0i0V4 data di accesso 01.12.2017.

Defense on middle pick and roll — Ettore Messina — Basketball Fundamentals, WABC, Youtube, pubblicato il 11 luglio 2016
https://m.youtube.com/watch?v=gssGROBbe68 data di accesso 01.03.2018.

Regolamento Tecnico. Le principali variazioni introdotte dalla FIBA in vigore dal Primo Ottobre 2017. L'approfondimento su Fallo Antisportivo e Passi, 6 Settembre 2017 http://www.fip.it/cna/DocumentoDett.asp?IDDocumento=98382

GLI AUTORI

Vincenzo Bifulco, diplomato I.S.E.F Bologna. Docente di ruolo dal 1984, attualmente è insegnante di Scienze Motorie presso l'Istituto di Istruzione secondaria A. Pacinotti di Taranto. Dal 2013 al 2015 Docente di Teoria Tecnica e Didattica della Pallacanestro nel Corso di Laurea in Scienze delle Attività Motorie e Sportive dell'Università degli Studi di Bari "A. Moro". Dal 2016 è docente a contratto di Basket Specialistico nel corso di Laurea Magistrale in Scienze e Tecniche dello Sport della stessa Università. Allenatore nazionale FIP dal 1983 e Formatore Nazionale FIP dal 2012. Ha allenato sia in categoria senior (A2 femminile, B eccellenza Maschile) sia in campionati giovanili a tutti i livelli. Ha tenuto diverse lezioni nell'ambito dell'aggiornamento della FIP e ha svolto attività di formazione nei corsi per gli allenatori. È stato Responsabile Regionale CNA della Formazione in Puglia dal 2009 al 2020. È autore di alcuni articoli sul gioco della Pallacanestro pubblicati su riviste specializzate.
Email: vincebif@alice.it

Paolo Maurizio Messina, specialista in Scienze e Tecnica dello Sport. Insegnante di Scienze Motorie presso il Liceo Classico Ist. S. Giuseppe di Catania. Dal 2002 è professore a contratto di Pallacanestro nel Corso di Laurea in Scienze Motorie dell'Università degli Studi di Catania. Dal 2004 è Professore a contratto e coordinatore del corso di Teoria Tecnica e Didattica degli Sport di Squadra nel Corso di Laurea in Scienze Motorie, Dipartimento di Scienze Biomediche e Biotecnologiche Università degli Studi di Catania. Dal 2005 è Docente Metodologo della Scuola dello Sport Sicilia CONI. Allenatore Nazionale FIP con esperienza accumulata prevalentemente nei settori giovanili. Dal 2012 è Formatore Nazionale FIP, svolgendo attività di aggiornamento e di formazione nei corsi per allenatori del CNA. È autore di numerose pubblicazioni nell'ambito del gioco della Pallacanestro e della Metodologia dell'insegnamento sportivo.
Email: pm.messina@virgilio.it

Aprile 2022

Printed by Amazon Italia Logistica S.r.l.
Torrazza Piemonte (TO), Italy

52850299R00335